21 世纪交通版高等学校教材

道路管理与系统分析方法

黄晓明　高　英　主　编

李　杰　沙爱民　主　审

人民交通出版社

内 容 提 要

本书共十一章，内容包括管理的基本概念、道路管理过程之计划、道路管理过程之组织、道路管理过程之领导与权力、道路管理过程之控制、项目管理过程、道路工程建设管理、道路工程养护管理、道路运营管理、道路的成本与价格、系统分析方法。

本书可作为道路、桥梁与渡河工程专业本科生教材、交通运输工程一级学科中其他二级学科研究生的非学位选修课程的参考教材，也可以供公路、城市道路、铁道、机场等部门从事科研与设计的工作人员参考使用。

图书在版编目（CIP）数据

道路管理与系统分析方法/黄晓明，高英主编．—北京：人民交通出版社，2009.6

ISBN 978-7-114-07626-8

Ⅰ．道… Ⅱ．①黄…②高… Ⅲ．道路工程—管理 Ⅳ．U41

中国版本图书馆 CIP 数据核字（2009）第 023207 号

21 世纪交通版高等学校教材

书　　名：道路管理与系统分析方法
著 作 者：黄晓明　高　英
责任编辑：沈鸿雁　丁润铎
出版发行：人民交通出版社
地　　址：(100011)北京市朝阳区安定门外外馆斜街 3 号
网　　址：http://www.ccpress.com.cn
销售电话：(010)59757969,59757973
总 经 销：北京中交盛世书刊有限公司
经　　销：各地新华书店
印　　刷：北京凯通印刷厂
开　　本：787×1092　1/16
印　　张：16.75
字　　数：414 千
版　　次：2009 年 6 月第 1 版
印　　次：2009 年 6 月第 1 次印刷
书　　号：ISBN 978-7-114-07626-8
印　　数：0001～2500 册
定　　价：28.00 元

21世纪交通版
高等学校教材(公路与交通工程)编审委员会

总　序

当今世界，科学技术突飞猛进，全球经济一体化趋势进一步加强，科技对于经济增长的作用日益显著，教育在国家经济与社会发展中所处的地位日益重要。进入新世纪，面对国际国内经济与社会发展所出现的新特点，我国的高等教育迎来了良好的发展机遇，同时也面临着巨大的挑战，高等教育的发展处在一个前所未有的重要时期。其一，加入 WTO，中国经济已融入到世界经济发展的进程之中，国家间的竞争更趋激烈，竞争的焦点已更多地体现在高素质人才的竞争上，因此，高等教育所面临的是全球化条件下的综合竞争。其二，我国正处在由计划经济向社会主义市场经济过渡的重要历史时期，这一时期，我国经济结构调整将进一步深化，对外开放将进一步扩大，改革与实践必将提出许多过去不曾遇到的新问题，高等教育面临加速改革以适应国民经济进一步发展的需要。面对这样的形势与要求，党中央国务院提出扩大高等教育规模，着力提高高等教育的水平与质量。这是为中华民族自立于世界民族之林而采取的极其重大的战略步骤，同时，也是为国家未来的发展提供基础性的保证。

为适应高等教育改革与发展的需要，早在 1998 年 7 月，教育部就对高等学校本科专业目录进行了第四次全面修订。在新的专业目录中，土木工程专业扩大了涵盖面，原先的公路与城市道路工程，桥梁工程，隧道与地下工程等专业均纳入土木工程专业。本科专业目录的调整是为满足培养“宽口径”复合型人才的要求，对原有相关专业本科教学产生了积极的影响。这一调整是着眼于培养 21 世纪社会主义现代化建设人才的需要而进行的，面对新的变化，要求我们对人才的培养规格、培养模式、课程体系和内容都应作出适时调整，以适应要求。

根据形势的变化与高等教育所提出的新的要求，同时，也考虑到近些年来公路交通大发展所引发的需求，人民交通出版社通过对“八五”、“九五”期间的路桥及交通工程专业高校教材体系的分析，提出了组织编写一套 21 世纪的具有鲜明交通特色的高等学校教材的设想。这一设想，得到了原路桥教学指导委员会几乎所有成员学校的广泛响应与支持。2000 年 6 月，由人民交通出版社发起组织全国面向交通办学的 12 所高校的专家学者组成 21 世纪交通版高等学校教材(公路类)编审委员会，并召开第一次会议，会议决定着手组织编写土木工程专业具有交通特色的**道路专业方向、桥梁专业方向以及交通工程专业**教材。会议经过充分研讨，确定了包括**基本知识技能培养层次、知识技能拓宽与提高层次**以及**教学辅助层次**在内的约 130 种教材，范围涵盖**本科与研究生用**教材。会后，人民交通出版社开始了细致的教材编写组织工作，经过自由申报及专家推荐的方式，近 20 所高校的百余名教授承担约 130 种教材的主编工作。2001 年 6 月，教材编委会召开第二次会议，全面审定了各门教材主编院校提交的教学大纲，之后，编写工作全面展开。

21 世纪交通版高等学校教材编写工作是在本科专业目录调整及交通大发展的背景下展开的。教材编写的基本思路是：(1)顺应高等教育改革的形势，专业基础课教学内容实现与土木工程专业打通，同时保留原专业的主干课程，既顺应向土木工程专业过渡的需要，又保持服务公路交通的特色，适应宽口径复合型人才培养的需要。(2)注重学生基本素质、基本能力的培养，为学生知识、能力、素质的综合协调发展创造条件。基于这样的考虑，将教材区分为二个主层次与一个辅助层次，即基本知识技能培养层次与知识技能拓宽与提高层次，辅助层次为教学参考用书。工作的着力点放在基本知识技能培养层次教材的编写上。(3)目前，中国的经济发展存在地区间的不平衡，各高校之间的发展也不平衡，因此，教材的编写要充分考虑各校人才培养规格及教学需求多样性的要求，尽可能为各校教学的开展提供一个多层次、系统而全面的教材供给平台。(4)教材的编写在总结“八五”、“九五”工作经验的基础上，注意体现原创性内容，把握好技术发展与教学需要的关系，努力体现教育面向现代化、面向世界、面向未来的要求，着力提高学生的创新思维能力，使所编教材达到先进性与实用性兼备。(5)配合现代化教学手段的发展，积极配套相应的教学辅件，便利教学。

教材建设是教学改革的重要环节之一，全面做好教材建设工作，是提高教学质量的重要保证。本套教材是由人民交通出版社组织，由原全国高等学校路桥与交通工程教学指导委员会成员学校相互协作编写的一套具有交通出版社品牌的教材，教材力求反映交通科技发展的先进水平，力求符合高等教育的基本规律。各门教材的主编均通过自由申报与专家推荐相结合的方式确定，他们都是各校相关学科的骨干，在长期的教学与科研实践中积累了丰富的经验。由他们担纲主编，能够充分体现教材的先进性与实用性。本套教材预计在二年内完全出齐，随后，将根据情况的变化而适时更新。相信这批教材的出版，对于土木工程框架下道路工程、桥梁工程专业方向与交通工程专业教材的建设将起到有力的促进作用，同时，也使各校在教材选用方面具有更大的空间。需要指出的是，该批教材中研究生教材占有较大比例，研究生教材多具有较高的理论水平，因此，该套教材不仅对在校学生，同时对于在职学习人员及工程技术人员也具有很好的参考价值。

21世纪初叶，是我国社会经济发展的重要时期，同时也是我国公路交通从紧张和制约状况实现全面改善的关键时期，公路基础设施的建设仍是今后一项重要而艰巨的任务，希望通过各相关院校及所有参编人员的共同努力，尽快使全套21世纪交通版高等学校教材(公路类)尽早面世，为我国交通事业的发展做出贡献。

21世纪交通版
高等学校教材(公路类)编审委员会
人民交通出版社
2001年12月

前　言

道路与桥梁工程专业的学生除了应该深入学习专业知识，还必须了解道路管理的基本知识，以满足现代社会对高素质人才的需求。同时，由于道路与桥梁工程的建设管理、养护管理和运营管理内容多、时间长，要求学生能够在各个阶段充分应用管理学的基础知识，做到有计划、靠组织、善控制、会领导，使项目管理过程实现最佳目标；同时，明确道路与桥梁工程建设管理的基本过程，了解道路建设管理、养护管理和运营管理，并掌握道路与桥梁工程的成本计算与价格控制，保证每一个过程实现效果最佳。由于道路与桥梁工程的建设程序、管理过程十分复杂，学生必须学会充分应用系统工程学的理论和方法，通过分析系统的要素、准则和步骤，明确系统目标的内容及确定方法和系统环境分析、系统结构的层次分析法和寿命周期分析法，然后建立系统模型，通过对系统工程分析方法的学习，全面应用管理、技术和经济知识，真正成为一名优秀的高级道路与桥梁工程师。

本课程内容涉及面宽，因此要求在教学方法方面，不一定采用传统的教学方法，可采用教学与专题讨论相结合的教学方法，通过划分专题、课前阅读、课堂讨论、教师总结、重点讲解、书写心得等方式组织教学。

本书可作为道路、桥梁与渡河工程专业本科生的选修课程和交通运输工程一级学科中其他二级学科研究生的非学位选修课程的参考教材，也可以供公路、城市道路、铁道、机场等部门从事科研与设计的工作人员参考使用。

本书在编写过程中，主要参考了赵继新等主编的《管理学》、骆珣等主编的《项目管理》、张廷欣等编著的《系统工程学》，在此一并表示感谢。其他内容在参考文献中列出，如有不到之处，请原著者谅解。

本书采用国家法定计量单位，即国际单位制（SI）。在引用外国文献资料时，为了完整表达原作的意见，也有部分仍保留原有的计量单位制。

本书如有未尽善之处，希望有关院校师生及广大读者提出宝贵意见，以便及时修改完善。

编　者

2008 年 10 月于东南大学

目　录

第1章　管理的基本概念

1.1　管理的概念与特征

道路与桥梁工程建设要做到有效率,并取得较好的、令人满意的效果,就需要有良好的管理。就道路与桥梁工程建设而言,管理就是通过对建设过程中的人和资源的配置实现组织目标的过程。道路交通工程的建设过程涉及设计、施工、运营等复杂的环节,如何通过有效的管理,保证质量最优、进度合理、费用最省是每一个交通人的重要使命。由于道路与桥梁工程的管理与管理学的一般理论基本一致,因此要实现道路交通工程的建设过程的有效管理,首先要求了解管理学中的管理是什么,如何进行管理,实现系统管理基础上的最优化。

1.1.1　管理的概念

自19世纪末20世纪初管理学开始形成以来,学术界对管理的概念提出了多种解释,有的从管理的职能角度,有的从管理的目标角度,有的从管理的实践角度,虽然各种说法不尽相同,但总的来看,这些对管理概念的界定是对管理的不同解释,这是和管理实践和管理理论的发展密不可分的。比如,哈罗德·孔茨认为,管理是设计并保持一种良好的环境,使人在群体中高效率地完成既定目标的过程;斯蒂芬·P·罗宾斯认为,管理是指管理者同别人一起,或通过别人使活动完成得更有效的过程;路易斯·古德曼·厄特认为,管理就是切实有效支配和协调资源,并努力达到组织目标的过程;西蒙认为管理就是决策,强调决策在管理过程中的重要性。从这些概念中可以看到,这些定义是从不同的角度描述了管理活动的特征,虽然各有道理,但都或多或少地带有某种程度的局限性。

概括地讲,所谓管理就是为了有效实现组织目标,由专门的管理人员利用专门的知识、技术和方法对组织活动进行计划、组织、领导、控制与创新的过程。

1.1.2　管理的特征

从对管理概念的界定中,不难总结出管理应具备以下特征。

(1)管理的目的

管理本身不是目的,管理的目的是有效实现组织的目标。而组织和成员竭力实现的最重要的目标就是实现卓越绩效,即为消费者提供他们所需要的各种产品和服务。管理目的的重点是"有效"。管理的"有效性"体现在两个方面:一是为达到一定目标的资源被利用情况和产出能力的尺度,即"效率";二是衡量管理者所选择的组织目标的适宜程度及组织目标实现程度的一个尺度,即"效果"。只有高效率和高效果才是有效管理。效率、效果与管理的关系见图1-1。

(2)道路与桥梁管理的主体

道路与桥梁管理的主体是具有道路与桥梁工程专门知识、利用相应的技术和手段来进行专门管理活动的管理者。

作为一种劳动分工，管理活动是一种专门活动，是一种专门职业，必须具有相应的管理知识和能力才胜任管理工作，成为一名管理者。我们把这种专门的知识和技能叫做管理技能。技能是来源于知识、信息、实践和资质的特殊能力，一般管理者需要具备的个人技能分为三类：技术技能、人际和沟通技能、概念和决策技能。

低效率/低效果	高效率/高效果
管理者目标选择错误，利用资源不充分 结果：低质量的，且顾客不需要的产品	管理者目标选择正确，并充分利用资源以实现组织目标 结果：产品是顾客需要的，且质量、价格都合适
低效率/高效果	**高效率/低效果**
管理者目标选择正确，但不善于利用资源实现组织目标 结果：产品是顾客需要的，但因为太贵而买不起	管理者目标选择不当，但资源利用充分 结果：高质量的产品，但顾客不需要

图 1-1　效率、效果与管理有效性关系

①技术技能。这是指执行一项特定的任务所必需的那些能力。也就是说，技术技能与一个人所从事的工作有关，例如编制计算机程序、撰写财务报告、分析市场统计数据、起草法律文件、绘制道路桥梁设计图纸、编制道路桥梁施工组织设计图等。对于管理者来说，就是要掌握和运用各种管理技术，并普遍熟悉和了解本部门及其他组织有关部门所从事的技术项目。管理技术中包括决策技术、计划技术、诊断技术、组织设计技术、评价技术等。技术技能通常通过学校专业教育或组织内部的在职培训获得。

②人际和沟通技能。这一技能关系到管理者与人友好合作的能力，通常也叫“人的技能”。管理者大部分时间是与人打交道，必须与形形色色的人交往。因此，必须具备与人共事、激励或指导组织中的各类员工或群体的能力。人际技能是一个人以合适的方式与人沟通的能力。由于道路管理是一种群体性的工作，因此对于管理者来说，表达能力、协调能力和激励能力都是非常重要的。

③概念和决策技能。其涉及管理者认识复杂动态问题，发现影响问题的许多冲突因素，并为组织和其他利益相关者解决问题的能力。在任何既定的环境中，均有众多的影响因素，要了解某一事件是如何影响和怎样受到其他因素的影响，需要很高的概念技能。作为一名道路交通管理者，需要快速、敏捷地从混乱而复杂的环境中辨清各种因素之间的相互关系，抓住问题的实质，并迅速决策，这就需要更频繁地应用概念和决策技能。

有效管理者必须具备这三种技能，任何一种管理技能的缺失都有可能导致管理的失败。小型公司创办者面临的一个最多问题就是缺乏恰当的概念和人际技能，具有技术技能的创业者往往不知道如何成功地进行风险管理。同样，从事技术的专家在向管理岗位转换的过程中，面临的一个最大问题是缺乏有效的人际技能。管理的技能、角色和职能紧密相关，一个合格的管理者总是在角色转换中不断接受新的教育培训，以发展自己的技能，只有这样才能适应当今不断变化、竞争越来越激烈的社会。不同管理层次要求的管理技能如图 1-2 所示。

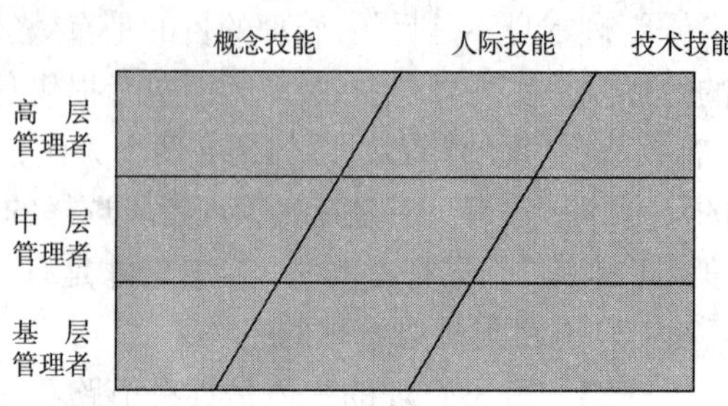

图 1-2　不同管理层级要求不同的管理技能

(3)道路与桥梁管理的客体

道路与桥梁管理的客体是组织活动及其参与要素。

作为一项活动,管理的客体就是管理的对象,管理的对象是一切可以调用的资源。组织需要通过特定的活动来实现组织目标,而任何活动的进行都是以利用一定的资源为条件的,包括道路与桥梁建设过程中涉及的人、财、物等资源。这些资源就是管理的客体,其中最重要的管理客体就是人力资源。

(4)道路与桥梁管理的内容

道路与桥梁管理活动的内容就是管理职能的发挥,包括信息获取、计划、决策、组织、领导、控制、创新等多项职能,其中计划、组织、领导、控制是管理的基本职能。道路与桥梁管理是一系列相互关联、连续进行的活动,即计划、组织、领导、控制,从而建立起道路与桥梁管理的框架。

1.1.3 管理的属性

管理学的属性主要体现在两个方面:一是基于生产力水平决定的自然属性和基于不同生产关系决定的社会属性,即管理的二重性;二是基于管理科学本身的科学性和基于管理实践应用层面的艺术性。

(1)自然属性和社会属性

管理的二重性,是指管理的自然属性和社会属性。一方面,管理具有同社会化大生产和生产力相联系的自然属性;表现为管理过程就是对人、财、物等资源的配置、利用过程;另一方面,管理是人类的活动,而人类必然生存在一定的生产关系下和一定的社会文化中,要受生产关系的制约和社会文化的影响。

首先,管理的自然属性是一种不以人的意志为转移,也不因社会制度意识形态而有所改变的客观存在。管理理论揭示了自然客观规律,并创造了与这一规律相适应的管理手段、管理方法。管理活动只有遵循这些规律,利用这些方法和手段,才能有效保证组织的顺利运行。管理的自然属性体现在两个方面:一方面,管理是社会劳动过程的一般要求;另一方面,管理在社会劳动中具有的特殊作用,只有通过管理才能实现劳动过程所必需的各种要素的组合,这和生产关系、社会制度没有直接关系。

其次,管理的社会属性体现在管理作为一种社会活动,只能在一定的社会历史条件下和一定的社会关系中进行。管理具有维护和巩固生产关系、实现特定生产目的的功能。管理的社会属性与生产关系、社会制度紧密相连。

最后,管理的自然属性和社会属性之间是相互联系、相互制约的。一方面,管理的自然属性不可能独立存在,它总是存在于一定的社会制度、生产关系中;同时,管理的社会属性也不可能脱离管理的自然属性而存在,否则,管理的社会属性就成为没有内容的形式了。另一方面,管理的二重性又是相互制约的,管理的自然属性要求具有一定社会属性的组织形式和生产关系与其相适应;同时,管理的社会属性也必然对管理的方法和技术产生影响。

(2)管理的科学性和艺术性

管理是科学性和艺术性的统一。

①管理的科学性。管理学是一门科学,因为其具有科学的特点。首先,管理具有客观性。管理学的研究对象是人类社会中各种组织的管理活动,这是从客观实际出发,揭示管理活动的

客观规律。因为这一规律是对事物及其规律的真实反映，任何人都不可违背，是一种客观存在。其次，管理具有实践性。管理是从实践中产生并在实践中得到发展的一门学科，管理的很多内容和理论是人们多年实践的总结，并通过实践的检验上升为理论。再次，管理具有系统性。经过多年的发展，管理已经形成了完整的逻辑体系和理论，这一理论是经过检验得到证实的。最后，管理具有发展性。随着管理实践的深入和组织竞争的多样性，管理肯定会向前发展以解决以前没有解决的问题。所以，管理具有一般科学所具有的特征，是反映客观规律的知识体系。因此，管理具有科学性。

②管理的艺术性。艺术的含义是指能够熟练运用知识，并且通过高超的技能来达到某种效果。之所以说管理具有艺术性，是因为同样的管理理论在不同的管理者手中能起到完全不同的管理效果；同时，管理的效果还是管理方法与管理环境相融合的结果，同样的管理方法因为环境不同，实施起来就必然有所区别，否则，就会犯“东施效颦”的错误。这一点是管理作为一门科学有别于其他科学的特点。

基于以上分析可以看到，管理是科学性和艺术性的统一。要成为一名合格的道路管理者，不仅要学习道路管理的理论、方法，还需要培养灵活运用管理知识的技能，达到科学性和艺术性的统一。

1.2 管理的职能

管理工作的职责，就是帮助组织充分利用自身资源，实现组织目标。那么管理者如何实现这一目标呢？解决方案就是要通过发挥管理的计划、组织、领导、控制等管理职能来实施管理活动。计划、组织、领导、控制等活动内容就是管理的职能。关于管理职能，不同的管理学家有不同的看法，如亨利·法约尔在《一般管理与工业管理》中提出五要素说，即管理职能应包括计划、组织、指挥、协调、控制五项职能；哈罗德·孔茨提出管理职能包括计划、组织、人员配备、领导、控制等。实际上，作为管理活动内容的主体，管理的基本职能包括计划、组织、领导、控制四项职能，其他职能可以作为这些职能的派生存在。这四项职能之间的关系见图1-3。

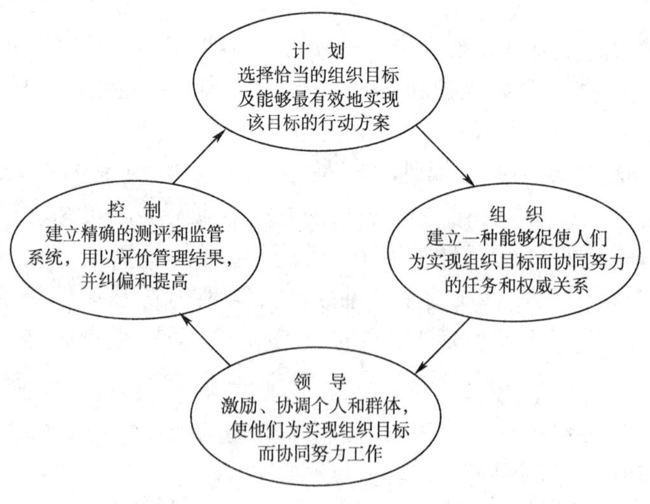

图1-3 四项职能之间的关系

1.2.1 计划

计划是管理的一项重要职能。计划是管理者用来识别并选择恰当的目标和行动方案的过程，一般包括三个步骤。一是确定组织将要追求的目标，即组织将要成为什么。这一目标的结果就是企业战略，是关于组织追求什么目标的决策。这一决策将直接影响到组织行动方案的制订。二是制订实现这一目标所要采取的行动方案。要实现确立的目标，采取哪些行动计划和方案是需要科学谋划的。这一步就是制订企业各个业务环节的决策，是实现组织目标不可缺少的部分和程序。三是决定如何分配组织资源以实现组织目标。管理活动的核心就是组织资源的优化配置，以实现组织目标。因此，计划不仅要规划出组织目标，制订出详细的执行方案，还要对组织内外部资源的取得和分配进行统一协调，以高效实现组织目标。

计划是一项高难度的活动，因为一般来讲，组织应该追求什么样的目标，以及如何最有效地追求这些目标，并不是一下子就能搞清楚和弄明白的。当一个管理者在调动组织资源去追求某个特定目标时，肯定面临着风险，且预期收益越大，面临的风险也越大。这就需要管理者重视管理的计划职能，慎重计划，因为计划直接决定组织的效率和效果。

1.2.2 组织

组织是管理者建立一个组织成员间能够互动和合作的工作关系结构，以实现组织目标过程。组织的职能之一就是根据员工各自承担的特定工作任务，将他们分配到各个部门工作。在组织过程中，管理者还要在不同的个人和部门之间分配职权和职责。

组织职能发挥的结果就是创设组织结构——一种能够协调和激励组织成员，使之协同工作以实现组织目标的正式工作及其报告关系体系。组织结构决定了一个组织能在多大程度上充分利用自身资源创造产品和服务。

为有效地实现计划所确定的目标，必须充分发挥组织职能，在组织内部进行部门划分、权利分配和工作协调。它是计划工作的延伸，包括组织结构的设计、组织关系的确立、人员的配置及组织的变革等。

1.2.3 领导

领导是管理者利用职权和威信施展影响，指导和激励各类人员努力去实现目标的过程。在领导职能发挥中，管理者不仅要为组织成员清楚地描述一个明晰的发展前景，还要激发他们的活力，使员工明白自己在实现组织目标的过程中所发挥的作用。

领导职能的发挥，需要管理者运用权力、影响力、观察力、说服力及沟通技巧来协调个人和群体的行为，使他们的活动和努力步调一致；同时在领导过程中，管理者还要鼓励员工向高层次发展，领导的结果应是为组织培养主动和具有主人翁责任感的忠诚员工。

1.2.4 控制

控制是管理的一项重要职能，没有了控制，管理就缺少了标准。在控制过程中，管理者要评估组织完成目标的程度，并采取相应的行动以保持或者改善组织的业绩，一般包括确立控制标准、衡量实际业绩、进行差异分析、采取纠偏实施等环节。

控制过程的结果是准确测评绩效和规范组织效率和效果的能力。在实施控制职能的过程中，管理者首先要确定控制的目标（目标可能涉及生产力、产品质量、对顾客需求的反映等方面);然后设计出信息和控制系统,以便为评估绩效提供所需要的信息,在此基础上,对管理的计划、组织、领导职能发挥情况进行评估和修正。

计划、组织、领导、控制这四项职能是管理职能的本质。不论组织的规模大小,还是管理的层次高低,抑或是处于组织中不同的部门,一个有效的管理者都必须成功地履行这四项基本职能。

1.3 管理的层次

在现代社会中,存在着形形色色的各种组织。但各种组织自己并不会运转,它们需要管理者来加以管理。不同的管理者侧重的管理活动是不同的,这就势必出现管理的层次。

1.3.1 管理者

随着劳动分工的深入,专门的管理阶层开始出现,这些专门从事管理工作的人就是管理者。任何组织都是由一群人组成的,根据其在组织中的地位和作用的不同,组织成员可以简单地划分成两类,即操作者和管理者。

所谓操作者是指在组织中直接从事具体的业务,且对他人的工件不承担监督职责的人。如道路施工企业里的施工人员、饭店里的厨师、学校的教师、医院的医生、商店的营业员等,他们的任务就是做好组织所分派的具体的操作性事务。

管理者则相反,他们是那些在组织中指挥他人完成具体任务的人。如高速公路项目经理,学校里的系主任、校长,机关中的科长、处长、局长,公司的经理等,他们虽然也做一些具体的事务性工作,但其主要职责是指挥下属工作。因此,管理者区别于操作者的一个显著特点就是管理者由下属向其汇报工作。

1.3.2 管理者类型

为了使经营活动既有效率又有效果,组织一般需要三种类型的管理者,即基层管理者、中层管理者和高层管理者。三个管理层从下到上列成一个层级结构,见图1-4。一般而言,基层管理者要向中层管理者报告,而中层管理者要向高层管理者报告。在利用组织资源提高组织绩效方面,处在不同等级上的管理者担负着各不相同但又相互关联的职责。

图1-4 管理者类型

1.3.3 管理角色

管理角色是指处于组织中特定位置的管理者被期望完成的一系列特定任务。要成为一名合格的管理者,必须在自己的位置上找准角色定位,这对其管理职能的发挥、组织赋予其应有的责任实现至关重要。

在以往管理角色研究中,明茨伯格提出了著名的有效管理者十种角色理论,集中阐述了当一个组织的管理者在进行实际的管理工作时,应该做什么,做什么才是最重要的。明茨伯格把这十种角色组合为决策、信息、人际关系三大类(见表1-1),在参与计划、组织、领导、控制等管理职能时,管理者需要不断变换这三大类中不同的角色。下面,本节就三大类角色作一介绍。

明茨伯格管理角色的划分 表 1-1

角色类型	具体角色	角色活动举例
决策角色	企业家	利用组织资源开发创新新产品和服务
	混乱应对者	迅速行动，采取正确措施应对组织面临的来自外部环境的突发事件
	资源分配者	在组织的不同职能和部门之间分配资源，为中层和基层管理者设定预算和薪资计划
	谈判者	与供应商、分销商、员工就产品的质量与价格、技术、人力资源等达成一致，与其他组织就合作项目的资源筹措等达成协议
信息角色	监控者	评估承担不同职能的管理者的工作成果，采取正确的措施提高其绩效；监控可能在未来对组织产生影响的内外部环境的变化
	传播者	告知员工发生在内外部环境中可能对他们及组织产生影响的变动，就组织的前景和目标与员工进行沟通
	发言人	发起全国性的广告宣传活动，提高新产品和新服务的知名度；在当地社区宣讲组织未来的发展意向
人际关系角色	挂名首脑	在公司会议上向员工展示未来的组织目标，阐述组织的道德原则等
	领导者	为员工树立学习的榜样，向下属发布直接的命令和指示，就人力与技术资源的使用作出决策，动员员工支持特定的组织目标
	联络者	协调不同部门管理者的工作；与不同的组织建立联盟关系，以共享资源，生产新的产品和服务

(1)决策角色

决策角色与管理者进行战略规划及利用资源所使用的手段密切相关。作为一名管理者，如何合理地配置资源，怎样根据企业内外环境条件的变化进行战略和计划设计，都需要谨慎、快速决策。因此，决策角色是一个管理者肯定要承担的角色。但这一角色因为管理层级的不同，所担负的决策责任和决策内容是不一样的：越是高层管理者，承担的决策职能就越多，相应的决策责任也越大。

(2)信息角色

能否获取和传递有用的信息，对管理任务的完成和管理目标的实现关系重大。在管理者信息角色中，管理者要扮演信息收集者、信息传播者和信息发言人三个角色。信息收集者要求管理者要有对外界信息变化的敏感度，尽可能收集与组织绩效及组织目标发展有关的信息，为我所用；信息传播者要求管理者要有效利用信息技术，迅速有效地把信息传递给员工，进而影响他们的工作态度和行为；信息发言人要求管理者为促进组织发展能力，用统一的口径对组织内外各种人员做出积极反应的态度，能做到“言行一致”。

(3)人际关系角色

管理者在实施管理职能时，必然与组织内外的各类人员交往。管理实际上体现在对人的管理上，因此人际关系角色对管理者是一个非常重要的角色。如果这一角色不能有效担当，则可以判定其肯定不是一个合格的管理者。管理者就担任人际关系角色的目的来说，就是发挥领导、指挥、控制、协调等管理职能，为员工和作为整体的组织提供方向和监督。

1.3.4 管理层级

管理的类型决定了管理的层级，基层管理者、中层管理者、高层管理者三个管理阶层，三者构成了组织的三个基本层级。

(1)基层管理者

基层管理者指处于管理层级底层的管理者，通常被称为主管。他们的主要职责是对从事产品生产和服务等特定活动的非管理层员工进行日常的监督管理。基层管理者领导下属直接进行生产、训练、开展业务活动，直接指挥和监督现场作业人员，保证完成上级下达的各项计划和指令。

基层管理者遍布于组织的各个部门，是管理者群体中的多数。例如汽车生产车间的一个工作小组的主管、医院外科的护士长、汽车经销商客户服务部中管理多名技师的首席技师等，都是属于基层管理者，其几乎每天都要与下属打交道，组织下属开展工作，协调下属的行动，解决下属的困难，反映下属的要求。

(2)中层管理者

中层管理者位于组织层级中高层管理者与基尽管理者之间。有时候也把其叫做战术管理者，是负责将战略管理者制订的总目标和计划转化为更具体的目标和活动的群体。中层管理者的主要职责是寻找一个组织人力和其他资源的最佳方式来实现组织目标。

中层管理者传统意义上的角色是作为高层和基层之间桥梁的管理控制者。中层管理者接受公司目标，并将其分解为事业单位目标，把事业单位计划集中起来供高层参考，作为内部沟通的"联系眼"向下解释和传达高层的意图，向上反映和综合一线的信息。现在中层管理者角色的变化需要他们不仅是管理的控制者，而且还是其下属的成长教练。他们必须支持下属并训导他们，在培养其技能和创新中使下属成长。

在具体管理技巧上，中层管理者必须确保那些基层管理者能够保持长期战略目标与短期、需要马上行动的事情之间的平衡；同时，为了改进组织效果，中层管理者要评估组织所追求的目标是否合适，并向高层管理者建议改变目标的方法。

(3)高层管理者

高层管理者要对组织所在部门的绩效负责，他们担负着跨部门职责，对组织所在部门负有全面的责任。一般而言，高层管理者负责设定组织目标，如公司应该生产何种产品，提供何种服务，决定各个部门之间应怎样互动，监督各个部门的中层管理者如何有效利用组织资源以实现组织目标。作为高层管理者，日常的主要工作是侧重于决定有关组织的大政方针及沟通组织与外界的交往联系。在很多情况下，组织的成败往往取决于高层管理者的一个判断、一个决策或一项安排。因此，高层管理者较少从事具体的事务性工作，而把主要精力和时间放在组织全局性或战略性问题的考虑上。

尽管管理者们在组织中的地位不同，职责不同，但从他们所从事的工作性质看，无论管理者在组织中的地位如何，其所担负的基本任务是一样的，即设计和维护一种环境，使身处其间的人们能在组织内协调地工作，从而有效地实现组织的目标。不同角色的比较见表1-2。

不同角色的比较 表1-2

变化的角色	基层管理者	中层管理者	高层管理者
	从运作执行者变成进取的企业家	从管理控制者到支持性教练	从资源分配者到机构领导者
基本价值观	在一线部门内通过专注于生产率、创新和成长实现业务绩效	通过支持和协调使大公司的优势体现到独立的一线部门中	在整个组织中创造一种方向，投入和挑战的气氛
关键活动	创造和抓住新的业务成长机会 吸引、开发资源和能力 在部门内部管理不断的绩效改进	人员开发和支持活动 在单位内联合分散的知识、技能和最佳经验 协调短期绩效和长期战略间的矛盾	在确定扩张机遇范围和绩效标准时挑战已有假设 建立一整套规范和价值观体系以支持合作和信任 创立整个组织的目的和战略

1.4 管理的原则、特征

管理作为一门科学，是指导管理者实施管理的理论基础。管理者在实施管理职能时，为有效地实现组织目标，合理地安排业务活动和利用经济资源，做到有效管理，就必须遵循一定的原则，采取正确的方法，这样才能发挥出管理的效果。

1.4.1 管理的原则

(1)效益原则

如前所述，管理的任务就是要实现组织的目标，而创造良好的组织绩效就是组织的最大目标。组织绩效的直接体现就是以较少的投入实现较大的产出，即创造最大的效益，包括经济效益和社会效益。背离了这一点，组织就失去了存在的意义和理由，那依托组织而存在的管理者也就没有任何意义了。因此，作为一名管理者，要实施管理职能，首要坚持的原则就是效益原则。

从经济学意义上分析，效益指的是产出和投入之间的比例关系，任何一项活动，在投入一定的前提下，产出越多，则效益越高；反之，效益则越差。同样，如果产出一定，投入的资源和成本越小，效益越高；反之，则效益越差。追求最大的效益是人类活动的基本原则，这是由资源的有限性决定的。在一定的时期内，组织能够调动和使用的资源总是有限的，这种有限性同时受到取得资源的成本制约。由此，在一定的技术水平下，组织能够利用这些资源提供的产品和服务也是有限的。但与此完全不同的是，人类的需求不受资源和产品有限性的约束。这样供给和需求之间就必然地出现偏差，为缓和这一矛盾，人类在经济活动中，必须遵循效益原则。

在管理中，坚持效益原则就要求管理者要在一定的资源条件下，产出最大的价值。现代管理科学所强调的价值，既不是单纯的商品价值，也不是“价值工程”中的价值，而是经济价值和社会价值相结合、相统一的价值。管理的价值是指一个组织有关劳动的全部消耗总和与该组织对社会提供有益贡献的全部总和的关系。前者称为劳动消耗，后者称为社会效用。其关系表示为：

$$价值=\frac{社会效用}{劳动消耗}$$

管理的价值原则，要求管理者应以价值为中心来开展所有工作，一方面要强调社会效用的提高，另一方面又要强调劳动消耗的降低。管理价值中的社会效用既有可以用货币来表示的效益，如利润、税收、产品价格、社会福利费用、科学技术开发收益等，也有不能用货币表示的效用，如对环境保护的贡献、对人类长期发展的贡献、对社会政治安定的贡献、对社会精神文明及文化教育的贡献等。而劳动消耗，既包括物力、财力的消耗，也包括智力和时间的消耗，是一种综合的成本概念，是物力资源、财力资源、智力资源和时间资源的综合支出。

坚持效益原则，就必须在组织管理效果和管理效率两个方面提高管理技能。其中重要的技能有两个，一个是“做正确的事”，另一个是“正确地做事”。作为管理者，首先要做到的是能够判定自己所做的事情是否是“正确的事”，只有做正确的事，组织才会有效果，才会有效益；其次要做到“正确地做事”，即坚持管理的科学性，采取正确的方法把正确的事做对，这样，组织的效率才会在有效果的基础上得到提高。但如果摆不正这两者的关系，管理者就会犯错误。过去一直强调管理者要正确地做事，单纯强调管理应坚持科学的方法，把事做对，但如果做的事情本身就是错误的，那方法越正确、做事的效率越高，离组织目标不就越远吗？所以，**坚持效**

益原则，就要求管理者首先判定选择的目标是否正确，只有在“做正确的事”的前提下，再“正确地做事”，才能取得既定的效益。

(2)人本原则

人本原则就是在管理中坚持以人为本，即在管理活动中把人作为管理的核心，不仅仅是看作管理的主要对象，看作企业的最重要资源，还把人作为管理的主体，通过激励、调动和发挥员工的积极性和创造性，引导员工去实现预定的目标。

人本原则是管理的核心，管理者在实施管理中要做到两点，一是确立“人本位”，二是尊重“人本性”。

①确立“人本位”

所谓“本位”，就是某一事物的出发点、立足点、基本、根本等含义。确立人本位，就是在企业管理中，重视人的主导地位，把人作为组织重要的资源和活力源泉，以人的需求和特征为出发点开展企业的生产、经营活动，使“物”服从于“人”。这就要求管理者在实施管理职能时，都把人作为首要的因素加以考虑并重视，把人看作一个完整的“人”，而不是机器。只有真正确立了员工在企业中的人本位，才能真正做到把员工当作天下第一号的资产，才能真正形成员工对组织的归属承诺，进而做出非凡的业绩。

确立企业中的人本位说起来容易，做起来却并非易事，实际上这是对企业管理的挑战。比如，在制订企业的使命和发展经营战略时，传统的做法是考虑企业利润目标，人只是实现利润目标的一个手段，是战略棋盘中的一个棋子；但如果确立人本位后，在企业使命和经营战略中，员工受益和发展也成为一个目标，是企业发展为之努力的一个方向。这不是简单的加减法，而是管理理念和管理方法的重大变革。再比如，人力资源管理中的业绩评价。传统业绩评价的基本目的是评估性的，即通过业绩评价划分出员工等级，以此作为补偿的依据，同时也常常用于激励员工更好地表现，希望下次能获得较好的评估（或害怕获得负面的评估）。这样的业绩评估无助于员工能力和水平的提高，相反还可能导致一种抑制合作与团队工作的心态出现、抑制对话，甚至降低效率和放弃产品与服务的质量。但人本位下的业绩评价，其目的是作为一种开发性工具，业绩评价提供的是现有业绩的机会和反馈。通过业绩评价确认问题，并提供一个解决它们的平台，建立一个让员工成长，并按部就班地承担更大责任的计划基础。

②尊重“人本性”

自20世纪20年代中期以来，关于人性本质的讨论一直没有停息过，许多学者、专家、企业家纷纷从不同的角度开始了对人的研究，人们在管理中对人的因素的兴趣达到了惊人的程度。随着各种理论成果的相继出现，各种关于人性的认识逐渐被承担、被应用、被淘汰或被强化。最具代表意义的人性假定有“经济人”假设、“社会人”假设、“自我实现人”假设、“复杂人”假设，后期还出现X理论、Y理论和Z理论，但仔细分析这些理论会看到，尽管它们对人的认识角度不同，但它们从不同角度认识人的最终目的是相同的，即都是为了追求更高的生产效率，获取更多的企业利润。人本原则中的尊重人本性，就是说在管理中既要强调人的普遍共性，又要尊重每一个员工的个性特征和特殊利益要求，尊重人的尊严，开发人的潜能，点亮人性的光辉，回归生命的价值。

尊严，是人对自己价值的认识，是人的一种自我意识。尊重人的尊严，就是不仅把员工看作资源，不仅重视“善以用人”，而且更强调“善以待人”，并且要把“善以待人”作为“善以用人”的前提。充分尊重和理解人的尊严，肯定人的尊严，才是真正做到了人本管理。

开发人的潜能,就是在正确“识”人的基础上,不仅是做到“人尽其才”,更要做到“人是其才”。通过管理活动,不仅使员工主动积极地参与经营管理活动,发挥其能力为企业目标服务,而且在实现企业目标的过程中,使自己得到全面的发展。

点亮人性的光辉,就是在管理中要顺应人性。在一定意义上说,人类文明史就是人性不断升华的过程。就人的本性而言,极端的“性善”或“性恶”都是片面的,人有光辉的一面,也有懒散、消极和阴暗的一面,问题的关键是如何引导其表现出光辉的一面。点亮人性的光辉,是管理的首要使命,通过顺应人性化的管理,激发人们对真善美的追求。

回归生命价值,就是归结到人性的终点。一个有尊严的人、有人生合理定位的人、实现个人价值的人才是一个完整的人,这样的人生才是一个完整的人生。人本管理尊重人的尊严,重视其价值实现,就能够回归生命价值。

(3)适度管理原则

管理活动中存在许多相互矛盾的选择,如战略决策中的专业化和多元化问题、管理幅度的宽窄问题、组织结构设计中的集权和分权问题等,这些矛盾体还肯定存在于一个组织之中。如果处理不好这些矛盾关系,管理就会走向极端,犯错误。在这些相互对立的选择中,前者的优点恰好是后者的局限之所在,而后者的贡献恰好构成了前者的劣势。因此,组织在业务活动范围的选择上,既不能过宽也不能过窄;在管理幅度的选择上,既不能过大也不能过小;在权力的分配上,既不能完全集中也不能绝对分散,必须在两个极端之间找到合适点,进行适度管理,实现最佳组合。

正因为存在着这些相互对立的选择,才使得管理者的劳动显得更加重要;同时也正因为这些对立的存在,从而寻求最佳组合的必要,才决定了管理者的工作效率更多地不是取决于他们对管理的理论知识和方法的掌握,而是取决于他们对所掌握的这些知识和方法的应用能力。也许正是由于这个原因,许多管理的理论研究者和实际工作者才强调“管理是一种艺术,而不是一门科学”。而大多数管理学教材指出“管理既是一门科学,也是一门艺术”,实际上可以把管理学看作不精确的学科。

管理工作中许多因素之间存在明确的关系,可以用数学公式即函数关系来表示;而更多的关系是无法用函数关系来表示的,呈现一种错综复杂的关系,有的甚至是演绎推理也无法表达清楚。例如,某种激励政策,在某一单位非常见效,到了另一个的单位就不怎么见效;或是对同一组织内的这部分成员起作用,对另一部分成员不太起作用。那么,激励政策和所达到的效果之间就不存在一种明确的函数关系。正是基于这种情况,管理应坚持适度原则。

适度管理原则,严格上讲,没有一个准确的数量概念,而是管理实践的归纳。正如在做饭时放盐及火候的把握一样,没有人在做饭时必须用天平去称要放多少盐,而是根据日常经验估量着去放。这就是管理的艺术性。

适度管理原则要求管理者进行适情管理和适时管理。适情管理是指管理者应该根据组织内外的环境和能力特点来进行选择,就是管理者在管理时要审时度势,管理制度和措施要适应组织的环境和特点,不能超越条件约束去做管理;适时管理则要求管理者根据环境和能力的变化来对这种选择进行调整,只有恰当的时机、合适的条件、符合自身能力的管理才是有效管理。

1.4.2 管理的特性

作为一门独立的科学,管理学不同于其他学科,有其独立的特征和内容体系,只有把握管理学本身的特征,并清楚管理学内容体系,才能有目的地应用。

泰罗在《科学管理原理》一书中说过:“科学管理的理论或者说科学管理哲学,虽则刚刚为人们所理解,而管理实践本身却已逐步推进。”他认为:“科学管理包括着一种主要的普遍原则。”根据“管理是通过协调集体活动,实现资源合理配置,并且达成组织预定目标”的这一基本含义,管理学是指导管理活动实现管理目标的基础理论,所有管理学中具有普遍意义的主要原则与方法,都是它的研究内容。

管理学是一门系统地研究管理活动基本规律和一般方法的科学。管理作为一门科学来研究始于近代。近几十年来,随着社会的不断进步、科学技术的飞速发展,以及管理活动内容的日益丰富,管理在人们的实际生活和生产过程中的作用越来越受到广泛关注和重视。这就为全面、系统地研究管理活动过程中的客观规律和一般方法提供了必要的条件,使管理学的研究不断得到充实和发展。

(1)管理学是一门独立的科学。首先,管理学是一门科学,它具有其他一切学科所具有的基本特征。管理学作为一般管理原理,区别于宏观管理学和微观管理学。它是研究所有管理活动中的共性原理的基础理论学科,无论是宏观管理学还是微观管理学,都需要管理学的原理作为基础来加以学习和研究。管理学是各门具体的或专门的管理学的共同基础。其次,管理学是一门独立的科学,有自己的独立学科体系。它有特定的研究范围和研究对象,具有一系列含义明确的最基本概念和经过实践检验证明其正确的原理和原则,能够形成一个完整的且比较严密的理论体系。最根本也是最重要的是,它能反过来指导人们的实践,并使人们顺利地达到预期的目的。

(2)管理学是一门定性和定量相结合的科学。管理学应该而且能够广泛运用数学知识,凭借多种数学运算,以实现其更高程度的科学化与精确化。管理学不仅借用了数学中各种现成的运算方法,而且创造了许多适合于管理学研究的专门的运算方法,这些就构成了管理学定量化的一面。但也必须看到,管理学所涉及的众多因素中,人占据了举足轻重的地位;而人这种因素具有非常大的不确定性,它有许多不能量化的东西,人组成的组织更是如此。因此,很多时候只能进行定性的分析,采用价值判断的方法。因此,管理学任何时候都将是一门定性分析与定量分析相结合的科学。

(3)管理学是一门软科学。软科学是和硬科学相对应的一种说法。如果把组织中的人力、物力和财力看作是硬件,管理则是软件。通过管理,充分调动人的积极性,发挥其内在潜力,有效地利用财力和物力,用较少的成本实现组织的目标,正是管理的任务所在。这是把管理看成软科学的第一层理由。同样,管理本身不能创造价值,它必须借助于被管理者和其他各种条件,通过他们来体现管理的价值。这种价值很难从其他人创造的价值中明确区分出来,究竟管理创造了多少价值,完全是一种模糊的概念。这是管理称为软科学的第二层理由。再者,通过管理提高效益,是有其时间过程的,其效益只能通过较长的时期之后才能得到显现。一项管理措施在没有实施之前,总会有各种不同的看法,有些管理措施甚至在实施相当长时间后,还不能被正确评价。实际上,即使是同一项管理措施,由于管理环境不同、管理艺术差异,结果也会有较大的不同,这和硬科学的评价及结果证明是完全不同的。因此,管理是一门软科学。

(4)管理是一门应用性科学。首先,管理学的知识来源于人们的管理实践,是人们管理经验的概括和总结;没有实践,它就成了无源之水,无本之木。其次,管理学的知识,必须运用到实践中去才有价值;否则,它就失去了存在的意义。再次,管理学知识的正确与否,归根结底要接受实践的检验。管理学是为管理者提供从事管理的有用的理论、原则和方法的实用性学科。

管理的实践性表现为它具有可行性,而其可行性标准是通过经济效益和社会效益来加以衡量的。因此,管理学又是一门实用科学。

(5)管理是一门综合性学科。管理学的主要目的是要指导管理实践活动。管理活动的复杂性、多样性决定了管理学内容的综合性。管理学的综合性表现为:在内容上,它需要从社会活动的各个领域、各个方面以及各种不同类型组织的管理活动中,概括和抽象出对各门具体管理学科都具有普遍指导意义的管理思想、原理和方法;在方法上,它需要综合运用现代社会科学、自然科学和技术科学的成果,来研究管理活动中普遍存在的基本规律和一般方法。面对当代异常复杂的管理活动,作为管理者仅掌握单一方面的知识是远远不够的。因此,管理学涉及政治学、经济学、心理学、人类学、社会学、生理学、伦理学、工艺学、数学、统计学、会计学等多门学科的知识。

(6)管理学具有很强的社会性特征。管理学研究的是管理活动中的各种关系及其一般规模。在管理活动中,人既是管理的主体,又是管理的客体。所以,管理学所研究的主要对象和研究内容是关于人的方面,这就决定了管理学必然带有很强的社会性特征。虽然管理学是一门独立的学科,但是与社会科学是密切相连的。管理是一种生产力,同时也反映一定的生产关系,其反映的生产关系必然地在管理学的理论观点上有所表现。所以,有人说,没有超越阶级的管理学。管理学的这一特征就要求在学习、借鉴他国管理理论和实践中,要注意其社会性特征。

第2章 道路管理过程之计划

2.1 计划的概念与作用

2.1.1 计划的含义

计划工作有着广义和狭义之分,广义的计划工作是制订计划、执行计划和检查计划的执行情况三个紧密衔接的工作过程。狭义的计划工作就是制订计划。通常所指的狭义的计划,即根据实际的情况,通过科学的预测,权衡客观需要和主观条件,提出在未来一定时期内要达到的目标,以及实现目标的途径。它是使组织中各种活动有条不紊地进行的保证。

自从以西蒙为代表的决策理论学派提出"管理就是决策"这个论断以后,学术界就开始出现对计划和决策关系的讨论:计划和决策是何关系,两者中谁先谁后。要理解计划,有必要先搞清这一关系。

有人认为,计划是一个较为宽泛的概念,是管理的首要工作。计划包括环境分析和预测、目标确定、方案选择的过程,而决策只是这一过程中某一阶段的工作内容。

以西蒙为代表的决策理论学派,则强调管量就是决策。决策是管理的核心,贯穿于整个管理过程。确定目标、制订计划、选择方案,是计划及决策;机构设置、人事安排、权限分配,是组织决策;计划执行活动的检查及检查的时点、检查手段的选择,是控制决策。因此,决策不仅包容了计划,而且包容了整个管理,决策就是管理本身。

实际上,这两种观点各有合理的成分,如果把两者结合起来看,两种观点并不矛盾。计划与决策是"你中有我,我中有你"的关系。这种关系体现在:决策制订过程中,不论是对内部能力优势或劣势的分析,还是在方案选择时关于各个方案执行效果或要求的评价,实际上都已经开始孕育着制订计划。反过来,计划的编制过程,既是决策的组织落实过程,也是决策的更为详细的检查过程。无法落实的决策,或者说决策选择的活动中某些任务的无法安排,必然导致必须对计划进行一定程度的调整。

2.1.2 计划工作的任务和内容

计划工作的任务,就是根据社会的需要以及组织的自身能力,确定出组织在一定时期内的奋斗目标,通过计划的编制、执行和检查,协调和合理安排组织中各部门和人员的活动,有效利用组织的资源,取得最佳的经济效益和社会效益。

计划工作的任务是通过计划工作的内容来实现的。计划工作的内容可以概括为以下七个方面(5W2H):做什么(what to do)、为什么做(why to do)、何时做(when to do)、何地做(where to do)、谁去做(who to do)、如何做(how to do)、需要多少成本(how much)。这七个方面内容具体含义如下。

"做什么"是明确一定时期的中心任务和工作重点。例如,由于激烈的市场竞争,企业的老产品已经慢慢在市场上丧失优势地位，经过对市场的调查和预测，企业决定迅速推出新产品，近期的工作重点是筹集资金，组织相关科研人员进行技术研发，在短期内推出换代产品。

“为什么做”是明确计划工作的宗旨、目标和战略，并论证可行性。这一步骤非常重要，如果在这个步骤没做好，发生方向性的错误，即使后续过程再完美，行动也必将会失败。同时，计划者计划的宗旨、战略和目标越清晰越明确，越有助于他们在计划工作中发挥积性、主动性和创造性。因此，计划者在分析和预测市场的基础上，进一步认识到市场结合自己的资源状况，为了企业的盈利，必须选择开发新产品的战略，主动淘汰老产品；同时结合自己的资源状况，对计划的可行性进行论证。

“何时做”是规定计划中各项工作的开始和完成的时间限制，以便于对资源的调拨、提高工作效率和进行有效的控制。在企业中，尤其讲究时间效率，因为时间就是金钱。如果某一企业先推出新产品，就可以先占市场商机，抢占市场份额。

“何地做”是确定计划的实施地点场所，了解计划实施的环境条件有何限制，以便合理安排计划的实施。

“谁去做”是计划的实施中各项任务的完成应该由哪些部门、哪些人员负责执行。只有确认责任人，才能把计划落实在实处。

“如何做”是制订实现计划的具体措施。

“需要多少成本”是测算本项计划的成本值，其关系到成本和效益的平衡，工作中要做好计划执行的预算。

2.1.3 计划的特点

计划作为管理的主要职能，当然有其特点，具体体现在以下几个方面。

(1)目的性

任何组织或个人制订计划都是为了有效地达到某种目标。目标是计划工作的核心，没有目标的计划是盲目的。在计划过程的最初阶段，首要任务就是制订具体明确的目标，其后的所有工作都是围绕目标进行的。目的性是计划的出发点和归宿点。

(2)首要性

计划处于管理职能的首要地位，组织、领导、控制等管理的其他职能只有在计划工作确定了目标之后才能进行，并且都随着计划和目标的改变而改变，见图2-1。

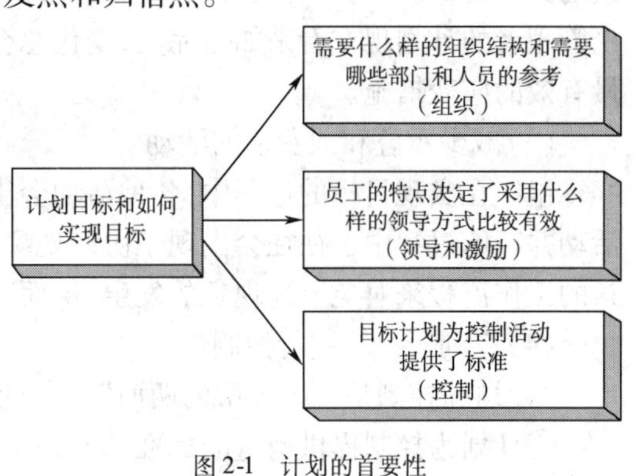

图2-1 计划的首要性

(3)普遍性

计划的普遍性表现在两个方面：一是组织的任何活动都需要计划。由于资源的有限性，使得人们在从事各种活动时，都需要事先进行计划，因为只有这样，才能有效地利用资源。二是组织中各级管理人员都需要计划。所不同的是，高层管理人员负责制订战略性计划，而中基层管理人员负责制订战术性计划或生产作业计划。

(4)时效性

时效性指的是任何计划都有计划期的限制。其主要表现在两个方面：一是计划工作必须在计划期开始之前完成计划的制订工作；二是任何计划必须慎重选择计划期的开始和截止时间。例如,我国制定的“十一五”年规划从2006年开始,到2010年结束;小李计划在大四毕业前一定要通过托福考试。

(5)动态性

动态性是指任何计划都不是一成不变的。由于任何人都不可能对未来的环境条件作出全面而准确的判断,因此任何计划在执行过程中,都会受到环境条件变化的影响。这时,计划就必须作出及时的调整。但调整不能是盲目的,不是领导者拍脑瓜随意拍出来的,应该切合实际。

(6)创造性

计划是对管理活动的设计。管理活动中的环境可能会发生变化,管理活动中会不断出现新问题、新变化,要应对这些变化,计划就需要打破原有的模式,体现出创造性。同时,管理是一个螺旋式上升的过程,原来的计划完成后,要制订新的计划,这一计划不是原有计划的重复,而应该是一个新的创造过程,这更是计划创造性的体现。

2.1.4 计划的作用

计划在管理中具有十分重要的作用,不同交通运输企业的各个层次的管理者要使管理有效,都必须重视计划工作,具体体现在以下几个方面。

(1)为组织成员指明方向,协调组织活动

良好的计划实际上相当于确立了组织的目标,制订计划的过程就是让所有组织成员明确组织目标的过程,这有利于将组织内成员的力量凝聚成一股朝着同一目标方向的合力,从而减少内耗,降低成本,提高效率。

(2)为组织的未来预测变化,减少冲击

计划是面向未来的,而在未来,无论是组织生存的环境,还是组织自身都具有一定的不确定性和变化性。计划工作可以让组织通过周密细致的预测,从而尽可能地变“意料之外的变化”为“意料之内的变化”,用对变化深思熟虑的决策来代替草率的判断,从而面对变化也能变被动为主动,变不利为有利,减少变化带来的冲击。但不能据此认为计划就可以消除变化,无论管理者的计划现在看来如何完美,变化总会发生,制订计划的目的是预测可能的变化和制订最有效的应变措施。

(3)减少重叠和浪费性的活动

组织在实现目标的过程中,各种活动会出现前后协调不一、联系脱节等现象,同样,在多项活动并行的过程中也往往会出现不协调现象。良好的计划能通过设计好的协调一致、有条不紊的工作流程来避免上述现象的发生,从而减少重复和浪费性的活动。

(4)有利于组织进行控制

“计划和控制是一枚硬币的两面”形象地表示了计划和控制之间的关系,具体表现如下:

①计划为控制提供衡量的标准。如果没有既定的目标和规划作为衡量的尺度,管理人员就无法检查组织目标的实现情况,也就无法实施控制。控制中几乎所有的标准都来自于计划。而控制是计划得以实现的必要保证,离开了适当、必要的控制,计划会流于形式。

②计划和控制的效果分别依赖于对方。计划越明确、详细和全面,控制工作就越容易进行,效果也就越好;而控制越准确、合理和有效,就越能保证计划的实现,并能提供更多的反馈信息从而提高计划的质量。计划工作本身必须要有一定的控制,这样才能保证计划工作的质量;控制工作本身也需要有一定的计划,离开了计划,控制工作将寸步难行,更谈不上控制的真

正效果了。

所以，控制与计划的关系相当密切。如果说计划工作是谋求有连续性的、一致性的及彼此衔接的计划方案，那么控制工作则是务必使一切管理活动都按照计划进行。因此，计划和控制实质上是一个问题的两个方面而已。

从以上几个方面可以看出，计划作为管理的一项重要职能，对管理者实施有效管理是非常重要的。

2.2 计划的类型和表现形式

对每一个道路交通基础设施的建设与管理，都必须制订合理可行的计划。计划通常表现出多种形式，不同形式的计划服务于组织不同的目标。

2.2.1 计划的类型

依照不同的标准，可将计划分为不同的类型，各种类型的计划不是彼此割裂的，而是由分别适用于不同条件下的计划组成的一个计划体系。

(1)根据计划涉及的时间的长短将计划分为长期计划和短期计划

一般来讲，期限在1年以内的称为短期计划，而期限在5年以上的即为长期计划，介于两者之间的称为中期计划。长期计划与战略决策相对应，因此，也可称之为战略计划，它描述了组织在较长时期(通常为5年以上)的发展方向和方针，规定了组织的各个部门在较长时期内从事活动应达到的目标和要求，绘制了组织长期发展的蓝图。短期计划是在长期计划的基础上，为保证长期计划的实现，具体地规定了组织的各个部门从目前到未来的各个较短的时期阶段，特别是最近的时段中，应该从事何种活动，从事该种活动应达到何种要求，为各组织成员在近期内的行动提供依据。

(2)根据职能标准分类将计划分成业务计划、财务计划及人事计划

业务计划是组织的主要计划。长期业务计划主要涉及业务方面的调整或业务规模的发展，短期业务计划则主要涉及业务活动的具体安排。比如，企业业务计划包括产品开发、生产作业及销售促进等内容。进一步划分，产品计划又涉及新品种的开发、现有产品的结构调整、功能完善等；生产计划安排了企业生产规模的扩张及实施步骤，不同车间、班组的季、月、旬乃至周的作业进度安排；销售计划关系到销售渠道和销售手段的选择与建立等。

财务计划与人事计划是为业务计划服务的，也是围绕着业务计划而展开的。财务计划研究如何从资金的提供和利用上促进业务活动的有效进行；人事计划则分析如何为业务规模的维持或扩展提供人力资源的保证。比如，为了满足业务规模发展、资金(本)增大的需要，财务计划要决定如何建立新的融资渠道或选择不同的融资方式，如何保证资金的供应，如何监督这些资金的利用效果；为保证组织的发展，人事计划要研究如何提高员工的素质，如何把具备不同素质特点的组织成员安排在不同的岗位上，使他们的能力和积极性得到充分的发挥。

(3)按计划的明确程度分为指导性计划和具体计划

指导性计划指的是该计划只规定一些重大方针和原则，而不局限于明确的特定目标，或特定的活动方案上。这种计划只是为组织指明方向，统一认识，但并不提供实际的操作方案，只要是遵循相应的原则，方案可以根据条件的变化再行选择。

具体计划与指导性计划恰恰相反，要求必须具有明确的可衡量目标以及一套可操作的行

动方案。组织常常根据面临环境的不确定性程度和可预见性程度的不同,选择制订这两种不同类型的计划。如果环境的不确定性较大和可预见性程度较低,常常是制订指导性计划,确定一个行动的指导性原则,反之最好是制订具体计划。

(4)按计划的组织层次分为高层管理计划、中层管理计划和基层管理计划

高层管理计划,一般以整个组织为单位,着眼于组织整体的长远的安排,一般属于战略计划。

中层管理计划,一般着眼于组织内部的各个组成部分的定位及相互关系的确定,它既可能包含部门的分目标等战略性质的内容,也可能有各部门的工作方案等作业性的内容。

基层管理计划,着眼于每个岗位、每个员工、每个工作时间单位的工作安排和协调,基本是作业性的内容。

2.2.2 计划的表现形式

计划的不同表现形式是计划多样性的体现,确定计划形式对于发挥计划职能有着重大意义。

(1)组织的宗旨

一个组织的宗旨可以看作是一个组织的最基本的目标,是一个组织得以存在的基本理由。一个组织的宗旨无非有三类:要么是寻求贡献于组织以外的自然、社会,要么是寻求贡献于组织内部的成员的生存和发展,或者是两者兼而有之。这三类宗旨是彼此相连、相辅相成的。组织是为其宗旨而存在,而不是相反。例如,索尼公司的宗旨是:索尼是开拓者,永远向着那未知世界探索。在这一宗旨指导下,索尼公司最大限度地发掘人才,技术创新,从而在世界上最早发明出家用录像机等产品。

(2)组织的使命

确立了组织的宗旨以后,为了实现它,组织就可以为自己选择一项使命。这项使命的内容就是组织选择的服务领域或事业。例如,一家旅行社和一家化工厂,同样为了创造利润,一个选择了提供旅游服务,一个却选择了提供化工产品;一所学校和一家医院,同样服务于社会,前者的使命是教书育人,后者的使命是救死扶伤。这里应该强调的是,使命只是组织实现宗旨的手段,而不是组织存在的理由。组织为了自己的宗旨,可以选择这种事业,也可以选择那种事业。

(3)组织的目标

组织的使命说明了组织要从事的事业,而组织的目标则更加具体地说明了组织从事这项事业的预期结果。组织的目标包括了组织在一定时期内的目标以及组织各个部门的具体目标这两方面的内容。对于一家工商企业来说,在一定时期的目标通常表现在两个方面,即企业对社会作出贡献的目标和自身价值实现的目标。通常情况下,人们可以把组织目标进一步细化,从而得出多方面的目标,形成两个互相联系的目标体系。海尔集团在国际化经营的环境下,确立自己的组织目标是:创造资源,美誉全球。也就是要锻造自己的核心竞争力,成为全球品牌。

(4)组织的战略

清楚了组织的宗旨、使命和目标之后,人们还是不能清晰地描绘出一个组织的发展方向。一个组织的发展应该是非常实际和具体的,而上述内容都非常抽象,因此,还要为实现组织的目标去选择一个发展方向、行动方针及各类资源分配方案的总纲,这个总纲就是组织的战略。只有在战略制订和实施之后,组织才能由一个抽象的概念变成具体的形态。当然,战略还不是

具体说明企业如何去实现目标的，它的重点是要在目前和未来的环境中为组织的发展指明方向和资源配置的优先次序。比如，海尔为了实现“创造资源，美誉全球”的目标，实行“东方亮了再亮西方”、“吃休克鱼”的扩张战略，“人人是人才，赛马不相马”的人才战略，“顾客永远是对的”的营销战略等，这些战略就比较具体，可以把握。

(5)组织的政策

政策是管理者决策时用来指导行动的规定，政策的制定是为了规定组织行为的指导方针。政策的种类有很多，例如，企业鼓励员工进行发明创造或技术改造，对创新中表现突出的给予重奖；企业销售部门鼓励顾客现货交易的优惠政策等。

政策可以以书面文字形式发布，也可能存在于管理人员的非正式行为规范中，它指明了组织活动的范围和方向，鼓励什么，反对什么，但并非对成员的所有行为进行详细的规定，而是限定了一定的权限许可范围后，给下属自由处置问题的权力。例如，企业把奖金分配的权力下放给每个部门，奖金总额已经确定了，要求按照多劳多得的原则分配，这就是企业的政策，但如何分配则给予各部门自由裁量权。

(6)组织的程序

程序也是一种计划，它规定了某些经常发生的、重复出现的问题的解决方法和步骤。程序是一种经过优化的计划，是通过大量经验事实的总结而形成的规范化的日常工作过程和方法，并以此来提高工作的效果和效率。当然，程序往往还能较好地体现政策的内容。例如，企业中物料领用的流程，就是一个程序；人员招聘过程中所涉及的各个部门的责权利以及行动的先后顺序的安排，也是一个程序。

(7)组织的规章(规则)

规章是一种最简单的计划，它规定了某种情况下采取或不能采取某种具体的、详细的行动。例如“上班不允许迟到，迟到要罚款”，“销售人员规定范围外的费用开支需由副总经理核准”等。

规章和政策的最大区别在于前者是一种没有回旋余地的规定，是一个“死命令”，不再需要进行任何决策；而后者只是指出了行动的原则，却并没有给出具体的行动方式，可在所有能够达到同一个效果的行动方案中可以进行选择。

人们常把规章和程序相混淆，因为两者都是直接指导行动，要求照章行事，但规章只是对具体情况下的单个行动的规定，而不涉及程序所包含的时间序列，可以说程序实际上就是多个规章按照一定的时间序列的组合。例如，在吸纳新人员的招聘的程序中涉及人事部门、用人部门、财务部门等，按照一定的程序把相关的入职手续办完，每涉及一个部门，就会有相应的规章制度约束各部门的关于入职手续办理的行为。

(8)组织的规划

组织规划的作用是根据组织总目标或各部门目标来确定组织分阶段目标或组织各部门的分阶段目标，其重点在于划分总目标实现的进度。规划有大有小，为实现我国社会经济发展的大目标，国家制订了一个五年规划；一个大学校园里的小零售店，为实现向小型超市发展的目标，也可以制订一个改变货架的规划。组织的规划不仅仅包含组织的分阶段目标，其内容还包括实现该目标所需的政策、程序、规则、任务委派、所采取的步骤、涉及的资源等。组织的规划是一份综合性的，但也是粗线条的、纲要性的计划。

(9)组织的预算

预算是一种“数字化”的计划，把预期的结果用数字化的方式表示出来就形成了预算。一般来说,财务预算是组织最重要的预算,因为组织的各项经营活动几乎都可以用数字化、货币化的方式在财务预算表上体现出来。预算作为一种计划,勾勒出未来一段时期的现金流量、费用收入、资本支出等的具体安排。预算还是一种主要的控制手段,是计划和控制工作的联结点——计划的数字化产生预算,而预算又将作为控制的衡量基准。

2.3 计划的原则

计划工作有通用原则可以遵守,这些原则主要包括:限定因素原则、许诺原则、灵活性原则、改变航道原则。

(1)限定因素原则

所谓限定因素,是指妨碍组织目标实现的因素。也就是说,在其他因素不变的情况下,仅仅改变这些因素,就可以影响组织目标的实现程度。限定因素原则可以表述如下:主管人员越是能够了解对达到目标起主要限制作用的因素,就越能够有针对性地、有效地拟订各种行动方案。限定因素原则有时又被形象地称作"木桶原则"。其含义是木桶能盛多少水,取决于桶壁上最短的那块木板条。限定因素原则表明,主管人员在制订计划时,必须全力找出影响计划目标实现的主要限定因素或战略因素,有针对性地采取得力措施。

(2)许诺原则

许诺原则可以表述为:计划的本质是决策者对完成各项工作所作出的许诺,所以,许诺越大,实现许诺的时间就越长,实现许诺的可能性就越小。这一原则关系到计划的期限问题。计划必须确定一个合理的期限,在确定合理期限时就可以遵循许诺原则,即合理计划工作要确定一个未来的时期,这个时期的长短取决于实现决策中所许诺的任务所必需的时间。例如,某公司投资1000 万建设一个新厂,经过分析论证,这项投资大约经过5 年就能收回,那么这项投资计划应该以5 年的业务计划为基础。

(3)灵活性原则

在实施计划的过程中,常常会遇到"计划赶不上变化"的情况,对计划作出适当的修改是否就否定了计划的严肃性了呢?当然不是,在计划中应该遵循灵活性原则。

一般情况下,制订正式计划往往和更高的利润、更好的绩效相联系,凡是有计划未能导致高绩效的情况,一般都是因为不确定的环境的变化。所以计划工作必须随机应变,因地制宜,而不能够僵化、教条。在某些情况下,具有明确性的具体计划可能更适宜,而在其他情况下也许正相反,仅给行动施以宽松的指向性可能会比具体计划更为有效。计划工作本身与灵活性并不矛盾。

首先,计划并不是为了消除变化,而是基于对未来所可能发生变化的预见来对组织活动作出安排。其次,管理者制订计划的目的和制订计划的正确方式,应该是预测变化并制订最有效的应变措施。最后,备选计划方案的制订,就是对灵活性的保证。所以,在计划中应该遵循灵活性原则,计划中体现的灵活性越大,由于未来意外事件引起损失的风险就越小。必须指出,灵活性原则就是制订计划时要留有余地,至于执行计划,则一般不应有灵活性。例如,执行一个生产作业计划必须严格准确,否则就会发生组装车间停工待料或在制品大量积压的现象。

(4)改变航道原则

计划制订出来后,计划工作者就要管理计划,促使计划得以实施,但在计划实施过程中不能被计划所"限制",不能被计划框住,必要时可以根据当时的实际情况作必要的检查和修订。

因为未来情况随时都可能发生变化,制订出来的计划就不能一成不变。尽管在制订计划时预见了未来可能发生的情况,并制订出相应的应变措施,但正如前面所提到的,一来不可能面面俱到,二来情况是在不断变化,三是计划往往赶不上变化,总有一些问题是不可能预见到的,所以要定期检查计划。如果情况已经发生变化,就要调整计划或重新制订计划。就像航海家一样,必须经常核对航线,一旦遇到障碍就可绕道而行。因此,在计划实施时,应遵循改变航道原则,即计划的总目标不变,但实现目标的进程(即航道)可以因情况的变化随时改变。这个原则与灵活性原则不同,灵活性原则是使计划本身具有适应性,而改变航道原则是使计划执行过程具有应变能力,为此,计划工作者就必须经常地检查计划,重新调整、修订计划,以此达到预期的目标。

2.4 计划编制的程序和方法

2.4.1 计划的编制程序

计划编制本身就是一个过程。为了保证计划编制得合理,确能实现组织决策的落实,计划编制过程中必须采用科学的方法。计划编制的流程图如图 2-2 所示。

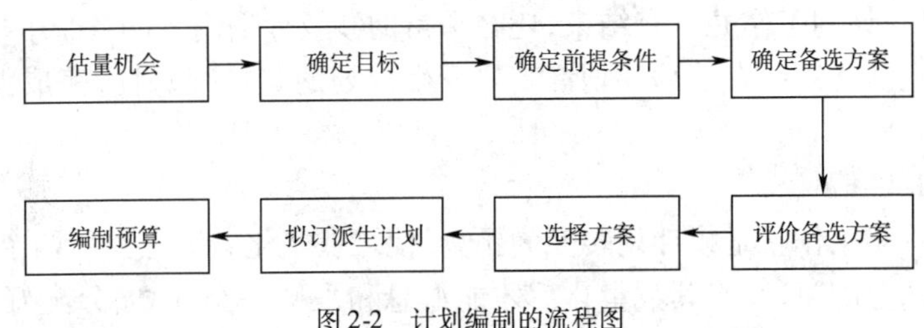

图 2-2 计划编制的流程图

(1)估量机会

首先管理者应该对环境中的机会做一个扫描,确定能够取得成功的机会。管理者应该考虑的内容包括:组织的期望,存在的问题,成功的可能性,利用这些机会所需的资源和能力,自己的长处、短处及所处的地位。估量机会就是要根据现实的情况对可能存在的机会作出现实的判断。这项工作应该在环境研究和预测阶段就已完成,是整个计划工作的真正起点。比如,某家公司的经营业绩出现了滑坡,主要原因是市场竞争过于激烈,供大于求。而该公司的优势是在技术和生产管理方面均领先于竞争对手。因此,该公司的机会可以是通过继续压缩成本、降低售价来扩大销售,取得竞争优势。

(2)确定目标

人们在旅行之前都有明确的目的地,同样,计划工作的第一个步骤就是为整个计划确立目标,即计划预期的成果。除此之外,还要确定达到这一目标需要做哪些工作,重点在哪里,如何运用战略、规章、预算等计划形式去完成计划工作的任务等。目标的选择是计划工作的关键,直接决定行动能否取得预期结果。因为如果确立的目标本身不正确,投入的资源越多,计划得越周密,离组织成功越远。

(3)确定前提条件

这是计划工作的一个重要内容。选定目标是确定计划的预期成果,而确定前提条件则是要确定整个计划活动所处的未来环境。计划是对未来条件的一种“情景模拟”,确定前提条件就是要确定这种“情景”所处的状态和环境。这种“情景模拟”能够在多大程度上贴近现实，取决于对它将要处在的环境和状态的预测能够多大程度地贴近未来，这个环节反映的是组织在环境研究的基础上的预测质量的高低。

(4)确定备选方案

计划的初步成果是找出一种或几种备选的解决方案。在这一阶段，计划者要集思广益、开拓思路、大胆创新，在对组织内外环境把握的基础上，尽可能选出所有的备选方案，不要有遗漏，为选择最终方案提供比较的对象。

(5)评价备选方案

这一阶段就是要根据计划的目标和前提条件，通过考察、分析对各种备选方案进行评价。评价备选方案的尺度有两个方面：一是评价的标准；二是各个标准的相对重要性，即其权数。显然，计划前期工作的质量直接影响到方案评估的质量。

(6)选择方案

这无疑是整个计划流程中的关键一步。这一步的工作完全建立在前四步的工作基础之上。为了保持计划的灵活性，选择的结果往往可能会选择两个甚至两个以上方案，并且决定最终采取哪个方案，并将其余的方案也进行细化和完善，作为后备方案。

(7)拟订派生计划

方案选择好后，计划工作并没有结束，还必须帮助涉及计划内容的各个下属部门拟订支持总计划的派生计划。几乎所有的总计划都需要派生计划的支持和保证，完成派生计划是实施总计划的基础。

(8)编制预算

计划的最后一步工作就是将计划转变为预算，使之数字化。这主要有两个目的：一是计划必然要涉及资源的分配，只有将其数量化后才能汇总和平衡各类计划，分配好资源；二是预算可以成为衡量计划是否完成的标准。

2.4.2 计划编制的方法

计划编制的方法有很多，如网络计划技术、滚动计划法、投入产出分析等，都是组织计划时常用的方法。在这里只介绍滚动计划法和投入产出分析法。

(1)滚动计划法

计划在执行过程中，必然要根据情况进行调整。这不仅因为计划活动所处的客观环境会发生变化，而且可能因为人们对客观环境的主观认识有了改变。为了使组织活动更加符合实际，必须对计划进行适时的调整。滚动计划法是保证计划在执行过程中能够根据情况变化适时修正和调整的一种现代计划方法。

滚动方式计划的基本做法是：制订好组织在一个时期的行动计划后，在执行过程中根据组织内外条件的变化定期加以修改，使计划不断延伸，滚动向前，如图 2-3 所示。

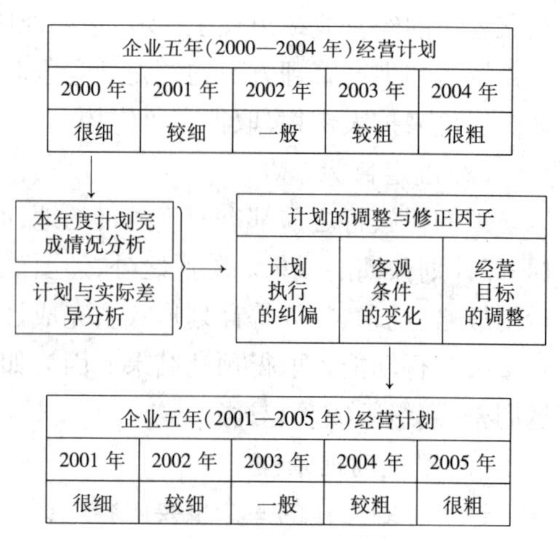

图 2-3 滚动计划法

滚动计划方法主要应用于长期计划的制订和

调整。长期计划面对的环境较为复杂,有许多因素组织本身难以控制,采用滚动计划,便可适时根据环境变化和组织活动的实际进展情况进行调整,使组织始终有一个为各部门、各阶段活动导向的长期计划。当然,这种计划方式也可应用于短期计划工作,如年度或季度计划的编制和修订。采用滚动方式编制年度计划时,可将计划期向前推进一个季度,到第一季度末根据第一季度计划执行结果和客观情况的变化,对原来的年度计划进行相应的调整,使计划期向前推延一个季度。

(2)投入产出分析

投入产出分析是20世纪40年代由美国经济学家列昂节夫首先提出的,其基本原理是各部门经济活动的投入和产出之间的数量关系。投入指的是将人力、物力投入生产过程,在其中被消费;产出指的是生产出的一定数量和种类的产品。

投入产出分析作为一种综合计划方法,首先要根据某一年度的实际统计资料需求了解各部门之间的比例,编制投入产出表,然后计算各部门之间的直接消耗系数和间接消耗系数(两者合计即完全消耗系数),最后根据某些部门对最终产品的要求,计算出各部门应达到的状况,据此编制综合计划。这种方法的主要特点如下:

①反映了各部门的技术经济结构,可合理安排各种比例关系,特别是进行综合平衡的一种有效手段。

②在编表过程中不仅能充分利用现有统计资料,而且能建立各种统计指标之间的内在关系,使统计资料系统化;编制完成的投入产出表能比较全面反映经济过程的数据,可以用来进行多种经济分析和预测。

③通过表格形式反映经济现象,直观、易于理解,容易为计划工作者所接受。

第3章　道路管理过程之组织

人类社会是有组织的社会。每个个体都离不开组织，如人一出生就是一个家庭组织的成员；上学后又成为学校、班组的一员；参加工作后成为某工作单位的员工；道路施工人员属于某一施工企业，同样，他还可能是某一社团组织的成员等。所以说，社会组织是人们生活的普遍形成。理解组织及其各种行为表现，是组织行为学研究的重要问题，为此必须首先明确这个最基本的概念。

3.1　组织的界定

3.1.1　组织的含义

从组织的出现过程来看，组织是随着人类社会的出现而出现的。它是社会人为了满足自己的生存、发展，以及各种社会愿望而形成的各种各样的集体或集团。正如切斯特·巴纳德（Chester Barnard）所说：由于生理的、物质的、社会的限制，人们为了达到个人和共同的目标，就必须合作，于是形成群体，即组织。也就是说，组织是人们为了实现某种目标而形成的群体或集合。

众多学者从不同角度给组织进行过各种界定。古典组织理论学家韦伯在其代表作《社会组织与经济组织》中提出组织是为达成一定目标经由分工与合作，形成不同层次的权利和责任制度，从而构成的人的集合。切斯特·巴纳德从社会系统学角度提出，组织是一个有意识地对人的活动或力量进行协调的关系，是两个以上的人自觉协作的活动或力量所组成的体系。并认为组织的三个基本要素是信息交流、协作意愿和共同的目的。相类似的，系统管理学派把组织看作是由相互联系、相互作用的子系统构成的有机整体。而哈罗德·孔茨和海因茨·韦里克更加强调组织角色的性质、内容及对职位结构的设计，从而把组织定义为："组织意味着一个正式的有意形成的职务结构或职位结构"。

分析归纳上述对组织的界定，可以看出，组织是通过对组织要素确定相互关系，从而使之有序化的过程，它是动态的组织活动过程和相对静态的社会实体的统一。所以，"组织"既可以是有形的（如学校、企业等看得见、摸得着的组织实体），也可以是无形的（如可以指一种协作系统和关系网络）；既是静态的（如拥有一定规模、设备、人员等的组织机构），也是动态的（如管理职能中的组织指一种安排、一种职能、一种活动等）。

3.1.2　组织的构成要素

组织的构成要素分有形和无形两种。对于任何一个正式组织来说，有形要素和无形要素都是组织存在的必要条件。

（1）有形要素

从实体角度来理解，人们为了某种目的集合到一起，为了实现组织目标，组织内部必然要进行分工与合作，以实现"1+1>2"(两人以上)的总和效率。为此，组织设立不同的岗位、部门，使其特定的岗位部门从事特定的工作。分工以后，为了使各部门、各工种、各人员各司其职，就要赋予其完成工作所必需的权利，同时，明确各岗位、各部门及个人的责任。因此一般要构成组织，需要的有形要素包括以下几个：

①人员。人员是组织构成的核心要素，只有人才能使组织运转起来，并充满生机和活力。

②职务。组织中的人员必须从事一定的工作，承担一定的义务，人员从事的工作和承担的义务必须是实现组织目标所必需的。

③职位。同一种工作或业务是由一个人不能完成的，这就需要设置多个从事相同工作或业务的岗位。

④关系。担任不同职务、处于不同职位、承担不同责任的人员之间必然存在着某种联系。组织成员之间的关系主要是责任关系、权力关系和利益关系。

⑤生存条件。一个组织的生存和发展离不开必要的物质条件，这些条件包括组织运行所必需的资金、工作场所、交通通信工具等。

(2)无形要素

从本质上讲，组织本身就是为了实现共同目标而采用的一种手段或工具。两个或两个以上的人走到一起产生了合作意愿，这只是组织存在基本条件，还必须有一个协作的目的，只有这样，协作意愿才能发展，组织才能存续下去。没有这样的目的，就无法知道或预测对个人努力的要求，在许多情况下也无法知道可以提供给个人什么。所以，构成组织的无形要素可以归为以下几个：

①共同的目标。组织作为一个有机整体，首先要具有一定的目标，任何组织都是为了实现特定的目标而存在的。可以说，组织目标是组织一切动力的来源。这种共同的目标既为组织运营和组织协调所必需，又能为组织成员所接受和理解，同时又必须随环境条件的变化而作适当的变更。

②协作意愿。指组织成员对组织共同目标作出贡献的意愿。若组织内无协作意愿，组织目标将无法达成，组织也必将趋于散乱。而组织内部个人协作意愿强弱的差异性很大，而且随时间和外界条件的变化而经常变化。对于组织成员来说，其协作意愿的强弱主要取决于组织成员对于自己在组织中所作的贡献与所取得的报酬之间的比较。如果所行大于贡献，则会刺激继续作贡献的热情；反之趋于消极，甚至使协作意愿消失，导致组织关系失衡。

③信息沟通。作为组织成员必须愿意合作，这就要求组织共同目标与个人目标必须是能够统一的、相互协调的，而信息沟通是进行有效协调的必要条件。通过信息沟通将两者联系和统一起来才是具有意义和效果的。有组织目标而缺少沟通，将无法统一和协调组织成员为实现组织目标所采取的合理行动。因此，信息沟通是组织内的一切活动的基础。

3.1.3 组织的分类

(1)组织的主要分类标准及类型

在现实生活中，组织可以按不同标准进行分类，表3-1对较为通用的几种分类方法作了简单汇总。下面，重点介绍其中的几种分类形式，了解其分类标准及其特征。

组织的分类 表3-1

分类标准	类型	分类标准	类型
按组织的性质	经济组织	按社会功能	以经济生产活动为导向的组织
	政治组织		以政治为导向的组织
	文化组织		整合组织
	群众组织		模型维持组织
	宗教组织	按人员顺从度	强制性组织
按利益受惠	互利性组织		功利性组织
	服务组织		正规组织
	实惠组织	按组织的形成方式	正式组织
	公益组织		非正式组织

①按组织的形成方式分类

按组织的不同形成方式,将组织分为正式组织和非正式组织。这一分类方法对于研究组织管理具有重要的意义。所谓组织职能,主要是针对正式组织中的组织职能。然而,非正式组织的作用也越来越受到管理者的重视。

a. 正式组织。切斯特·巴纳德认为,如果有两个或两个以上的人,按照某一既定目标而有意识地协调他们的活动时,就构成正式组织。哈罗德·孔茨指出,正式组织是通过对角色职务结构的刻意设计而产生的,主要表现在指挥链、职权与责任的关系及功能作用。由此可见,正式组织是为了有效实现组织目标,而明确规定组织成员之间职责范围和相互关系的一种机构,其组织制度和规范对成员具有正式的约束力。

b. 非正式组织。非正式组织是人们在共同工作或活动中,由于具有共同的兴趣和爱好,以共同的利益和需要为基础而自发形成的团体。根据切斯特·巴纳德的观点,如果没有自觉的、共同目的的共同个人活动,即使是有助于共同的结果,也是非正式组织。非正式组织的最大特点是感情的联系和快速的信息沟通。因此,非正式组织也可表述为:“并不是由正式组织所建立或所需要的,而是由于人们互相联系而自发形成的个人和社会关系的网络”。

②按社会功能分类

美国著名社会学家帕森斯(T. Parsons)认为,组织的分类应按社会作用和社会效益进行。即以组织的社会功能为标准,将组织分阶段以下四类:

以经济生产为导向的组织。这类组织以经济生产为核心,运用一切资源扩大组织的经济生产能力。这种组织的任务除生产物质产品外,还提供劳务等。因此,它们的范围是非常广泛的,包括公司、银行、饭店等。

以政治为导向的组织。这类组织的社会功能在于实现某种政治目的,因此它的重点是权力的生产和分配,如政府部门的一些组织就属此列。

整合组织。这类组织的功能在于协调各种冲突,引导人们向某种固定的目标发展,以保持一定的社会秩序,如法院、政府等。

模型维持组织。这类组织的功能在于维持特定的社会形式,以确保社会的平衡发展,如学校、社团、教会等。

③按人员顺从度分类

如果以组织内人员的顺从程度,或者从另一个角度说,对组织内人员的控制管理方式为标准,那么组织可分为以下三类:

强制性组织。这类组织用高压和威胁等强硬手段控制其成员,如监狱、精神病院、战俘营等。

功利性组织。这类组织主要以金钱或物质的媒介作为手段,来控制其所属成员,包括各种工商组织等。

正规组织。这类组织主要以荣誉鼓励的方式管理组织成员,而且组织的运作比较规范。这类组织包括党政、机关、学校等。

(2)企业组织的分类

企业组织无疑是现代组织中最重要的形式之一。根据组织合成"要素"的性质不同,可以将企业组织划分为三大类。

①作业组织

对生产作业活动加以组织,是企业组织的最基本内容。简单来进,生产作业活动是从输入到输出的过程。即是以物质资料或信息为对象,通过人与机器设备的结合使用和协调配合,达到将原材料的输入转换为某种形式的产品或服务。从历史的角度来看,工业组织经历了家庭手工业、工厂手工业、机器大工业和现代工业几个不同的发展阶段,其生产作业组织随着这个过程也得到不断的演化与变革。此外,在现代组织中,与生产现场作业活动相并存的办公室作业活动也日益扩大与发展,从而构成了作业组织的另一内容。

②管理组织

现代管理组织逐步被看成是一种特殊的人机协调系统,而不再是单纯以"人"为对象的组织。现代管理主要包括:日常生产经营管理组织、创新管理组织和战略管理组织。它们是组织中脑力劳动与体力劳动、日常性活动与创新性活动,以及资本所有权与组织经营权分离的产物。从组织形态上看,依据管理活动从不分工到纵向分工、横向分工和按业务经营单位分工的过程,管理组织也经历了从单个管理者到直线形简单组织,再至功能型号组织乃至事业部型组织,最终形成相对独立于日常管理组织而生存在的战略管理组织。

③财产组织

企业组织不仅是人与机器、原材料等生产要素相结合的结果,更是财务资源集合而成的经济实体。企业从机器大工厂演变为现代公司,就财产组织形式而言是一巨大变化,它体现了企业在组织制度上的飞越。财产组织不仅反映组织资本的来源、构成,而且还通过这些反映出组织治理结构中存在的问题,因此,它对于企业组织尤其是战略管理组织,具有不可忽视的影响作用。

道路施工企业中的作业组织、管理组织和财产组织在实际中是相互依存、相互促进的,它们共同形成了一个完整组织体系即企业,如图 3-1 所示,并通过相互影响和整体协调不断促进企业组织的发展。但在今天,这构成原先企业的组织又都可以独立出来,成为独立社会组织之一。

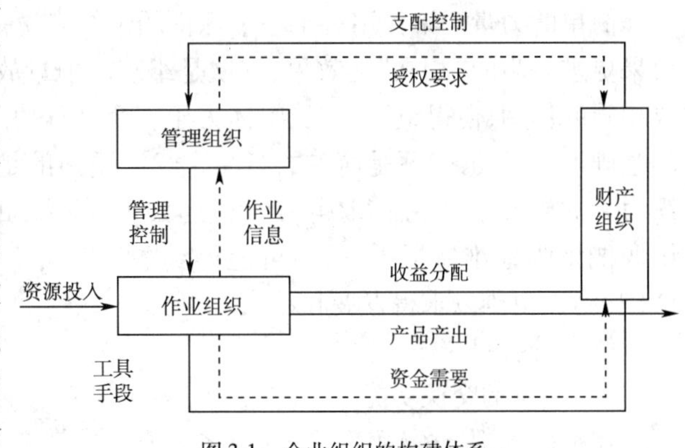

图 3-1　企业组织的构建体系

3.1.4　组织的功能

组织包围着每一个人,同时组织也以各种方式改变着每一个人的环境,表 3-2 列出了现代企业组织对个人和社会在七个方面的影响作用。正如微软公司的年底报告中表现出业绩大幅上升时会引起华尔街震荡,而华尔街又连接着整个世界经济一样,组织对现代经济和社会的影响如此之大,让人不得不重新思考。

组织的重要性　　表3-2

1	集结资源以达到期望的目标和结果
2	有效地生产产品和服务
3	促进创新
4	使用现代制造技术及以计算机为基础的技术
5	适应并影响变化的环境
6	为所有者、顾客和员工创造价值
7	适应多样化、伦理和员工激励与协调等不断发展中的挑战

组织活动绝不只是简单个体力量集合在一起。个体力量的简单集合可能会成为一个“抱团”的群体,也可能仅是形成一盘散沙而已。事实上,有效利用群体的力量可以完成单独个体力量简单相加所不能完成的任务,这才是组织的功用所在。以由碳原子构成的石墨与金刚石为例,石墨的碳原子之间是“层状结构”,而金刚石的碳原子之间是独特的“金刚石结构”,由于原子之间结构的差异两者的力量和价值无法相提并论。同样,在社会系统内部,对人的力量所进行的组织不同,也完全可能造成不同的功效。一个优良组织的基本功能具体表现在以下几个方面:

(1)组织力量的汇聚功能

组织的汇集作用表现在组织能把分散的个体汇集成为集体,可以实现单独个体无法达到的目标。这种汇集作用,相当于数学概念里的“1+1=2”的“相和”效果。日常生活中多个纤夫合拉一艘船及伐木工合力搬运木材等具体而生动的实例都可以说明这种功能。力量汇聚功能是组织产生和存在的必要前提,由于生理的、物质的、社会的限制,人们为了达到个人的和共同的目标,必须进行合作,于是作为协作群体的组织便应运而生。可见,力量汇聚是组织的基本功能。

(2)组织的力量放大功能

简单的力量汇聚作用对于一个优良的组织来说是不够的,良好的组织还能发挥比“相和”效果更进一步的“相乘”的效果,这便是组织的力量放大功能。组织对汇集起来的力量有放大或相乘的作用,使得组织实现“整体大于各个部分的总和”。力量放大作用是在力量汇集作用的基础上产生的,但不是简单的“1+1=2”,更多的是“1+1>2”。对组织来说,只有借助于组织力量的放大作用,才能取得“产出”远大于“投入”的经济效益;否则,总产出等于总投入,组织职能勉强地维持下去,而不可能得到盈余(利润),更难以求得发展和壮大。可见,力量放大是组织的核心功能。

(3)组织的交换功能

在组织内部,个人与组织机构之间存在交换关系(图3-2)。个人之所以加入某一机构,对其投入一定的时间、精力和技能,其目的是想从机构中得到某种利益或报酬,以满足个人的需求。而机构之所以

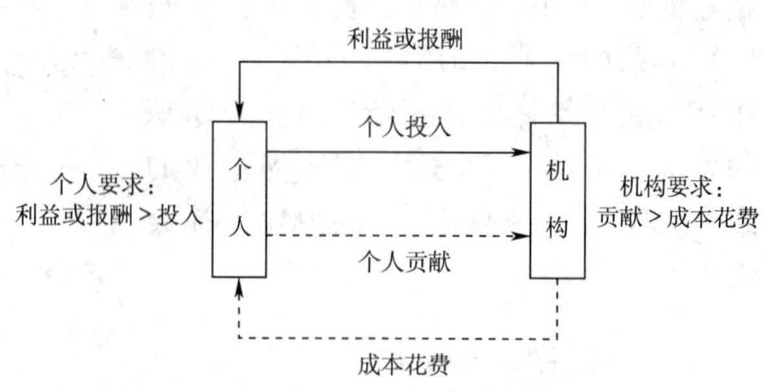

图3-2　个体与机构之间的交换关系

愿意对个人投入上述成本,则是希望个人能因此对机构有所贡献,以达到机构预定的目标。同时,无论是个人或机构都会要求其“收获”大于“投入”。而组织通过其合成效应的发挥,个人集合成的整体在总体力量上大于所有组成人员的个体力量的简单相加,使得个人和机构的要求都能得以实现。这样,个人与机构之间的关系,可以说是建立在一种相辅相成、平等交换的基础之上,形成双方都感到满意的关系。

3.1.5 组织管理

(1)组织管理的含义

组织管理作为动态的活动过程,是为了实现组织的共同目标而把分散的组织要素按照一定的目的要求,以一定的秩序和相互关系联结起来,也就是要设计一种组织结构并使之动转的过程。

具体来说,就是要围绕计划目标,建立所需要的组织系统,努力使系统中的各组成部分之间具有最为有效的关系结构,明确各部分在组织中的位置以及相互间的配合关系和隶属关系,明确各部门及其职位的职能,并配置相应的资源,使组织系统成为完成组织目标的有效工具的动态过程。

(2)组织管理的作用

组织管理在现代管理中具有十分重要的作用,具体体现在以下几个方面:

①组织管理是落实计划任务的必要前提。计划工作使组织的目标更加精细化、明确化,但如果没有一定的管理机构,没有具有相应职责、权力的人员,编制再周密的计划也只能是空谈,更不用说实现组织目标。所以说,组织管理工作是贯彻落实计划提出的各项任务的必备条件,是实现组织目标的基础。

②组织管理是使各种要素形成工作能力的关键。任何一个单位都拥有人员、技术、信息等各种要素,但这些要素本身并不能形成完成任务的能力,只有按一定方式把它们组织起来,相互配合发挥整体功能,才能形成完成工作任务的能力。

③组织管理系统是组织成员行动的重要手段。每个人的欲望和追求都是不同的,这些千差万别的个人目标只有通过组织管理,才能与组织整体目标联系起来。组织可以通过组织制度和行为准则等加以引导和约束,使每个员工都按组织的要求来行动。

(3)组织管理职能及过程

组织管理的职能包括:组织设计、组织运行、人员任用和组织变革。其中,组织设计是有效实施组织管理职能的前提条件;组织运行就是通过开展各种管理活动使得组织能够发挥功效,贯彻执行组织所规定的各种功能,最终实现组织的目的;“人”是组织的主要要素之一,组织结构设计得再合理、科学,没有合适的人员,组织也无法正常运行,所以人员任用是组织管理的重要内容;现代组织是动态的、开放的组织,因此组织必须应时应事、不断进行自我发展和完善。

组织管理职能从内容来看,是一个动态的活动过程,由六个相互联系的步骤组成。组织管理活动的过程,可以用图 3-3 表示。

在图 3-3 中所示的组织管理过程的一系列逻辑步骤中,前两步组织目标体系的确定,实际上属于计划工作的内容,也是组织管理工作的基本依据,后边几项内容才真正是管理工作的实质内容。也即包括在明确组织的整体目标及目标体系的基础上,对为实现组织目标所必需的各项业务活动加以分类和组合;根据组织的实际资源,对所必需的各类活动进行职能划分;明确各部门的职责与权力;通过职权关系和信息沟通,把组织内各层次、各部门联结成为一个有机的整体。通过上述一系列过程,最终形成一个构造优良、运转高效的组织结构。

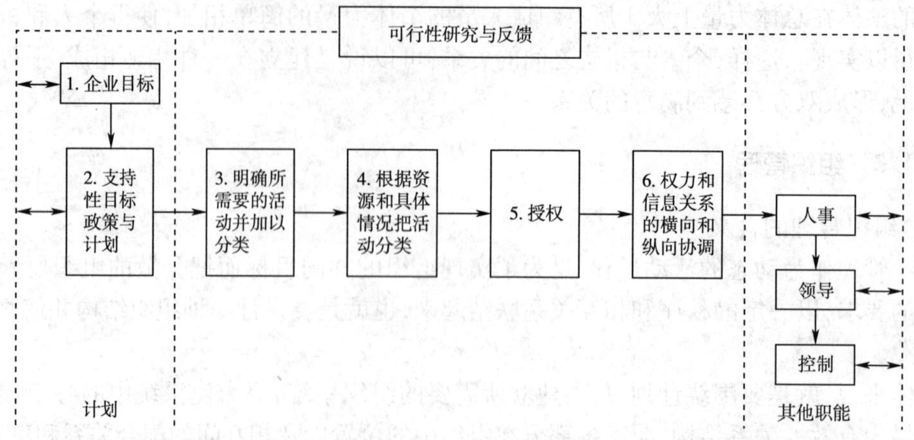

图 3-3 组织管理活动的过程

3.2 组织素质与组织共同愿望

组织素质被用来衡量现代组织的总体适应能力和竞争力。现代组织处在激烈的竞争和复杂多变的外部环境中,竞争力的强弱成为组织存在和发展的决定因素。因此越来越多的组织开始重视、强化和提升组织自身素质,以此来不断推动组织的发展。组织共同愿望的特征决定了它对于提高组织凝聚力的作用,从而成为提高组织素质的重要途径。

3.2.1 组织素质

(1)组织素质的定义

所谓组织素质,是指一个组织所具有的潜在的品质与能力。

①潜在品质

潜在品质包括组织所具有的价值观、凝聚力与组织成员对于组织目标的认同感。

组织的价值观是指作为一个整体的组织成员的基本原则与存在的信念。正如美国 IBM 公司董事长托马斯·沃森所认为的:任何组织要生存和取得成功,必须有一套健全的信念和价值观,作为该企业一切政策和行动的出发点,公司成功的唯一重要的因素是严守这一套信念,同时一个组织在其生命的过程中,为了适应不断改变的世界,必须准备改变自己的一切,但不能改变自己的信念。组织的价值观对组织的战略、竞争优势、激励方式以及组织变革与发展等都具有直接的影响。

组织凝聚力越来越成为决定现代组织能否完成任务以及完成效果好坏的关键因素。它是一种向心力、吸引力,是组织成员之间关系的一种反映和表现,包括成员之间的朴素吸引力和组织对单个成员的吸引力。

组织成员对于组织目标的认同感,取决于组织成员对组织的忠诚,包括态度忠诚及行为忠诚两部分。态度忠诚主要是组织成员对组织的价值、目标等的认同感,而行为忠诚主要表现为组织成员忠于职守、离职率较低等。人的因素越来越成为决定组织成败的重要因素,更多的组织开始用成员对组织的忠诚度作为一个组织管理好坏的标志。

②潜在能力

潜在能力主要包括组织的智商、组织的学习能力和组织的应变能力。

组织的智商是组织或个人快速处理信息、有效决策和实施决策的能力。在这样一个所谓的“信息爆炸”时代，如何迅速有效地处理大量的信息和提高决策速度等能力成为信息时代提高组织素质的关键。越来越多的学者运用“组织智商”来指一个组织的决策和解决问题的能力，它和该组织拥有的组织知识密切相关。那些善于从组织运作中总结经验、积累知识，并依此能够比其他组织更快地作出科学决策的组织，其组织智商相对就高，更能适应瞬息万变的环境。组织智商建设的核心是如何有效地利用知识进行创新，促进组织内部的知识流通，提升成员获取知识的效率；加强对知识型员工的开发与管理；提高各层次管理者之间的协同能力，从而提升企业共同思考、决策与解决问题的能力等。

随着组织所面临的经营环境的不断变化，组织的学习能力成为组织不断创新的根源与驱动力，因此也越来越成为组织素质的一个重要组成部分。杰克·韦尔奇认为一个组织的学习能力是其竞争优势的核心，美国的沃尔玛、日本的 Itoyokado 公司、国内的海尔集团等通过概括为“全体组织成员的个人学习，培育出其他企业难以模仿的核心能力”的例子就是最好的佐证。组织的学习能力可概括为全体组织成员的个人学习能力以及在此基础上的组织成员共享学习成果的能力，其中组织成员共享学习成果非常关键，只有共享学习成果，才能把个人的隐性知识转化为全体成员的显性知识，从而提高组织的工作效率，更好地适应环境的变化。

(2)提高组织素质的途径

组织的竞争将是未来竞争的真正内涵，组织竞争力的本质是组织素质，而为了提高组织素质，就必须进行“组织修炼”。具体而言，提高组织素质的途径可以从下面两个方面着手。

①建立学习型组织，不断进行组织学习。学习型组织的理论始于 20 世纪 70 年代，并随着彼得·圣吉(Peter M. Senge)《第五项修炼》和野中郁次郎(Nonaka)的“SECI 组织学习转化模型”的推出，实践领域掀起了学习型组织建设的高潮。所谓学习型组织，就是组织中存在组织学习，并成为企业自身的一个基本原则的组织形式，它能认识环境，适应环境，进而能动地作用于环境。彼得·圣吉提出的学习型组织能通过“自我超越”、“改善心智模式”、“建立共同愿望”、“团队学习”及“系统思考”这五项修炼来达到组织修炼的目的。其中，“自我超越”对于组织中整体价值观的形成、组织成员对组织目标的认同，以及提高组织的学习能力都具有重要作用；“改善心智模式”有助于提高组织成员的学习能力和智力水平，可视为影响组织学习能力和组织智商的重要因素；“建立共同愿望”对于组织价值观的形成，特别是对于组织凝聚力的强化具有重要意义，它是组织目标形成和组织成员目标认同的必要前提；团队成员通过“团队学习”，能够了解彼此的感觉和想法，从而提升团队思考和行动的能力；而“系统思考”对于组织素质的提升也具有全面而深刻的作用。由以上分析可见，创建学习型组织，根据环境需要，不断学习、修炼并把学习成果用于指导组织的实践是提升组织素质的基本途径。

②使组织处于动态之中，不断进行组织创新。知识经济时代，组织所面临的内外部环境的复杂性进一步增强，这就决定了组织素质的培养和提升是一个动态的过程，这就要求组织修炼过程是一个持续的动态的循环过程。在组织修炼过程中，当组织所面临的环境发生变化时，如一种新技术的发明并商业化或一种新的管理理论的提出，或提出新的战略目标，组织就必须进行相应的变革与创新，采用新型组织形式，如目前较流行的网络结构、虚拟组织等，以增强组织的生命力，提升组织素质。

3.2.2 组织的共同愿望

组织是由具有协作意愿的、有着一定共同目标的众多“个体”组成的集合。组织成员既有为组织共同目标努力的动力,同时又有自我追求的目的和要求。组织运行的过程是充斥组织目标与个人目标相互矛盾、相互协调的过程。如何解决个体与组织整体之间的这种矛盾,增强组织成员之间的凝聚力,确保组织管理的正常运行,提高组织的生存能力,是对现代组织的要求之一。这也是本节研究的意义所在——在组织内塑造共同愿望。

(1)共同愿望的概念

共同愿望(shared vision)的原意为大家共享的、共同愿望的景象。根据此意,组织的共同愿望便是组织所有成员共同愿望的景象。

此概念仍然过于模糊,准确地说,所谓组织的共同愿望,是指组织中所有成员所共同发自内心的意愿,这种意愿不是一种抽象的东西,而是具体的能够激发所有成员为组织这一愿望而奉献的任务、事业或使命,它能够创造巨大的凝聚力。因此,组织的战略、组织的精神、一个创新的想法具有共同愿望的一定特征,但都不能算真正的组织的共同愿望。可从以下几方面理解组织的共同愿望。

①组织共同愿望所表示的一种景象,本质上是组织未来发展成功的目标、任务、事业或使命。它不一定包含具体的行动方案或行动策略,但它是比较具体的,未来通过努力可以实现的。如果这种景象描述得十分壮观,但却无论如何努力也达不成,那么该景象就不可能成为激发组织成员为之努力与奋斗的内在力量。

②组织共同愿望是组织全体成员共同的发自内心的愿望或意愿。每个组织成员都有个人愿望或意愿,在这样的愿望和意愿中,有许多是不相一致的,也有许多是一致的,但却未必能表达出组织的根本利益和根本要求所在。

③组织共同愿望应该能够使组织全体成员真正团结成一个具有凝聚力的集体。组织的员工通过共同愿望可以紧紧地连在一起,淡化、消除成员间的个人利益冲突,从而形成一种巨大的凝聚力。有些企业虽然煞费苦心提出了各种理念、精神口号,但“口号”却真被喊成了口号,成了墙上摆设,并未被成员所真正接受和理解,员工依然我行我素。这种对组织团结和凝聚力毫无意义的愿望是不能称为共同愿望的。

(2)组织共同愿望的构成要素

拥有一个优良的共同愿望是任何组织的愿望,它能够为组织孕育无限的创造力、激发起组织的强大驱动力,而且能够为组织的未来发展创造良好的机会。一般而言,构成一个优良的共同愿望需要包括景象、价值观、使命及目标四个部分,如图 3-4 所示。

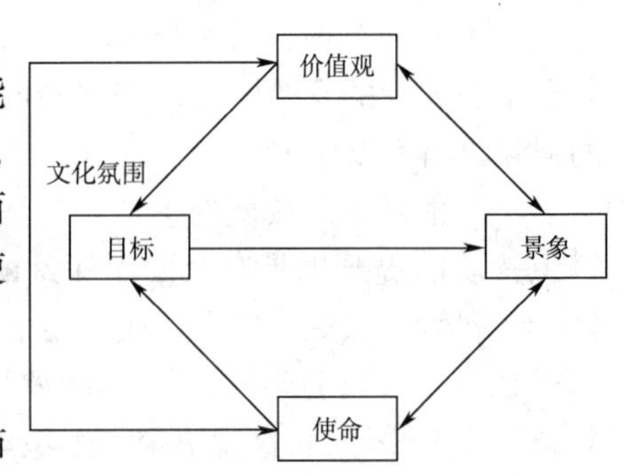

图 3-4 组织共同愿望的构成

①景象

所谓景象,就是未来组织所能达到的一种状态及描述这种状态的蓝图或图像。例如,通用电气公司用“GE永远做世界第一”来表示未来达成的状态,具体描述这种状态则可以从产品、市场份额、销售收入、员工收入、利润等具体方面进行。显然,景象应具有一定的气魄和诱人特性,它能给人以希望,进而以激励,而不应该给人空话连篇、永远体会不到的感觉。只有这样,景象才能够成为组织全体员工发自内心的共同愿望;也唯有如此,景象才能产生于全体成员个人愿望之上。

②价值观

这里的价值观可以简单地看成是组织对社会与组织的一种总的看法。例如,松下公司认为其企业从不追求利润,利润只是自己企业对社会有贡献,社会给企业的一种回报,这就是松下公司的价值观。在这种价值观的引导下,松下公司有不同于别的企业的追求,有不同于别的企业的行为和行为途径。如果这个企业的价值观是个人奋斗第一,那么将引导员工们相互竞争从而抛弃良好的合作,沉溺于过分斤斤计较的行为方式。显然,价值观与景象是有很大相关性的。从某种意义上说,价值观不同,追求的景象就会不同或至少具体实现这种景象的方式、途径会不同。

③使命

所谓使命,是组织未来要完成的任务。使命代表了组织存在的根本理由。如宝钢人的使命就是把宝钢建成世界一流的钢铁联合企业,就是说,宝钢人的存在就是因为有这样的使命存在而存在。现代企业的使命是与每个企业所处环境、行业、市场等具体情况有关,但有一点是肯定的,这就是只有使命感的员工才可能创造巨大的效率和效益,才可能有持续的内在动力。使命应具有令人感到任重道远和自豪的感觉,而这又与景象和价值观相关。没有优良的景象,使命感会消失殆尽;没有良好的价值观,使命感不会持久。就好像把追逐金钱看作是唯一价值追求的话,当金钱很多时,使命感就会淡化。

④目标

目标是指组织在努力实现共同愿望或景象过程中的短期目标,这种短期目标可以说是总愿望的阶段性具体目标,代表了组织成员承诺的、分解到个人头上的个人目标,在员工们追求个人目标的同时实现的组织目标,或在实现组织目标的过程中实现的个人目标。短期目标的不断实现与不断地向共同愿望靠拢也就引导了成员们持续的努力和奉献。

共同愿望的四个部分相互联系、相互影响。价值观和使命共同支撑了景象本身。也就是说,景象具体在多大程度上受到价值观和使命的影响和约束;而确定的景象又给定了使命,表达了组织的价值观。目标是景象的阶段性分解,同时价值观和使命又影响着目标的构成和具体实现途径。价值观与使命本身又是互动的、关联的两部分。它们又都是融于一定的组织文化背景之下的。

(3)组织共同愿望的构建

明确了共同愿望的组成部分,并不等于说共同愿望就可以构建了。每个组织都有其各自的共同愿望,它是各个组织在实践和摸索中,逐步建立起来的。构建组织的共同愿望,一般需要组织已有良好的组织文化为依托和基础。在此基础上,要使个人意愿升华到组织共同意愿还需要几个基本步骤。

①共同愿望的告知

即共同愿望一旦形成,需要正式告知组织所有成员。因为正式性的、带有官方色彩的告知,会给员工产生一定的激励作用。

②共同愿望的推销

组织领导人应努力将组织的共同愿望推至组织成员的心中,以使他们为实现共同愿望而全心奉献。告知只是推销的前奏,而要做到真正有效的推销,组织者必须要利用各种有效的沟通渠道,与员工进行充分的沟通,并不断强化愿望可能给员工带来的益处,从而激发他们的积极性;但切忌以组织代表自居,造成与员工的距离感。

③共同愿望的测试

测试是为了了解员工对共同愿望的满意和不满之处，从而对共同愿望进行必要的修正和进一步提炼。这一步骤应注意尽量做到员工的积极参与，正如彼得·圣吉教授所提到的："组织成员的自我超越能力愈强，你得到的结果就会愈好。人们愿意听话，而且有能力体察现状，才能产生准确的测试结果"。

④共同愿望的咨询

向员工咨询是一个重要步骤。咨询可在共同愿望构建之前进行，也可在有了初步的共同愿望时进行。咨询不同于测试的地方在于，咨询过程要坚持自己的主张。

⑤共同愿望的共同创造

共同愿望是大家共有的，应该通过共同创造。这里强调的共同创造是指从下而上的创造，从个人的愿望到团队的愿望、跨团队的愿望，这样的反复，最终实现从下而上的组织共同愿望。

3.3 组织结构

任何组织都有一定的内部结构。组织的不同结构形式，以及组织结构是否与组织本身特征相适应，在一定程度上决定了组织的素质水平和组织管理能力。构建组织的基本结构离不开横向的管理幅度和纵向的管理层次，这两个决定相互的影响。

3.3.1 组织结构的概念

(1)组织结构的定义

关于组织结构，国内外学者对其都有过各自的评述。美国著名管理学家蒙特·卡斯特在《组织与管理》一书中指出："很简单，可以把结构看作是一个组织内各构成部分和各部分之间所确定的关系形式。"按照国内学者邹再华的定义："所谓组织结构，就是一个组织内构成要素之间确定的关系形式。或者说，是一个组织内各要素的排列组合方式。"美国当代管理学家约瑟夫·M·普蒂和海茵·韦里克在《管理学精要》里又把组织结构解释为："组织结构是指职权与职责的关系、工作及个人分组，一般而言，组织结构是为了协调组织中不同成员活动而形成的一个框架机制。"

由上面的不同描述和定义可以看出，一个组织的组织结构就像人体中的骨骼一样，它是构成组织的框架体系。总结起来，组织结构(organization structure)就是指组织内部各级各类完成经营管理任务的体制基础。

(2)组织结构的特征

组织结构具有如下三个特征：

①复杂性

复杂性(complexity)指组织分化的程度。各种组织由于规模大小不一，组织内部劳动分工的细致程度有差异，导致横向与纵向的管理幅度与层次关系各不相同。一个组织越是进行细致的劳动分工，就越是具有较多的纵向等级层次；组织单位的地理分布越是广泛，则协调人员及其活动就越是困难。这就决定了组织结构的复杂化。

②正规化

正规化(formalization)指组织内部的人员行为规范化的程度。一个组织为实现共同目标，就需要制订各种规则和程序来引导员工行为，指示员工可以做什么和不可以做什么。一个组织建立的各种规章条例越多、越完善，它的组织结构就越正规化。一般来讲，随着规模的扩大，所需的规章条例会增多，但需要明确的是规范性与组织的规模没有必然的联系，小型组织也可以具有高度的规范性。

③集权化

集权化(centralization)指决策制订权力在管理层中分布与集中的程度。每个组织都形成自己特有的职位或职务结构，必然产生职权、授权与分权的问题。而决策制订权力的分布状况，决定了组织的集权程度。在决策权高度集中的组织内，问题自下而上传递给高层管理人员，由他们制订合适的行动方案。而在另外一些组织，其决策制订权力授予下层人员，即分权化(decentralization)。事实上，为了能迅速适应复杂的环境，组织规模越大，越需要分权。

3.3.2 管理层次与管理幅度

(1)管理层次与管理幅度的概念

①管理层次

管理层次指一个组织设立的行政等级的数目。一个组织集中了众多的员工，作为组织主管，不可能面对每一个员工直接进行指挥和管理，这就需要设置管理层次，逐级地进行指挥和管理。

一个组织中，其管理层次的多少，一般是根据组织的工作量的大小和组织规模的大小来确定的。工作量较大且组织规模较大的组织，其管理层次可多些，反之管理层次就比较少。一般来说，管理层次可分为上层、中层和下层三个层次，也称战略规划层、战术计划层和运行管理层。美国斯隆管理学院研究组织管理的层次结构问题时，提出了“安东尼结构”，并对组织中三个层次的主要功能作了分析，见表3-3。对于上层来讲，其主要职能是从整体利益出发，对组织实行统一指挥和综合管理，制订组织目标、大政方针和实施组织目标的计划，故又称战略决策层或最高经营管理层；中层的主要职能是为达到组织总的目标，制订实施各部门具体的管理目标，拟订和选择计划的实施方案、步骤和程序，按部门分配资源，直辖各部门之间的关系，评价生产经营成果和制订纠正偏离目标的措施等，故又称经营管理层；下层又称执行管理层或操作层，其主要职能是按照规定的计划和程序，协调基层组织的各项工作和实施生产作业。

管理层次及其职能 表3-3

管理层次 问题如何考虑	战略规划层	战术计划层	运行管理层
主要关心的问题	是否上马，什么时候上马	怎样上马	怎样干好
时间幅度	3~5年	0.5~2年	周、月
视野	宽广	中等	狭窄
信息来源	外部为主，内部为辅	内部为主，外部为辅	内部
信息特征	高度综合	中等汇总	详尽
不确定和冒险程度	高	中	低

②管理幅度

一名组织的管理者，由于受知识、经验、时间、精力、条件等各方面的限制，能够有效地、直接地领导下级的人数总是有限的，超过了一定的限度，管理的效率就会降低。因此，管理幅度所要研究的问题就是一名管理者到底直接领导多少人才能保证管理是有效的，即管理幅度问题。所谓管理幅度,是指一个主管能够直接有效地指挥下属成员的数目。

管理幅度适度是组织设计中的一个重要问题,它的过大或过小都是不恰当的。关于管理幅度的形式或大小,众多研究给出了各自的不同结论:管理幅度研究的首创者法约尔指出,不管领导处于哪个级别,他从来只能直接指挥极少的部下,一般上级指挥的人数为少于6人。当工序比较简单时,只有工长有时指挥20个或30个。英国著名的管理学家厄威克发现:"对所有的上层管理人员来说,理想的下属人数是4人。在组织的最低层次,下属人员的数目可以是8~12人"。美国管理协会对100家大公司所作的调查表明,向总裁汇报工作的下属人员人数为1~24人不等,其中只有26位总裁有6个或不足6个下属,一般的是9个。在被调查的41家小公司中,25位总裁有7个以上的下属,最常见的是8个。而后续的研究者又各自提出不同的人数。一般来讲,研究者发现,高层管理人员的管理幅度通常是4~8人,较低层次的管理人员其管理幅度则为8~15人。

(2)管理幅度与管理层次对组织的影响

管理层次的多少与管理幅度密切相关,同时与组织规模存在着相互制约的关系,即:

$$管理幅度 \times 管理层次 = 组织规模$$

也就是说,当组织规模一定时,管理幅度与管理层次成反比关系。管理幅度越宽,层次越少;相反,管理幅度越窄,管理层次就越多。管理幅度一般决定了组织的横向结构,而管理层次则决定了组织的纵向结构。

①从管理层次的角度看

管理层次对组织具有重要的影响。一般来讲,在可能的情况下,组织内的管理层次应尽量少。

减少管理层次的好处有:可以减少管理人员,节约管理费用;可以加快信息沟通,减少信息传递中的遗漏和失真,有助于提高管理工作效率;可以增加上下级直接接触的机会,有助于增进共识,消除隔阂,加强指导,提高领导工作的有效性;有利于扩大下属的管理权限,调动下属人员工作的积极性、主动性和创造性,提高其管理能力和管理水平;可以克服机构复杂、人浮于事、文件过多、官僚主义等机关综合症。

②从管理幅度的角度看

由于管理幅度与管理层次之间内在的反向联系,而管理层次的多少对组织活动具有重要影响,所以管理幅度对组织的影响可以从两方面考虑。

一是减小管理幅度对组织的影响。管理层次增多,管理人员增加,相互之间的协调工作难度加大,所花费的时间、精力和费用都要增加;上下级之间的信息传递容易发生遗漏和失真;办事效率低,容易助长官僚主义。

二是扩大管理幅度对组织的影响。可以减少管理层次,精简组织机构和管理人员,用于协调的时间和费用都要减少;信息传递渠道可以缩短,因而可以提高工作效率;但管理幅度过大,主管人员对下属的具体指导和监督时间相对减少,容易导致管理失控,各自为政。

(3)管理幅度的影响因素

在相关权变因素一定的情况下,管理层次的确定由管理幅度的大小决定。所以讨论管理幅度的确定,对管理层次同样重要。

从理论上论证或实践中归纳管理幅度的适当数量界限,是极为困难的。较好的办法是研究影响管理幅度的因素,然后根据实际情况灵活地确定其数量。因此,在确定适当的管理幅度时,首先要考虑影响管理幅度的因素。有效管理幅度的影响因素主要有如下几种。

①从上下级的能力及特点看

一是工作能力强度。主管人员的综合能力、理解能力、表达能力强，则可迅速地把握问题的关键，对下属的工作提出恰当的指导建议，并使下属明确地理解，从而可缩短与下属接触的时间。同样，如果下属的工作能力很强，知识经验丰富，技能水平高，则可以在很多问题上根据自己的主见去解决，从而减少向上级的请示。这样，主管人员的管理幅度便可适当宽些。

二是主管人员的领导风格。不同的领导风格，对管理幅度的影响很大。有的人希望直接领导的人越少越好，只希望领导很少的几个人；有些人甚至只有一个人的管理幅度，但对全局的驾驭能力并不差，能够牢牢控制整个局面，这种领导者比较超脱，是实行“无为而治”的管理之道；有的希望直接领导的人越多越好，对下属不放心，总希望亲自管理，这样的领导风格管理幅度自然要大得多。

三是授权程度。如果领导者善于把管理权限充分地授予下属，让下级有充分的自主权，则领导者本人需要亲自处理的问题就可相对减少，管理幅度就可扩大；如果不能授权，或不愿授权，则管理幅度应相应缩小。

②从工作内容和性质看

一是工作的标准化程度。作业方法及作业程序标准化程度越高，管理幅度可越大；如果标准化程度很低，事事要重新研究，则管理幅度要小一些。

二是工作的类似性程度。如果管理者管理的工作都是相同或相类似，则其管理幅度就可以大一些；如果下属的工作各不相同，则其管理幅度就应小一些。

三是工作的性质。对于高层领导来说，他们往往面对的是事关组织全局的复杂问题，或者是前所未有的新问题，因此，他们直接领导的人数宜少而精，以便集中最优秀的人才处理最复杂、最重要的问题。对于基层领导来说，他们主要是处理一些重复性或相似性的例行性日常工作，因此，直接领导的人数就可多些。

四是计划的完善。如果计划工作做得很细致，下属都知道自己的职责、目标、任务安排以及互相之间的协调配合关系，则需要管理者直接加以处理的事情就会相对减少，因此也会加大管理的宽度；反之，其有效的管理幅度就势必要缩小。

③从工作条件情况看

一是助手的配备情况，即得到协助的有力程度。如果领导者能够获得助手的有力协助，那么管理的幅度就可以大一点；如果缺乏有力的协助，那么管理的幅度就只能窄一点。

二是信息手段配置情况。能够利用现今的信息技术，选择恰当的信息传递方式和渠道，传递效率高，上下左右沟通快捷，关系能够很好地协调，则可扩大管理幅度；如果信息传递渠道不畅，传递方式不当，传递技术落后，上下左右沟通困难，则应适当缩小管理幅度。

三是组织机构的空间分布情况。领导者所管理的组织机构如果在空间上比较接近，那么管理的幅度就相对可以宽一点；如果在地理上很分散，那么管理幅度就必须窄一点。

④从工作所处的环境看

组织面临的环境是否稳定，会在很大程度上影响组织活动和政策的调整频率与幅度。当面临的环境相对稳定时，管理宽度可以宽一些；而面临着一个瞬息万变的环境时，管理宽度要窄一些。

法国早期的管理学家格拉丘纳斯(V. A. Graicunas)在1993年根据其研究，指出管理幅度以算术级数增加时，管理者和下属间可能存在的相互交往的人际关系数以几何级数增加，这便是著名的格拉丘纳斯函数。他把上下级之间的关系划分为三种类型：直接的单一关系，即上级直接、个别地与下级发生联系；直接的组合关系，即上级与下属人员的各种可能组合之间发生联系；交叉关系，即下属之间彼此发生联系。

那么，在一定的管理幅度下可能存在的关系总数，或称人际关系数，可用公式表示为：

$$C = n(2^{n-1} + n - 1) \tag{3-1}$$

式中：C——可能存在的人际关系数；

n——管理幅度。

例如，$n=2$ 时，则 $C=2\times(2^{2-1}+2-1)=6$；$n=3$ 时，则 $C=3\times(2^{3-1}+3-1)=18$。

依据上面的公式，可以得到一个下属人员与关系总数对应表，见表 3-4。

下属人员与关系总数表 表 3-4

n	1	2	3	4	5	6	7	8	9	10	…
C	1	6	18	44	100	222	490	1 080	2 376	5 210	…

随着下属人员的增多，相互联系的总量急剧增加，组织内部的关系迅速变得错综复杂，因而使管理工作也变得更加复杂。

3.3.3 基本组织结构的两类形态

(1)高层型与扁平型组织结构

根据组织结构纵向层次设置的多少，组织可以区分为高层型和扁平型两种基本形态，如图 3-5 所示。纵向组织结构中的层次，为组织最高管理者提供了通过职权逐层直接监督、严格控制和协调组织活动的有力手段。

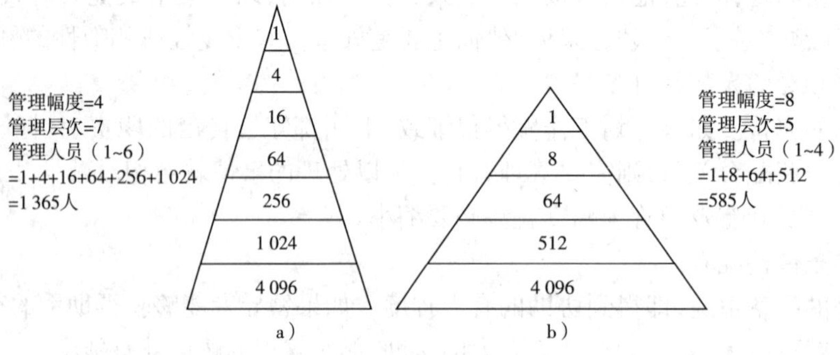

图 3-5 高层型与扁平型组织结构示意图

a)高层型；b)扁平型

高层型组织结构与扁平型组织结构的形成，与管理幅度、管理层次之间的内在联系密切相关。因为当组织规模一定时，管理幅度的大小与管理层次数目的多寡成反比例关系。

①高层型组织

高层型组织，又称“高耸型”或“高架式结构”，是指管理幅度较小，在最高管理层与作业层之间具有较多管理层次的组织结构。其外形特征高而瘦。古典的或传统的组织结构大都是高层型的。这种类型的组织结构有其优缺点。

高层型组织结构具备如下优点：

a. 有利于领导者控制和监督。高层型组织管理幅度小，每个主管直接管辖的下属的人数较少，有时间和精力对下属进行深入的指导，对其工作给予更严密的监督。另外，高层型组织结构非常严谨、周密，从而使得控制工作更加有效，提高了组织的稳定性。

b. 有利于统一指挥。高层型组织因为层级较多,所以在上下层级之间制定了森严的等级制度,上级领导的权威性程度较高,垂直的纵向关系十分清晰。这样的纵向关系有利于统一命令指挥。

c. 员工职责分明,分工明确。高层组织有相对严密的工作制度,对组织员工该做什么,不该做什么,有较明确的界定。

d. 组织成员对自己的职责比较明确,有利于员工晋升。晋升到更高职位意味着担当的职责更多、更重要,也更容易施展理想和抱负。它对员工起到褒奖和鼓励的双重作用。管理层级的增多,意味着各级主管职务设置的增多,所以能为下属人员提供较多的晋升机会。

但这种类型的组织结构也有相应的缺点:

a. 管理费用较高。由于管理层级较多,管理人员增加,各类办公设备、办公用品、办公经费都会相应增加,势必增加管理支出。由于拉长的上下级联系渠道而造成的管理费用的增加,降低了管理工作的经济性。

b. 信息传递不畅且容易失真。管理层次的增加,会使上下级意见沟通交流受阻,高层管理者依靠直接渠道得到的信息较少,一般都依靠层层的逐级通报制度的获取。而信息在逐层的传递过程中易造成机会的丧失,降低管理效率。

c. 员工缺乏主观能动性和创造力。高层组织中,管理制度比较严格、复杂,下级成员在组织决策等活动中参与的程度较低,基本处于服从地位,自主权较小,这容易降低下级成员的满意感和创造力,不利于下级成员工作热情和主观能动性的发挥。

d. 管理协调难度加大。随着管理层次增加,使得部门和管理人员增加,彼此间的协调工作量会大幅增加,互相扯皮的事情会层出不穷。

②扁平型组织

扁平型组织,其管理幅度较大,而管理层次较少。其组织结构的外部形态扁而平。现代企业组织越来越倾向于采用扁平组织结构。

扁平化组织结构形式,使得组织管理更富柔性化、灵活化,更具效率,其优点主要表现在以下几个方面:

a. 有利于决策和管理效率的提高。在扁平化结构的组织中,信息沟通与交流速度快,高层领导和管理人员指导与沟通相对紧密,容易把握市场经营机会,使管理决策快速准确。

b. 有利于组织体制精简高效。减少管理层次必然要精简机构,特别是一些不适应市场要求、能被计算简化或替代的部门与岗位。

c. 有利于管理人才的培养。组织层次减少,一般管理人员的业务权限和责任必然放大,可以调动下级的工作积极性、主动性和创造性,增强其使命感和责任感。

d. 有利于提高下级人员的管理能力。

e. 有利于节约管理开支费用。在一般情况下,扁平型组织结构,由于上下联系渠道缩短,它可以减少管理人员和管理费用。

但扁平型组织在带来柔性、灵活性和效率的同时,也存在如下一些不稳定的因素:

a. 管理难度加大。扁平型组织中,随着管理幅度加大,管理层级减少,各基层部门的业务范围扩大,横向协作增多,职能权限相对扩大,使得横向协调和管理的复杂程度提高,从而对管理者的管理能力和水平提出了更高的要求。

b. 员工晋升机会减少。扁平型组织所要求的层级减少,势必导致员工的晋升机会减少;同时,扁平型组织结构又往往要求员工素质较高。反过来,高素质的员工往往又更倾向追求晋升之类的精神激励。如此下来，如何留住这些人才将是扁平化组织面临的最大挑战。

c. 管理控制难度增大。扁平化组织管理层次减少，管理幅度大大增加，制定稳定而具体的控制标准的难度也随之增大。没有稳定而具体的控制标准，有可能导致管理上的失效、失控。

总之，高层结构和扁平结构都是相对的，组织设计时要尽可能地综合以上两种基本组织结构形态的优势，克服它们的局限性。至于组织究竟是采取扁平型还是高层型组织结构，这要结合组织规模的大小和组织领导者的管理能力等因素，根据组织具体的环境条件来决定。

(2)机械式与有机式组织结构

稳定运行中的效率和动态适应中的创新是任何组织都追求的两个基本目标，也是组织结构设计的两个基本指导原则。根据组织结构设计的指导原则——偏重于提供某种程序的稳定性，不定期是组织的灵活创新能力，组织结构可以划分为机械式组织和有机式组织。

①机械式组织

机械式组织，也称官僚行政组织，是综合使用传统设计原则的自然产物。它是一种稳定的、僵硬的、刚性的组织结构形式，追求的主要目标是稳定运行中的效率。其特点如下。

一是非人性化。机械式组织强调非人性化，要求高度复杂化、高度正规化和高度集权化，组织结构的特征趋向刚性。其结构应该像高效率的机器一样，以规则、条例和正规化作为润滑剂，而将个性差异和人性判断减少到最低限度。在这类组织中，注重对任务进行高度的劳动分工和职能分工，以客观的不受个人情感影响的方式挑选符合职位规范要求的合格的任职人员，并对分工以后的专业化工作进行严密的层次控制，同时制定出许多程序、规则和标准。

二是应对权变的途径。机械式组织对权变因素处理时，往往有两种方案可选择：一是在职能型结构中，将各类专家根据其特长，按照职能范围进行组合，从劳动分工中取得效率；另一种是在分部型结构中，通过一些各自相对独立的机械性自治单位来提高效益。

机械性组织虽然有其弊端，但在某些情况下，它还是有其优越性的，但要符合相应的适用条件：环境相对稳定和确定，组织可以在近乎封闭的状态中运作；任务明确且持久，决策可以程序化；具有相对统一而稳定的技术；按常规活动且以效率为主要目标；组织规模较大。

②有机式组织

有机式组织，也称适应性组织，是低复杂性、低正规化和分权化的。它是一种松散、灵活的具有弹性和高度适应性的组织结构形式，追求的主要目标是动态适应中的创新。有机式组织的特点如下。

一是非标准化。有机式组织不具有标准化的工作和规则，员工得到较多授权，组织结构的特征趋向弹性。有机式组织也进行劳动分工，但人们所做的工作并不是标准化的。

二是低集权化。有机式组织保持低程度的集权化。因为组织内员工多是职业化的，具有熟练的技巧，并经过训练能处理各种各样的问题。他们所受的教育已经使他们将职业行为的标准看成一种习惯，而且能对出现的各种问题作出迅速反应，正规化和严密的管理控制变得不必要。

作为一种新型、代表一种趋势的组织形式，有机式组织也要具备相应的适用条件：环境相对不稳定和不确定；任务式样化且不断的变化，无法进行程序化决策；技术复杂而多变；有许多非常规活动，需要较强的创新能力；企业规模相对较小。

③实践中应如何看待这两种组织结构

机械式组织与有机式组织代表着一个连续统一体的两个极端，纯粹的这两种结构现实中并不存在,它们之间实际上存在无数的中间过渡状态,可以有多种变异,或者表现为多种不同的具体形式。通常说某组织是机械式的,某组织是有机式的,多是指其刚性成分或弹性成分更为明显。两种组织的差异可用图 3-6 表示。

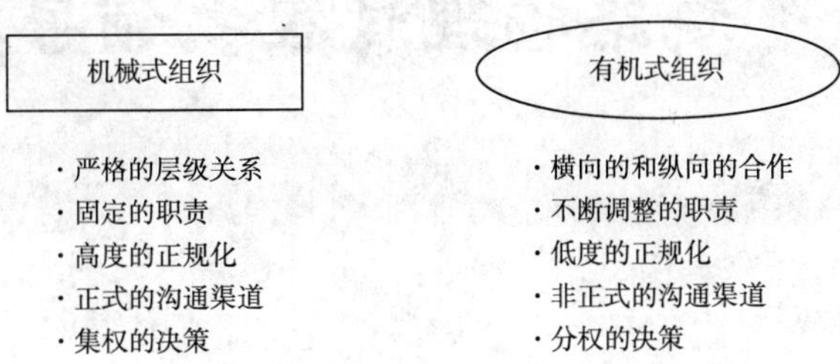

图 3-6 机械式组织和有机式组织的对比

机械式组织和有机式组织的选择,应视具体情形而定。当前,组织面临的环境日益充满不确定性,组织结构的发展趋势是由机械式向有机式转变。但这并不是说有机式组织结构一定优于机械式组织结构。

第4章 道路管理过程之领导与权力

4.1 概述

4.1.1 领导的含义

人们经常听到这样说:“那位总经理发挥了卓有成效的领导才能”,而某单位“一将无能,千军泄气”等。那么,究竟什么是领导呢?

领导就是在社会共同活动中,具有影响力的个人或集体,在特定的结构中通过示范、说服、命令等途径,动员下属实现群体目标的过程。这一界定涉及领导活动的前提、主体、结构、手段、目标五个环节。

(1)领导活动是存在于群体之中的,一个人不能形成领导。群体生活成为领导得以诞生的前提。

(2)领导活动的主体是由领导活动的发动者、组织者与执行者共同组成的。领导活动的主体包括两个要素:一是领导者,二是被领导者。因为领导活动必须依赖于下属积极地执行决策和实现目标,才能使完整的领导活动全盘展现出来。其中,被领导者的主体地位在一定程度上是不可替代的,被领导者的积极程度是领导活动顺利展开的关键。

(3)领导活动的结构是领导者发动和组织领导活动所依存的体制或规则。

(4)领导活动的手段是领导者调动和激励下属的方式。

(5)领导活动的目标是领导活动的归宿。

在理解领导含义中,一定要注意区分领导与管理的关系。实际上,领导与管理有着本质的区别。其最大区别体现为:领导是一种变革的力量,而管理则是一种程序化的控制工作。从差异性上看:领导是管理的一个方面,属于管理活动的范畴,但是除了领导,管理还包括其他内容,如计划、组织、控制等;管理的权力是建立在合法的、强制性权力基础上的,而领导的权力既可以是建立在合法的、强制性权力基础上,也可以建立于个人的影响力和参照权力等基础上。

管理和领导,虽定义不同,但显然有诸多相似之处。两者都涉及对事情作出决定,建立一个能完成某项计划的人际关系网络,并尽力保证任务得以完成。然而,两者之间却有着不同的作用。

首先,管理的计划与预算过程趋向于注重几个月到几年的时间范围,强调微观方面,看重风险的排除及合理性;而领导过程中经营方向的拟订,看重于更长的时间范围,注重宏观方面敢冒一定风险的战略及人的价值观念。

其次,具有管理行为的企业组织,其人员配备趋向于注重专业化,挑选或培训合适的人担任各项工作,要求服从安排;而联合群众的领导行为则注重于整体性,使整个群体朝着正确方向前进,并且投入进去,实现所确定的目标。

再次,管理行为的控制和解决问题常常侧重于抑制、控制和预见性;而领导的激励和鼓舞侧重于授权、扩展,并不时创造出惊喜来激发群众的积极性。

最后,领导与管理的根本区别体现为它们各自的功用不同,领导能带来有用的变革,而管理则是为了维持秩序。

因此,领导者不一定是管理者,管理者也并不一定是领导者。两者既可以是合二为一的,也可以是相互分离的。领导从根本上来讲是一种影响力,一种追随关系。人们往往追随那些他们认为可以提供满足自身需要的人,正是人们愿意追随他,才使他成为了领导者。因此,领导者既存在于正式组织中,也存在于非正式组织中。管理者是组织中有一定的职位并负有责任的人,他存在于正式组织之中。有的管理者可以运用职权迫使人们去从事某一件工作,但不能影响他人去工作,他并不是领导者;有的人并没有正式职权,却能以个人的影响力去影响他人,他是一位领导者。为了使组织更有效,应该选取领导者来从事管理工作,也应该把每个管理者都培养成好的领导者。

4.1.2 领导的权力

权力是一种控制力,又是一种影响力,它是构成领导的第一个要素。从狭义的角度理解领导工作,它指的是领导者运用其拥有的权力,以一定的方式对他人施加影响的过程。“影响”意味着使他人的态度和行为发生改变。一个领导者要成功扮演其领导角色,实现其领导功能,就必须具备领导者的权力。权力是领导者在领导过程中影响他人的基础。换句话说,领导的影响力是由权力派生而来的。

关于领导的权力,不同的学者从不同的角度有不同的看法。如美国管理学者弗兰奇和雷文认为领导者的影响力(或权力)基础可分为五种。

(1)强制权力(coercive power)。指领导者通过惩罚他人的不合心意的行为来影响他人行为的能力。领导者可借助职权,通过棘手的工作指派、更严厉的监管、更严格的规章制约以及解雇等手段威胁或惩罚下属,以令下属屈从他的旨意。

(2)奖赏权力(reward power)。指领导者通过奖赏他人的行为来影响他人行为的能力。或者说,是指领导者可以决定是否给予下属所期望的精神或物质上的奖酬的权利。如领导者可借助提高薪资、发放奖金、推荐晋升、指派优越的工作等手段换取下属的服从和顺从。

(3)合法权力(legitimate power)。指领导者通过他在组织层次系统中的法定地位来影响下属行为的能力。合法权力是由组织等级体系中的职位来体现的,诸如经理、销售处长等,他们要履行所在职位的职责,就必须被授予一定的权力,这种权力是他们推行决策、指挥部属行动的根据。

(4)专家权力(expert power)。指领导者依靠自身高深的技术、丰富的经验与杰出的判断力来影响下属行为的能力。这种权力所产生的影响的大小同领导的专长被下级所看重的程度有很大关系。

(5)参照权力(reference power)。指领导者借他人对自身的喜爱或崇拜来影响他人行为的能力。这一权力与领导者个人的特质直接相关,包括个人魅力、背景权和感情权等,它的基础是对于拥有理想的资源或个人特质的领导的认同。下属因敬重、爱戴或崇拜某位德高望重的领导者,把这位领导者作为自己参照的楷模,而要仿效该领导者的领导风格,以取得该领导者的认同时,这位领导者就获得了参照权力,可以影响下属按其旨意办事。

在大多数组织之中,组织成员之所以听从领导者的指挥,是基于上述五种权力的综合运用。其中,强制权力、奖赏权力和合法权力,主要源于领导者已经取得的合法地位;而专家权力和参照权力则更多地属于自然性影响力,虽然表面上没有那种正式明显的约束力,但实际上却能发挥出合法权力所不能发挥的约束作用。这是因为,在一个组织中,人们服从于具有合法地位的领导人时,并不是对这个人服从而是服从于他的组织地位。因此,加强专家权力和参照权力的影响力,有助于使下级不仅服从于领导人的合法地位,同时也服从于他本人,这种综合领导影响力要大得多。

所以,领导权力狭义上说是职权,广义上是影响别人行为的能力,包括三个方面:领导者个人的专长权,即产生于领导者所拥有的专门知识或特殊技能;领导者个人的影响权,即来自于追随者认可的由个人经历、性格或榜样产生的力量;领导者担任的管理岗位所赋予的管理制度权力。前两种权力来自领导者个人的品德、知识和专长,是个人威信,主观性较强,领导者权力的发挥若来自这两种,则组织的稳定性将受到不稳定因素的冲击。后一种来自领导者在组织中的地位,是一种组织权力、职位权力,具有稳定性。权力是组织权力和个人威信的综合,是领导者对他人行使影响,使被领导者的行为和态度发生变化,以达成组织目标的重要手段。权力和影响力的比较见表4-1。

权力与影响力的比较 表4-1

项目	职 位 权 力	影 响 力
来源	法定职位,由组织带来规定	完全由个人素质、品质、业绩和魅力而来
范围	受时空限制,受权限限制	不受时空限制,可以超越权限,甚至超越组织的局限
大小	不因人而异	因人而异,同一职位的经理,有的有影响力,有的没有
方式	以行政命令的方式实现,是一种外在的作用	自觉接受,是一种内在的影响
效果	服从、敬畏,也可以调职、离职的方式逃避	追随、信赖、爱戴
性质	强制性地影响	自然地影响

4.1.3 领导的作用

领导活动直接影响着现代化管理水平和经济效益的好坏,而领导的作用就是引导下属以最大的努力去实现企业的目标。在指挥、带领、引导、鼓励和影响组织中每个成员(个体)和全体成员(群体)为实现组织目标而努力的过程中,领导者要具体发挥组织、指挥、协调、沟通、激励、考核等方面的作用。

领导者的作用具体表现在以下三个方面。

(1)指挥(directing)作用

在人们的集体活动中,需要有头脑清醒、胸怀全局,能高瞻远瞩、运筹帷幄的领导者,帮助成员认清所处的环境和形势,指明组织活动的目标和达到目标的途径。领导者只有站在群众的前面,用自己的行动带领人们为实现企业目标而努力,才能真正起到指挥作用。

企业的生产经营活动,各种生产要素的合理使用,需要有企业领导者的正确指挥。一个精明的领导者的有效指挥,在于他胸怀全局、高瞻远瞩、运筹帷幄,认清企业所处的环境和形势,根据企业条件适时地提出企业的经营方针和经营目标,并合理地把企业的人、财、物和供、产、销进行有机结合,使企业的生产不断发展,经济效益不断提高。可见,指挥在某种意义上说,它既是企业管理中领导者的一项基本工作,又是企业领导者的一门艺术。

(2)协调(coordinate)作用

在组织系统中,即使有了明确的目标,但由于组织成员中个人的才能、理解能力、工作态度、进取精神、性格、作用、地位等不同,加上外部各种因素的干扰,人们在思想认识上发生各种分歧,行动上出现偏离目标的现象是不可避免的。因此,就要求领导者来协调人们之间的关系和活动,把大家团结起来,朝着共同的目标前进。

协调是指领导者需要在各种因素的干扰下,来协调下属之间的关系和活动,朝着共同的目标前进。在一个组织内经常分为不同的工作小组或任务执行单位,各单位自有其“本位观念”和“团体意识”,因而不免会与其他单位发生竞争,或者因为意见的不同和观念的差异,产生冲突在所难免。这种现象对整个组织来讲,显然是非常不利的。为消除这种冲突,协调工作十分重要。

协调是领导的重要管理技能,搞好协调,有助于妥善处理企业内外、企业上下、部门之间、各经营环节之间的人与人、组织与组织、人与物、人与事、物与物、事与事、时间和空间等方面的各种问题和矛盾。一个善于协调的领导者,总能让自己的工作顺畅有序地进行,同时上级乐于支持、同级乐于配合、下级乐于拥护,也为自己的工作顺利展开营造了良好环境。

(3)激励(motivate)作用

激励是指领导者通过为部下主动创造能力发展空间和职业发展生涯等行为影响部下的内在需求和动机,引导和强化部下为组织目标而努力的行为活动。

激励员工是领导者的有效法宝之一,同时也是领导的功能。在企业管理实际中,尽管大多数人都具有积极工作的愿望和热情,但是这种愿望并不能自然地变成现实的行动,这种热情也未必自动地长久保持下去。在复杂环境中,企业的每个员工都有各自不同的经历和遭遇,怎样才能使每一个员工都保持旺盛的工作热情、最大限度地调动他们的工作积极性?这就需要有通情达理、关心群众的领导者来为员工排忧解难,激发和鼓舞他们的斗志,发掘、充实和加强他们积极进取的动力。

领导者应该使部属提高工作兴趣,以提高工作效率。激发员工的工作热情,引导不同员工朝同一个目标努力,在不同的环境中作出贡献,使他们在企业经营活动中保持高昂的积极性,这便是领导者在组织和率领员工为实现企业目标而努力工作的过程中必须发挥的作用。

4.2 领导理论

4.2.1 领导理论发展的三个阶段

在领导理论的研究过程中,主要经历了三个发展阶段:领导特质理论阶段、领导行为理论阶段及领导权变理论阶段。领导特质理论是从领导者所具有的特质去理解领导,以领导者为中心,探讨领导者不同于其他人的特点,是人们研究领导理论的起点;领导行为理论则是从人际关系和情感因素的角度去研究领导行为,强调通过领导活动对组织成员施加影响、激发员工的工作热情来完成组织的任务;权变理论则从组织所处的环境去研究如何使领导行为与环境相适应,以达到最佳的领导效果。

第一阶段,领导特质理论阶段。

一个人之所以会成为领导者,有其不可比拟的天赋和个人品质。在此阶段,注重对于领导特质的研究,因此领导性格、领导特质就成为研究者关注的核心内容。

第二阶段,领导行为理论阶段。

它主要研究领导者的哪些行为会有助于他进行有效的领导。只有那些行为上表现为既关心生产(工作)又关心个人(下属)的领导者才是最有效的。换言之,那些天资绝顶的人不一定会成为领导者,真正决定一个人成为领导者的因素是他的行为。有效的领导者应该是那些适应性强的人,就是那些能考虑到自己的能力、下属的能力和需要完成的任务,而能将权力有效下放的人。

第三阶段,领导权变理论阶段。

由于"特质论"和"行为论"都忽视了领导者所处情境对领导效能的影响,因此刻意追求最佳领导特质和行为模式的做法并没有把环境因素考虑在内。提出这一理论的菲德勒认为,无论领导者的人格特质或行为风格如何,只有领导者使自己的个人特点与领导情境因素相"匹配",他才能成为一个优秀的领导者。权变论把客观情况与领导行为的相互作用视为领导活动能够成功的关键所在。最佳的运用认知资源(包括知识、能力、技能及领导者和群体成员的经验)的人,才能成为一个优秀的领导者。

以上三个阶段或三种类型都是片面地将某一个要素置于首要地位,实际上,对于领导活动来说,并不存在一种永恒的、永远处于决定性地位的要素。这就说明,领导既是一门科学,又是一门艺术。领导活动的成败取决于多重要素在特定状态下的有机组合。

4.2.2 传统领导理论介绍

(1)领导特质理论

一个有效的领导者应具备哪些条件或素质?管理学中把关于这类问题的研究成果称为"领导特质理论"。古今中外许多学者都对此进行过大量的研究,他们认为,只要找出成功领导人应具备的特征,再考察某个组织中的领导者是否具备这些特征,就能断定他是不是一个优秀的领导人。这种归纳分析法是研究领导特质理论的基本方法。

领导特质理论的基本观点是个人品质或特征是决定领导效果的关键因素。根据这些品质和特征的来源所作的不同解释,可分为传统特质理论和现代特质理论。传统特质理论认为领导者所具有的特质是天生的,是遗传因素决定的,这种观点现在很少有人赞同;现代特质理论认为领导者的特性和品质是在实践中形成的,是可以通过教育和训练培养的。

一个好的领导者究竟应具备哪些品质或特征呢?研究者对此有不同的认识。有些研究者认为天才的领导者应当具有健谈、外表英俊潇洒、智力过人、自信、心理健康、喜欢支配别人、外向而敏感七项特征。

斯托格迪尔(R. M. Stodgill)归纳了与领导才能有关的身体特征(如精力、外貌与身高等),智能特征(如知识、智商、判断力等),个性特征(如适应性、进取心、热心与自信等),与工作有关的特征(如追求成就的干劲、毅力及首创性等)及社会特征(如愿意与人合作、人际关系的艺术及管理能力等)。

美国普林斯顿大学包莫尔(W. J. Baumol)从满足实际工作需要和胜任领导工作的要求方面研究领导者应具有的能力,他提出了一个企业家应具备的十个条件:合作精神、决策能力、组织能力、精于授权、善于应变、敢于求新、勇于负责、敢担风险、尊重他人及品德高尚。

吉赛利(E. E. Ghiselli)在对美国90个企业的300多名管理人员调查研究的基础上,提出了有效的领导者应具备八种个性特征和五种激励特征。其中个性特征有:才智、首创精神、督察能力、自信心、适应性、判断能力、性别、成熟程度;激励特征有:对工作稳定性的需要、对物质金钱的需要、对地位权力的需要、对自我实现的需要、对事业成就的需要。

随着时间的推移,传统的特质理论越来越多地受到来自各个方面的非议。他们认为,这些学者提出的领导特质过于广泛,少则几项,多则十几项甚至上百项,而且这些特质之间相互矛盾,有些过分理想化。这些挑战者认为,领导者与领导者之间、成功的领导者与不成功的领导者之间,其个人特征上只存在量的差异而没有质的差别。德鲁克在《有效的管理者》一书中指出:“一般而言,管理者都具有很好的智力,很好的想象力和很好的知识水准,但是一个人的有效性与他的智力、想象力和知识之间几乎没有太大的关联”,“有效管理者与无效管理者在性格及才智方面的差别是很难区分的”。当代管理学家和管理心理学家研究认为,领导是一个动态过程,领导的特性和品质不是生来就有,而是在实践中形成的,可以通过训练和培养来造就。

当然,选择领导要有一定的标准,培养领导要有明确的目标,考核领导要有科学的指标。然而,不同的背景条件和不同的国情特点决定了对合格领导者的要求和标准也不尽一致。日本企业界要求领导者具有使命感、责任感、信赖感、积极性、忠诚老实、进取、忍耐、公平、热情和勇气十种品德,以及思维决策、规划、判断、创造、洞察、劝说、理解人、解决问题、培养下级、调动积极性十项能力。美国企业界则认为,一个合格的企业家应该具备合作精神、决策能力、组织能力、精于授权、善于应变、勇于负责、敢于求新、敢担风险、尊重他人、品德高尚十个条件。

虽然对合格领导者特质的研究取得了大量成果,但从总体上说,领导特质理论的研究还没有取得统一的、有创见性的成就,而且明显地留有理想化的痕迹。

(2)领导行为理论

领导行为理论着重研究领导行为及其对组织成员的影响。20 世纪 40 年代,许多管理学家和心理学家在研究工作中发现领导者的领导行为与领导效率有密切关系。为了寻求最佳的领导行为,在大量研究的基础上形成了多种行为理论。

①俄亥俄州立大学的领导行为四分图理论

俄亥俄州立大学的领导行为四分图理论又称“俄亥俄研究”或“俄亥俄理论”。美国俄亥俄州立大学的领导行为研究者们搜集了大量有关下属人员对领导行为描述方面的资料,在对列出的 1 000 多种因素的分析基础上,把领导行为概括归纳为两个维度,即“定规”(initiation structure)和“关怀”(consideration)。

所谓“定规”,是指领导者创立为完成任务所需要的结构,即规定他与工作群体的关系,建立明确的组织模式、意见交流渠道和工作程序的行为,具体包括设计组织机构,明确职责、权力、相互关系和沟通办法,确定工作目标与要求,制订工作程序、工作方法与制度。所谓“关怀”,是指建立领导者与被领导者之间的友谊、尊重、信任关系方面的行为,具体包括尊重下属的意见,给下属以较多的工作主动权,体贴下属的思想感情,注意满足下属的需要,平易近人,平等待人,关心群众,作风民主。

与密歇根大学研究的不同之处是,俄亥俄州立大学的研究者认为,“定规”与“关怀”不是一个连续流上的两个端点,不应把“定规”与“关怀”看成无关联的两个维度;领导者的行为可以是“定规”与“关怀”这两个方面的任意组合。二维四分图用两维坐标表示了存在的四种领导行为方式,如图 4-1 所示。

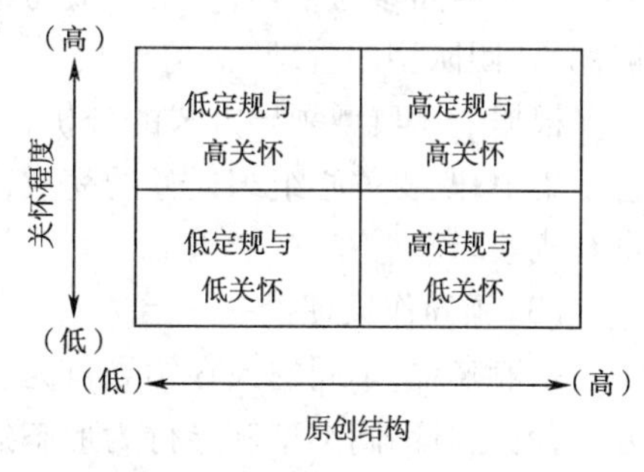

图 4-1　领导行为四分图

究竟哪种领导行为方式最好呢？结论要视具体情况而定。例如，有人认为在生产部门中效率与“定规”之间的关系成正比，而与“关怀”的关系成反比，而在非生产部门中情况恰恰相反。一般来说，高定规与低关怀带来更多的旷工、事故和抱怨。许多其他的研究证实了上述的一般结论，但也有人提供了相反的证据。出现这种情况的原因是他们只考虑了“定规”和“关怀”两个方面，而没有考虑领导所面临的环境。

②管理方格理论

1964 年美国管理学家罗伯特·布莱克（Robert R. Blake）和简·莫顿（Jane S. Mouton）在领导行为四分图的基础上，巧妙地设计出管理方格图。他们用横坐标表示领导者对生产的关心程度（包括对组织目标的关心、对组织经济效益和社会效益的关心及对组织规章制度执行状况的关心程度等），纵坐标表示领导者对人的关心程度（包括领导者对组织成员的关心程度、工作环境状况、人际关系状况、信息沟通状况等）。横坐标和纵坐标都划分为九个尺度，这样就形成了一个有 81 种领导方式的管理方格图，如图 4-2 所示。

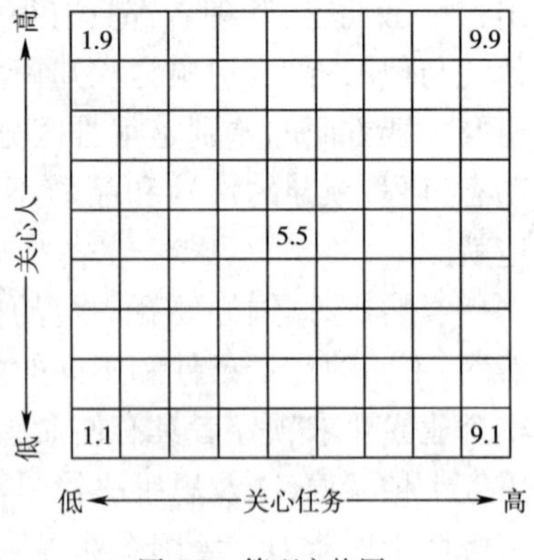

图 4-2　管理方格图

布莱克和莫顿列举了五种典型的领导方式：

a. 1.1 型方式。它表示对生产和人都极不关心，这种方式的领导者只做一些自己职务的最低限度的工作，满足只要工作不出差错就行。这种方式一般被称为“贫乏型的管理”，在实际中很少见到这样的领导者。

b. 1.9 型方式。它表示对人的需要极为关心，重视搞好与人的关系，而忽视工作的效果。

持这种方式的领导者认为只要人精神愉快，生产自然会好，不管生产好与不好，首先都要视人的情绪。这种管理的结果可能很脆弱，一旦和谐的人际关系受到影响，生产效率会随之而下降。这种方式常被称为“乡村俱乐部型的管理”。

c. 5.5 型方式。它表示既对工作关心，也对人关心，二者兼顾，程度适中。这种方式的领导者既对工作的质量和数量有一定要求，又强调通过引导和激励下属去完成任务。但是这种领导往往缺乏进取精神，满足于现状，因而被称为“中庸之道型的管理”。

d. 9.1 型方式。它表示只重视生产任务的完成，而不重视人的因素。这种领导者是一种专制式的领导，强调有效地控制下属完成各项工作，下属只能奉命行事，员工容易失去进取精神，不愿创造性地工作，不能施展所有的才能。这种方式被称为“任务型的管理”。

e. 9.9 型方式。它表示对工作和对人都极为关心。这种方式的领导能使组织的目标与个人的需要最有效地结合起来，既高度重视组织的各项工作，又能通过沟通和激励，使群体合作，下属人员共同参与管理，使工作成为组织成员自觉的行动，从而获得高的工作效率。这种方式被称为“团队型的管理”。

根据上述典型领导方式的分析，可以得出下述结论：作为一个领导者，既要发扬民主，又要善于集中；既要关心组织任务的完成，又要关心员工的正当利益。只有这样，才能使领导工作卓有成效。

（3）领导作风理论

一般来说，不同的人在领导行为表现上会有很大的不同。所谓领导作风、领导风格或领导方式，就是对不同类型领导行为形态的概括。领导作风理论重点研究领导者工作作风的类型及不同工作作风对成员的影响，以期寻求最佳的领导作风或领导风格。

①勒温的三种领导方式

领导作风理论的创始人是美国社会心理学家勒温(K. Lewin)。他以权力定位为基本变量,依据领导者对权力所持的态度和使用权力的方式,将领导者在领导过程中所表现出来的领导风格分为三类,即:专制型、民主型和放任型。其中,权力定位于领导者手中的是专制型,权力定位于组织群体的是民主型,权力定位于各个成员的是放任型。勒温认为,在实际工作中这三种极端的作风并不常见,大量的领导人采纳的工作作风往往是处于极端类型之间的混合型。

以上三种领导方式下的领导行为各有优缺点。为了分析不同领导作风对群体成员所产生的影响,勒温于1939年进行了一次试验,结果表明三种领导作风对群体成员的影响存在显著差别。其中,放任型的领导效率最低,在这种领导作风影响下的组织只达到了社会目标,没能实现工作目标,且产品数量和质量都很差;专制型的领导虽然实施了严格管理,使群体达到了工作目标,但成员的消极态度和对抗情绪不断增长;民主型的领导效率最高,不但达到了工作目标,而且达到了社会目标,成员表现很主动、很成熟且积极性较高。

②利克特的四种领导方式

利克特(R. Likert)是美国的一位心理学家和行为科学家。他曾长期担任密歇根大学社会研究中心主任一职。他和他的同事对企业领导的模式进行了调查研究,提出了领导的四种基本行为模式。

专制-权威式。采用这种领导方式的领导者非常专制,决策权仅限于最高层,对下属很少信任,激励也主要是采取惩罚的方法,沟通采取自上而下的方式。

开明-权威式。采用这种方式的领导者对下属有一定的信任和信心,采取奖赏和惩罚并用的激励方法,有一定程度的自下而上的沟通,也向下属授予一定的决策权,但自己仍牢牢掌握着控制权。

协商式。这种方式的领导者对下属抱有相当大但并不完全的信任,主要采用奖赏的方式来进行激励,沟通方式是上下双向的,在制订总体决策和主要政策的同时,允许下属部门对具体问题作出决策,并在某些情况下进行协商。

群体参与式。采用这种方式的领导者对下属在一切事务上都抱有充分的信心与责任,积极采纳下属的意见,更多地从事上下级之间及同级之间的沟通,鼓励各级组织作出决策。

利克特的调查结果表明,工作效率高的组织多数是实行第三、第四种领导方式的。利克特认为如果领导者以员工为中心,不仅关注员工的工作,也关心他们的需要和愿望,这个组织的效率就高;如果领导者仅以工作为中心,不关心员工的需要和愿望,这个组织的效率就低。如果领导者采取群体参与式的方式来领导,则工作效率就高;反之,如果采取专制-权威式的方式,则工作效率就低。

在领导作风理论研究中,尽管有许多学者通过调查和现场试验证明了利克特的观点,但也有不少学者提出了不同看法。有人认为,不同的领导作风或领导方式对群体的影响并无多大差别,它们均可能导致群体的高效率,也可能导致群体的低效率。

不难看出,领导作风理论研究的成果虽然为选择理想的领导作风提供了一定的依据,有一定的积极意义,但究竟哪一种领导作风最理想,不能一概而论。

4.2.3 权变领导理论

所谓权变,就是指行为主体根据情境因素的变化而作出适当的调整。权变领导理论就是指领导者应该根据情境因素选择有效的领导方式。

人们越来越认识到,找到一种普遍适用的“最好的”领导理论和方法是不现实的,领导行为效果的好坏,除了领导者本人的素质和能力外,还取决于诸多客观因素,如被领导者的特点、领导的环境等,它们是诸多因素相互作用、相互影响的过程。这个观点可用公式表示为:

$$领导 = f(领导者、被领导者、环境)$$

因此,没有一种“最好的”领导行为,一切要以时间、地点、条件为转移,这便是领导的权变理论的实质。

最具代表性的权变理论有以下几种。

(1)菲德勒模型

美国伊利诺大学的弗雷德·菲德勒(Fred E. Fiedler)从1951年开始,首先从组织绩效和领导态度之间的关系着手进行研究,经过长达15年的调查试验,提出了“有效领导的权变模式”,简称菲德勒模型。他认为任何领导形态均有可能有效,其有效性完全取决于是否与所处的环境相适应。

菲德勒以一种“你最不喜欢的同事”(least proffered coworker,缩写为LPC)量表来反映和测定领导者的领导风格。他把领导方式假设为两大类:以人为主和以工作为主。一个领导如果对其最不喜欢的同事都能给予好的评价,就被认为对人宽容、体谅,注重人际关系和个人的声望,是以人为主的领导;如果领导者对其不喜欢的同事批评得体无完肤,则被认为惯于命令和控制,是只关心工作的领导者。

与此同时,他经过试验,把影响领导有效性的环境因素归结为以下三种。

①领导者与下属之间的相互关系

这种相互关系是指领导者得到被领导者拥护和支持的程度,即领导者是否受下属的喜爱、尊敬和信任,是否能吸引并使下属愿意追随他。领导者与下属之间相互信任、相互喜欢的程度越高,领导者的权力和影响力就越大;反之,其影响力就越小。

②职位权力

职位权力是指组织赋予领导者正式地位所拥有的权力。职权是否明确、充分,在上级和整个组织中所得到的支持是否有力,直接影响到领导的有效性。一个领导者对其下属的雇佣、工作分配、报酬、提升等的直接决定权越大,其对下属的影响力也越大。

③任务结构

任务结构是指下属所从事的工作或任务的明确性。如果所领导的群体要完成的任务是清楚的,组织纪律明确,成员有章可循,则工作质量比较容易控制,领导也可更加有的放矢;反之,工作规定不明确,成员不知道如何去做,领导者就会处于被动地位。

菲德勒将这三个环境变数任意组合成八种群体工作情境,对1 200个团体进行了观察,收集了把领导风格与工作环境关联起来的数据,得出了在各种不同情况下使领导有效的领导方式,其结果如图4-3所示。

菲德勒的研究结果表明:根据群体工作情境,采取适当的领导方式可以把群体绩效提高到最大限度。当情境非常有利或非常不利时,采取工作导向型领导方式是合适的;但在各方面因素交织在一起且情境有利程度适中时,以人为主的领导方式更为有效。

根据菲德勒的观点,领导行为是和该领导者的个性相联系的,所以领导者的风格或领导方式基本是固定不变的。当一个领导者的风格或方式与情境不相适应时,解决的办法是改变情境,使之与领导者的风格相适应。总之,此模型有助于领导者认识情境因素的重要性,并努力使之适应自己的领导风格。

(2)领导生命周期理论

领导生命周期理论是由俄亥俄州立大学的卡曼(A. K. Korman)于1966年提出的。该理论把注意力放在对下属的研究上,认为成功的领导者要根据下属的成熟度选择合适的领导方式。

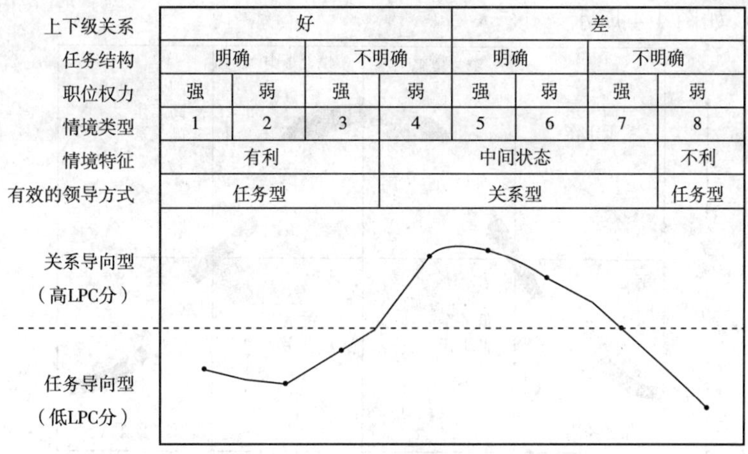

图4-3　菲德勒权变领导模型

所谓成熟度,是指人们对自己的行为承担责任的能力和愿望的大小。它取决于两个方面:任务成熟度和心理成熟度。任务成熟度是相对于一个人的知识和技能而言的,若一个人具有无需别人的指点就能完成其工作的知识、能力和经验,那么他的工作成熟度就是高的;反之则低。心理成熟度与做事的愿望或动机有关,如果一个人能自觉地去做,而无需外部的激励,就认为他有较高的心理成熟度;反之则低。

领导生命周期理论是建立在四分图理论和不成熟-成熟理论基础之上的。研究者也画出一个方格图,横坐标为工作行为,纵坐标为关系行为,在下方再加上两个成熟度坐标,从而把原来由布莱克和莫顿提出的由以人为主和以工作为主构成的二维领导理论,发展成由关系行为、工作行为和成熟度组成的三维领导理论。在这里,工作行为是指领导者和下属为完成工作任务而形成的交往形式,关系行为是指领导者给下属以帮助和支持的程度。

由此,保罗·赫塞和肯尼思·布兰查德两人提出了四种领导方式:命令式、说服式、参与式、授权式。

①命令式(高工作-低关系)

领导者对下属进行分工并具体指示下属应当干什么、如何干、何时干等,它强调直接指挥。

②说服式(高工作-高关系)

领导者既给下属以一定的指导,又注意保护和鼓励下属的积极性,这种方式又称指导式。

③参与式(低工作-高关系)

领导者与下属共同参与决策,信息双向沟通,领导者着重给下属以支持及其内部的协调沟通。

④授权式(低工作-低关系)

领导者几乎不加指点,由下属自己独立地开展工作、完成任务。

同时,研究者把成熟度分成四个等级,即不成熟、初步成熟、比较成熟、成熟,分别用M1、M2、M3、M4来表示。

M1:下属缺乏接受和承担任务的能力和愿望,他们既不能胜任又缺乏自觉。

M2:下属愿意承担任务但缺乏足够的能力,他们有积极性但没有完成任务所需的技能。

M3:下属具有完成领导者所交给的任务的能力,但没有足够的积极性。

M4:下属能够而且愿意去做领导要他们做的事。

根据下属的成熟度和组织所处的环境,赫塞和布兰查德提出了领导生命周期模型(也被称为情境模型),如图4-4所示。

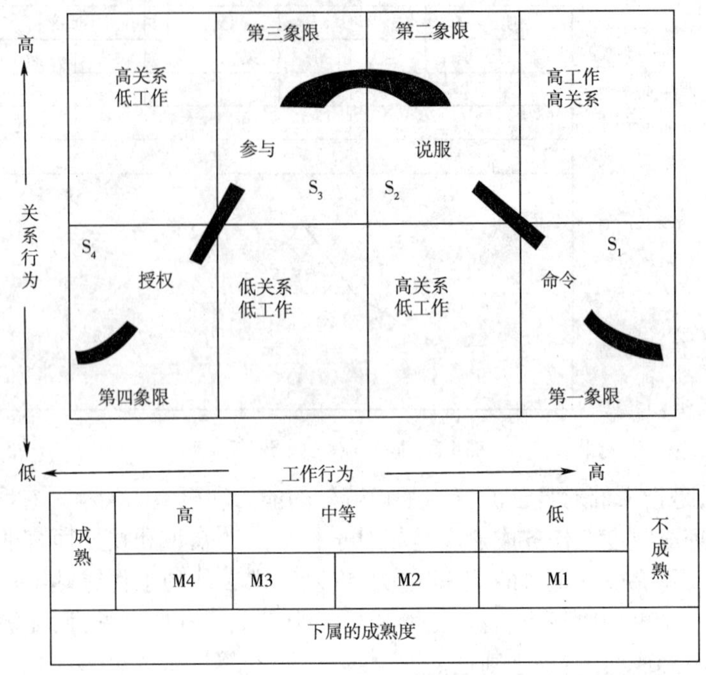

图4-4　领导生命周期理论模式

随着下属从不成熟走向成熟,领导者不仅要减少对活动的控制,还要减少对下属的帮助。当下属成熟度为M1时,领导者要给予明确而细致的指导和严格的控制,采用命令式领导方式;当下属成熟度为M2时,领导者既要保护下属的积极性,交给其一定的任务,又要及时加以具体的指点以帮助其较好地完成任务;当下属处于M3时,领导者主要是要解决其动机问题,可通过及时的肯定和表扬以及一定的帮助和鼓励以树立下属的信心,因此以采用低工作-高关系的参与式为佳;当下属成熟度为M4时,由于下属既有能力又有积极性,因此领导者可采用授权式,只给下属明确目标和工作要求,由下属自我控制。

领导生命周期理论告诉人们,领导的有效性在于把组织内的工作行为、关系行为和下属的成熟程度结合起来考虑,随着被领导者从不成熟走向成熟,领导行为也要随之调整才能有效。

(3)途径-目标理论

1971年,加拿大多伦多大学豪斯(R. J. House)教授将期望理论和二元理论相结合提出了途径-目标理论。该理论认为,领导者的效率是以能激励下属达成组织目标,并在其工作中使下属得到满足来衡量的,领导者可以而且应该根据不同的环境因素来调整自己的领导方式和作风。"途径-目标"理论把领导行为分为四种。

①指示型领导方式。给下属明确任务目标,明确职责,严密监督,通过奖惩控制下属的行为。当工作任务模糊不清、变化大或下属对工作不熟悉,没有把握,感到无所适从时,这种方式是合适的。

②支持型领导方式。对下属友好,平等对待,关心下属的生活福利。这种领导方式特别适用于工作高度程序化,让人感到枯燥乏味的情境。既然工作本身缺乏吸引力,下属就希望上司

能成为满意的源泉,领导人可通过工作会餐或郊游等满足下属的社交需求。

③参与型领导方式。鼓励下属参与任务目标决策和解决具体问题。当任务相当复杂,需要组织成员间高度的相互协作时,或当下属拥有完成任务的足够能力并希望得到尊重和自我控制时,采用这种方式是合适的。

④成就导向型领导方式。这是参与型领导方式的一种特殊类型,它主要强调目标设置的重要性,领导者通过为下属设置富有挑战性的目标和鼓励下属完成这些任务来管理下属。只要下属能完成目标,他们就有权自主决定怎么做。

4.2.4 当代领导理论

(1)领导的归因理论

归因理论主要用于了解原因和结果之间的关系。领导的归因理论(attribution theory of leadership)指的是,领导主要是人们对其他个体进行的归因。人们倾向于把领导者描述为具有这样一些特质,如智慧、随和的个性、很强的语言表达能力、进取心、理解力和勤奋。并且,人们发现高-高领导者(即在结构和关怀方面均高)与人们对好领导具有哪些因素的归因相一致。当组织中的绩效极端低或极端高时,人们倾向于把它们归顺于领导。

(2)领袖魅力理论

豪斯提出魅力型领导者的三项因素:极高的自信、支配力及对自己信仰的坚定信念。有人发现魅力型领导具有四种共同的能力:有令人折服的远见和目标意识;能清晰地表达这一目标,使下属明确理解;对这一目标的追求表现出一致性和全身心的投入;了解自己的实力并以此作为资本。还有人发现,魅力型领导人具有如下特点:他们有一个希望达到的理想目标,为此目标能够全身心地投入和奉献;反传统;非常固执而自信;是激进变革的代言人而不是传统现状的卫道士。

4.3 领导艺术

4.3.1 领导艺术的含义

领导艺术是领导者创造性地把领导思想、原则和领导方式、方法用于领导工作实践的表现形态。创造性是领导艺术的首要标志。因为领导科学中的思想、原则和方式、方法都是一般原理,但各单位的具体环境和条件却是千差万别的,领导者只有因地、因时、因条件制宜,灵活地开展领导工作,才能取得良好的效果。

领导艺术是领导者个人素质的综合反映,是因人而异的。黑格尔说过:“世界上没有完全相同的两片叶子。”同样,也没有完全相同的两个人,没有完全相同的领导者和领导模式。有多少个领导者就有多少种领导艺术。

领导艺术具有随机、非模式化的特征。领导模式就是领导方法,哪位领导者在错综复杂的矛盾中抓住了主要矛盾,他就能把领导艺术演绎得出神入化。

因此,领导者所处理的各项工作,有些是常规性的,可以用模式化、规范化的方法解决;有些是随机性的,没有模式化、规范化的解决办法,需要通过领导者的想象力和创见予以解决。因此,领导艺术也是一种建立在一定知识、经验基础上的、非规范化的领导艺术,是一种创造性的开发。

4.3.2 提高领导艺术的技能

领导工作对于企业来说其重要性是无可置疑的。领导者的工作效率和效果很大程度上取决于他们的领导艺术。领导艺术是一门博大精深的学问,其内涵极为丰富。

不同的领导者,首先要明白做什么。明白了做什么,等于事情成功了一半。现代管理很复杂,往往使许多置身于领导工作岗位的领导者如坠烟云,被上、下、左、右的人和事搞得不知所措。在这种情况下,首先弄明白要做什么,是非常必要的;否则,可能一事无成。在决定要做什么事情上,既不要丧失机会,同时还要谨慎,“三思而后行”,切勿盲目草率。

(1)弄清自己的角色定位

每个领导者都处在一定的领导位置上,而不同的领导位置决定了不同的角色定位,不同的角色定位同时决定了每一角色的不同的价值观、工作职责。因此,搞好角色定位是发挥领导艺术的第一项重要内容。这里所说的角色,包括两个方面的含义。

①弄清楚处在什么层次上

现代管理具有鲜明的层次性,管理机构是层次结构,管理任务以层次性区分,领导权力也是层次按等级分配,所以各个层次应该做本层次应该做的工作,不要做越权越级的事。

管理层次分为高、中、低层。对企业来说,总经理、厂长等是高层管理;职能负责人、分公司经理或分厂、车间等是中层管理;班组长是基层管理。不同管理层次领导人的注意力、工作的着眼点、决策内容、决策类型等是不同的。因此,搞清角色层次很重要。

②弄清楚角色的性质

处在同一管理层次上的领导,领导角色的性质是不一样的。而不同的角色性质,应当做的事情也不同。

一是领导职位。指各级企、事业单位的首脑性质。他们对本单位的生存与发展负有全面的责任,对本单位的工作拥有决策权,并对决策后果负责。他们的主要任务是出主意(也包括采纳别人的主意),用干部,即确定工作的方向、目标、规划,制定政策和规范,选人用人,作出决策判断等。

二是职能主管职位。指各级单位中各个职能部门的领导职位。他们的任务是主管所处管理层次上的某个职能方面的工作。他们的主要任务是为本级首脑决策提供有关决策建议、方案,并将首脑的决策加以组织实施。

三是参谋、业务职位。指各职能部门中从事具体工作的各个职位。他们是职能主管领导的助手和具体办事者,主要任务是承办日常管理业务工作,同时也要给首脑和职能主管领导干部提供大量信息和主张。

在实际管理工作中,经常看到“错位”现象。有的是层次错位,常出现该下级领导的事上级领导给包办代替了,上级对下级管得过多过死,捆住了下级的手脚,很多领导管了很多不该管、管不好、管不了的事,许多事情本来放在下面很容易办好,但是要拿到上面办,就很难办好,管理工作效率低。有的是职位错位,即有的领导人常常管一些不属于自己职务范围的事。领导工作一般都有明确的分工,不是管得越多越好,如果把积极性发挥到别人的工作范围内,就会妨碍别人的工作,给管理工作造成混乱,对提高领导工作的整体效益是不利的。

(2)明白组织所处的发展阶段

一个人,一个组织,都有从小到大,从不成熟至成熟,从开创到立业的发展过程,而且一般都不会是一帆风顺的。在各个不同的发展阶段上,所面临的主要问题不同,因而所要做的主要事情也不相同。对一个企业领导来说,在企业发展的不同时期要把握好不同的重点。

①创业阶段处理好“管理危机”

一般一个企业的诞生都是由少数几个人先搞起来的,规模比较小,组织也不够正规。这时创始人的主要精力不是搞管理,而是竭尽全力从事生产和打开市场。企业的组织结构相对比较简单,但成员之间却好像一个有机的整体,同心协力,配合默契,效率很高,也没有很多摩擦。这时虽然没有非常严密的分工和严格的规章制度,但也能运转得较好。随着生产、销售的逐步发展,人员逐渐增多,规模逐步扩大,客观上要求企业领导人要把注意力逐步转向管理工作。但许多企业的创始人往往不了解这个客观要求,有的人由于出身于技术人员,也不愿意转向这个他所不熟悉的领域,仍然热衷于埋头生产和销售的技术活动。这种状况使企业的进一步发展受到了限制,企业在发展过程中遇到了第一个危机——“管理危机”,即企业急需处理好管理问题,急需初创时期的企业领导人迅速学会、熟悉管理工作,或者聘请一个有能力、熟悉管理业务的经理、厂长;否则,企业的创始人就可能被其他有能力的人所取代,或者企业不仅不能继续发展,而且在激烈的竞争中有倒闭的危机。

②成长阶段处理好“自主权危机”

企业在渡过了第一危机之后,有了称职的经理,设置了管理职能部门,初步建立起一支管理队伍,也有了一些管理规章制度,权威等级逐步产生,逐步步入较正规化的管理。在这个过程中,随着企业的发展和管理工作任务的增加,随着中、下级管理人员经验的积累和成熟,他们的能力和信心也随之增强,这时无论在客观需要上还是中、下级管理人员的主观愿望上,都要求给中、下级管理人员下放一部分自主权,而这一要求与经理在此之前形成的集中领导方式发生了矛盾,这就产生了企业的第二次危机——“自主权危机”。

在这种情况下,企业的最高领导人必须下放一部分权力,使中层领导人员获得较多的授权,能够自主地处理日常业务,这对企业的发展是有利的。权力下放以后,最高领导人员摆脱了日常事物的缠扰,集中精力研究企业战略和规划问题,并逐步建立和完善企业的决策系统、指挥系统和信息管理系统。

③成熟阶段处理好“控制危机”

自主权危机解决后,企业的管理日益显示出如下特征:规章制度和各种操作规程成为指导企业各项活动的准则;分工明确,每个岗位上的工作人员都有一定的责任和相应的权利;分级管理,按级负责;选拔、使用人员有较明确的条件;所有规章制度和企业的管理决定都用文件形式记录、保存;等等。企业发展到这个阶段,正规化程度很高,便于指挥管理,便于使员工们步调一致、协同配合、劳动分工。有利于提高工作效率;工作人员有章可循,职责明确,减少了相互扯皮,制度严密有助于杜绝以权谋私。但是,事情都是一分为二的,如果这时不能正确发挥有利因素,随着中、下层领导者自主权的发展,可能出现各自为政、向不同方向发展的趋势,如果不加控制、协调,部门之间的矛盾就会加深,分散领导者的精力,降低企业管理的整体效率和效益,这就产生企业的第三次危机——“控制危机”。为解决这个危机,企业的最高领导者必须加强对企业共同目标的教育,加强企业文化建设,同时采取切实有效措施加强各部门之间的协调;进行必要的控制,有时需要聘请专家和专业人员审查各部门的计划,采取各种激励手段,鼓励各级领导人员关心企业的整体利益。

④继续发展阶段处理好“烦琐危机”

控制危机解决后,各部门之间加强了协作配合,朝着企业的共同目标和利益努力。但是旧的矛盾解决了，又会有新的矛盾。在稳定继续发展一段时间之后，如果企业领导没有预见性，没有采取预防措施，就会过分强调正规化管理和严密控制，事物可能走向另一极端，机构臃肿的现象和管理工作过分烦琐的现象可能出现，整个企业的组织还可能会庞大和复杂，分工过细，妨碍各级人员积极性的发挥，这就产生了企业发展过程中的第四个危机——"烦琐危机"。解决这一危机的办法是精简机构，提高各级领导者的素质和处理问题、解决矛盾的能力，高层领导要解决官僚主义问题，从而使企业的整个管理工作达到更高程度的协调与配合。如能如此，企业就会继续发展；否则，企业就可能衰退下去。企业领导人这时有必要请企业外面的专家帮助，借助外脑解决问题，或对管理机构进行较大的改造，使其重新充满生机与活力。

(3)定准自己的目标

任何管理活动都是为了追求某种目标，目标实现的程度，就是效益的大小。因此，领导者必须定准目标，然后经过一系列管理活动去实现目标，达到一定的效益。

在管理工作中，并不是每个领导者都十分明白追求的目标是什么。有些领导人终日忙碌，却并不清楚他的目标是什么。他只是从基本觉悟出发，认为应该勤勤恳恳地工作或者只是意识到是在为企业利益而工作。为了解决这个问题，领导者必须明确以下几个问题。

①树立目标观念

领导者应把追求某种目标(某种管理效益)作为自己领导工作的内在因素，并要把笼统的目的化为明确、具体、科学的目标。这样，领导者的实践活动才可能由自发到自为，才有较大的希望实现预期的效益。

②把建立目标作为领导者的首要职责

一个管理者(尤其是领导者)的首要职责是建立目标，这是提高企业效益的决定因素。领导者要适时而正确地建立目标，提出任务，这样下属就会感到他的领导者是有事业心的，是有领导能力和工作魄力的，起到了动员群众的作用。如果领导者也让下属参加建立目标，并说明组织目标(集体利益)与个人目标(个人利益)是如何结合的，下属就更会增强工作的责任心。领导者从目标开始，通过决策、用人、指挥、协调和激励把企业中的人力、物力、财力、信息等充分地运用起来以实现目标。

(4)做自己该做的事

每个领导者要想使自己成为有效的领导，使自己的领导工作为企业创造出良好的效益，就必须做自己该做的事。领导者的事包括决策、用人、指挥、协调和激励。这些事都是大事，是领导者应该做的。但绝对不是都由最高领导人来做，而应该分清轻重缓急、主次先后，分别授权给下级领导者去做，让每一级去管本级应管的事。企业最高领导者应该只抓重中之重、急中之急，并且严格按照"例外原则"办事。也就是说，凡是已经授权给下属去做的事，领导要克制自己，不要再去插手；领导者只需要管那些没有对下授权的例外的事情。

①了解自己"能作什么贡献"

每个领导者各自处在一定管理层次上和领导职位上，组织赋予一定的职责和权利，职责范围内的事情，无疑是他应当做的。但是，不同的领导者有不同的效果。有的领导者勤勤恳恳按章办事，不出什么纰漏，该做的事情也都做了，然而业绩平平，为什么会是这样呢？问题也许出在他没有重视自己能贡献些什么。一个有效的领导者，在他上任时，就要问问自己："我在这个位置上能作出什么贡献？"在全面了解上、下和内、外各种情况后，就会对这个问题逐步明确而且在实际工作中逐步将精力朝着能作出贡献的方面集中。当然，这个贡献是指社会和他所服务的机构需要的，不是他的自我表现和自我欣赏。只有重视贡献的管理者，才能获得领导工作的成功。当然调任新职时,他能够随着情况的变化,适应新职位的需要,再次回答"我能贡献什么",而不是墨守过去的一切。

②遇事要问"能不能"

美国著名管理学家唐纳德提出,领导者处理工作时应先问三个问题:能不能取消这项工作?能不能与别的工作合并?能不能用简单的东西代替?

第一个"能不能",促使领导者慎重考虑这项工作的必要性,是不是非做不可,凡是可做可不做的事就不要做;或者这件事虽有一定意义,做了以后有一定好处,但费力太大,得不偿失,也不要做。

第二个"能不能",促使领导者把两件事变成一件事,三件事变成两件事,把性质相同、相近或可以兼顾的工作合并,收到事半功倍的效果。

第三个"能不能",促使领导者设法用简便的东西去获得同样的效果。这里包括两个含义:一是用简单的方法代替复杂的方法,而两种方法能达到同样效果;二是用简单的事代替复杂的事。

③上层领导者无需事必躬亲

领导要干领导的事,不要事必躬亲,事无巨细包揽一切。现代管理,强调层次管理、能级管理和分权管理,层次越高的领导越要把主要精力放在全局性问题的处理上,基层领导过问的事相对比较具体、琐碎,但也不是说基层领导就应包揽一切,仍然有重点与非重点之分,仍然应当排除可管可不管的事。

(5)作有效的决策

所谓决策,就是对某件事情作出决定,但严格说来,不能称为"决策",只能说是一种"处置"。管理中的大量问题多属于此类性质。

决策是领导者的一项重要任务,它的重要性超过了其他一切工作。每个领导者都作决策,然而所作的决策,有的是有效的,有的是效益不大甚至是无效的决策。真正意义上的决策是对事关全局性的问题所作出的决定,或者是对大量出现的"例常性"工作建立一种处理规则、原则,以便以后在处理此类事情时,下属人员按例常的规则、原则行事,而不需要作决策。

(6)做时间的主人

企业领导者为了有效地利用时间,必须掌握以下基本原则。

①诊断自己的时间

诊断自己的时间,目的在于知道自己的时间是如何耗用的。要掌握用精力最好的时间干最重要的事。把自己精力最充沛的时间集中起来,专心去处理最费精力、最重要的工作;否则,常会把最有效的时间切割成无用的或低效的零碎时间。

②分析无效的时间

首先应该确定哪些事根本不必做,哪些事做了也是白费功夫;其次还要检查自己是否有浪费别人时间的行为,如果有,要立即停止。

③排除浪费的时间

在日常生产经营活动中,产生时间浪费的原因很多,如一个单位的制度不健全、环节过多、信息不灵、人浮于事、相互扯皮等都会造成时间上的惊人浪费。

时间毕竟是个常数,人的精力总是有限的,但只要领导者能够遵循管理原则,便能提高管理工作的有效性,争取时间,产生巨大的经济效益。

(7)做有效的沟通

沟通主要使企业全体员工对企业目标、方针、政策、计划及一切工作有共同一致的了解,让大家同心同德实现企业的目标。企业全体员工能否围绕着企业整体目标团结一致，直接影响到企业的成败和经济效益的提高，而使他们团结一致的有效方法就是贯彻有效沟通。有效的沟通使企业员工能够彼此了解、认识、互助、合作。

(8)做着眼于明天的事

面向未来，是领导者的方针。生活经验证明，人无远虑，必有近忧。其中包括统筹事物发展的各个阶段，统筹今天和明天。有效的领导者尽量摆脱过去，不要把精力花在过去的事情上。今天即将成为过去，明天才更重要。人总要有点超前意识，在企业经营管理中，领导者没有超前意识，今天不想明天是绝对不能成功的。成功的领导者都是今天为明天做准备，到了明天，他就又为下一个明天的生存、发展进行新的筹划和忙碌了。

第5章　道路管理过程之控制

5.1　管理控制的原理

5.1.1　管理控制概述

(1)控制的定义

控制一词原意为“驾驭、支配”。一般意义上的控制是任何系统都必须具备的职能。组织作为一种社会系统,在组织管理中也普遍应用控制的原理,并逐渐形成控制学科的一个独立分支——管理控制。因此,要理解控制的概念,就需要从管理的“控制职能”与控制论中的“一般控制”的比较开始。

①一般控制

自1948年美国教育学家、生物学家、通信工程师诺伯特·维纳(Norbert Wiener)创立“控制论”以来,“控制”作为一个专门术语被越来越广泛地应用。在控制论中,为了“改善”某个或某些受控对象的功能或发展方向,需要获取并使用信息,进而选择并施加于受控对象上的作用,就叫控制。这种作用是一个信息反馈系统。信息是控制的基础,控制有赖于信息反馈来实现。即由控制的作用,以达到预定的目的。基于信息反馈的控制是根据历史的情况去控制和调整未来的行为。

控制系统既是信息反馈系统,又是个自组织系统,如图5-1所示。控制机制将反馈信息与原定的标准或是目标值进行比较,发现偏差后及时发出控制信息,以纠正偏差,调节输出。在此,“控制”作为一种活动,它要达到的目的就是:依靠信息反馈,维持(这往往是自动进行的)一个系统的原有状态,并在发生偏差时,设法使它复原。

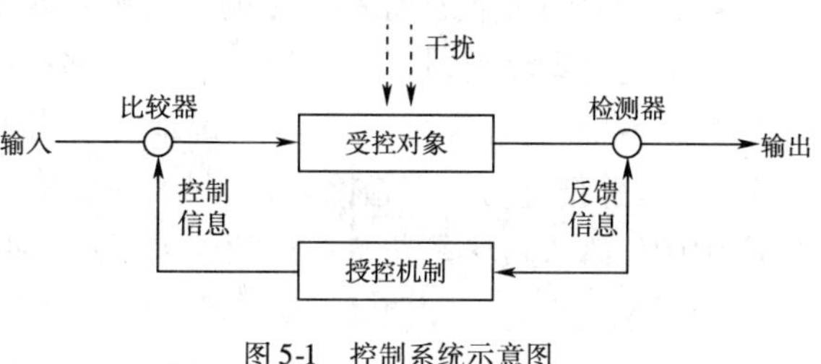

图5-1　控制系统示意图

生活中,控制系统的例子随处可见,如人体内部体温调节自动控制系统、恒温箱自动控制系统,以及人们在驾驶汽车、骑自行车的方向和速度的控制行为等。

②管理控制

在管理工作中,所谓控制,是指为了确保组织的目标以及为此而拟订的计划能够得以实现,各级管理人员根据事先确定的标准或因适应发展的需要而重新拟订的标准,对下级的工作进行衡量和评价,并对出现的偏差进行纠正,以防止偏差继续发展或今后再度发生的过程。简单来讲,就是监督各项活动,以保证它们按计划进行并纠正各种重要偏差的过程。该过程可用图5-2表示。

从控制的概念可以清楚看到如下三点:控制有很强的目的性,即控制是为了保证组织中的各项活动按计划进行;控制是通过“监督”和“纠偏”来实现的;控制是一个过程。

③管理控制与一般控制的相同之处

管理控制是管理活动中一个相对完整的复杂过程,与控制论中的控制在概念上的相似之处表现在以下几点。

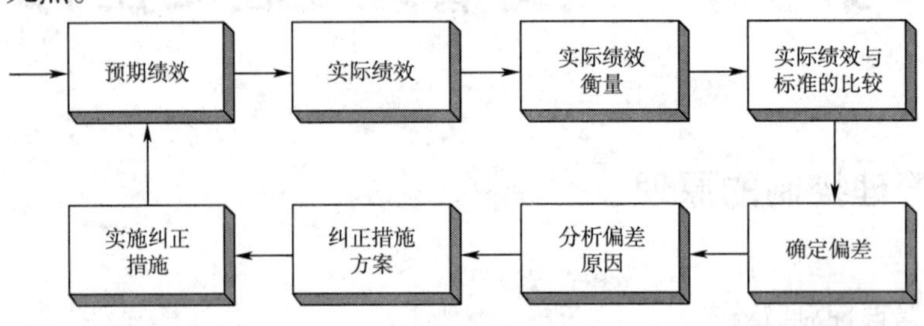

图 5-2 管理控制反馈回路图

两者都是一个信息反馈系统。同一般控制系统类似,管理控制实质上也是一个信息反馈系统,通过信息反馈,发现管理活动中的不足之处,进行调整和改进,促进系统趋于稳定、完善,直至优化状态。

两者都有相同的基本活动过程。无论是管理控制还是一般控制,为了实现控制目标,均需事先确立一个以供比较的控制标准;然后通过将输出结果与标准的比较,对结果进行衡量;若发现存在偏差,则采取必要措施对偏差进行纠正,使其保持在允许的范围内。

两者都是一个自组织系统。所谓自组织系统,是指根据系统内外变化而进行相应的调整,并不断克服系统的不稳定性,确保系统保持某种状态。

④管理控制与一般控制的不同之处

虽然管理控制与一般控制存在上述相似之处,但作为管理活动重要职能的控制,仍与一般控制存在许多区别。

a. 复杂程度不同。控制论中的“控制”,实质上是一个简单的信息反馈,该系统中所采取的纠正措施是即刻就付诸实施的。而且,如是在自动控制系统中给定程序,一般衡量实际的绩效情况,并把它与标准相比较,要明确地分析出现的偏差及原因,定时定期地进行衡量实际的绩效情况,并把它与标准相比较,要明确地分析出现的偏差及原因,并作出必要的纠正。为此,组织中的管理人员必须花费一定的人力、物力和财力去拟订计划并实施计划,只有如此,才有可能纠正偏差以达到预期的绩效。

b. 信息内容不同。一般控制中的“信息”是一个一般意义上的词汇,比较简单,如能量的机械传递、神经冲动、化学反应及类似的文字或口头的消息等。因此,对于一般控制中的简单“信息”的反馈控制系统来说,它所能反馈的“信息”也往往是比较单纯的一些信息。

而管理控制中的“信息”,是在有组织的生产经营管理过程中产生的。它是基于管理技术而组织起来,并且经过了分析整理后而形成的管理信息流或管理信息集合。这种管理信息数量庞大、种类繁多、数据复杂综合。在现代管理中,一般是通过一个包括信息的收集、处理、转化和应用的管理信息系统来实现对信息的管理,并用以支持管理决策和控制。管理信息系统是否完善,信息反馈是否灵敏、正确、有力成为管理控制活动是否最终有效的关键之一。

c. 目的要求不同。按照控制论的观点,一般控制的目的是设法使系统运行产生的偏差不超出允许的范围,从而维持系统活动在某一个平衡点上。

而管理控制的目的，则不仅要使一个组织按照原定的计划，维持其正常活动，以实现既定目标，而且还要力求组织的活动有所前进，有所创新，以达到新的高度，提出和实现新的目标，即所谓的"管理突破"（如图5-3所示）。也就是说，管理的职能活动，通过信息反馈，形成一个逐级提升的管理系统。这种活动不再是仅仅简单地把管理系统的各项活动维持在一个平衡点上，而且还要使系统的活动在原来平衡点的基础上，求得螺旋式上升。需要指出的是，实现"管理突破"需要一定的过程，时间长短会因各个组织的特点有所不同。

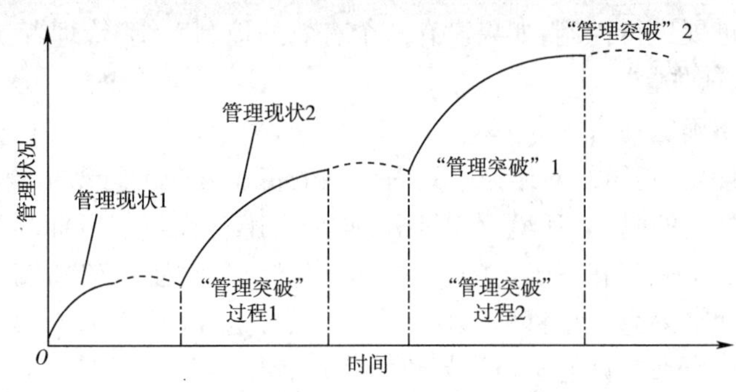

图5-3 "管理突破"过程

（2）控制与计划

控制与计划既有区别又相互紧密联系，通过对两者的比较可以进一步加深对控制的理解。

控制职能旨在按计划标准来衡量所取得的成果并纠正所发生的偏差，以保证计划目标的实现。如果说计划是谋求一致、完整而又彼此衔接地实现目标的计划方案，那么管理控制则是保证一切组织活动都按计划正确进行。两者的关系具体表现在以下几个方面。

①计划为控制提供衡量的标准，没有计划，控制就成了无本之木；同时控制又是计划得以实现的保证，没有控制，计划就等于是一纸空谈。

②计划和控制的效果分别依赖于对方，计划越明确、全面和完整，控制工作就越好进行，效果也就越好；而控制越准确、全面和深入，就越能保证计划的顺利执行，并能更多地反馈信息以提高计划的质量。

③一切有效的控制方法首先就是计划方法，如预算、政策、程序和规则等，选择控制方法和设计控制系统时必须要考虑到计划本身的特点。

④计划工作本身也必须有一定的控制，如对计划的程序、计划的质量等实施控制；控制工作本身必须要有一定的计划，如对控制的程序、控制的内容等，都必须进行一定的计划。

5.1.2 管理控制的必要性及其特征

（1）管理控制的必要性

根据管理控制的定义可知，控制职能的基本作用在于保证组织活动的过程和实际绩效与计划目标及计划内容相一致，以保证组织目标的实现，也就是确保管理的各项职能朝着既定的目标前进。控制工作完成得好，就能给管理工作起到协助作用。图5-4显示了控制的基本作用。

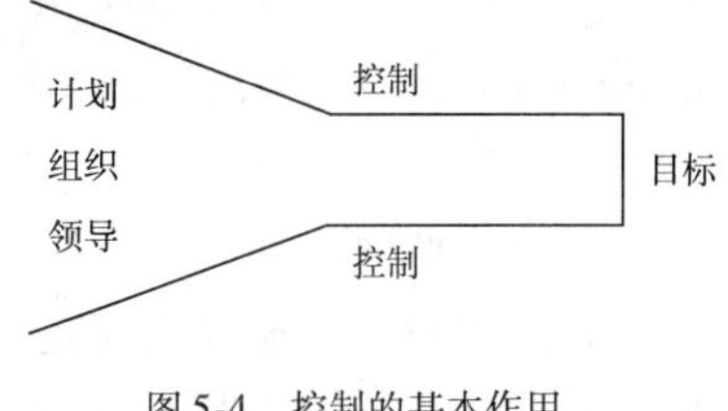

图5-4 控制的基本作用

在管理系统中，人、财、物、信息等要素的组合关系是多种多样的，动态的，受环境影响很大，有时内部运动和结构变化也很大，随机因素很多，因此控制职能对任何组织、任何活动都是必需的。法约尔普指出，控制必须施之于一切的事、人和工作活动。

①授权责任的体现

对个人和组织活动进行控制是“责任”这一基本要领的体现。组织的目标是要由人来实现的，对人员进行控制就是要保证各阶层的管理者及员工能够按照计划的要求去做。要使员工按要求完成既定的工作，就必须明确其职责是什么，绩效是如何考核的，评估中有效的绩效标准是什么，并进而予以奖励或纠偏。因此，在管理者授权的过程中应建立一个有效的控制系统以对员工的工作进展进行控制，如果没有一个有效的控制系统，管理者就无法检查下属的工作进展和结果，就可能失控。

②组织环境的不确定性

组织的目标和计划，是组织对未来一定时期内的奋斗方向和行动步骤的描述，任何组织的目标和计划都是在特定的时间、环境下制订的，但是由于现代组织所面临的经济、政治、自然、社会等环境大都是复杂多变和不确定的，因此，即使组织所面临的经济、政治一样，也会造成计划执行的实际过程和结果与计划目标不相符合。例如，银行贷款利率的变动会影响融资计划，汇率的波动可能影响原来制订的出口计划等。管理者需要及时了解环境变化的程度和原因，不断地对组织的战略、战术进行再评估，通过建立控制及时了解环境变化的程度和原因，不断地对组织的战略、战术进行再评估，通过建立控制系统准确把握计划方案和实际结果之间差异的程度和原因，调整和修正行动。

③组织活动的复杂性

随着现代各种组织规模的日趋庞大，组织中人、财、物等要素的组合关系更加多样化，使得组织关系错综复杂，随机因素很多，这使得组织内部运行和结构随时空和环境变化也会显现更大的变动。处在这样一个复杂的组织管理系统中，要想实现既定的目标，执行为此而拟订的计划，求得组织在竞争中的生存和发展，不进行控制工作是不可想象的。同时，在复杂的管理系统中，要保证管理权力相对分散的各个部门的活动紧紧围绕组织目标，保证每项工作顺利进行，组织也必须进行大量的控制工作。

④管理失误的不可避免性

任何组织在其发展过程中，犯一些错误或出现一些失误都是不可避免的。虽然小的偏差和失误不会立即给组织带来严重的损害，但随着小差错的积少成多和积累放大，最终就可能对组织的正常运行造成威胁，甚至给组织酿成灾难性的后果。防微杜渐，及早发现潜在的错误和问题并进行处理，就有助于确保组织按预定的轨迹运行下去。通过对组织实际活动的反馈，管理者可以及时发现失误，从而采取一定的措施，纠正偏差，防止大错的酿成。

(2)管理控制的特点

①管理控制具有整体性

管理控制需要把整个组织的活动作为一个整体来看待，使各方面的控制协调一致，达到整体优化。管理控制的整体性包括多重含义：一是指管理控制是组织全体成员的职责，完成计划是组织全体成员的共同责任，参与管理控制是全体成员共同的任务；二是指控制的对象是组织的各个方面，包括各层次、各部门、各单位的工作，以及组织生产经营的各个不同阶段等。组织各个方面的协调平衡需要对组织的各个方面进行有效的控制。

②管理控制具有动态性

管理控制是动态演化的控制，它不同于机器设备系统中的自动控制，这种控制是高度程序化的，具有因定的特征。管理控制是在有机的社会组织中进行的，外部环境和内部条件都在不断地发生变化,从而决定了管理控制的动态性,以提高管理控制的适应性和有效性。

③管理控制具有目的性和反馈性

管理控制的意义就在于使组织活动朝着计划目标前进,因此管理控制具有明确的目的性特征。管理控制无论是着眼于纠正实际中的偏差,还是适应环境的变化,都紧紧地围绕组织的目标进行,受到一定目标的指引,服务于达成组织特定目标的需要。而管理控制的这种目的性要得以实现,离不开信息反馈。没有信息反馈,就没有了赖以判断对错的对象和依据。管理控制系统中的信息是通过管理信息系统来实现的。

④管理控制具有人本性

管理控制不可忽视其中的人性方面因素。人是组织各项活动的执行者,组织中和各项活动都要靠人来完成。归根结底,管理控制是对人的控制,同时本身又必须由人来执行。这就要求我们充分注意到人才是管理控制的关键。既要使人遵守控制的准则,又要努力使控制符合人的特性。控制不仅仅是监督,更为重要的是指导和帮助,使人在被动接受控制的同时,还能充分理解控制的必要性,从而端正自身态度,提高工作与自控能力。

⑤管理控制具有创新性

控制不等于管、卡、压。控制不仅要保证计划完成,而且还要促进管理创新。控制过程要通过控制活动调动受控者的积极性,这是现代控制的特点。如在预算控制中实行弹性预算就是这种控制思想的体现,特别是在具有良好反馈机制的控制系统中,施控者通过接收受控者的反馈,不仅可及时了解计划执行的状况,纠正计划执行中出现的偏差,而且还可以从反馈中受到启发,激发创新。

5.1.3 管理控制的内容

美国管理学家斯蒂芬·罗宾斯将控制的内容按照控制的对象,归纳为对人员、财务、作业、信息和组织绩效五个方面的控制。

(1)对人员的控制

管理者是通过对他人的工作控制来实现其目标的,为了实现组织的目标,管理者必须依靠其下属员工。因此,保证员工按照管理者制订的工作方式和预定的计划去做非常重要。为了做到这一点,就必须对人员进行控制。直接巡视是对人员控制最常用的方法。它是指在日常工作中,管理者通过观察员工的工作,发现问题并马上进行纠正。便如,当一位监工发现某员工的机器操作有误时,就当时指明其错误,并指明正确的操作方法。另一种有效的方法是对员工进行系统化的评估,这是一种正规的控制方法。通过评估,对绩效好的予以奖励,使其维持或加强良好的表现;对绩效差的管理者就采取相应的措施,纠正出现的行为偏差。

(2)对财务的控制

为保证企业获取利润,维持企业的正常运作,必须要进行财务控制。这主要包括审核各期的财务报表,以保证一定的现金存量,保证债务的负担不致过重,保证各项资产都得到有效的利用等。预算是最常用的财务控制衡量标准,也是一种有效的控制工具。

(3)对作业的控制

一个组织的成功,在很大程度上取决于它在生产产品或提供服务的能力上的效率和效果。组织提供的产品或服务的质量在很大程度上是由组织中的作业质量决定的。所谓作业,就是指从劳动力、原材料等资源到最终产品和服务的转换过程。而作业控制就是通过对作业过程的控制,来评价并提高作业的准备率和效果,从而提高组织提供的产品或服务的质量。曲型的作业控制包括:监督生产活动以保证其按计划进行,即生产控制;评价购买能力,以尽可能低的价格提供所需的质量和数量的原材料,即原材料购买控制;监督组织的产品或服务的质量,以保证满足预定的标准,即质量控制;保证所有的设备得到良好的维护,即设备管理控制。

(4)对信息的控制

随着人类步入信息社会,信息在组织运行中的地位越来越高,不精确的、不完整的、不及时的信息会大大降低组织效率。因此,在现代组织中对信息的控制显得尤为重要。对信息的控制就是要建立一个管理信息系统,使它能在正确的时间,以正确的数量,为正确的人提供正确的数据信息。管理信息系统是一个由人、计算机结合的对管理信息进行收集、传递、存、储、加工、维护和使用的系统。它以大容量数据库为支撑,以数据信息处理为基础,从系统的观点出发,把分散的信息组织成比较完整的信息系统,大大提高了信息处理的效率,也提高了管理水平。

(5)对组织绩效的控制

组织绩效是组织上层管理者的控制对象,组织目标的达成与否都从这里反映出来。无论是组织内部的人员,还是组织外部的人员和组织,如证券分析人员、潜在的投资者、贷款银行、供应商及政府部门都十分关注组织的绩效。因此,为了维持或改进一个组织的整体效果,管理者应该关心控制。但是一个组织的效果很难用一个单一的指标来衡量,生产率、产量、市场占有率、员工福利、组织的成长性等都可能成为衡量指标,关键是看组织的目标取向,即要根据组织完成目标的实际情况并按照目标所设置的标准来衡量组织绩效。

5.2 管理控制的类型

在组织中,由于控制的内容、性质、范围不同,控制工作可以根据不同的标准,划分为不同的类型。了解控制的各种类型及其分类标准,对于我们在管理实践中,根据实际情况选择合适的控制类型,从而达到有效控制是非常有帮助的。

尽管控制的种类很多,但是关于控制的各种分类方法,并不是孤立的,有时一个控制可能属于几种类型。表 5-1 列举的是较为常见的几种分类方法。

控制的类型及其分类 表 5-1

<table>
<tr><th>分类标准</th><th>控制类型</th><th>分类标准</th><th>控制类型</th></tr>
<tr><td rowspan="2">按控制活动的性质划分</td><td>预防性控制</td><td rowspan="2">按控制范围的大小划分</td><td>全面控制</td></tr>
<tr><td>更正性控制</td><td>局部控制</td></tr>
<tr><td rowspan="3">按控制点的位置划分</td><td>前馈控制</td><td rowspan="2">按控制主体划分</td><td>内部控制</td></tr>
<tr><td>现场控制</td><td>外部控制</td></tr>
<tr><td>反馈控制</td><td rowspan="2">按有无信息反馈划分</td><td>开环控制</td></tr>
<tr><td rowspan="3">按控制来源划分</td><td>正式组织控制</td><td>闭环控制</td></tr>
<tr><td>群体控制</td><td rowspan="4">按控制的业务范围划分</td><td>作业控制</td></tr>
<tr><td>自我控制</td><td>质量控制</td></tr>
<tr><td rowspan="2">按采用的手段划分</td><td>直接控制</td><td>成本控制</td></tr>
<tr><td>间接控制</td><td>资金控制</td></tr>
</table>

下面对其中的按两种控制标准划分的控制类型进行介绍：一是根据控制点位置不同，划分的前馈控制、现场控制和反馈控制；二是根据主管工作人员改进工作的手段不同，划分为间接控制和直接控制。

5.2.1 前馈控制、现场控制和反馈控制

控制实质上是“信息反馈”的过程。根据反馈信息采取纠正措施，无疑会存在“时间延迟”，这不利于实现控制的目的，为了克服这个问题，人们寻求采用实时信息，乃至超前性的预测信息，实施控制。这样纠正措施可以在组织运行过程的不同阶段来实现，相应地出现了不同的控制模式。这三种类型的控制之间的关系如图 5-5 所示。

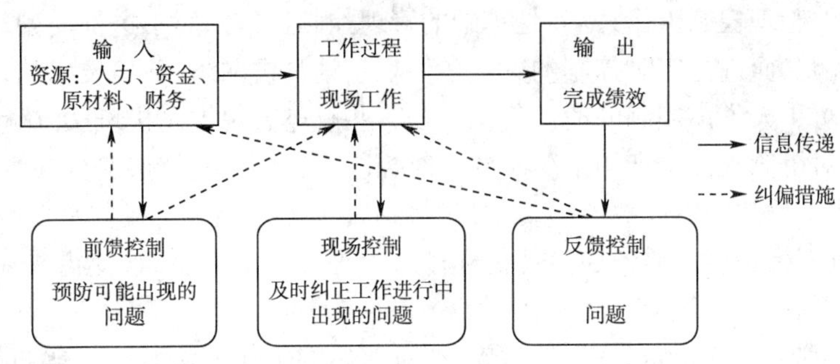

图 5-5 三种控制类型之间的关系

(1)前馈控制

前馈控制(feed-forward control)，也称预先控制或事前控制，是指管理人员在工作正式开始前对工作中可能产生的偏差进行预测和估计并采取预防措施的控制。前馈控制的控制作用发生在行动之前，其特点是将注意力放在行动的输入端上，使得一开始就能将问题的隐患排除，“防患于未然”。如麦当劳在莫斯科开设第一家分店时，它派去了公司质量控制专家，帮助俄罗斯农民学习种植高质量马铃薯的技术，派面包师去传授烤制高质量面包的方法。因为麦当劳不管它的地理位置在哪里，都非常强调产品质量，它通过这种方式希望莫斯科的奶酪堡包的味道与在美国康涅狄格州哈特福德的一样。再比如，工厂在需求高峰来临之前，已添置机器，安排人员，加大了生产力，以防供不应求；公司在预计到产品需求量下跌之前就开始准备开发新产品上市等，这些都属于前馈控制。

前馈控制的优点表现在：首先，相对事后纠偏来讲，前馈控制的效果正是管理者追求的目标，能避免预期问题的出现，可以“防患于未然”，以避免事后控制对已铸成的差错无能为力的弊端；其次，前馈控制是在工作开始之前，针对某项计划行动所依赖的条件进行控制，不针对具体人员，因而不易造成面对面的冲突，易于被员工接受并付诸实施。

但是，由于未来的不确定性，要实现切实的前馈控制不是一件容易的事。它需要掌握及时和准确的信息，并要求管理人员能充分了解前馈控制因素和计划工作的影响关系。具体地说，要进行有效可行的前馈控制，必须满足以下几个必要条件：

①必须对计划和控制系统进行透彻、仔细的分析，确定重要的输入变量；

②必须对这个系统建立清晰的前馈控制的系统模型；

③必须要确保这个模式的动态性，定期检查模型，以便了解已确定的输入变量及其相互关系是否仍能反映实际情况；

④必须经常收集系统输入量的数据并输入控制系统；

⑤必须定期评估实际输入量和计划输入量之间的差异，并评估这些差异对预期最终结果的影响；

⑥必须采取行动，不但应指出问题，还应采取措施来解决它们。

从现实来看，要做到这些是十分困难的，因此，组织也必须依靠其他方式的控制。

(2)现场控制

现场控制(concurrent control)，是指在工作进行中所施予的控制，也称同步控制或者同期控制。其控制作用发生在行动之中，即于工作过程同时进行。其特点是在行动过程中，一旦发生偏差，马上予以纠正；它需要主管人员亲自深入现场，因此它主要为基层管理者所采用。其目的就是要保证本次活动尽可能地少发生偏差，改进本次而非下次活动的质量。在计划的实施过程中，大量的管理控制工作，尤其是基础的管理控制工作都属于这种类型。现场控制的实质是进行实时控制，而进行实时控制的关键条件在于计算机网络、通信技术的发展使得通信成为可能，更进一步扩大了该控制的适用范围。如一些航空公司把飞机班次、旅行地点和日期输入计算机，从而对机舱座位的利用情况实施实时控制。再如一些超市实行计算机联网，能将商品的库存信息马上反映到供应商那里，以及时得到货源的补充；一些医院能进行远程手术，在手术中通过信息网络将病人的各项生理指标传送给异地的专家小组，使得专家小组能够控制手术的进行；等等。

现场控制通常包括两项职能：一是指导，即对下属的工作方法和程序等进行指导；二是监督，确保下属完成任务。在现场控制中，由于需要管理者及时完成包括比较、分析、纠正偏差等完整的控制工作，所以虽然控制的标准是计划工作确定的行动目标、政策、规范和制度等，但控制的有效性取决于现场管理者的个人素质、作风、指导方式以及下属对这些指导的理解程度，其中管理者的“言传身教”具有很大的作用。

同时，现场控制也同样存在很多不足。首先，运用这种控制方式容易受到管理者的时间、精力和业务水平的制约。管理者不能时时事事都进行现场控制，只能偶尔或在关键项目上使用这种控制方式。其次，现场控制的应用范围受到一定限制，只能偶尔或在关键项目上使用这种控制方式。再次，现场控制的应用范围受到一定限制。一般来说，对于简单劳动或标准化程度很高的工作，这类工作便于计量，较易进行现场控制，而对一些难以计量的工作就很难进行现场控制。最后，容易在控制者与被控制者之间形成对立情绪，伤害被控制者的工作积极性。

(3)反馈控制

反馈控制(feed-back control)，又称事后控制，是一种最主要、也是最传统的控制方式，指在工作结束或行为发生之后进行的控制。这种控制把注意力主要集中于工作或行为的结果上，通过对已形成的结果进行测量、比较和分析，发现偏差情况，依此采取措施，对今后的活动进行纠正。如企业根据业绩对管理人员实施的奖惩，企业发现不合格产品后追究当事人的责任且制定防范再次出现质量事故的新规章，发现产品销路不畅而相应作出减产、转产或加强促销的决定等，这些都属于反馈控制。

反馈控制的过程可用图5-6表示。控制的过程首先从预期和实际工作成效的比较开始，指出偏差并分析原因，然后制订出纠正的计划并进行纠正，纠正的结果将可以改进下一次的实际工作的成效或者将改变对下次工作成效的预期。可见，在评定工作成效与采取纠正措施之间有着很多的重要环节，每个环节的工作质量，都对反馈控制的最终成果有着重大的影响。反馈控制的对象可以是行动的最终结果，如企业的产量、销售额、利润等；也可以是行动过程中的中间结果，如新产品样机、工序质量、产品库存等。前者可称为端部反馈，后者称为局部反馈。

反馈控制的优点有：一是在周期性重复活动中，可以避免下一次活动发生类似的问题；二是可以消除偏差对后续活动过程的影响，如产品在出厂前进行最终的质量检验，剔除不合格产品，可避免这些产品流入市场后对品牌信誉和顾客使用所造成的不利影响；三是可供人们总结经验教训，了解工作失误的原因，为下一轮工作的正确开展提供依据；四是反馈控制可以提供员工奖惩的依据。因此，在实际工作中，反馈控制得到了相当广泛的应用。

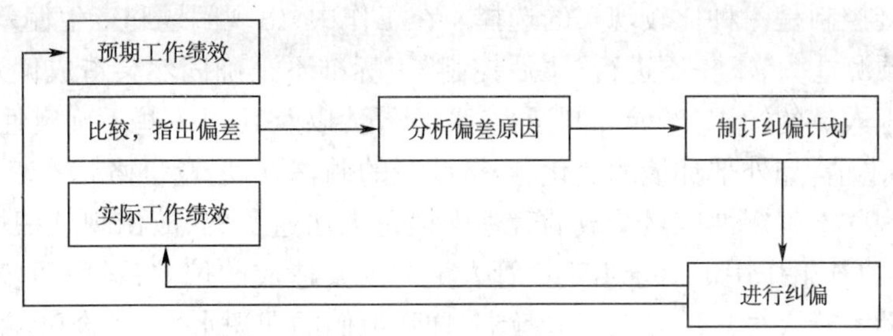

图 5-6　反馈控制回路

但反馈控制存在明显的弊端，就是它只能在事后发挥作用，对已经发生的对组织可能的危害无能为力，它的作用只是类似于“亡羊补牢”；而且在反馈控制中，偏差发生和发现并得到纠正之间有很长一段时滞，这必然对偏差纠正的效果产生很大的影响。例如，营销部门可能在8月份的报表中发现了上一季度中分销渠道存在的一些问题，需要采取纠正措施，但这是两个月以前的问题，现在究竟有何发展无从知晓，这必然要影响到控制的效果。虽然在日常管理活动中反馈控制仍然是管理者采用最多的控制形式，但是，由于它存在着上述缺陷，在一般情况下管理者应该优先采用其余两种控制形式。

上述三种控制方式互为前提，互相补充。在现实中，很少有组织只采取唯一的控制类型，而是综合使用三种控制，对各种资源的输入、转换和输出进行全面的和全过程的控制，以提高效率，如图 5-7 所示。

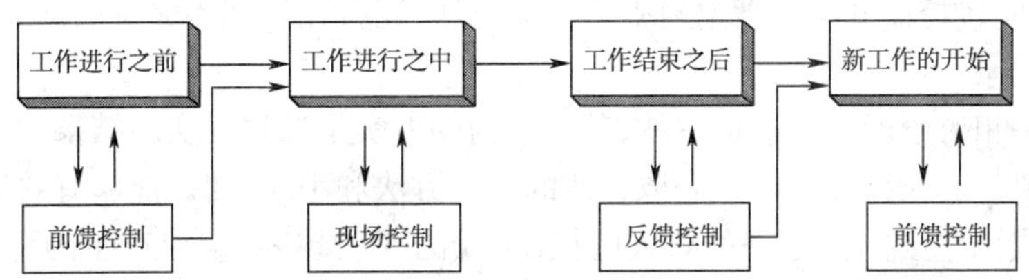

图 5-7　控制的循环过程

5.2.2　间接控制和直接控制

控制工作所依据的事实是计划执行的结果，这必然要受到人及其行为的影响，管理过程中偏差的出现，其责任往往在于那些决策不当和行为不力的人。因此，控制管理过程质量的关键所在应该是采取措施和办法（如进一步的培训、修改计划或实施新的方法等），使相关的主管人员改进未来采取的行动。

根据这个意义，控制又可以分为两类：一是间接控制，着眼于发现工作中出现的偏差，分析产生的原因，并追究其个人责任使之改进未来的工作；二是直接控制，着眼于更好地管理人员，使其能更熟练地运用管理的概念、技术和原理，以系统的观点来实施和改善其管理工作，从而尽可能防止出现因管理不善而造成的不良后果。

(1)间接控制

间接控制是基于如下事实,即人们常常会犯错误,或常常没有觉察到将要出现的问题,因而未能及时采取适当的纠正或预防措施。因此,他们的控制方法主要是,根据计划的执行情况,发现计划执行中的偏差,分析产生偏差的原因,找出责任人,改进下一步的工作。可见,间接控制主要是针对事件偏差而进行的控制。

实际上,间接控制是一种比较现实的选择。在工作中,出现问题和产生偏差的原因是很多的,限于人们的预测能力,不得不进行"事后控制"。标准不正确固然会造成偏差,但即使是标准正确,由于管理人员的知识、经验和判断力等的不足,以及其他一些不确定性因素包括了不能确定的每一件事情,如外部环境的变化、经济政策的调整、市场竞争格局的变动、新技术的发展等,对于由于这些不确定性因素造成的管理失误是无法避免的,故出现这种情况时,不得不依赖于间接控制的补正作用。对于由于主管人员的因素造成的偏差,运用间接控制进行纠正的同时,还可帮助主管人员总结吸取经验教训,增强他们的知识水平、经验和判断力,提高他们的管理水平。

间接控制存在较大的局限性。除去它是事后进行控制,存在时滞外,间接控制所需的几个假设条件也往往影响到控制效果。因为要实施间接控制,必须满足下列条件:工作绩效是可以计量的,人们对工作成效具有个人责任感,追查偏差原因所需要的时间是有保证的,出现的偏差可以预料并能及时发现,有关部门或人员将会采取纠正措施。

实际管理工作中,上述假设条件有时不能成:首先,管理工作中的许多工作绩效是难以计量的;其次,个人责任感是难以衡量的指标,有许多工作,其绩效不高,但与个人责任感无关或关系不大;再次,实际中存在主管人员不愿花费时间和精力去调查偏差原因的事实,这往往会阻碍对违反标准的原因进行调查;最后,有许多偏离计划的误差并不能预先估计或及时发现,而往往是发现太迟以致难以采取有效的措施,甚至是有时虽能够发现偏差并能找出原因,但却不愿采取纠正措施,大家互相推诿责任,导致措施无法落实。

由此看来,间接控制并不是普遍有效的控制方法,还存在许多不完善的地方。

(2)直接控制

直接控制是相对于间接控制而言的,其所依据的事实是计划的实施结果,取决于执行计划的人。他们主要是对执行计划的人采取一定的控制方法和手段,使之能够有效地执行计划,从而保证计划完成。直接控制是一种对人的控制,人的素质越高,偏差产生的可能性越小。可见,这是一种对偏差产生源头的控制。

直接控制的指导思想认为,合格的主管人员出的差错最少,他能觉察到正在形成的问题,并能及时采取纠正措施。所谓"合格",就是指他们能熟练地应用管理的概念、原理和技术,能以系统的观点来进行管理工作。

直接控制有其合理性,其合理性可以以几个比较可靠的假设为依据:合格的主管人员所犯的错误最少;管理工作的绩效是可以计量的:在计量管理工作绩效时,管理的概念、原理和方法是一些有用的判断标准;管理基本原理的应用情况是可以评价的。

以上假设条件,在管理工作中,基本是可以满足的。因此,直接控制表现出以下几个优点。

①采用直接控制,在对个人委派任务时能有较大的准确性;同时,为使主管人员合格,对他们不断地进行评价,实际上也必定会揭露出工作中存在的问题,并为消除这些缺点而进行专门培训提供依据。

②直接控制可以促使主管人员主动地采取纠正措施并使其更加有效。它鼓励用自我控制

的方法进行控制。由于在评价过程中会揭露出工作中存的缺点,就会促使主管人员努力去确定他们应当负的职责并自觉地纠正错误。

③直接控制还可以获得良好的心理效果。一方面,主管人员从上级对其的信任中能获得满足和激励;另一方面,主管人员的素质提高后,他们的威信随之提高,下属对他们的信任和支持也会增加,从而有利于整个计划目标的顺利实现。

④直接控制可以节约开支。由于提高了主管人员的素质,减少了偏差的发生,也就有可能减轻间接控制造成的负担,节约经费开支。

5.3 管理控制过程

无论是在什么类型的组织中,无论控制对象是人,还是财和物,管理控制的基本过程都可划分为三个步骤:确立标准,衡量绩效,采取纠偏措施。管理控制的工作过程如图5-8所示。

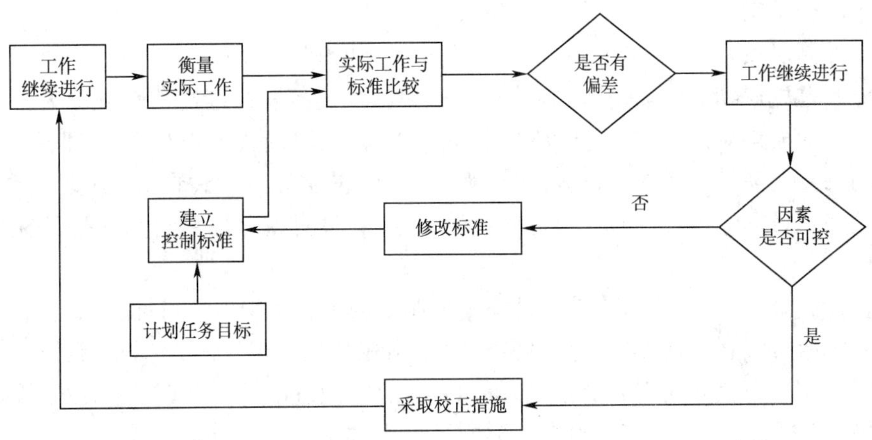

图5-8 管理控制的工作过程

5.3.1 确立标准

一般来说,计划目标并不能直接地用作控制的标准。组织中的计划是各种各样的,而各种计划在详尽程度上又各不相同,同时主管人员往往不能注意到计划的每一个细节,如果直接用计划作为控制标准并对全部计划内容进行控制,就会因这种标准的实际无效而导致控制工作的随意性和盲目性。因此,需要将制定专门的控制标准作为管理控制过程的开始。

(1)标准的含义

所谓标准,是一种作为模式或规范而建立起来的测量单位或具体尺度,是从整个计划方案中选出的对工作成效进行评价的关键指标。标准的设立应当具有权威性。最理想的标准是以可考核的目标直接作为标准,但更多的情况则往往需要将某个计划目标分解为一定的标准,如将利润率目标分解为产量、销售额、制造成本、销售费用等。

标准的控制作用为执行提供明确的规范和指标,使计划在执行者心中具体明确,以便按标准行动;为监测实际执行情况是否正常提供判别标准,以便及时发现问题。控制标准的基本要求是确立合理的控制标准,且必须满足以下要求。

①简明性。即对标准的量值、单位和允许的偏差范围要有明确的说明,对标准的表述要通俗易懂,便于理解和把握。

②适用性。建立的标准要有利于组织目标的实现,要对每一项工作的衡量都明确规定具体的时间幅度和具体的衡量内容等要求,以便能准确地反映组织活动的状态。

③一致性。建立的标准应尽可能地体现协调一致、公平合理的原则。管理控制工作覆盖组织活动的各个方面,制定出来的各项控制标准应该彼此协调,不可相互冲突。同时控制标准应在所规定的范围内保持公平性。

④可行性。控制标准的建立必须考虑到工作人员的实际情况,即标准不能过高也不能过低,要使绝大多数员工经过努力后可以达到。

⑤可操作性。即标准要便于对实际工作绩效的衡量、比较、考核和评价;要使控制便于对各部门的工作衡量,当出现偏差时,能找到相应的责任单位。

⑥相对稳定性。即所建立的标准既要在一段时期内保持不变,又要具有一定的弹性,能对环境的变化有一定的适应性,特殊情况能够例外处理。

⑦前瞻性。即建立的标准既要符合现时的需要,又要与未来的发展相结合。

(2)制定控制标准

①确立控制对象

进行控制首先遇到的问题是"控制什么",这是在决定控制标准之前首先要妥善解决的问题。组织活动的成果应该优先作为管理控制工作必须考虑的重点,基于此,管理者需要明确分析组织活动想要实现什么样的目标,提出详细规定组织中各层次、各部门人员应取得什么样的工作成果的完整目标体系。按照该目标体系的要求,管理者就可以对有关成果的完成情况进行考核和控制。

然而,对活动成果的考核评价是一种事后控制。为了使组织实现目标成果,应该对影响目标成果实现的所有因素进行控制。但这种全面控制往往是不现实的,也是缺乏经济性的。从组织有限资源的经济合理使用以及管理人员的工作精力和能力等现实情况出发,管理控制中更通常的做法是:选择那些对实现组织目标成果有重大影响的因素进行重点控制,这样,为了确保管理取得预期的成效,管理者在选择控制对象时就必须对影响组织目标成果实现的主要因素进行分析,具体如下。

a. 环境特点及其发展趋势。组织在特定时期的管理活动是根据决策者对经营环境的认识和预测来计划和安排的。如果预期的市场环境变化没有出现,或者企业外部环境发生了某种无法预料和无法抗拒的变化,那么,原来计划的活动就可能无法继续进行,从而难以为组织带来预期的结果。因此,制订计划是应将所依据的对经营环境的认识、把握的各种因素作为控制对象,列出"正常"与"非正常"环境的具体测量指标或标准。

b. 资源投入。组织成果是通过对一定资源的加工转换而得到的。没有或缺乏这些资源,组织的经营活动就会成为无源之水、无本之木。投入的资源如何,不仅会影响到组织活动能否按期限、数量、质量和品种的要求完成经营任务指标,而且在获取资源的成本费用方面也会影响到经营活动的经济效果指标。因此,必须对资源投入进行控制,使之在各方面都符合预期经营成果的要求。

c. 活动过程。输入到生产经营中的各种资源不可能不经过任何加工处理就自动转换成产品。组织的经营成果是组织活动过程转化的结果,是通过全体员工在不同时间和空间上利用一定技术和设备对不同资源进行不同内容的加工劳动而最终获得的。企业员工的工作质量和数量是决定经营成果的重要因素,因此,必须使企业员工的活动符合计划和预期结果的要求。为此,必须建立员工的工作规范,明确各部门、各单位、各人员在各个时期的阶段成果指标，以便于对他们的活动进行切实有效的控制。

②选择关键控制点

重点控制对象确定下来后，还必须具体选定控制的关键点，才能够制定控制标准。比如，啤酒酿造企业中，啤酒质量是控制的一个重点对象。尽管影响啤酒质量的因素很多，但只要抓住了水的质量、酿造温度和酿造时间，就能保证啤酒的质量。基于此，企业就要对这些关键控制点制定出明确的控制标准。俗话说，“牵牛在牵牛鼻子”，企业控制住了关键点，实际上也就控制了全局。

对关键控制点的选择，一般应统筹考虑如下三个方面因素。

a. 影响整个工作运行过程的重要操作与事项，它们当然是管理者应该予以关注的领域。

b. 能在重大损失出现之前显示出差异的事项。这意味着，并不是所有的重要问题都为控制的关键点。通常情况下，管理者应该选择那些易于检测出偏差的环节进行控制，这样才有可能对问题作出及时、灵敏的反应。

c. 若干能反映组织主要绩效水平的时间与空间分布均衡的控制点，因为关键控制点数量的选择应足以使管理者对组织总体状况有一个比较全面的把握。

良好的控制来源于关键控制点的准确选择，因而这种选择或决策的能力也就成为判断管理者控制工作水平的一个重要标准。

③制定控制标准内容

控制标准制定中最为简单的情况是，可以把计划过程中形成的可考核目标直接作为控制标准，但现实中更多的情况往往是需要通过一些科学的方法将某一计划目标分解为一系列具体可操作的控制标准。

(3)控制标准的分类

控制标准可分为如下几类。

①实物标准。这是非货币衡量的标准，在耗用原材料、雇用劳力、提供服务及生产产品等操作中运用。例如，单位产品工时数、货运吨公里数、轴承的硬度、纤维的强度等既可以反映数量，也可以反映品质。

②成本标准。这是货币衡量的标准，像实物标准一样，也适用于操作层。这些标准以货币价值形成表示经营费用。如每小时的人工成本，每百元销售额的销售费用等。

③资本标准。即以货币形式衡量实物。这些标准与投资于公司的资本有关而与经营成本无关，所以它们主要是与资产负债表有关，而与损益表无关，对于一笔新的投资和总体控制而言，使用最为广泛的标准就是投资报酬率。

④收益标准。收益标准就是以货币衡量的销售额。如企业每销售一件产品的收入，在一定市场范围内的人均销售额等。尽管在评估计划的执行绩效时难免会运用一些主观判断，但还是可以运用时间和其他因素作为客观标准。

⑤计划标准。计划标准就是以管理者编制的计划质量作为衡量标准，如计划的完成时间、可行性程度及实际执行情况的吻合程度等。

⑥无形标准。这是指难以确定的既不能以实物又不能以货币来衡量的标准。如广告设计是否满足长期目标、员工潜力的发挥、员工的忠诚度及一项公关活动计划受欢迎的程度等。对这些问题建立清晰的定量和定性标准存在很大困难，只能反复试验、设想判断，必要时甚至以纯粹的预感为依据。

⑦指标标准。这是以可以考核的数量或质量目标作为标准。在工商企业中，目前的趋势

是要在各级管理部门建立一个指标标准的整体网络，以实施有效控制。

(4)制定控制标准的方法

制定控制标准常用的方法有三种。

①统计方法，相应的标准称为统计标准。它是根据企业的历史数字或者对比同类企业的水平，运用统计方法来确定企业经营各方面工作的标准。制定该类标准所使用的数据可以是来自本企业的历史数据，也可能是来自其他企业的统计数据。常用于拟定与企业的经营活动和经济效益有关的标准。

②经验估计法，相应的标准称为经验标准。现实中，并不是所有工作的质量和成果都能用统计数据来表示的，也不是所有的企业活动都保存着历史统计数据。对于新近从事的工作或者缺乏统计资料的工作，企业可以根据有经验的管理人员或对该工作熟悉的人员凭借经验、判断和评估来为之建立标准。

③工程方法，相应的标准为工程标准，指以标准的技术参数和实测的数据为基础制定的标准。这种方法主要用于生产定额标准的制定上。比如，机器的产出标准是其设计者计算出来的在正常情况下被使用的最大产出量等。严格来说，工程标准也是一种用统计方法制定的控制标准。

标准的制定是全部控制工作的第一步，一个周密完善的标准体系是整个控制工作的质量保证。

5.3.2 衡量成效

(1)通过衡量成效，检验标准的客观性和有效性

衡量工作成效是以预定的标准为依据来进行的，这就出现了一个问题：偏差到底是执行中出现的问题，还是标准本身存在的问题？如果是前者，当然需要纠正；如果是后者，则要修正和更新预定的标准，这样，利用预定标准去检查各部门、各阶段和每个人工作的同时也是对标准的客观性和有效性进行检验的过程。

检验标准的客观性和有效性，是要分析对标准执行情况的测量能否取得符合控制需要的信息。在为控制对象确定标准时，人们可能只考虑了一些次要的非本质的因素，或只重视了一些表面的因素，因此，利用既定的标准去检查人们的工作，有时候并不能够达到有效控制的目的。衡量过程中的检验就是要辨别并剔除那些不能为有效控制提供信息及容易产生误导作用的不适宜标准，以便根据控制对象的本质特征制定出科学合理的控制标准。

(2)确定适宜的衡量方式

①衡量的项目。“衡量什么”是衡量工作中最为重要的方面。管理者应该针对决定实际工作成效好坏的重要特征项进行衡量。但实际中容易出现一种趋向，即侧重于衡量那些易衡量的项目，而忽视那些不易衡量、较不明显但实际相当重要的项目。实绩衡量应该围绕构成好绩效的重要特征项来进行，而不能够偏向那些易衡量的项目。

②衡量的方法。管理者可通过亲自观察、利用报表和报告、抽样调查等几种方法来获得实际工作绩效方面的资料和信息。应当看到，组织中常存在一些无法直接衡量的工作，衡量其好坏有时可通过某些现象作出推断。比如，从员工的合理化建议增多或许可推断企业的民主化管理有所加强，员工工作热情下降现象增多可推算出管理工作也许存有不当之处等。在衡量实际工作成效过程中必须多种方法结合使用，以确保所获取信息的质量。

③衡量的频度。即衡量成效的次数或频率，通俗地说，就是间隔多长时间衡量一次成效，

是每时、每日、每周,还是每月、每季度或者每年;是定期的衡量,还是不定期的衡量。对不同的衡量项目,衡量的频度可能不一样。有效的控制要求确定适宜的衡量频度。对控制对象或者要素的衡量频率过高,不仅会增加控制的费用,而且还会引起有关人员的不满,影响他们的工作态度,从而对组织目标的实现产生负面影响。但是衡量和检查的次数过少,则有可能造成许多重大的偏差不能被及时发现,不能及时采取纠正措施,从而影响组织目标和计划的完成。

④衡量的主体。衡量实际工作成效的人是工作者本人,还是同一层级的其他人员,抑或是上级主管人员或职能部门的人员？衡量实绩的主体不一样,控制工作的类型也就形成了差别。例如,目标管理之所以被称为是一种"自我控制"方法,就是因为工作的执行者同时成为了工作成果的衡量者和控制者。相比之下,由上级主管或职能人员进行的衡量和控制则是一种加强的、非自主的控制。衡量的主体不同,会对控制效果和控制方式都产生影响。

(3)建立有效的信息反馈系统

对实际工作情况进行衡量的目的是为控制提供有用的信息,为纠正偏差提供依据。然而并不是所有衡量实绩的工作都直接由负责制定纠偏措施的主管人员或部门进行,这样就有必要建立有效的信息反馈系统,使反映实际工作情况的信息既能迅速地收集上来,又能适时地传递给恰当的主管人员,并且能够将纠偏指令迅速地传达到有关人员,以便对问题作出处理。

5.3.3 纠正偏差

对实际工作成效加以衡量后,下一步就应该将衡量结果与标准进行对比。"比较"这一步骤决定了实际工作成效与标准之间的差异程度。在所有的活动中,都可以预料到会存在一定的偏差,所以虽然已经确定了参照标准值,但在比较时还需要确定可接受的偏差范围(range of variation),见图5-9。凡是在这一范围之内的,便认为偏差是可以接受的;而应该引起管理者关注的是那些超过这一范围的、显著的偏差。

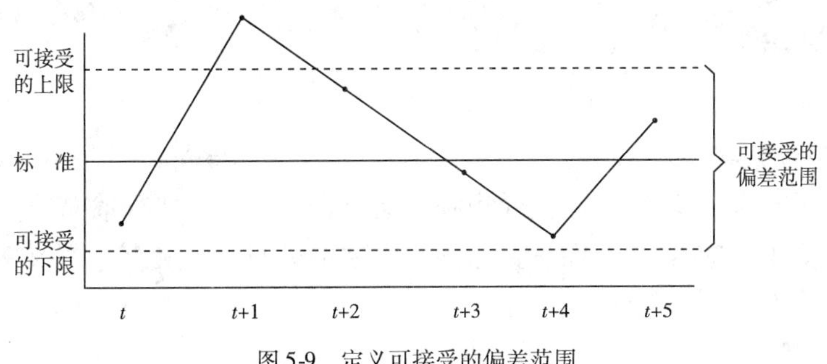

图5-9　定义可接受的偏差范围

如果出现显著的、较大的偏差(如图5-9中的 $t+1$ 点),就要分析造成偏差的原因并采取矫正措施;如果没有偏差,则应首先分析控制标准是否有足够的先进性。在认定标准水平合适的情况下,将之作为成功经验予以分析总结并用于指导今后的或其他方面的工作。偏差的原因可能比较复杂,必须花大力气找出真正原因。切忌头痛医头、脚痛医脚。对偏差原因判断不准确,纠偏措施就会无的放矢,不可能奏效。查明原因后,纠偏工作可能涉及一些主要的管理职能,如重订计划、修改目标、调整组织机构、改善领导方式等,纠偏的具体操作体现了管理活动是一个完整的统一体。

在采取纠偏行动前,管理人员应记住,某项工作产生偏离标准的原因是多种多样的。并非所有偏离标准的情况均需采取纠偏行动,有时需要个人判断。假如一个员工偶尔迟到了15分钟,当经理了解迟到是不得已发生的,而原谅了他,也属正常。

通常产生偏差的原因主要有:因标准本身是基于错误的假设和预测,从而使该标准无法达成;从事该项工作的员工不能胜任此项工作,或由于没有给予适当的指令;和该项工作有关的其他工作发生了问题,从而使得从事该项工作的员工玩忽职守。

因此,采取纠偏行动的第一步是分析事实,以确定产生偏差的原因。只有对问题作了彻底的分析后,管理人员才能采取适当的纠偏行动。

接下来,管理人员需决定采取何种补救措施,以便在将来得到较好的结果。通常,纠偏行动可分别采取两种不同的措施:一种为立即执行的临时措施(应急措施),另一种是永久性的根治措施。

解决急性问题,多是为了维持现状,而要打破现状,就必须解决根本问题。急性问题的影响是显而易见的,故容易被人们发现、承认和解决。但人们往往只注意解决急性问题而忽视解决大量存在的根本问题。这是因为人们对其存在已经习以为常,以至于适应了它的存在,不可能发现或者即使是已经发现了也不愿意承认和解决由于根本问题所带来的对组织素质的影响。而要使控制工作真正起作用,就要像医生治病一样,标本兼治,重点解决根本问题,虽然它需要一定的时间和过程。

对于某些"症状",可能迅速地、直接地影响组织正常活动的"急性问题",多数应立即采取行动。例如,某一特殊规格的部件一周后要交货,否则其他部门会受其影响而出现停工待料。一旦该部件的加工出现了问题,此时不应考虑追究什么人的责任,而是必须按计划如期完成任务。凭借管理者的权力,一般可采取以下行动:要求工人加班加点,增添人手和设备,派专人负责指导完成,请求个人努力抓紧,短期"突击"。如仍不能解决,只得重新设计程序,变更整个生产线等。

5.4 有效的管理控制系统

5.4.1 控制系统的构成

组织中的控制系统主要由以下几个要素构成。

(1)控制的目标系统

目的性是管理控制的基本特征,任何控制活动都是有一定的目标取向的。在一个组织中,控制服从于组织发展的总体目标,而总目标派生出来的分目标也是控制的依据。控制的目标体系与组织的目标体系是相辅相成的。

(2)控制的主体

组织中控制的主体是各级管理者及其所属的职能部门。控制主体控制水平的高低是控制系统作用发挥程度的决定性要素。管理者所处的地位不同,控制的任务也不同。一般而言,中下层管理者主要实施例行的、程序性的控制,高层管理者主要实施非例行的、非程序性的控制。

(3)控制的客体

组织中的控制对象是整个组织的活动,横向包括各类资源,纵向包括各个层次。将组织中的活动当作一个整体实施全面控制,使整体协调一致,以便达到整体优化的结果。

(4)控制的机构、方法和手段

实施控制必须要有一定的机构及相应的方法和手段。控制机构从纵向看包括不同管理层次,从横向看包括不同性质的职能专业部门。控制的方法和手段是多种多样的,组织应视具体情况具体采用。

5.4.2 构建有效控制系统的前提条件

任何组织的控制系统都离不开上述几个组织部分,但这并不能保证由此构成的组织系统都是合理有效的。一般来讲,要构建一个适合组织自身特点的有效控制系统,需要一定的前提条件。

(1)应有一个科学合理、切实可行的计划

这是由计划与控制的关系决定的。计划是控制的依据,计划的正确性是控制工作取得成效的基本前提,没有计划的控制是毫无实际意义的。反之,控制是计划目标实现的保证,没有控制,计划就难以有效地实施。此外,控制作为计划实施的监督和保证,贯穿在计划执行的每个阶段、每个部门。由于再科学合理的计划也是主观的产物,再稳定的环境也不可能一成不变,计划是“先天不足”的,因此控制是必须的。但越是完善、科学、可行的计划,就越容易实现,从而起保证和协助作用的控制也就容易实施。

(2)应有专门的控制机构和人员

在一个组织中,如果没有专门的控制机构和相关的人员,而由各部门自行监督、自行管理、自行控制,那就可能出现各个部门出于对自己的切身利益或本位主义的考虑,而弄虚作假等人为因素造成的无序状况。也可能因为忙于贯彻指令,无暇顾及调查研究、分析评价,而难以反映真实情况。因此,控制机构与相应的规章制度越健全,控制工作也就越能取得预期的效果。

(3)应面对整个控制活动

组织中控制系统的控制对象应该是整个组织的活动。无论是横向的人、财、物、时间和信息等资源,还是纵向上的各个层次、各个部门,以及各个管理阶段,都应纳入控制系统。因此,组织控制应该是全面的控制、整体的控制、统一的控制、优化的控制,只有这样,组织实施的控制才是有效的控制。

(4)应有畅通的信息反馈渠道

控制工作中的一个重要环节,就是要将计划执行情况及时反馈给管理者,以便管理者对已达到的目标水平与预期目标进行比较分析。信息反馈的速度与准确性是至关重要的,它直接影响到控制指令的准确性和纠正偏差措施的及时性、准确性。因此,必须设计良好的信息反馈渠道,并保证信息反馈渠道的畅通无阻。只有这样,控制工作才能比较顺利地进行。

5.4.3 构建有效控制系统的原则

要对组织中各项控制对象实现有效控制,除要满足以上几点有效控制的前提外,构造一个有效控制系统还应该遵循以下基本原则。

(1)反映计划要求原则

控制的目标是实现计划,控制是实现计划的保证。因此,计划越明确、全面、完整,控制系统越能反映计划,则控制越有效。所以在设计控制系统时,每个管理者都必须紧紧围绕计划进行,要根据计划的特点确定控制标准、衡量方法和纠偏措施。

(2)组织适应性原则

一个组织结构设计越明确、完整和完善,所设计的控制系统越符合组织机构中的职责和职务的要求,就越有助于纠正脱离计划的偏差。这是因为组织结构既然是对组织内各个成员担任职务的规定,也就成为明确执行计划和纠正偏差的职责的依据。例如,如果产品成本不按制造部门的组织结构分别进行核算和累计,如果每个车间主任都不知道该部门所生产产品的成本目标,那么,他们就不可能知道实际成本是否合理,也就不可能对成本负责任,就更谈不上成本控制了。

(3)关键控制点原则

控制关键点是控制工作的一条重要原理,主管人员要将注意力集中于计划执行中的一些主要影响因素上,控制住了关键点,也就控制住了全局。选择关键点除了要有丰富的经验、敏锐的洞察力和决策能力,还可以借助现有的方法。例如,有着众多作业的大型项目,就可用计划评审技术来确定关键路线和关键作业,这样,控制关键作业的进度就可以控制整个工期。美国的北极星导弹研制工程和杜邦化工厂的建造就是由于运用了计划评审技术使工期大大缩短。

(4)控制趋势原则

对控制全局的主管人员来说,重要的不是现状本身,而是现状所预示的趋势。由于趋势往往被现象所掩盖,不易察觉,因此,控制变化的趋势比仅仅改变现状要困难得多。当趋势可以明显地描绘成一条曲线,或可以描述为某种数学模型时,控制就为时已晚了。控制趋势的关键在于从现状中揭示趋势,特别是在趋势显露苗头时就明察秋毫。例如,在美国汽车市场上,日本汽车的市场份额就是在美国几大汽车厂商的眼皮底下慢慢蚕食的,等到他们回过神来,日本汽车已经在市场上占有一席之地,不容易被打败了。

(5)例外原则

主管人员不可能控制所有活动,而应把控制的主要精力集中于一些重要的例外偏差,以取得更高的控制效能和效率。需要指出的是,仅仅注意例外情况是不够的,对它们也要区别对待。有些例外情况,如利润的下降、产品废品率的上升、市场投诉的增加等必须引起重视;而像春节期间福利费用超出预算的15%等情况,则可以不必紧张。实践中,例外原则必须与控制关键点原则相结合,集中精力于关键点的例外情况控制上。控制关键点原则强调控制点的选择,而例外原则强调观察的这些点上所发生的异常偏差。

(6)直接控制原则

直接控制是相对间接控制而言的。间接控制着眼于发现工作中的偏差,分析产生的原因,并追究其个人责任使之改进以后的工作。其显而易见的缺点是在出现了偏差,造成损失之后才采取措施,代价较大。而直接控制原则的含义是:主管人员及其下属的工作质量越高,对其所负担的职务越能胜任,也就越能在事先察觉偏差,及时采取预防措施,于是就越不需要进行间接控制,从而减少偏差的发生及进行间接控制的费用。

5.4.4 有效控制系统的特征

经过总结,有效控制系统多倾向于一些共同的特性,尽管在不同情况下各特性的重要性会有所区别。因此,遵循基本原则建立的组织控制系统是否有效,还应看是否具备下面几项特征。

(1)精确性

有效控制系统能够提供准确、有效的数据。在实施管理的过程中,难免有许多主观因素影响管理人员的判断和评价,但如果有一套严密的、客观的控制系统,则其效果要好得多。同时,由于标准准确客观,操作人员也有明确的目标和行为准则。例如,我国银行业向来是个令人羡慕的行业,这些年随着竞争的不断加剧,很多银行已经在服务方面做了改进,出台了一些新的举措,如原来的服务标准是“热情欢迎,周到服务”,但这个标准太含糊,没法体现其服务质量，很多储户在存款或取款时常常要等很久，新的举措就推出了"限时服务"，要求每笔业务处理时间不能超过3分钟，超时1分钟罚款1元钱，这样对储蓄员的业务熟练程度和上岗要求有了客观准确的标准，储户也有了准确的判断标准，新服务举措因此受到了广大储户的欢迎。

(2)经济性

控制系统必须在经济上是合理的，做到控制所支出的费用必须要有所值，即控制产生的利益应大于其发生的成本。控制系统的相对经济性很大程度上决定了管理人员只能在他们认为是重要的问题中选择一些关键因素加以控制。

(3)灵活性

有效的控制系统应当能够在出现未预见到的情况，甚至计划会全盘错误时，报告失常情况，并且有充分的灵活性保持对失常情况下运行过程的管理控制。一般来说，灵活的计划有利于灵活的控制，能使控制更具灵活性。

(4)标准合理性

控制的标准必须是合理并可达到的，如果标准太高或不合理就不能起到激励作用，因为大多数员工都不愿冒着被视为无能的风险，去指责上级要求得过高，他们可能会转而求助于一些不道德或不合法的捷径。因而控制标准应该是一套富有挑战性的、能激励员工表现得更好的标准。

(5)可理解性

无法被人理解的控制系统是没有价值的，所以有时有必要用简单一些的控制来代替复杂的控制方法。同时在设计控制系统时，除要考虑组织结构的要求，还要考虑具体的主管人员的个性，要针对不同管理人员设计不同的控制方法和手段，因为不同的人有不同的喜好。比如，有的人喜好开会听汇报，有的人喜欢书面报告，有的人喜好看文字材料，有的人喜好用数据表达。设计时应充分考虑这些细节，有的放矢，才能使控制高效快捷。

(6)战略高度

管理层不可能控制组织中的每一件事，即使可以，控制产生的利益也无法弥补其成本。有效控制系统就是控制那些对组织行为有战略性影响的因素，包括组织中关键的活动、作业和事件。也就是说，控制应集中在最可能出现偏差或偏差会造成最大损害之处。

(7)强调例外

由于管理者不可能控制所有活动，所以有效控制系统应该强调对例外事件的关注。例外系统能够保证管理者不会被过多的偏差信息淹没，从而在出现偏差时管理层不至于不知所措。

(8)纠正措施

有效控制系统除了能揭示哪些环节出了差错、谁应当对此负责外，还应能确保采取适当的纠正措施，通过适当的计划、组织、人员配备、指导与领导等方法，纠正已显示出的或所发生的偏离计划的情况。但在实际工作中往往有人只重视计划，重视检查，就是不重视落实。

5.4.5 影响有效控制的因素及措施

掌握了有效控制系统的要素并不能保证控制有效，必须针对有效性的影响因素，采取措施，消除这些影响因素，才能使控制系统发挥应有的作用。斯蒂芬·P·罗宾斯将这些影响因素概括为组织规模、个人在组织层次的地位、分权程度、组织文化和活动的重要性等几个权变因素，并提出了相应的控制建议，如表5-2所示。

设计控制系统时应考虑到的权变因素 表5-2

权变变量		控制建议
组织规模	小	非正式的、亲自的、走动式管理
	大	正式的、非亲自的、广泛使用的规则和规定
职位与层次	高	多重标准
	低	少,易衡量的标准
分权程度	高	增加控制数目和控制幅度
	低	减少控制数目和控制幅度
组织文化	开放和支持性	非正式的、自我控制
	威胁性	正式、来自外部的强行控制
活动的重要性	高	详尽、全面的控制
	低	松散、非正式的控制

(1)组织规模

根据有效控制系统经济性特点的要求,组织规模大小不同,其控制系统也应有所区别。小企业采用非正式和更个人化的控制,通过直接监督进行同步式控制(如现场控制)可能最经济。当组织规模扩大时,监督控制就应由一个相对更加正式的系统来支持。非常大的组织会采用高度正式且非个人化的前馈式控制和反馈式控制。

(2)职位和层次

职位和层次的高低影响到控制系统标准的制定。个人在组织层次中职位越高,越需要对其采取多重控制标准。这是因为当个人沿着组织层次往上升迁时,其工作成效衡量的模糊性将提高。相反,低层工作的工作成效定义更为明确,允许对其进行范围更窄的理解。例如,对于一位一线的加工工人,其考核标准可以为完成计件成品的数量、出勤率等,但是对于一个生产部门经理而言,仅仅以完成产出量的多少为标准来考核,显然是不准确的。

(3)分权程度

分权与控制之间存在着因果关系,分权是控制的原因之一,控制是分权的保障。分权程度越高,权力失控的可能性就越大,管理者也就越需要与员工绩效有关的反馈信息。因为授权的管理者需要对被授权人的行动负最终责任,所以前者必须采取措施以保证员工工作效果。

(4)组织文化

正如应考虑领导风格、激励技巧、组织结构、冲突管理技巧、组织成员参与决策的程度等因素一样,控制的类型和范围也应与组织文化相一致。以鼓励创新、信任和开放为特征的组织文化通常对应于非正式的自我控制,而厌恶风险、墨守成规的组织文化则需要通过正式的、外部强加的控制系统来确保业绩符合标准。

(5)活动的重要性

活动本身的重要性影响到它是否应受到控制和实施控制的程度。若控制成本高昂,而错误产生的影响又很小,就不必使用详尽的控制系统。但若错误会严重阻碍组织目标的实现甚至危及组织的生存和发展,就必须实施广泛的控制,即使控制成本很高。

第6章 项目管理过程

6.1 概述

一个道路交通工程项目需经历一系列的阶段或工作过程才能得以完成,与之对应,项目管理则由若干相互关联和相互作用的管理工作或活动所构成。通常,人们按项目生命期的进程将这些管理工作划分为如下五个基本过程,如图6-1所示。

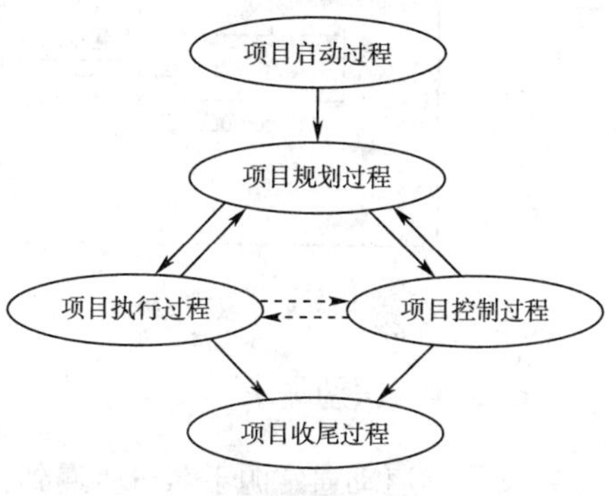

图6-1 项目管理工作过程

项目启动过程:定义一个项目或阶段的工作与活动,侧重需求分析,确定下一阶段是否有必要继续进行。

项目规划过程:分解项目目标;确定项目必须完成的各项任务;选择最优的行动过程,以达到项目或阶段的目标和范围要求;编制进度计划、资源计划、费用预算;形成项目管理计划文件。

项目执行过程:组织和协调各项任务与工作、人员和其他资源,激励项目团队完成既定的工作计划,形成项目可交付成果。

项目控制过程:制定标准,定期监控和测量项目进展情况,寻找实际情况与计划存在的偏差;依据项目计划控制质量、风险、成本和进度等状态;采取纠正措施等活动。

项目收尾过程:编制项目或项目阶段移交文件,正式接收项目的产品、服务或结果,使项目顺利结束。

由图6-1也可以看出,项目管理工作过程之间不仅是一种前后衔接的关系,同时还是相互交叉、相互作用的关系。规划过程首先为执行过程提供具体的工作计划,继而执行过程又为规划过程反馈更新的信息。控制过程为了确保各个阶段按预定计划进行,始终贯穿于项目的整个生命期。

6.2 项目启动过程

项目的启动工作是定义一个项目或阶段的工作与活动,或决策一个项目或阶段是否继续的过程。启动工作过程既可以是正式识别或决策一个新项目的开始,也可以是确定应否进入下一个新的工作阶段,并且它可以是正式的,也可以是非正式的。在组织内部的启动工作通常可以非正式地进行。

项目启动过程的主要工作如图6-2所示。

通常,客户的管理或投资机构通过市场调查研究发现某一机会时,会进一步识别这些需求并将识别的这些需求告知客户,客户则在尽可能短的时间内给项目组织提供需求建议书,然后项目组织会组织力量对需求建议书进行研究，将解决方案反馈给客户，最后客户在解决方案的基础之上自行或委托其他机构进行可行性研究，如果提交的可行性研究报告获得管理或投资机构的批准通过，客户就会与最合意的项目组织进行合作，向其颁发项目章程（项目许可证书），即标志着项目正式启动。项目组织则会针对该项目编写初步的项目范围说明书。正式的项目启动前期工作通常由客户自行完成，主要工作包括识别需求和项目选择。需要说明的是，在有些项目中，管理或投资机构与客户可以是合二为一的。

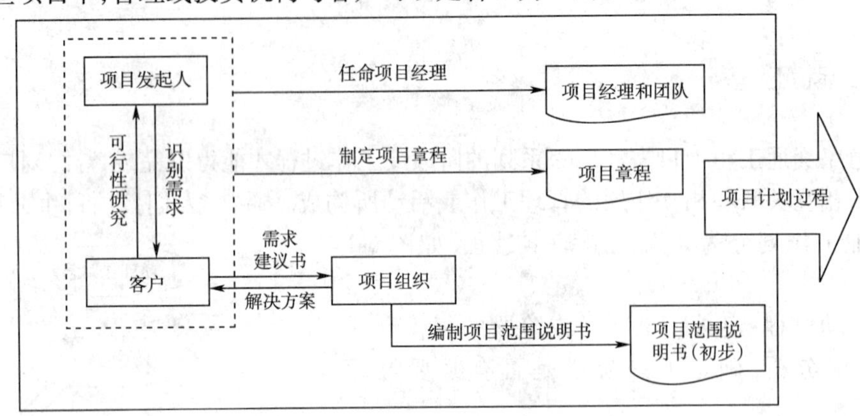

图6-2　项目启动过程的主要工作

6.2.1　识别需求

项目的启动通常源于客户所遇到的某种使项目得以开始的“刺激”。这些刺激也称为问题或机遇，如：①由于市场变化而引起的市场需求刺激；②由市场竞争中出现的机遇而引起的商业机遇刺激；③由于出现新的消费需求或时尚而引起的消费变化刺激；④由于某项技术的发展变化而引起的科技进步刺激；⑤由于一个国家或地区的法律发生变化而引起的法律需求刺激。

当客户决定要对某种刺激作出反应时，首先需要研究和分析其自身组织的资源与能力是否有条件开始一个新项目。当基本条件都明确和具备时，就可着手编制项目需求建议书了。需求建议书（requirement for proposal，缩写为 RFP）是客户向项目组织发出的用来说明如何满足其已识别需求所要进行的全部工作的书面文件。其目的是从客户的角度，全面、详细地阐述为了满足识别出的需求所要做的工作。详细完备的需求建议书能够使项目组织明确客户期望的项目产品，同时也是他们完成项目申请书的基础。

项目需求建议书通常是正式的，但有时也可以是非正式的，如当项目是由公司内部人员完成时，项目需求建议书就可以是非正式的。一份理想的项目需求建议书应当是全面的，能提供足够详细的信息，以使项目组织能针对客户的需要相应地准备一份最优的申请书。项目需求建议书一般包括如下方面：①项目工作说明；②项目目标的要求；③客户应该向项目组织提供的资源数量、类型等；④合同类型；⑤客户的付款方式；⑥项目的时间要求；⑦对项目组织的项目申请书的要求；⑧项目申请书的评价标准，如项目组织提出的技术方法（30%），项目组织在类似项目中的经验（30%），成本（30%），进度计划（10%）。

6.2.2　项目选择

（1）项目选择的步骤

项目选择即由客户评估各种需求和机会，然后决定是否应以项目的形式来实施。其具体步骤如下。

①制定一套评估需求和机会的标准。这些标准包括定性的和定量的因素。例如,是否与公司的目标一致,所需的投资额,预计销量,预计售价,市场份额的增长量,人力资源的影响,竞争对手的反应,预期的进度等。

②列出每个需求和机会所基于的假设。例如,如果要兴建一座火力发电厂,假设其可以获得银行贷款。

③收集每个需求和机会的数据和信息,确保作出一个正确的项目选择决定。例如,必须收集一些有关的基本财务估计,如估计的项目未来现金流入和实施与运营的成本等。除了收集确实的数据以外,还必须获得一些其他有关的信息,如该需求或机会对利益关系人的影响等信息。

④对照标准评估每一个需求和机会。对每个需求和机会的数据和信息进行收集、分析和总结之后,应将这些资料提交给负责评估的人。这些参与评估的成员应该来自不同的部门,具有不同的背景和经验。

(2)项目选择的方法——可行性研究

可行性研究是确立项目时采用的最为普遍的方法之一,尤其是对大型建设项目的立项工作,其目的是为了避免盲目决策给企业带来损失。具体来说,可行性研究是对项目涉及的经济、技术、进度、运营和规章制度等方面因素的可行性进行全面的调查和分析,以探讨项目是否可以实施。只有经过严格的可行性评估,才能够确保项目规划和实施工作的正确方向,保证项目的顺利开展,保障项目实现预期收益。

根据我国的有关规定,项目的可行性研究程序为:

①机会研究

机会研究是可行性研究的初始阶段,它以项目业主的某种需求为动因,识别并分析多种投资机会,并且在众多投资机会中进行比较和鉴别,寻求能够使投资整体收益最大化的投资方向,细化并明确项目的投资方向。机会研究确定了项目发展机会的大小,但比较粗略,对投资额的估算精确度可以在 ±30% 的范围内。其内容包括:

地区研究——通过分析项目的地理位置及其相关因素,如该地区的人文习俗、地区经济结构、经济发展状况等,选择投资或发展的方向;

行业研究——通过分析行业的特征进行项目发展方向的选择;

资源研究——通过分析资源的分布状况以及投资者的资源占有情况选择项目。

②初步可行性研究

初步可行性研究也称为项目的预行性研究,是判断机会研究所提出的项目发展方向是否可行的过程。它是在项目具体的实施方案基本确定下来之后对项目进行的初步估计,既可以为项目详细可行性研究提供初步的研究资料,又可以及时发现项目方案是否有所疏漏,以便进行修订和更改。初步可行性研究对投资额估算的误差在 ±20% 范围内。其内容包括:

a. 机会研究得出的结论是否可信;

b. 对项目的投入和产出作出初步的估算,判断项目在经济上是否合理;

c. 判断项目能否及时、足额地筹措到所需资金:

d. 项目所需要的生产设备和原材料是否能够充足地供应;

e. 项目的进度安排是否得当,项目能否在规定时间内完成。

③详细可行性研究

详细可行性研究也称为技术经济可行性研究或最终可行性研究,是项目可行性研究阶段甚至是整个项目启动阶段的一项最重要的工作。它根据项目机会研究和初步可行性研究的结果，对项目的技术和经济可行性进行详细、深入的研究，确定各方案是否可行，并选择出一个最佳方案。详细可行性研究对投资额估算的误差在 ±10% 范围内。具体包括以下内容：

a. 市场研究和需求分析；

b. 项目在技术上是否可行；

c. 项目在经济上是否具有竞争力；

d. 项目需要多少投资；

e. 项目的实施风险分析；

f. 项目的社会效应；

g. 项目需求的资源状况分析。

项目的可行性研究完成之后，客户的需求即由一个概念变为一个具体的、可行的项目方案。

6.2.3 项目启动过程的工作成果

(1)项目章程

项目章程是正式批准项目的文件。项目章程是由项目组织外部具有一定权限并为项目出资的项目发起人(如项目外部的企业、公司、政府机构、综合组织等管理实体)颁发的。

项目章程通常包括项目概况、目标、可交付成果、需求、资源、成本估算和可行性研究等方面的内容，并应明确指定项目经理和项目团队成员的主要职责。项目章程正式授权一个项目的存在并向项目经理提供在项目活动中使用资源的权力。项目章程的制定是一个关于项目授权的初始过程，它主要经历识别需求和项目选择等活动过程。

(2)初步的项目范围说明书

初步的项目范围说明书通常包括(但不限于)以下内容：

①项目与产品的目标；

②产品或服务的要求与特性；

③产品验收标准；

④项目边界；

⑤项目要求与可交付成果；

⑥项目制约因素；

⑦项目假设；

⑧项目的初步组织；

⑨初步识别的风险；

⑩进度里程碑；

⑪初步工作分解结构；

⑫成本估算。

6.3 项目规划过程

由于项目的独特性和一次性使得项目计划的正确编制尤为重要。项目规划是项目实施的基础，是为了完成项目的预定目标而进行的系统安排任务的一系列过程。

项目规划过程的目的：

①可明确地确定完成项目目标的努力范围；

②可使项目团队成员明白自己的目标以及实现其目标的方法，从而可以提高项目完成的效率；

③可增进项目利益关系人之间的相互沟通和理解；

④可使项目各项活动协调一致，同时还能确定出关键的活动；

⑤可为项目实施和控制提供基准计划。

项目规划过程的主要工作如图 6-3 所示。

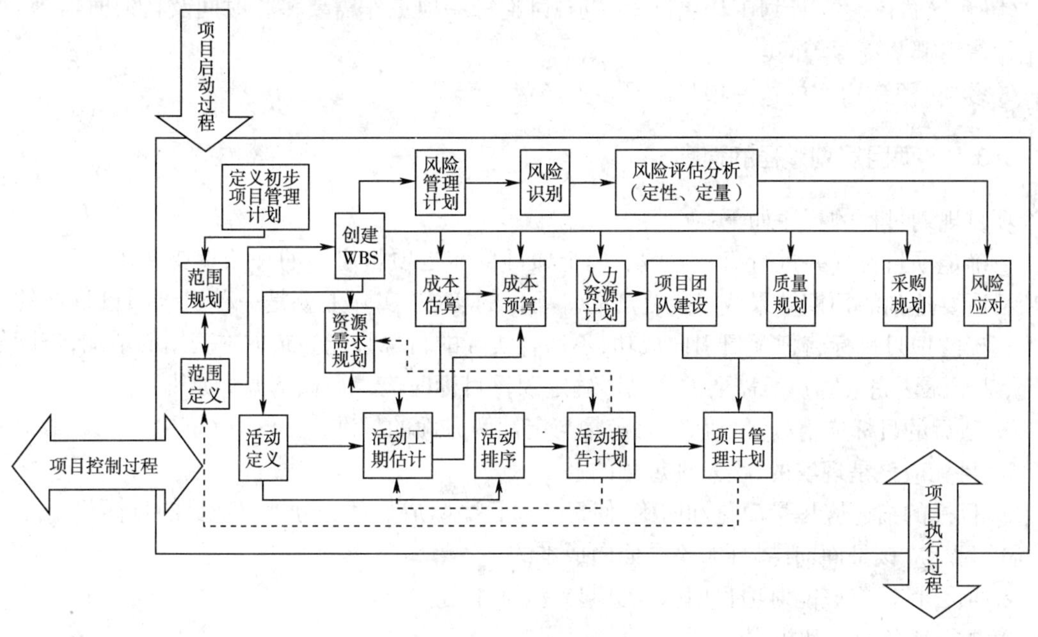

图 6-3　项目规划过程的主要工作

项目基准计划在项目最初启动时制订，经上级批准的计划，也可以理解为初始拟定的计划。项目基准计划一经确定是不能随意改变的，如果需要改变，就必须按照规定的程序进行。项目基线是描述项目某一时段的状态，如进度状态、成本状态、人员和其他资源使用状态，它将随着项目的进展而不断变化。在项目管理过程中，将项目基准计划与实际进展情况（项目基线）相互比较，以便对变化进行管理与控制，从而保证项目计划得以顺利实施。

6.3.1　项目规划过程的依据及问题

（1）项目规划过程的依据

在计划编制过程中，依据的相关性文件主要有：

①项目相关的计划，如工作分解结构；

②历史资料，如估算数据库、过去项目绩效的记录；

③组织政策，即与项目相关的正式的和非正式的组织政策；

④制约因素，即影响项目绩效的那些限制因素；

⑤假设条件，即因项目存在着未知因素而建立的假设。

（2）项目规划过程应明确的问题

在项目计划制订的过程（项目规划过程）中必须清楚五个基本问题：项目目标、如何做、谁去做、何时做及花费多少。

①何事(技术目标):“何事”这个问题是项目经理和项目组成员在检查技术目标时要回答的。

②如何(工作分解结构图):技术目标是要靠制定工作分解结构图来实现的,该图是必须完成的各项任务的一张清单。

③何人(人员使用计划):讨论谁做什么事的问题,并把机构有关单位负责何项工作较详细地具体化到工作分解结构图中去。

④何时(进度表):计划工作更进了一步,讨论每一项工作需要多长时间及在何时实施、每项工作需用哪些资源等问题。

⑤多少(预算):实施这一项目需要多少经费。

6.3.2 项目规划过程的程序

项目规划过程的程序如下:

①确定项目目标并进行目标分解。确定项目目标是项目启动的一项重要工作,它是指实施项目所要达到的预期结果或者最终产品。项目的实施,实际上就是一种追求项目目标的过程。正确的项目目标将把项目引向成功,不切合实际的目标只能导致成本费用的增加,进度的延期,甚至无法完成客户所需要的产品。确定项目目标时应遵循如下五个原则:

a. 项目的目标应清晰、准确,含有定量与定性两方面的标准;

b. 目标应该是现实的,不是理想化的;

c. 目标的描述应尽量简化和明确,使每个项目团队成员都充分理解项目的目标;

d. 目标应该是面向结果的,不是面向成本的;

e. 项目目标应该能对项目团队成员起到激励作用。

②进行任务分解和排序。

③完成各项任务所需时间的估算。

④以网络图的形式来描绘活动之间的次序和相互依赖性。

⑤进行项目各项活动的成本估算。

⑥编制项目的进度计划和成本基准计划。

⑦确定完成各项任务所需的人员、资金、设备、技术、原材料等资源计划。

⑧汇总以上成果并编制成计划文档。

6.3.3 项目规划过程的工具

项目规划的工具有很多,其中工作分解结构图、责任分配矩阵、项目行动计划表和里程碑事件表是项目规划过程必须使用的工具。

(1)工作分解结构图

工作分解结构图(work breakdown structure,缩写为 WBS)是按照项目的内在结构或实施过程的顺序进行逐层分解所形成的结构示意图,它可将项目分解至相对独立、内容单一、易于进行成本核算与检查的工作单元,并把各工作单元在项目中的地位与构成直观地表示出来。

工作分解结构图是实施项目、创造最终产品或服务所必须进行的所有活动的一张清单,也是进度计划、人员分配、预算计划的基础。

(2)责任分配矩阵

责任分配矩阵(responsibility assignment matrix,缩写为RAM)是一种将所分解的工作任务落实到项目有关部门或个人,并明确表示出他们在组织工作中的关系、责任和地位的一种工具。它是在工作分解结构的基础上建立的,以表格形式表示完成工作分解结构中的每项活动或工作活动。

责任分配矩阵明确表示出每项工作由谁负责、由谁具体执行,并且明确了每个人在整个项目中的地位。责任分配矩阵还系统地阐明了个人与个人之间的相互关系,它能使每个人认识到自己在项目组织中的基本职责,充分认识到在与他人配合中应承担的责任,从而能够充分、全面和主动地承担自己的全部责任。

在项目实施过程中,如果某项活动出现了错误,就很容易从责任分配矩阵图中找出该活动的负责人和具体执行人,还可以运用责任分配矩阵图应对协调沟通出现困难或者工作责任不明时的状况,并且还可以针对某个子项目或某个活动分别制定不同规模的责任分配矩阵图。

责任分配矩阵的编制程序为:

①确定工作分解结构中所有层次最低的工作包,将其填在责任矩阵列中;

②确定所有项目参与者,填在责任矩阵的标题行中;

③针对每一个具体的工作包,指派个人或组织对其负全责;

④针对每一个具体的工作包,指派其余的职责承担者;

⑤检查责任矩阵,确保所有的参与者都有责任分派,同时所有的工作包都已经确定了合适的责任承担人。

(3)项目行动计划表

项目行动计划表是指以工作分解结构图为基础,将项目的一系列活动或任务进一步细分,并按内在的层次关系把持续时间、紧前任务和所需的资源等,汇总并记录所形成的表格。

(4)里程碑事件表

里程碑即项目中的重大事件,通常指一个主要可交付成果的完成,它是项目进程中的重要标记,是在计划阶段应该重点考虑的关键点。

6.3.4 项目规划过程的结果

在项目规划过程中,形成的项目管理计划文件主要包括:

(1)范围管理计划

确定项目所有必要的工作和活动的范围,在明确项目的制约因素和假设条件的基础上,进一步明确项目目标和主要可交付成果。项目的范围管理计划是将来项目执行的重要文件基础。

(2)人力资源计划

说明项目团队成员应该承担的各项工作任务以及各项工作之间的关系,同时制订项目成员工作绩效的考核指标和方法及人员激励机制。人力资源计划通常是自上而下进行编制,然后再自下而上地进行修改,由项目经理与项目团队成员商讨并确定。

(3)资源需求计划

明确项目实施所需要的各种机器设备、能源燃料、原材料的供应及采购安排。此计划要确定所需物资的名称、质量技术标准和数量;确定物资的投入时间和设计、制造、验收时间;确定项目组织需要从外部采购的设备和物资的信息,包括所需设备和物资的名称和数量的清单,获得时间,设备的设计、制造和验收时间,设备的进货来源等。

(4)进度报告计划

主要包括进度计划和状态报告计划。进度计划是表明项目中各项工作的开展顺序、开始及完成时间以及相互关系的计划,此计划需要在明确项目工作分解结构图中各项工作和活动的依赖关系后,再对每项工作和活动的延时作出合理估计,并安排项目执行日程,确定项目执行进度的衡量标准和调整措施。状态报告计划规定了描述项目当前进展情况的状态报告的内容、形式以及报告时间等。

(5)成本计划

确定了完成项目所需要的成本,并结合进度安排,获得描述成本-时间关系的项目成本基准,以成本基准作为度量和监控项目执行过程中成本支出的主要依据和标准,从而以最低的成本达到项目目标。

(6)质量计划

为了达到客户的期望而确定的项目质量目标、质量标准和质量方针,以及实现该目标的实施和管理过程。

(7)采购计划

确定采购何物以及何时如何进行采购。

(8)风险应对计划

主要是对项目中可能发生的各种不确定因素进行充分的估计,并为某些意外情况制订应急的行动方案。

6.4 项目执行过程

项目执行是正式开始为完成项目而进行的活动或努力的工作过程。项目产品是在执行过程中产生的,所以它是项目管理应用领域中最为重要的环节。在这个过程中,项目经理必须协调和管理项目中存在的各种技术和组织等方面问题。

项目执行过程中的主要工作如图6-4所示。

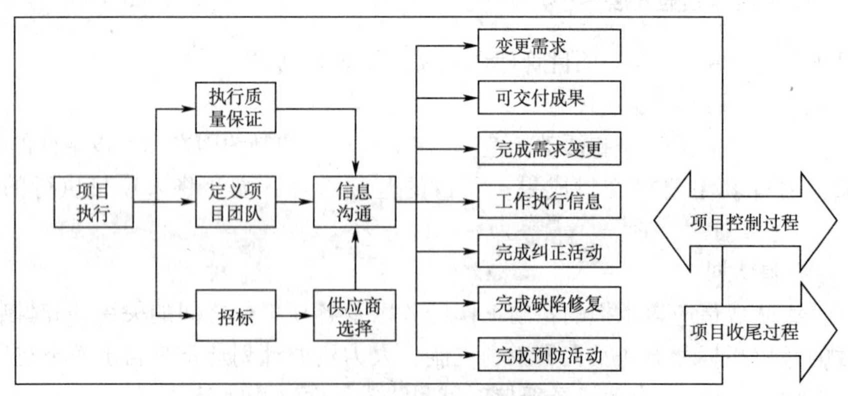

图6-4 项目执行过程中的主要工作

在项目计划付诸行动之前,项目经理必须事先做好一系列的准备工作,以便为后续的项目实施创造最有利的环境。

一般来讲,项目执行需准备的工作内容如下:

(1)项目计划核实

在项目实施前,项目经理应该对项目计划进行核实,检查前期制订的计划到现在是否仍然现实、可行、完整、合理,如果发现疏漏和错误,应当及时予以补充和修改,还应确认项目所需资源是否有充足的保证,项目组织应该具有的权利是否得到有关各方的认可。

(2)项目参与者的确认

在项目计划中,应通过描述姓名、职位以及需要具备的技术和知识来明确项目成员相应的权限和职责。如果在项目计划核实工作中发现了计划的错误和纰漏,就应该调整项目计划,重新安排项目参与者。具体工作包括:

①告诉项目参与者项目计划已被批准及项目开始实施的时间,使他们能合理安排自己的时间,确保他们能顺利完成所分配的任务。

②确认项目参与者是否仍可参加该项目。

③采用书面协议(如工作安排协议)的形式重申项目参与者需要完成的工作内容、性质、开始时间以及工作延续时间。工作安排协议表如表 6-1 所示。

工作安排协议表 表 6-1

<table>
<tr><td colspan="3">工作安排协议</td></tr>
<tr><td colspan="2">项目名称:</td><td>项目编号:</td></tr>
<tr><td colspan="2">工作名称:</td><td>工作分解结构代号:</td></tr>
<tr><td colspan="3">工作描述:</td></tr>
<tr><td>开始日期:</td><td>截止日期:</td><td>工作延续时间(小时):</td></tr>
<tr><td colspan="3">批准</td></tr>
<tr><td>项目经理:
姓名: 日期:</td><td>项目成员:
姓名: 日期:</td><td>项目成员监察人:
姓名: 日期:</td></tr>
</table>

④让项目参与者在项目计划上签字,表明其愿意承担责任和风险及全力支持项目工作的态度。

⑤将项目利益关系人的名单告知项目参与者。

(3)项目团队组建

项目是一个复杂系统,各项工作的关联性很强,一个组织要想成功地完成项目,离开团队成员之间的团结合作几乎是不可能的,这就要求项目经理组建一个具有很强的团队合作精神的项目团队。

(4)项目实施规章制度

制定项目实施规章制度的目的,是使项目的执行活动做到有章可循,保证项目的顺利实施。

(5)项目执行动员

这是项目经理为了增强项目团队的凝聚力、激发项目团队成员的工作热情、鼓舞项目团队士气、统一项目团队认识所做的一项准备工作。

6.4.1 项目执行过程的依据和内容

(1)项目执行过程的依据

①项目计划

项目按计划执行的主要依据就是项目计划,包括进度计划、成本计划、质量计划、人力资源计划和风险管理计划等具体领域的计划。项目计划可以用来与实际进展情况进行比较、对照、参考，便于对变化进行监督与控制，从而保证项目计划的顺利实施。

②组织政策

组织政策是指与项目组织相关的正式和非正式的政策，这些政策可能会影响项目的执行。

③预防措施

预防措施是指为了减轻项目可以预测的风险所带来的影响而采取的必要措施。

④纠正措施

纠正措施保证了未来的项目执行情况与项目计划的要求相一致。

(2)项目执行过程的内容

①按计划执行

按计划执行是指将项目计划付诸实施，开展计划中的各项工作。

②进一步确认任务范围

根据项目执行中所发生的情况，进一步明确项目计划所规定的任务范围。

③质量的保证

质量的保证包括按既定的方法和标准，评价整个项目的实际工作，并采取各种项目质量保证和监控措施，确保项目能够符合预定的质量标准。

④项目团队建设

项目团队建设包括项目团队人员配备，对项目团队成员进行技能培训、成员的绩效考核以及激励等。

⑤信息沟通

信息沟通是指建立信息传递的渠道，让项目利益关系人及时获得必要的项目信息。

⑥招标

招标包括取得报价、标价或建议书等相关方面的内容。

⑦供应商选择

供应商选择是指根据衡量标准确定供应商，签订合同。

⑧合同管理

合同管理包括管理好项目组织与供应商的各种合同关系以及合同履行情况。

6.4.2 项目执行过程的程序

(1)活动安排

这是项目执行中的首要的管理过程，这个过程主要是对活动的里程碑进行定义(即该活动将要产生一种可测量的结果)，以及选择要参与活动的人员并定义这些人员的角色和职责。

(2)工作授权

对工作进行授权是通过工作授权系统来完成的。工作授权系统是批准项目实施工作的一个正式程序，它赋予项目团队一定的权力，用来确保他们在自己的职责范围内按照恰当的时间、合适的顺序完成项目的预定目标。

(3)安排活动日程

通过运用网络图、甘特图、项目行动计划表和项目责任矩阵来安排项目活动的日程。根据活动所属的层次和服务的对象，对处于工作分解结构最底层的活动进行时间安排。

(4)估算成本费用

通过 WBS 所描述的活动,确定各个活动所要消耗的资源的类型和数量以及其他的相关信息,从而确定其成本费用。

(5)实施计划

项目经理组织项目团队按照项目的计划完成预定的工作。

6.4.3 项目执行过程的成果

(1)工作成果

项目执行的工作成果是为完成项目工作而进行的具体活动的结果。通常应把工作成果(包括哪些活动已经完成、哪些活动没有完成、满足质量标准的程度怎样、已经发生的成本或将要发生的成本是多少、活动的进度状况等)的资料收集起来,作为项目实施的一部分,并将其编入执行报告的程序中。

(2)项目变更申请

在项目的实施过程中,时常会出现项目的变更申请,包括扩大或修改项目合同范围,修改成本或进行估算等。

6.5 项目控制过程

由于项目的一次性和独特性,在过程管理中实施有效的项目控制,是实现过程目标和最终目标的前提和关键。在项目控制工作中,通常需要进行项目跟踪、项目控制和项目变更三个基本过程。项目控制过程的主要工作如图 6-5 所示。

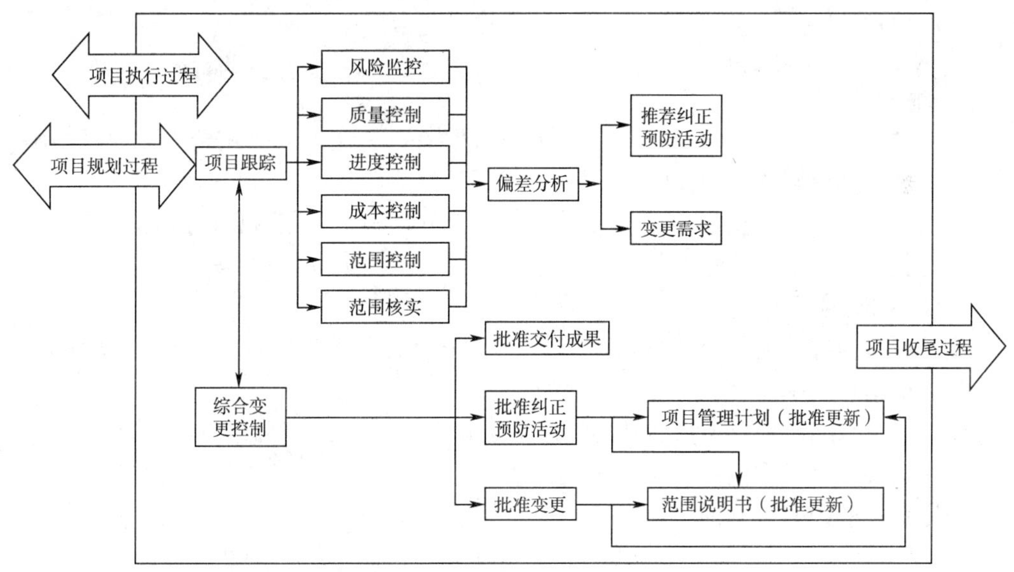

图 6-5 项目控制过程的主要工作

6.5.1 项目跟踪

(1)项目跟踪的定义

项目跟踪从字面上理解就是追踪项目行进的轨迹。它是指项目各级管理人员根据项目的规划和目标等,通过建立完善的项目管理信息系统,在项目实施的全过程中对项目状态以及影响项目进展的内外部因素进行及时的、连续的、系统的记录和报告的一系列活动过程。

项目跟踪的工作内容主要有两方面:一是对项目计划的执行情况进行监督,保证项目的实际实施工作是按照预先制订的计划要求来做的;二是对影响项目目标实现的内外部因素的发展情况和趋势进行分析和预测。通常,影响项目实施和目标实现的客观因素主要有外部因素和内部因素两个方面。外部因素是指来自项目外部、不被项目所控的影响因素,如政府、市场价格、利率、自然状况等。对于这类因素,跟踪的主要目的是大量收集信息,尽早作出预测,采取有效的预防措施。内部因素是指来自项目内部、在大多数情况下可以被项目所控的各要素,如人力资源、资金筹集与应用、材料投入、质量、进度等。对于这类因素,跟踪的主要目的是大量收集信息,寻找项目实际进展情况与计划发生的偏差,并分析其原因,为项目的控制做基础,这其中最为关键、最为重要、对项目目标的实现产生重大影响的是进度、成本、质量三大因素。

(2)项目跟踪系统的建立

大多数项目失败的原因不是项目的进度计划、成本计划有问题,而是项目的控制工作没有做好,在项目执行偏离了项目设定的轨道时,未能及时采取措施,从而导致偏差的积累,给项目造成不可挽回的损失。因此,及时向项目管理者及其他利益关系人提供关于项目进展的有关信息是非常必要的。建立项目执行跟踪系统时,需考虑的因素有:

①项目跟踪对象。主要包括范围、变更、资源供给、关键假设、进度、项目团队工作时间及任务完成情况等。

②收集信息的范围。项目跟踪所要收集的信息主要有投入活动的信息、采购活动的信息、实施活动的信息和项目产出信息等。

③项目跟踪的过程。项目跟踪包括四个基本过程:观察、测量、分析、报告。

6.5.2 项目控制

(1)项目控制的定义

项目控制工作过程是以事先制订的计划和标准为依据,定期或不定期地对项目实施的所有环节的全过程进行调查、分析、建议和咨询,发现项目活动与标准之间的偏离,提出切实可行的项目实施方案,为项目管理层的决策提供服务的过程。项目控制过程包括成本控制、进度控制、质量控制、风险控制等方面。

(2)项目控制的程序

要实现项目的有效控制,必须建立一套规范的项目控制程序。项目的控制程序如图6-6所示。

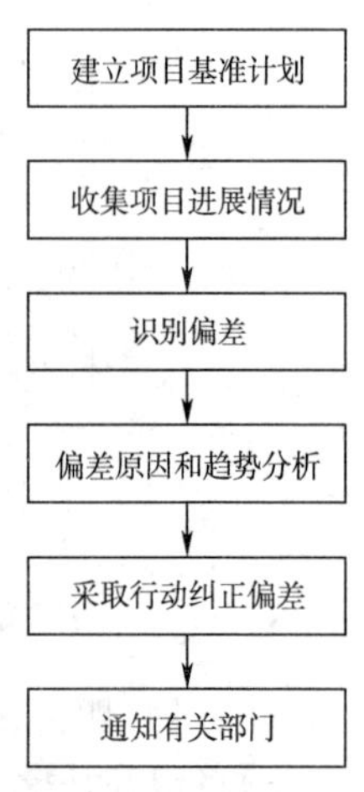

图6-6 项目的控制程序

①建立项目基准计划。项目的基准计划是项目控制的基础,项目基准计划应该回答以下几个问题:项目中必须完成什么工作,每项任务必须在何时完成,每项任务由谁负责,完成项目后期望提交什么可交付成果。

②收集有关项目进展情况的信息。控制离不开信息,收集有关项目进展情况的信息是项目控制的关键。掌握最新情况的重点是收集评价项目运作状况所必需的信息。为了起到积极效果,最好能建立起一种信息收集的机制,特别要关注项目的变更信息,确保信息的全面性和准确性。信息的主要收集渠道有以下几种:

a. 项目经理面谈。项目经理与项目团队各任务负责人面谈,项目团队各任务负责人将各自负责的活动的最新进展情况交给项目经理,这样项目经理可以了解各任务负责人所承担的任务状况。

b. 项目进展情况会议。项目团队全体成员向项目经理通报各自已开始的任务、完成的任务、进度落后的任务及一切潜在的问题。

c. 各种记录。各方面填写的记录资料,如工时记录、工时报告、情况简报等。

③识别偏差。收集有关项目进展情况的信息,将实际结果与计划结果(有关项目范围、进度计划和预算方面的信息。如果已经根据变更修订了计划,并经过客户的同意,那么就必须建立一个新的基准计划)相比较,以便找出偏差。偏差是指实际成本、进度和质量指标与项目计划的偏离,即项目实际进度比预定进度是超前了还是落后了,项目花费是超出了预算还是低于预算,按现有状况项目是否已取得了预期的结果等,这些内容将在本书以后的项目成本管理、项目进度管理和项目质量管理等章节中详细讨论。

偏差值是项目控制分析中一个关键参数,对于不同的项目、同一项目的不同阶段以及不同的管理层次,对偏差控制的程度也不同,制定偏差允许值的范围也不同,随着项目的不断进行,项目的风险也不断降低,所以偏差的允许值也就随之减少。另外,偏差的允许值也与项目估算的方式和估算的精确度有关。

④发生偏差的原因和趋势分析。当发现偏差的确存在时,要仔细查找其原因,原因分析一般可以由如下步骤来完成:明确存在问题的现状,查找产生该偏差的原因,确定各原因对偏差的影响程度。

趋势分析是管理者根据实际情况与基准计划的比较来判断未来偏差程度走向的一种分析方法,它的目的是假设对已经出现的偏差若不采取任何措施的话,分析和判断项目能否达到预期的目标:如果不能,就必须采取纠正偏差的措施;如果发现可以如期达到目标、进展情况正常,则不需要采取进一步行动。

⑤采取管理行动来纠正偏差。总体来说,采取管理行动来纠正偏差有如下三种形式:

a. 不采取行动。如果问题不大,对项目的冲击很小,没有必要采取措施;或者是因为问题尚未明朗,还无法采取可行的措施。

b. 修改计划。查验各项计划,在预定进度、人员、成本等内容上适当修改。

c. 调整计划。开始探讨变动的可能性,可能是增加进度表的时间,或者增加人员、增加经费等。

⑥通知有关的部门。纠正偏差时,必然会对项目的其他部分产生影响,所以要通知有关部门,让他们了解项目计划的变更,这样才能更好地执行项目。

6.5.3 项目变更

(1)项目变更控制的定义

几乎没有一个项目能够完全按照原先的计划付诸实施,在项目实施过程中,存在着各种各样的不确定因素,导致项目实施会发生或多或少的变化。不同项目在项目寿命周期内的不同阶段都会发生变化,其中以执行和控制阶段最为频繁。因此,在项目实施中变化是不可避免的。这里需要强调的是,变更必须要遵循一定的程序,不能随意进行。如果要进行变更,就应尽快实行,变更实施越迟,完成变更的难度就越大。

项目变更控制即建立一套正规的程序对项目的变更进行有效控制的过程。

(2)项目变更控制程序

项目变更是正常的、不可避免的,因此,建立一套有效的项目变更控制程序是非常重要的。变更控制程序如下:

①明确项目变更的目标;

②对提出的所有变更要求进行审查;

③分析项目变更对项目绩效所造成的影响;

④明确各替代方案的变化;

⑤接受或否定变更要求;

⑥对项目变更的原因进行说明,对所选择的变更方案给予解释;

⑦与所有相关团体就变更进行交流;

⑧确保变更合理实施。

(3)项目变更控制的原则

为了有效地控制项目变更,项目变更应该遵循以下几种原则:

①把项目变更融入到项目的计划中去。项目计划是项目控制的基准,当项目发生变化时,将要对项目进行新的规划,只不过这一次的规划是以原来的计划为基础。通过对新老计划进行比较就可以把握项目的变化对项目的影响,从而更有利于对项目作出正确的决策。

②选择影响最小的方案。在作项目变更决策时,应该选择对项目的目标、预算、成本、质量和团队成员这些主要项目因素产生影响最小的变更方案。如果这些主要的因素发生了较大的变化,将有可能彻底地推翻项目已经完成的工作。

③所有的变更在准备变更申请和评估之前,必须与项目经理进行商讨。项目经理是项目实施的具体负责人,他们对项目最了解,他们的观点和看法最具有说服力。

④及时地发布项目的变更信息。当项目作出变更以后,应该及时地将变更的信息通知项目团队,使他们了解项目变更的内容,以便他们按照项目的变更要求调整自己的工作方案。

6.6 项目收尾过程

项目收尾工作过程通常处于项目管理过程的最后阶段。当项目的阶段目标或最终目标已经实现,或者项目的目标不可能、也不需要实现时,项目就进入了收尾工作过程。只有通过项目收尾这个工作过程,项目才可以正式投入使用,才能生产预定的产品或提供预定的服务,项目利益关系人也才有可能终止他们为完成项目所承担的责任和义务,获取其应得的利润。

项目收尾工作主要包括项目收尾和合同收尾两部分,合同收尾将在本书第8章第5节中具体阐述,本节主要介绍项目收尾的内容。项目收尾又包括项目验收、项目审计和项目后评价。

项目收尾过程中的主要工作如图6-7所示。

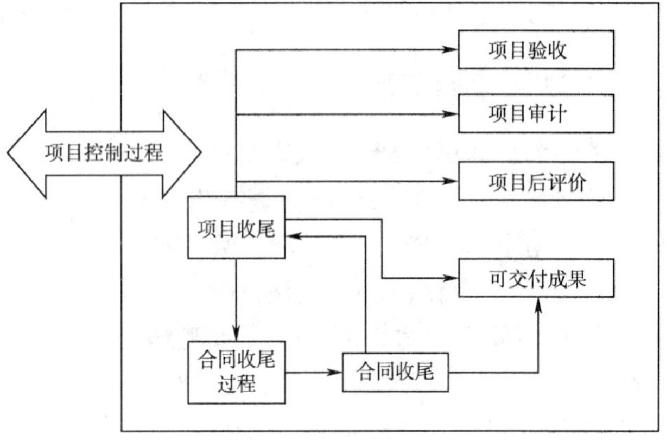

图6-7 项目收尾过程中的主要工作

6.6.1 项目验收

(1)项目验收的定义

项目验收是核查项目计划规定范围

内的各项工作或活动是否已经全部完成，可交付成果是否令人满意，并将核查结果记录在验收文件中的一系列活动。项目验收时，要关注如下三个方面：一要明确项目的起点和终点；二要明确项目的最后成果；三要明确各子项目成果的标志。

项目收尾时，项目团队要把已经完成的外部交付产品（如设备、图样、设计文件、数据、程序等）移交给客户方，并把内部交付产品（包括会议纪要、检查表、各类记录等）移交项目团队的上级部门。如果项目是由于无法继续实施而提前结束的，同样应查明哪些工作已经完成，完成到什么程度，并将核查结果记录在案，形成文件归档。参加交接的项目团队成员和接收方人员应在有关文件上签字，表示对已完成项目工作的认可和验收。

（2）项目验收的标准和依据

①项目验收的标准

项目验收的标准是判断项目产品是否合乎项目目标的根据。项目验收的标准一般包括项目合同书、国际惯例、国际标准、行业标准、国家和企业的相关政策与法规。对于不同性质的项目，选用的验收标准也不尽相同。

②项目验收的依据

a. 工作成果。工作成果是项目实施的结果，项目收尾时提交的工作成果要符合项目目标。工作成果验收合格，项目才能终止。因此，项目验收的重点是对项目的工作成果进行审查。

b. 成果说明。项目团队还要向客户提供说明项目成果的文件，如技术要求说明书、技术文件、图纸等，以供验收审查。项目成果文件随着项目类型的不同也有所不同。

（3）项目验收程序

当项目快要结束时，大部分的工作都已经完成，但是还有一些零星、琐碎的收尾工作需要处理。收尾工作如果处理不好，就可能会影响到项目今后的正常运营。因此，项目经理要带领项目团队成员保质保量地完成项目的收尾工作，做到善始善终。项目验收的工作程序如图6-8所示。

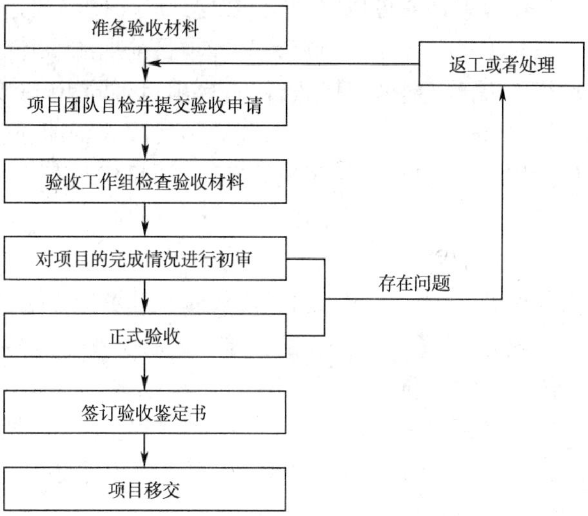

①准备验收材料。项目文件是项目验收的重要依据，在项目的实施过程中，项目团队要不断地收集各种项目文件，如项目计划、项目成果说明、设计图纸、测试材料等。当准备项目验收时，要将这些项目文件进行汇总、整理并归档，形成一套完整的验收材料，从而为项目顺利通过验收提供保障。

准备验收材料 → 项目团队自检并提交验收申请 → 验收工作组检查验收材料 → 对项目的完成情况进行初审 → 正式验收 → 签订验收鉴定书 → 项目移交

（存在问题 → 返工或者处理 → 项目团队自检并提交验收申请）

图6-8　项目验收的工作程序

②项目团队进行自检并提交验收申请。项目管理人员先要会同生产、技术、质量等部门的有关人员对项目产品进行检查，从而找出项目存在的问题和漏洞，并及时采取补救措施。项目自检合格后，项目团队就可以向客户提出验收申请，并附送相关的验收材料，以备客户组织人员进行验收。

③验收工作组检查验收材料。项目客户会同项目监理人员、政府有关人员和其他相关人

员组成验收工作组,按照项目的要求对项目验收材料进行检查。如果验收材料不齐全或不合格,就要通知项目团队在规定的期限内予以补交或修改。

④对项目的完成情况进行初审。项目验收工作组根据项目团队提交的验收申请,可组织人员对项目产品进行初步检查。如果发现项目存在问题,要通知项目团队及时进行处理。

⑤正式验收。项目验收工作组在验收材料和初审合格的基础上,就可以组织人员公开、公正地对项目产品进行全面的正式验收。如果正式验收不合格,则要通知项目团队返工后再验收。如果正式验收中发现项目存在较为严重的问题,而双方又难以达成一致意见,可诉诸法律解决。

⑥签订验收鉴定书。项目验收后,如果项目产品符合验收标准和相关的法律、法规,项目团队要和客户签订验收鉴定书,表示双方当事人已经认可并验收了该项目产品。

⑦项目移交。项目移交是在签订完项目验收鉴定书后,项目团队将项目产品和相关的技术档案资料的所有权移交给客户。项目移交要:做好项目的收尾工作,准备好要移交的项目产品和文件资料;由项目团队负责进行项目产品的试运营;办理好项目产品的移交手续;处理好项目运营后的技术服务和人员培训工作。

6.6.2 项目审计

(1)项目审计的定义

项目审计是对项目管理工作的全面检查,包括项目的文件记录、管理的方法和程序、财产情况、预算和费用支出情况以及项目工作的完成情况。

项目审计既可以对拟建、在建或竣工的项目进行审计,也可以对项目的整体进行审计,还可以对项目的部分进行审计。如项目前期的审计包括项目可行性研究审计、项目计划审计、项目组织审计、招标审计、投标审计、项目合同审计;实施过程中的审计包括项目组织审计、报表和报告审计、设备材料审计、建设项目收入审计、施工管理审计、合同管理审计;项目结束审计包括竣工验收审计、竣工决算审计、项目建设经济效益审计、项目人员业绩评价。

(2)项目审计的职能

①经济监督

经济监督就是把项目的实施情况与其目标、计划和规章制度、各种标准以及法律法令等进行对比,把那些不合法规的经济活动找出来,并决定是否应予以禁止。

②经济评价

经济评价是指通过审计和检查,评定项目计划是否科学、可行,项目实施进度是否落后于计划,质量是否能达到客户要求,资源利用、控制系统是否有效,机构运行是否合理等。

③经济鉴定

经济鉴定是指通过审查项目实施和管理的实际情况,确定相关资料是否符合实际,并做出书面的证明。

④提出建议

提出建议是指对审计结果进行分析,找出改进项目组织、提高工作效率、改善管理方法的途径,帮助项目管理者在合乎法规的前提下更合理地利用现有资源,以便顺利实现项目的目标。

(3)项目审计的程序

①审计启动工作。明确审计目的,确定审计范围;建立审计小组;了解项目概况,熟悉项目

有关资料;制订项目的审计计划。

②建立项目审计基准。

③实施项目审计。针对确定的审计范围实施审查,从中发现常规性的错误和弊端;协同项目管理人员纠正错误和弊端。

④报告审计结果并对项目各方面提出改进建议。

⑤项目审计终结。审计终结过程中要将审计的全部文档,包括审计记录以及各种原始材料整理归档,建立审计档案,以备日后查考和研究,提出今后审计的改进方法。

6.6.3 项目后评价

(1)项目后评价的定义

项目后评价是在项目完成并运营一段时间后,对项目的准备、立项决策、设计施工、生产运营、经济效益和社会效益等进行全面、系统的分析和评价,从而判别项目预期目标的实现程度。项目后评价的主要目的是从已完成的项目中总结正反两方面的经验教训,提出建议,改进工作,不断提高投资项目决策水平和投资效果。

(2)项目后评价的特点

项目后评价有如下几个特点:

①现实性。项目后评价是以实际情况为基础,所依据的数据资料是现实发生的真实数据或根据实际情况重新预测的数据。它与项目前期的可行性研究不同,可行性研究是预测性的评价。

②全面性。项目后评价的范围很广,要对项目的准备、立项决策、设计施工、生产运营等方面进行全面、系统的分析。

③反馈性。项目可行性研究用于投资项目的决策,而项目后评价的目的在于为有关部门反馈信息,为今后的项目管理作借鉴,不断提高未来投资的决策水平。

④合作性。项目后评价需要多方面的合作,由单独设立的项目后评价机构或上级决策机构,组织主管部门会同计划、财政、审计、银行、设计、质量、司法等有关部门进行。项目后评价工作的顺利进行需要参与各方融洽合作。

(3)项目后评价的作用

项目后评价的作用主要包括如下五个方面:

①总结项目管理的经验教训,提高项目管理水平。项目管理涉及许多部门,只有这些部门密切合作,项目才能顺利完成。如何协调各部门之间的关系,采取什么样的具体协作形式尚在不断摸索中。项目后评价通过对已完成项目实际情况的分析研究,总结经验,从而提高项目管理水平。

②提高项目决策科学化水平。通过建立完善的项目后评价制度和科学的方法体系,一方面可以促使评价人员努力做好可行性研究工作,提高项目预测的准确性;另一方面可以通过项目后评价的反馈信息,及时纠正项目决策中存在的问题。

③为国家投资计划、投资政策的制订提供依据。通过项目后评价能够发现宏观投资管理中的不足,从而使国家可以及时修正某些不适合经济发展的经济政策,修订某些已过时的指标参数,合理确定投资规模和投资流向,协调各产业、部门之间及其内部的各种比例关系。

④为银行部门及时调整信贷政策提供依据。通过项目后评价,及时发现项目建设资金使用过程中存在的问题,分析贷款项目成功或失败的原因,从而为银行部门调整信贷政策提供

依据。

⑤可以对企业经营管理进行诊断,促使项目运营状态的正常化。项目后评价通过比较实际情况和预测情况的偏差,探索偏差产生的原因,提出切实可行的措施,从而促使项目运营状态的正常化,提高项目的经济效益和社会效益。

(4)项目后评价的步骤

项目后评价要遵循一定的步骤,有秩序地进行,其流程为:

①提出问题。明确项目后评价的具体对象、评估目的及具体要求。项目后评价的提出单位可以是国家计划部门、银行部门、各主管部门,也可以是企业(项目)自身。

②筹划准备。问题提出后,承担单位进入筹划准备阶段。筹划准备阶段的主要任务是组建一个评估领导小组,并按委托单位的要求制订一个详细的项目后评价计划。

③深入调查,收集资料。本阶段的主要任务是制订详细的调查提纲,确定调查对象和调查方法,并开展实际调查工作,收集整理后评价所需要的各种资料和数据。

④分析研究。围绕项目后评价内容,采用定量分析和定性分析方法,发现问题,提出改进措施。

⑤编制项目后评价报告。将分析研究的成果汇总,编制出项目后评价报告,并提交委托单位和被评估单位。项目后评价报告主要包括:摘要、项目概况、评价内容、主要变化和问题、原因分析、经验教训、结论和建议、基础数据和评价方法说明等。

第7章　道路工程建设管理

道路工程建设管理要求道路管理者在了解项目管理过程的基础上，结合道路交通工程项目管理的特点，通过质量管理、进度管理、费用管理，实现项目管理的全过程。

7.1　项目质量管理

7.1.1　项目质量管理的概念

(1)质量管理的发展历程

质量管理的发展经历了如下三个阶段，如图7-1所示。

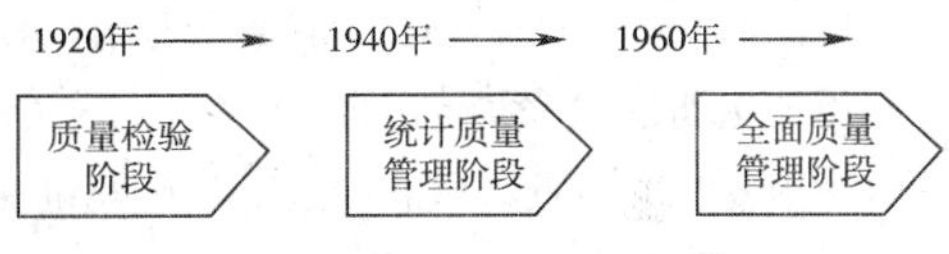

图7-1　质量管理发展的三个阶段

①质量检验(quality checkout，缩写为QC)阶段

传统质量管理的特点是在产品生产过程中单纯依靠检验来剔除废品，以保证质量。这种管理方法起源于古代，第一次工业革命后，在资本主义大生产中也一直沿用。所不同的是在手工业方式下，产品的制造者和检验者常常是合一的；而在机器大生产方式下，制造者和检验者是分离的，产品的检验工作是一道独立的工序。

直到20世纪20年代，由于资本主义生产发展的需要，一些学者开始将数理统计方法引入产品生产过程的质量控制中。1924年，美国贝尔电话实验室的沃特·阿曼德·休哈特(Walter A. Shewhart)提出了第一张控制图，把产品质量分散的原因区分为偶然原因和异常原因，对后者进行追查处理，以便生产过程能够处于控制状态。1928年，美国贝尔电话实验室的道奇(H. F. Dodge)与罗密克(H. G. Romig)提出了统计抽样方案，编制了第一批抽查数表，在质量保证方面应用了数理统计方法。1931年，休哈特的《工业产品质量的经济检验》一书问世，从美、英等国的科学研究中提出了“统计检验法”。这些成就都为现代质量管理奠定了理论基础，打破了质量管理中“事后检验”的传统，提出了“预防缺陷”的概念和数理统计方法。

②统计质量管理(statistics quality control，缩写为SQC)阶段

二次世界大战开始后，美国的工业生产特别是军火工业生产迅猛发展，许多民用公司也都转而生产军用品，但往往由于质量得不到保证而延误交货期，难以满足战争的需要。为此，美国国防部邀集了休哈特等专家，制定了“战时质量管理制度”，强令有关公司严格执行，有力地推进了数理统计方法的应用，半年时间就大见成效，引起人们的普遍关注。战后，各公司转为生产民用品时，仍继续采取这种方法。其他国家也纷纷效法，在生产中广泛地应用并延至20世纪50年代。这个阶段称为统计质量管理阶段，简称SQC阶段。

③全面质量管理(total quality control，缩写为TQC)阶段

从20世纪60年代开始，各工业先进国家的企业质量管理系统日臻完善，实践效果日益明

显,质量管理的理论也得到了长足的发展。1961 年,美国质量管理专家阿曼德·菲根堡姆(Armand V. Feigenbaum)博士所著《全面质量管理》一书中首次提出了全面质量管理的概念:"全面质量管理是为了能够在最经济的水平上并考虑到充分满足用户要求的条件下进行市场研究、设计、生产和服务,把企业各部门的研制质量、维持质量和提高质量的活动构成为一体的有效体系"。这里强调了:质量的经济性和用户要求的满足,开发、设计、生产和服务的全过程,研制质量、维持质量和改进质量结合的质量管理活动,形成有效的体系。

菲根堡姆的全面质量管理概念逐渐被世界许多国家所接受,并被各国进一步发展,在实践中也取得了丰硕的成果。全面质量管理工作的基本思想是:

a. 为用户服务的思想。企业要千方百计地满足用户的需求,"质量第一,用户至上"应作为企业的座右铭。在企业内部,各部门、各工序间的关系也应看成是生产者与消费者之间的关系,不符合质量要求的零部件不送往下一道工序。

b. 预防为主的思想。把产品质量管理的重点从事后检验转移到事先预防上来,把不合格品消灭在产品的形成过程中。

c. 一切用数据说话的思想。要用数理统计的方法大量收集和整理数据,分析问题和提出问题,在制订质量措施计划时,要拿出具体的数据,做到定量管理。

d. 发动群众参与管理的思想。广泛开展群众性的 QC 小组活动和各种形式的质量管理活动,使质量第一的思想深入人心,人人都关心和参与质量管理工作。

全面质量管理的基本特点是:

a. 对全面质量的管理。不仅要管理产品的质量,还要管理过程质量、工作质量,用工作质量来保证过程质量,从而保证产品质量。

b. 全过程的管理。从产品的设计、制造、销售直到使用、服务的全过程,都要进行管理。

c. 全员参加的管理。企业中的每个人、每个部门都与企业的产品质量有关,即质量管理人人有责。

全面质量管理又是综合性的管理,即利用数理统计的方法、先进的科学技术和现代科学管理方法对质量进行管理。

1994 年,国际标准化组织(ISO)发布了国际标准《质量管理和质量保证术语》(ISO 8402),在该标准中正式定义了全面质量管理(total quality management,缩写为 TQM):"一个组织以质量为中心,以全员参与为基础,目的在于通过让顾客满意和本组织成员及社会受益而达到长期成功的管理途径"。

(2)质量的含义

美国著名管理学家朱兰(J. M. Juran)博士给出的质量定义是:"组织的基本任务就是提供能满足用户要求的产品,'产品'包括货物和劳务。这样的产品既能给生产该产品的组织带来收益,又不会对社会造成损害"。满足用户要求这一基本任务提供了质量的基本定义:质量就是适用性(fitness for use)。他的"质量就是适用性"的内涵超越了传统的"质量就是符合性"的概念。适用性和符合性是在含义和范畴上完全不同的两个概念。符合性是从生产者(producer)的角度出发,判断产品是否符合规格。通过培训和积累经验,企业的管理部门将产品的合格性判断交给基层的现场操作人员去完成。他们遵照企业的产品检验制度,依据产品的质量规格标准进行判断,如果符合规格就放行,流转到下一个地点;如果不符合规格,则根据其不符合规格的程度分别加以处理。适用性是从客户(customer)的角度出发,指产品在使用期间能满足客户的需求。客户最有资格对产品的适用性程度作出评价。而如何不断满足客户对产品适用性的需求,则是企业永恒的目标。

在国际标准《质量管理体系基础和术语》(ISO 9000:2000)(Quality Management System - Fundamentals and Vocabulary)中质量被定义为“一组固有特性满足要求的程度”。“固有特性”是指产品具有的技术特征,不是后来人为附加的内容。例如,汽车零部件的尺寸、发动机的功率、航空公司的准班率、速递公司的效率和差错率、物流配送公司的服务流程等。显然,产品的价格不属于“固有特性”范畴。可见,国际标准 ISO 9000:2000 中关于质量的定义以“固有特性”限定了产品的质量范畴,这样,就使质量的概念更加明确了。“满足要求的程度”是指将产品的固有特性和要求相比较,根据产品“满足要求的程度”对其质量的优劣作出评价。由此可见该质量定义的客观性、合理性和科学性。

ISO 9000:2000 中的质量包括以下三方面的内涵:

①质量的动态性

随着科学技术的发展和顾客需求的不断改变,质量要求也应该适应上述变化,适时准确地识别客户的质量要求,修订规范,改进流程和方法,研究开发新产品,以满足顾客的需求和期望。

②质量的相对性

企业应该注意到市场需求的区域性差别,包括不同国家和地区的自然环境条件、经济发展水平、技术发达程度、文化传统习惯等诸多方面的因素。企业针对不同的目标市场应该能够提供具有不同性能的产品,使产品对环境有较好的适应性。

③质量的可比性

产品的等级高和产品的质量好是完全不同的两个概念。等级是对具有相同功能特征但技术等级各异的实体所规定的范畴或者级别。质量偏低永远是个问题,而等级较低则不见得是个问题。例如,一支高级的金笔可能质量很差,而一支普通的签字笔质量却很好。所以,在评价产品质量时,应该注意到将比较的对象限制在同一“等级”基础上。

实现产品的适用性是企业质量管理的基本任务。在 ISO 9000:2000 中质量管理被定义为“在质量方面指挥和控制组织的协调的活动”,这种活动通常包括质量方针、质量目标、质量策略、质量控制、质量保证和质量改进。

质量方针(quality policy)是由组织的最高管理者正式发布的该组织总的质量宗旨和方向。质量目标是在质量方面所追求的目标,是企业满足客户要求和达到客户满意的具体落实,也是评价质量管理体系有效性的重要判定指标。质量规划是质量管理的一部分,致力于制订质量目标,并规定必要的运行过程和相关资源以实现质量目标。质量控制是质量管理的一部分,致力于满足质量要求。质量保证是质量管理的一部分,致力于提供所提出的质量要求会得到满足的信任和保证。质量改进是致力于增强满足质量要求的能力。

(3)项目质量管理的含义

项目质量是指项目的可交付成果能够满足客户需求的程度。而项目质量管理是为了保证项目的可交付成果能够满足客户的需求,围绕项目的质量而进行的计划、协调和控制等活动。

项目质量管理必须考虑项目管理和项目产品两方面。项目质量管理适用于所有项目,而无论项目性质如何,产品质量措施和技术都是针对项目生产的具体产品。例如,电器产品的质量管理措施和方法不同于建筑项目的质量管理措施和方法,但项目质量管理的方法对二者均适用。在任何一种情况下,只要项目管理和项目产品二者之一不符合质量要求,就会给某个或所有项目利害关系者带来严重的消极后果。

项目质量管理是一项具有广泛含义的企业管理活动,它侧重于以下三个方面:

①项目质量管理贯穿从企业质量方针政策的制订到用户对项目产品质量的最终检验的全过程,它是专门针对保障和提高项目质量而进行的管理。

②项目质量管理需要所有项目利益关系人的共同努力,它包括:项目客户、项目所属的公司和项目经理等关于质量目标、方针和职责的制订;项目管理人员根据上面所制订的质量目标、方针,制订项目的质量计划;项目团队关于项目质量计划的具体实施。

③项目质量管理不仅包括项目的产品质量管理,而且还包括制造项目产品过程中工作质量的管理,因为项目最终产品的质量是由产品生产过程来保证的,只有保证高质量的生产过程,才能生产出高质量的产品。

项目质量管理的主要目的是确保项目的可交付成果满足客户的需求。项目团队必须与客户建立良好的关系,理解他们明确的需求以及隐含的需求。因为客户是项目质量是否达到要求的最终裁判者。

项目质量管理的概念与质量管理的概念有许多相同之处,也有不同之处,不同之处则是由项目的一次性等特性所决定的。质量管理是针对日常运作所进行的活动,日常运作是重复做某件事情,一旦过程设计好了,只需以保守的态度采用诸如统计过程控制等方法进行监控即可,其工作的重点是在质量监控上。在运作管理中,通常也会采用破坏性的测试,测试之后产品就会报废。例如,每100件产品可能会抽取一个进行测试。但在项目中,由于只有一次做好的机会,无法进行上述的破坏性测试,因此,必须在项目的早期强调质量保证和质量控制。

(4)项目质量管理的内容

项目质量管理包括三个主要工作过程:质量规划、实施质量保证、实施质量控制。项目质量管理通过制定质量方针、建立质量目标和标准,并在项目生命周期内持续使用质量计划、质量控制、质量保证和质量改进等措施来落实质量方针的执行,确保质量目标的实现,最大限度地使客户满意。

7.1.2 项目质量规划

项目质量规划是围绕着项目进行质量目标规划、运行过程规划、确定相关资源等活动的过程。项目质量规划的结果是明确项目质量目标;明确为达到质量目标应采取的措施,包括必要的作业过程;明确应提供的必要条件,包括人员设备等资源条件;明确项目参与各方、部门或岗位的质量职责。质量规划的这些结果可用质量计划、质量技术文件等质量管理文件形式加以表达。

(1)项目质量目标规划

项目的质量目标是项目在质量方面所追求的目的。无论何种项目,其质量目标都包括总目标和具体目标。项目质量总目标表达了项目拟达到的总体质量水平,如某建筑项目的质量总目标就是合格品率100%,优良品率80%。项目质量的具体目标包括项目的性能目标、可靠性目标、安全性目标、经济性目标、时间目标和环境适应性目标等。项目质量的具体目标一般应以定量的方式加以描述。不同的项目,其质量目标规划的内容和方法也不相同,但考虑的因素是基本相同的,主要有:

①项目本身的功能性要求。每一个项目都有其特定的功能,在进行项目质量目标规划时,必须考虑其功能,以满足项目的适用性要求。

②项目的外部条件。项目的外部条件使项目的质量目标受到了制约,项目的质量目标应与其外部条件相适应。所以,在确定项目的质量目标时,应充分掌握项目的外部条件,如工程项目的环境条件、地质条件、水文条件等。

③市场因素。市场因素是项目的一种"隐含需要",是社会或用户对项目的一种期望。所以,进行项目质量目标规划时,应通过市场调查来探索、研究这种需要,并将其纳入质量目标之中。

④质量经济性。项目的质量是无止境的,要提高项目质量,必然会增加项目成本。所以,项目所追求的质量不是最高,而是最佳,即既能满足项目的功能要求和社会或用户的期望,又不至于造成成本的不合理增加。在做项目质量目标规划时,应综合考虑项目质量和成本之间的关系,合理确定项目的质量目标。

(2)运行过程规划

项目的质量管理是通过一系列活动、环节和过程实现的。项目的质量规划应对这些活动、环节、过程加以识别和明确。当然,不同的项目,其质量管理的运行过程亦有区别。但就其运行过程规划而言,至少都应明确以下四个方面:

①项目质量环。简单地说,项目质量环就是影响项目质量的各个环节,是从识别需要到评定能否满足这些需要的各个阶段中,影响质量的相互作用的活动的概念模式。不同的项目,其质量环也有所不同。

②质量管理程序。应明确项目不同阶段的质量管理内容和重点,明确质量管理的工作流程等问题。

③质量管理措施。包括质量管理技术措施、组织措施等。

④质量管理方法。包括项目质量控制方法、质量评价方法等。

(3)确定相关资源

为了进行项目质量管理,需要建立相应的组织机构,配备人力、材料、检验工具等必备资源。

例如,某化肥厂建设工程项目,专门在项目组织内部设立了质量管理部门,负责材料、质量检测工具的购买、保管和使用,并设立专职的质量控制工程师,负责质量控制、有关质量问题的日常事务处理与设备基础和钢结构的验收工作;按专业设兼职的质量控制工程师,负责专业内有关质量控制事宜。

(4)质量规划的依据

①项目特点。不同类型、不同规模、不同特点的项目,其质量目标、质量管理运行过程及需要的资源各不相同,因此,应针对项目的具体情况进行质量规划。

②项目质量方针。项目的质量方针反映了项目总的质量宗旨和质量方向,质量方针提供了质量目标制订的框架,是项目质量规划的基础之一。

③项目范围陈述。项目范围陈述说明了项目所有者的需求及项目的主要要求,项目质量规划应适应这些需求和要求。

④产品描述。产品是项目的成果。尽管可能在项目范围陈述中已经描述了产品的相关要素,然而产品的描述通常包含更加详细的技术要求和其他相关内容,这是项目质量规划的必要依据。

⑤标准和规则。不同的行业、不同的领域,对其相关项目都有相应的质量要求,这些要求往往是通过标准、规范、规程等形式加以明确的,这些标准和规则对质量规划将产生

重要影响。例如,建筑工程项目的质量规划就应符合建筑施工规范、建筑结构规范等国家和行业标准。

(5)质量规划的工具和方法

项目质量规划的技术主要有成本收益分析、质量标杆法、流程图、因果图和试验设计等。

①成本收益分析

成本收益分析是一种将项目所涉及的全部成本和收益系统地进行权衡的过程。在进行成本收益分析时,首先要衡量项目的收益和成本,然后才能评估其经济效益。将收益和成本进行比较并对它们进行关联研究都属于效益的范畴。

一般来说,效益的表达式有如下两种:

经济效益 = 收益 - 成本

经济效率 = 收益/成本

由以上两式可知,经济效益是投资的总体效果,经济效率是投资的单位效果。经济效益 > 0 或经济效率 > 1,即收益 > 成本时,该方案才具有可行性。

编制项目质量计划时,必须考虑项目质量成本与项目质量收益的平衡。项目质量成本是指实施项目质量管理活动所需支出的有关费用;项目质量收益是指满足了质量要求而减少返工所获得的好处。

质量成本包括:

a. 内部故障成本。交货前因产品未能满足质量要求所造成的损失(如重新提供服务、重新加工、返工、报废等)。

b. 外部故障成本。交货后因产品未能满足质量要求所造成的损失(如产品的维护、担保、退货、责任赔偿等)。

c. 预防成本。为确保项目质量而进行预防工作所耗费的费用(如质量工作计划、质量情报、质量管理教育、质量管理活动等费用)。

d. 鉴定成本。为评定是否符合质量要求所进行的试验、检验和检查的费用。

项目的质量管理需要实施两方面的工作:一是质量保证工作;二是质量检验和质量矫正工作。这两方面的工作涉及两类成本,即质量保证成本(由预防成本和鉴定成本组成)和质量纠正成本(由内部故障成本和外部故障成本组成)。这两类成本呈反方向变动关系:质量保证成本越高,质量纠正成本也就越低;质量保证成本越低,质量纠正成本也就越高。成本收益分析就是要使质量保证成本和质量纠正成本之和最小,那么即使收益不变,质量管理的经济效益和经济效率也都会有所提高。

②质量标杆法

质量标杆法就是以其他项目的质量计划和质量管理的结果为基准,从而制订出本项目质量计划的一种方法,其他项目可以是项目团队以前完成的类似的项目,也可以是其他项目团队已经完成或正在进行的项目。在参照标杆项目的质量方针、质量标准、质量管理计划、质量工作说明等文件时,必须结合本项目的实际情况来编制项目质量的计划。在使用这一方法时,要特别注意基准项目实际发生的质量问题和教训,在制订本项目质量计划时,要采取一些防范措施和应急计划,以避免类似问题的再次发生。

③流程图

流程图提供了项目的工作流程以及各活动之间的相互关系。流程图法有助于项目团队发现可能产生质量问题的工作环节,有助于明确项目质量管理的责任,有助于找出解决质量问题的方法和措施。图 7-2 是一个设计复查程序的流程图。

(6)因果图

①因果图的含义

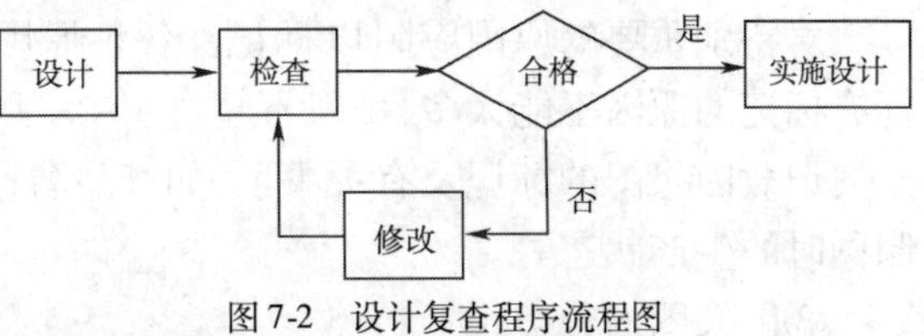

图 7-2　设计复查程序流程图

质量管理的目的在于减少不合格品,降低成本和提高效率,控制产品质量和工作质量的波动。但是,在实际设计、生产和各项工作中,常常出现质量问题。为了解决这些问题,就需要查找原因,研究对策,采取措施。

一个问题(即结果)的发生绝非单纯一种或两种原因所致,常常有多种复杂的因素,有时要找到其中真正起作用的因素还是很困难的。例如,产品质量的波动就可能与许多因素相关,如使用的原材料、机器和刀卡量具、加工方法和操作方法、操作者的技术水平和思想状况等。在这种情况下,就要对产生问题的诸因素加以分析研究。

因果图就是对问题(即结果)有影响的一些较重要的因素加以分析和分类,并在同一张图上把它们的关系用箭头表示出来,对因果作明确系统的整理。因果图来源于实际经验。由于因果图形如鱼骨,又称“鱼骨图”、“鱼刺图”。

因果图于 1953 年首先在日本川蒋制铁公司使用,后又介绍到其他一些国家,在质量管理中应用很广。因果图的主要内容有:

a. 结果(问题或特性)。工作和生产过程出现的结果,如尺寸、重量、纯度及强度等质量特性;工时、开动率、产量、不合格品率、缺陷率、事故率、成本、噪声等工作结果。这些特性或结果是期望进行改善和控制的对象。

b. 原因。对结果能够施予影响的因素。

c. 枝干。表示结果与原因之间的关系,也包括原因与原因之间的关系。最中央的干为主干,用双线箭头表示。从主干两边依次展开的称为大枝、中枝和细枝,用单线箭头表示。

因果图的图例如图 7-3 所示。

②因果图的绘制步骤

决定成为问题的结果(特性),其中包括质量特性或工作结果。结果是需要并准备改善与控制的对象。明确问题并加深理解十分重要,应召集有关人员及对该问题有丰富知识和经验的人员进行讨论并向参加者说明情况。在决定成为问题的结果时,在方法上主要依靠帕累托图,用统计数据说明问题。在帕累托图中“柱高”的项目应作为主要的探讨对象,但需对该项目进行充分研究,确定是否有条件解决以及为解决该项目所付出的代价和效果是否相称。

作出主干与结果(特性),并选取影响结果的主要因素。一般解决加工不良或散差等质量特性一类的问题时,可将原因大致分为材料、设备、人员、制造和加工、测量方法等大枝。在解决出勤率、噪声等问题时,也应根据具体情况选出大枝。然后,再对大枝的分类项目细究下去,进一步画出中枝和细枝,直到可采取措施处置或原因可见为止。因果图的枝干如图 7-4 所示。

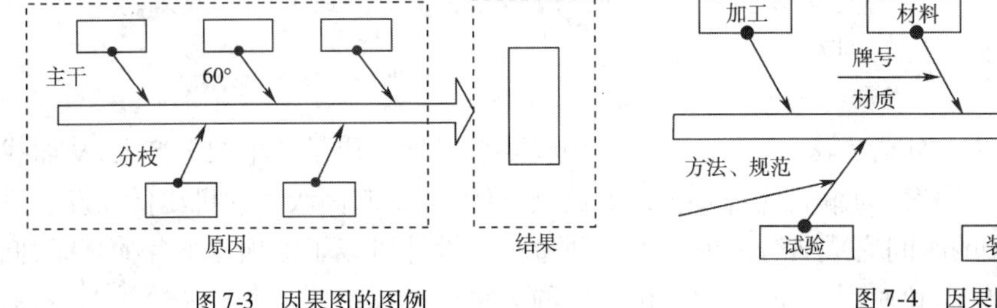

图 7-3　因果图的图例

图 7-4　因果图的枝干

检查原因是否有遗漏,如有遗漏应予以补充。

对特别重要的原因应附以标记。各种原因对结果的影响不同,应将重要原因标以记号。标有标记的原因不能太多,一般不超过 4 ~5 项。

记载因果图的标记及有关事项,如产品名称、生产数量、参加人员、单位、制图者、日期以及制图时的生产状态等。

③因果图的分类

因果图是通过带箭头的线来表示体系的,它把结果和原因间的关系表示出来。因此,按表示的体系不同,因果图可以有以下形式:

a. 结果分解型。结果分解型的要点是沿着为什么发生这样的结果这个疑问思路一追到底。扭轴断裂有哪几个大的方面原因?是材料问题、热处理问题、加工问题、装配问题,还是试验问题?这些问题的原因又是什么?如材料有问题,是牌号不对、材料成分不对、金相组织不对,还是型钢有裂纹?这样可以一直追到问题原因能够查明并得到改善为止。其优点是可以系统地掌握各因素之间的关系,其缺点是容易漏掉较小的问题。对于制造过程的质量问题,结果分解型常按五大因素(人、原材料、设备、方法和环境)分成五个大枝,再分别找出影响它们的因素填入中枝、细枝和小枝。

b. 工序分类型。工序分类型是按生产或工作的顺序画出大枝,然后把对工序有影响的原因填在相应的工序上。工序分类型的因果图优点是作图简单,易于理解;缺点是相同原因可能出现多次并难以表现几个原因联系在一起而影响质量的情况。

c. 原因罗列型。原因罗列型是把所考虑到的全部因素不分层次地罗列出来,再根据因果关系整理这些原因项目,然后作出因果图。即先罗列,再整理。这种作法不采取按原因粗分类或按工序顺序追查原因,而是自由地提出所有可能的原因。原因罗列型因果图的优点是不易漏掉主要原因,原因与结果间的关系也有多种连接方法,从而丰富了因果图的内容;其缺点是结果与小枝间难于连接,且作图比较麻烦。

④作因果图的注意事项

a. 结果(特性)要提得具体。如“零件不合格”就不具体,应指出是尺寸不合格还是其他缺陷造成不合格,在尺寸不合格中又要明确哪个尺寸不合格;否则,因果关系不易明确。

b. 应该明确是为了改善还是为了维持现状。改善就是要改变平均值,维持就是要缩小波动。由于寻找因素的着眼点不同,对改善和维持要明确区别。

c. 发表意见要充分,分析应尽可能深入细致。因果图的意义就在于防止对问题产生的原因有主观固定的看法。充分发表意见,特别是重视现场人员的意见,则能深入细致地分析所发生的问题,这是解决问题的基础。

d. 一个结果(特性)作一个因果图。如果同一零件有两个缺陷项目,则应分别作因果图。

e. 改变思路。对原因的意见难以提出时,改变思路常常可以收到很好的效果,如把寻找提高的因素改变为寻找障碍的因素。

⑤试验设计

试验设计是一种统计分析方法,它有助于鉴定哪些因素对项目质量产生的影响大,从而找出影响项目质量的关键因素,为编制项目质量计划提供方便。例如,高级发动机比低级发动机成本高,但它能用较短的时间完成所分配的工作。通过试验设计可以了解项目中各种高级、低级发动机组合装置的成本和使用寿命,从而作出正确的决策。

(7)质量规划的结果

①质量计划

质量计划是对特定的项目、产品、过程或合同,规定由谁及何时使用哪些程序和相关资源的文件。质量计划是质量规划的结果之一。项目的质量计划是针对具体项目的要求,以及应重点控制的环节所编制的对设计、采购、项目实施、检验等质量环的质量控制方案。质量计划往往并不只是一个文件,而是由一系列文件所组成的。项目开始时,应从总体考虑,编制一个保证项目质量规划性的质量计划,如质量管理计划;随着项目的进展,编制相应各阶段较详细的质量计划,如项目操作规范。项目质量计划的格式和详细程度并无统一规定,但应与用户的要求、供应方的操作方式和活动的复杂程度等相适应,计划应尽可能简明。

质量计划应明确指出所开展的质量活动,并直接或间接(通过相应程序或其他文件)指出如何实施所要求的活动。其内容包括:需达到的质量目标,包括项目总质量目标和具体目标;质量管理流程,可以用流程图等形式展示过程的各项活动;在项目的各个不同阶段,职责、权限和资源的具体分配;项目实施中需采用的具体的书面程序和指导书;有关阶段适用的试验、检查、检验和评审大纲;达到质量目标的测量方法;随项目的进展而修改和完善质量计划的程序;为达到项目质量目标必须采取的其他措施,如更新检验技术、研究新的工艺方法和设备、用户的监督、验证等。这些内容可能包含在不同的质量计划文件之中。

②质量技术文件

质量技术文件主要用以表述保证和提高项目质量的技术支持内容,包括与项目质量有关的设计文件、工艺文件、研究试验文件等。技术文件应准确、完整、协调一致。

③质量检查表

质量检查表是用来核实项目质量计划的执行和控制是否得到实施的一种工具。该表以工作分解结构为基础,由详细的条目组成,常采用询问式或命令式的短语。

7.1.3 实施质量保证

实施质量保证是为保证项目质量计划的顺利进行,经常性地对项目质量计划的执行情况进行评估、核查和改进的过程,使项目质量能够满足客户的要求。

实施质量保证是项目对客户在产品质量方面的担保,它相当于疾病预防,是为获得优质产品而提前采取的措施,预防的目的是为了防止缺陷的发生。它的目的是确保项目一次性成功。

(1)实施质量保证的内容

质量保证包括项目内部质量保证和外部质量保证。内部质量保证是向项目团队提供的质量保证,外部质量保证是向客户和其他项目利益关系人提供的质量保证。实施质量保证主要包括以下内容:

①制定科学、合理、可行的质量标准

在评估项目质量计划的执行情况时,制定科学合理的质量标准是非常必要的。项目质量标准可以根据以前的项目经验、国家或地区的质量标准来制定。

②建立实施质量保证体系

为了使项目顺利实施,保证各项质量要求达到预期的目标,项目要建立起完善的实施质量保证体系。实施质量保证体系是指实施项目质量管理所需的组织结构和质量管理程序。

③开展有计划的质量改进活动

质量改进是为了提交符合客户质量要求的项目可交付成果,在项目组织内部开展的旨在提高项目质量的各项活动。实际上,质量改进活动是一种持续的、不断完善的项目活动,它包括对项目产品、项目活动、项目作业、项目管理等各方面质量的不断完善。

(2)实施质量保证的依据

①项目质量计划

项目质量计划是实施质量保证最根本的依据。

②项目质量计划的实际执行情况

项目质量计划的实际执行情况提供了项目质量的实际情况、相应的事实分析和评价,这是实施质量保证的重要依据。

③项目质量工作说明

项目质量工作说明是对项目质量管理工作的描述以及对实施质量保证和控制方法的说明。

(3)实施质量保证的工具和方法

编制项目质量规划所采用的工具和方法在实施质量保证中同样适用。除此之外,实施质量保证还可以采用如下方法:

①质量审计

质量审计是按照审计程序对特定的质量管理活动进行的结构化的审查。通过质量审计,可以获得质量管理过程中的经验教训,从而提高项目的实施水平。质量审计可以是定期的,也可以是随时的,可由公司内部的审计员或特定领域有专门知识的第三方执行。

②事先规划

在实施质量保证的过程中,要针对可能出现的质量问题预先制订出防范措施。同时还要确定防范的范围和等级,如果范围过小或等级过低,就可能达不到质量要求;如果范围过大或等级过高,就会增加项目的工作量和费用。因此,实施质量保证的范围和等级要力求适当。

③质量活动分解

实施质量保证要对与质量有关的活动进行逐层分解,直到最基本的和比较容易控制的质量活动,从而对项目质量进行有效的保证。

④实施质量保证体系

实施质量保证体系是质量管理的基础,一个项目团队只有建立起有效的实施质量保证体系,才能全面地开展项目质量管理活动,从而实现项目的质量目标。如某项目为提高质量水平,设立了质量保证部门,该部门又下设了质保材料、质保检验、质保管理、质保工程和质保审计五个部门,这五个部门相互协调、相互制约,形成了一套有效的实施质量保证体系,从而提高了该项目的质量水平。

(4)实施质量保证的结果

实施质量保证的结果主要是项目质量改进与提高的建议,它能提高项目活动的效率与效果,一般包括如下几个方面的内容:目前存在的项目质量问题及其后果,产生项目质量问题的原因分析,项目质量改进或提高的目标,进行项目质量改进或提高的方法和步骤,项目质量改进或提高的成果确认方法。

7.1.4 实施质量控制

实施质量控制是质量管理的一部分,致力于满足质量要求。实施质量控制的目标就是确保项目质量能满足有关方面所提出的质量要求(如适用性、可靠性、安全性等)。实施质量控制的范围涉及项目质量形成全过程的各个环节。项目质量受到各阶段质量活动的直接影响,任一环节的工作没有做好，都会使项目质量受到损害而不能满足质量要求。质量环的各阶段是由项目的特性所决定的，根据项目形成的工作流程，由掌握了必需的技术和技能的人员进行一系列有计划、有组织的活动，使质量要求转化为满足质量要求的项目或产品，完好地交付给用户，并应根据项目的具体情况进行用后服务，这是一个完整的质量循环。为了保证项目质量，这些技术计划必须在受控状态下进行。

实施质量控制的工作内容包括作业技术和活动，即包括专业技术和管理技术两方面。实施质量控制应贯彻预防为主与检验把关相结合的原则，在项目形成的每一个阶段和环节，即质量环的每一阶段，都应对影响工作质量的人、机、料、法等因素进行控制，并对质量活动的成果进行分阶段验证，以便及时发现问题，查明原因，采取措施，防止类似问题重复发生，使问题在早期得到解决，减少经济损失。为使每项质量活动都有效，在质量控制过程中对干什么、为何干、如何干、由谁干、何时干、何地干等问题应作出规定，并对实际质量活动进行监控。项目的进行是一个动态过程，所以，对项目实施的质量控制也具有动态性。为了掌握项目随着时间变化而变化的状态，应采用动态控制的方法和技术实施质量控制。

(1)实施质量控制的特点

项目不同于一般产品，对于项目的质量控制也不同于一般产品的质量控制，其主要特点有：

①影响质量的因素很多。项目的进行是动态的，影响项目质量的因素也是动态的。在项目的不同阶段、不同环节、不同过程，影响因素也不尽相同。所以，加强对影响质量的因素的管理和控制是实施质量控制的一项重要内容。

②实施质量控制的阶段性。项目需经历不同的阶段，各阶段的工作内容、工作结果都不相同，所以每阶段的质量控制内容和控制重点亦不相同。

③易产生质量变异。质量变异就是指项目质量数据的不一致性，产生这种变异的原因有两种：偶然因素和系统因素。偶然因素是随机发生的，是客观存在的，是正常的；系统因素是人为的，是异常的。偶然因素造成的变异称为偶然变异，这种变异对项目质量的影响较小。系统因素所造成的变异称为系统变异，这类变异对项目质量的影响较大，易识别。所以在项目的实施质量控制中，应采取相应的方法和手段对质量变异加以识别和控制。

④易产生判断错误。在实施质量控制中，经常需要根据质量数据对项目实施的过程或结果进行判断。由于项目的复杂性和不确定性，造成质量数据的采集、处理和判断的复杂性，往往会对项目的质量状况作出错误判断。因此，在对项目实施质量控制时，需要采用更加科学、更加可靠的方法，尽量减少判断错误。

⑤项目一般不能解体、拆卸。已加工完成的产品可以解体、拆卸，对某些零部件进行检查，但项目一般做不到这一点。所以，对项目实施质量控制应更加注重对项目进展过程的控制，注重对阶段结果的检验和记录。

⑥项目质量受成本、工期的制约。项目的质量不是独立存在的，它受到成本和工期的制约。在对项目进行质量控制的同时，必须考虑其对成本和工期的影响，同时应考虑成本和工期对质量的制约，使项目的质量、成本、工期都能实现预期目标。

(2)实施质量控制的步骤

就实施质量控制的过程而言，质量控制就是监控项目的实施状态，将实际状态与事先制定的质量标准进行比较，分析存在的偏差及产生偏差的原因，并采取相应对策。这是一个循环往复的过程，对任一控制对象的控制一般都按这一过程进行。控制过程主要包括以下步骤：

①选择控制对象，项目进展的不同时期、不同阶段，质量控制的对象和重点也不相同，这需要在项目实施过程中加以识别和选择；

②为控制对象确定标准或目标；

③制订实施计划，确定保证措施；

④按计划执行；

⑤跟踪观测、检查；

⑥发现、分析偏差；

⑦根据偏差采取对策。

上述步骤可归纳为四个阶段：计划、执行、检查和处理。在实施质量控制中，这四个阶段循环往复，形成"戴明循环"。"戴明循环"[由戴明(Deming)博士提出]倡导一种持续改进的方法，也称为PDCA循环。P(plan)代表计划，即通过市场调研来确定质量管理的目标以及为实现此目标所需的各种方法和对策；D(do)代表执行，即将制订的方法和对策付诸实施；C(check)代表检查，即对实施的结果进行检查；A(action)代表处理，即对检查出来的问题进行控制，并总结经验。

计划阶段的主要工作任务是确定质量目标、活动计划和管理项目的具体实施措施。该阶段的具体工作是：分析现状，找出质量问题及控制对象；分析产生质量问题的原因和影响因素；从各种原因和因素中确定影响质量的主要原因或影响因素；针对质量问题及影响质量的主要因素制订改善质量的措施及实施计划，并预计效果。

执行阶段的主要工作任务是根据计划阶段制订的计划措施，组织贯彻执行。该阶段要做好计划措施的交底和组织落实、技术落实和物质落实。

检查阶段的主要工作任务是检查实际执行情况，并将实施效果与预期目标对比，找出存在的问题。

处理阶段的主要工作任务是对检查的结果进行总结和处理。其具体工作包括：总结经验，纳入标准，即通过对实施情况的检查，明确有效果的措施，制定相应的工作文件、工艺规程、作业标准以及各种质量管理的规章制度，总结好的经验，防止再次发生同样的问题。

将遗留问题转入下一个控制循环。通过检查，找出效果仍不显著或效果仍不符合要求的措施，作为遗留问题，进入下一个循环，为下一期计划提供数据资料和依据。

(3)项目不同阶段的质量控制

影响项目质量的因素主要有五大方面：人、材料、设备、方法和环境。对这五个方面因素的控制，是保证项目质量的关键。项目的不同阶段对其质量起着不同的作用，有着不同的影响，所以其质量控制的重点也不相同。

①项目决策阶段的质量控制

项目决策阶段包括项目的可行性研究和项目决策。项目的可行性研究直接影响项目的决策质量和设计质量。所以，在项目的可行性研究中，应该进行方案比较，提出对项目质量的总体要求，使项目的质量要求和标准符合项目所有者的意图，并与项目的其他目标相协调，与项目环境相协调。项目决策是影响项目质量的关键阶段，项目决策的结果应能充分反映项目所有者对质量的要求和意愿。在项目决策过程中，应充分考虑项目费用、时间、质量等目标之间的对立统一关系，确定项目应达到的质量目标和水平。

②项目设计阶段的质量控制

项目设计阶段是影响项目质量的决定性环节，没有高质量的设计就没有高质量的项目。

在项目设计过程中,应针对项目特点,根据决策阶段已确定的质量目标和水平,使其具体化。

设计质量是一种适合性质量。即通过设计,应使项目质量适应项目使用的要求,以实现项目的使用价值和功能;应使项目质量适应项目环境的要求,使项目在其生命周期内安全、可靠;应使项目质量适应用户的要求,使用户满意。实现设计阶段质量控制的主要方法是方案优选、价值工程等。

③项目实施阶段的质量控制

项目实施是项目形成的重要阶段,是实施质量控制的重点。项目实施阶段所实现的质量是一种符合性质量,即实施阶段所形成的项目质量应符合设计要求。项目实施阶段是一个从输入转化到输出的系统过程。项目实施阶段的质量控制,也是一个从对投入品的质量控制开始,到对产出品的质量控制结果的系统控制过程。

在项目实施阶段的不同环节,其质量控制的工作内容不同。根据项目实施的不同时间阶段,可以将项目实施阶段的质量控制分为事前控制、事中控制和事后控制。

④项目最终完成阶段的质量控制

项目最终完成后,应进行全面的质量检查评定,工程类项目还应组织竣工验收。

(4)工序质量控制

①工序质量控制概念

判断项目是否达到具体质量目标,对于工序是指一个(或一组)工人在一个工作地(如一台机床)对一个(或若干个)劳动对象连续完成的各项生产活动的总和。项目由一系列相互关联、相互制约的工序所构成。要控制项目质量,首先应控制工序质量。

工序质量包括两方面内容:一是工序活动条件的质量;二是工序活动效果的质量。就质量控制而言,这两者是互为关联的。一方面要控制工序活动条件的质量,使每道工序投入品的质量符合要求;另一方面应控制工序活动效果的质量,使每道工序所形成的产品(或结果)达到其质量要求或标准。工序质量控制,就是对工序活动条件和活动效果进行质量控制,从而实现对整个项目的质量控制。

工序质量控制的原理是采用数理统计方法,通过对工序样本数据进行统计、分析,来判断整个工序质量的稳定性。若工序不稳定,则应采取对策和措施予以纠正,从而实现对工序质量的有效控制。

②工序质量控制点的设置

工序质量控制点是指在不同时期工序质量控制的重点。质量控制点的涉及面较广,根据项目的特点,视其重要性、复杂性、精确性、质量标准和要求等,质量控制点可能是材料、操作环节、技术参数、设备、作业顺序、自然条件、项目环境等。质量控制点的设置,主要视其对质量特征影响的程度及危害程度加以确定。

质量控制点的设置是保证项目质量的有力措施,也是进行质量控制的重要手段。在工序质量控制过程中,首先应对工序进行全面分析、比较,以明确质量控制点;然后应分析所设置的质量控制点在工序进行过程中可能出现的质量问题或造成质量隐患的因素,并加以严格控制。

(5)实施质量控制的依据

①项目质量计划和项目质量工作说明

项目质量计划明确了项目质量的最终要求,通过项目质量工作说明可以把项目质量的最终要求转变成实施质量控制的具体标准和参数。

②项目质量计划的实际执行情况

项目质量计划的实际执行情况是实施质量控制最基本的依据。

③质量检查表

质量检查表是针对具体活动编写的,其目的是核实某些具体的质量工作环节是否已经实施,它还可以表明这些具体环节的实施情况。

(6)实施质量控制的工具和方法

在进行质量控制时,可采用的工具和方法有很多,在此即质量检验法、控制图、帕累托图和调查表。

①质量检验法

质量检验法包括测量、检查和测试等活动,其目的是确定项目质量是否与质量标准的要求相一致。检验可以在任何层次中进行,其对象可以是一个单项活动的结果,也可以是整个项目的最终成果。

②控制图

控制图法是通过描述各样本的质量特征所在的区域来进行质量控制的方法,其用途是判断项目的质量是否处于控制中,如图 7-5 所示。当项目质量特征在上控制界限和下控制界限范围内时(上控制界限和下控制界限范围是根据项目质量规定的标准制定的),说明它处于受控状态;如果落在上控制界限和下控制界限之外,则说明质量已经处于失控状态,应该采取措施使它回到受控状态。

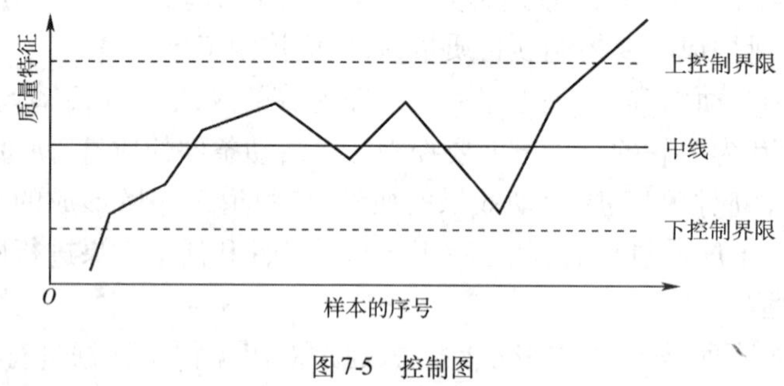

图 7-5　控制图

(7)实施质量控制的结果

①项目质量改进

项目质量改进是实施质量控制最主要的成果,即通过实施质量控制来提高项目质量,采取措施提高项目的效率。

②验收决定

通过对项目质量进行检验,决定是否接受项目的质量。如果项目质量达到了规定的标准,就作出接受的决定;如果项目质量没有达到标准,则作出拒绝的决定。被拒绝的项目可能需要返工。

③返工

返工是指针对在实施质量控制中发现的质量不符合要求的工作采取措施,使它符合质量标准的活动。返工一般是由于质量计划不合理或质量保证不得力,也可能是由于某些意外情况而发生的。返工可能会拖延项目的进度,增加项目的成本,损害项目团队的形象。因此,项目团队应该采取有效的控制措施,避免返工。

④项目调整

项目调整是根据实施质量控制中存在的较为严重的质量问题以及项目利益关系人提出的质量变更要求,对项目的活动采取纠正措施进行调整。比如,一个项目的某项活动存在着严重的质量问题,对整个项目的影响较大,项目团队已经无法满足客户的质量要求,这时就需要与客户协商降低项目的质量标准。项目调整一般是按照整体变更的程序来进行的。

⑤质量检查表的完善

实施质量控制是以质量检查表为依据的,而完善后的质量检查表记录了实施质量控制的有关信息,为下一步的质量控制提供了基础。

7.1.5 质量管理体系

一般来说,项目的实施总是以组织(企业)为依托的。所以,组织(企业)是否建立质量管理体系及建立的质量管理体系能否有效运行,将直接关系到项目质量的保证程度。

质量管理体系是指在质量方面指挥和控制组织的管理体系。这一管理体系由建立质量方针和目标并实现这些目标的相互关联或相互作用的一组要素所组成。质量管理体系将影响质量的技术、管理、人员和资源等因素综合在一起,使之在质量方针的指引下,为达到质量目标而互相配合、努力工作。质量管理体系包括硬件和软件两大部分。组织在进行质量管理时,首先根据达到质量目标的需要,准备必要的条件,如人员素质、试验、加工、检测设备的能力等资源;然后通过设置组织机构,分析确定需要开发的各项质量活动(过程)。分配、协调各项活动的职责和接口,通过程序的制定给出从事各项质量活动的工作方法,使各项质量活动能经济、有效、协调地进行,这样组成的有机整体就是组织的质量管理体系。

国际标准化组织(ISO)于1986年发布《质量——术语》(ISO 8402),1987年发布《质量管理和质量保证标准——选择和使用指南》(ISO 9000)、《质量体系——设计开发、生产、安装和服务的质量保证模式》(ISO 9001)、《质量体系——生产和安装的质量保证模式》(ISO 9002)、《质量体系——最终检验和试验的质量保证模式》(ISO 9003)、《质量管理和质量体系要素——指南》(ISO 9004)等六项国际标准,通称为ISO 9000系列标准。该系列标准发布后经两次修改,于2000年12月25日正式发布了《质量管理体系——基础和术语》(ISO 9000:2000)、《质量管理体系——要求》(ISO 9001:2000)、《质量管理体系——业绩改进指南》(ISO 9002:2000)。该系列标准用于指导组织建立质量管理体系并使之有效运行,同时也是进行质量管理体系认证的依据。

我国于1992年采用了ISO国际标准,并发布了GB/T 19000系列标准,用于指导我国的质量体系认证工作。根据ISO 9000:2000系列标准,我国于2000年12月28日发布了《质量管理体系——基础和术语》(GB/T 19000—2000)、《质量管理体系——要求》(GB/T 19001—2000)、《质量管理体系——业绩改进指南》(GB/T 19004—2000)。这一系列标准将是我国在今后一段时间内指导组织建立质量管理体系,进行质量体系认证的主要依据,GB/T 19000—2000标准起到了奠定理论基础、统一术语概念和明确指导思想的作用,具有很重要的地位,该标准在合并修订1994版相关标准的基础上,增加了八项质量管理原则和质量管理体系的十二条基础说明。

GB/T 19001—2000标准取代了1994版的GB/T 19001、GB/T 19002和GB/T 19003标准,组织主要依据该标准建立质量管理体系并进行质量管理体系认证工作。

GB/T 19004—2000标准是组织为改进业绩而规划、建立和实施质量管理体系的指南性标准,该标准为那些希望超出GB/T 19001的要求,寻求对组织业绩持续改进的组织的最高管理者提供了指南。

7.1.6 道路工程质量管理

道路工程质量管理包含路基、基层、路面、桥梁等质量内容。必须利用质量管理的基本观念,实现工程优质的目标。

(1)路基工程质量管理

路基是道路线形的主体,它贯穿道路全线,并与沿线的桥梁、隧道和涵洞等相连。路基是道路的承重主体,是路面的基础,它与路面共同承担汽车荷载的作用以及自然因素的影响。

不论是在设计阶段还是在施工过程中,除要求路基断面尺寸符合设计要求外,路基还应当具有足够的整体稳定性,具有足够的强度和刚度以及足够的水温稳定性,从而保证路基能够承担荷载的作用以及自然因素的影响。另外,随着高速公路的大量建设,其路基工程与一般道路相比,有着以下特点:

① 高填或深挖的路基增多

为了减少横向交通干扰,必须在高速公路上设置供横穿公路的行人、车辆行走的设施。对于山丘区,可利用地形布置天桥式横穿道。对于平原区,则只能以提高路基填土高度来满足设置下穿式通道的要求。因此,在平原区修筑高速公路,其路基填土高度一般应在4~5m以上。

填土高度的增加,即增加了填土路堤的工程量,又要求填土材料具有良好的性质,施工时含水量和压实度也应尽量均匀一致,以免引起路基土体发生过大的或不均匀的沉降变形。

由于高速公路线形要求纵坡平缓、弯道半径大,当路线通过山区或丘陵区时,则会出现较多的深挖或高填问题。对于深挖路堑,有可能因地质、土质和水文地质情况的变化,使路堑的路基体出现软弱土层及地下水的侵袭,而使得路基体强度降低。对于高填方路堤,应特别注意填筑质量。无论是深挖路堑还是高填路堤,均有高边坡稳定的问题,需要在设计和施工中考虑好支挡、护坡及施工工艺的合理性。

②特殊地质条件的路基增多

由于高速公路线形标准要求高,路线通过不良地质地段的机会较多。尤其是在丘陵区,往往由于深挖和高填,使路基处于软土或强风化岩层上的机会比较多。在冲积平原和三角洲地区修筑高速公路,通常会遇到大面积的和深层的软土地基。以上情况,对路基工程而言,则需要考虑换土或改良和加固路基土的问题,这就要求采取特殊的施工工艺。

③路基中的桥涵和通道增多

高速公路采取全封闭或部分封闭的方式,以保证车辆的快速通行和安全行驶。由于道路要通过农村地区,为解决农村人口生产与生活,需要增设较多的小桥和过水涵洞、灌溉虹吸管,以及人行或拖拉机的通道。对于这些情况,则要求路基施工时对桥涵和通道台背填土碾压密实。由于台背填土压实施工较麻烦,施工时常被放松和疏忽,日后则发生较显著的下沉,致使路基路面与桥涵、通道衔接不平顺,影响高速行车。

④取土、弃土的矛盾增大

当路线通过山区和丘陵区时,由于线形标准的提高,设计时难以考虑好土方的填挖平衡,有可能增大借土的数量和带来道路用地范围的扩大。这些问题在设计时必须充分考虑到。当路线通过平原地区时,由于路基两侧大都为良田,征地的费用较高,且我国的人均耕地极少,为了减小取土占地的矛盾,有时不得不将路基设计成高架桥的形式。

表7-1列出公路土方路基施工实测项目。

公路土方路基施工实测项目 表7-1

<table>
<tr><th rowspan="3">项　次</th><th rowspan="3" colspan="3">检查项目</th><th colspan="3">规定值或允许偏差</th><th rowspan="3">检查方法和频率</th><th rowspan="3">权值</th></tr>
<tr><th rowspan="2">高速公路
一级公路</th><th colspan="2">其他公路</th></tr>
<tr><th>二级
公路</th><th>三、四级
公路</th></tr>
<tr><td rowspan="5">1</td><td rowspan="5">压实度(%)</td><td rowspan="2">零填及
挖方(m)</td><td>0～0.30</td><td>—</td><td>—</td><td>94</td><td rowspan="5">密度法:每200m
每压实层测4处</td><td rowspan="5">3</td></tr>
<tr><td>0～0.80</td><td>≥96</td><td>≥95</td><td>—</td></tr>
<tr><td rowspan="3">填　方
(m)</td><td>0～0.80</td><td>≥96</td><td>≥95</td><td>≥94</td></tr>
<tr><td>0.80～1.50</td><td>≥94</td><td>≥94</td><td>≥93</td></tr>
<tr><td>>1.50</td><td>≥93</td><td>≥92</td><td>≥90</td></tr>
<tr><td>2</td><td colspan="3">弯沉（0.01mm）</td><td colspan="3">不大于设计要求值</td><td></td><td>3</td></tr>
<tr><td>3</td><td colspan="3">纵断高程（mm）</td><td>+10，-15</td><td colspan="2">+10，-20</td><td>水准仪：每200m测4断面</td><td>2</td></tr>
<tr><td>4</td><td colspan="3">中线偏位（mm）</td><td>50</td><td colspan="2">100</td><td>经纬仪：每200m测4点,弯道加HY、YH两点</td><td>2</td></tr>
<tr><td>5</td><td colspan="3">宽度（mm）</td><td colspan="3">不小于设计</td><td>米尺:每200m测4处</td><td>2</td></tr>
<tr><td>6</td><td colspan="3">平整度（mm）</td><td>15</td><td colspan="2">20</td><td>3m直尺:每200m测2处×10尺</td><td>2</td></tr>
<tr><td>7</td><td colspan="3">横坡（%）</td><td>±0.3</td><td colspan="2">±0.5</td><td>水准仪:每200m测4个断面</td><td>1</td></tr>
<tr><td>8</td><td colspan="3">边　坡</td><td colspan="3">不陡于设计值</td><td>尺量:每200m测4处</td><td>1</td></tr>
</table>

注:1. 表列压实度以重型击实试验法为准,评定路段内的压实度平均值下置信界限不得小于规定标准,单个测定值不得小于极值(表列规定值减5个百分点)。小于表列规定值2个百分点的测点,按其数量占总检查点的百分率计算减分值。

2. 采用核子仪检验压实度时应进行标定试验,确认其可靠性。

3. 特殊干旱、特殊潮湿地区或过湿土路基,可按交通运输部颁发的路基设计、施工规范所规定的压实度标准进行评定。

4. 三级公路修筑沥青混凝土或水泥混凝土路面时,其路基压实度应采用二级公路标准。

(2)基层质量管理

路面基层是在路基(垫层)表面上用单一材料或混合料按照一定的技术措施分层铺筑而成的层状结构,可分为上基层、底基层。具有较高强度、刚度和稳定性的基层才能保证面层结构的良好使用品质。

基层(底基层)可分为粒料类和无机结合料稳定类。

①粒料类基层(底基层)

粒料类常分为嵌锁型和级配型,目前常用的有填隙碎石(嵌锁型)、级配碎(砾)石、天然砂砾(级配型)几种。粒料类基层(底基层)的主要特点是透水性大,施工方便。我国大都将此类结构作为高等级道路的底基层或垫层,有些国家用级配碎(砾)石修筑基层或底基层,还用作沥青面层与半刚性基层间的联结层。

嵌锁型粒料基层的整体强度主要依靠碎石颗粒之间的嵌锁和摩阻作用,颗粒间的黏结力很小,即这种结构层的抗剪强度主要取决于剪切面上的法向应力和材料的内摩阻角。内摩阻角由三项因素构成:粒料表面的相互滑动摩擦、剪切时体积膨胀而需克服的阻力、粒料重新排列而受到的阻力。因此,嵌锁型结构强度主要取决于石料的强度、形状、尺寸、均匀性、表面粗糙度以及施工时的压实程度。当石料强度高,形状接近立方体,有棱角,尺寸均匀,表面粗糙,压实度高时,结构层的强度就高。

级配型粒料基层的强度和稳定性取决于内摩阻力和黏结力的大小。即其强度与稳定性在很大程度上取决于集料的类型(碎石、砾石或碎砾石)、集料的最大粒径和级配以及混合料中0.5mm 以下细料的含量及塑性指数,同时还与其密实程度有关。因此对级配型粒料,主要控制最大粒径、细料含量及其塑性指数和现场压实度。

②无机结合料稳定类基层(底基层)

无机结合料稳定类基层又称半刚性基层,常用的半刚性基层的类型有:

a. 水泥稳定类。主要有水泥稳定土、水泥稳定碎石(或砂砾)及水泥稳定未筛分碎石(或石屑、石渣)等。

b. 石灰稳定类。主要有石灰土、石灰碎石土、石灰砾石土以及石灰土稳定级配碎石和级配砂粒等。

c. 石灰工业废渣类。主要有石灰粉煤灰(简称二灰)土、二灰砂、二灰砂砾、二灰碎石等,石灰煤渣土、石灰煤渣碎石(或砂砾)、石灰煤渣矿渣等。

d. 综合稳定类。主要有水泥粉煤灰稳定类、水泥石灰稳定类等。

半刚性基层(底基层)具有良好的力学性能,强度高、水稳性好、板体性好。其强度不仅与使用材料本身性质有关,更主要的是混合料加水拌和碾压后发生的一系列物理-化学作用,使强度随时间增长而逐渐提高。但这类基层的最大的缺点是干缩或低温收缩时易产生裂缝。为了减少开裂,可在混合料中掺入60% ~80% 的粒料。无机结合料稳定粒料基层中,水泥稳定碎石(或石屑)的强度较高,适宜于大交通重轴载道路的基层,而无机结合料稳定土(如水泥土、石灰土、二灰土等)仅适宜作高级路面的底基层。

由此可见,无机结合料稳定基层的力学特性不仅与各组成材料本身的性质有关,而且与混合料的配合比有关。

如水泥稳定粒料基层和底基层实测项目见表 7-2。

水泥稳定粒料基层和底基层实测项目 表 7-2

项次	检查项目		规定值或允许偏差				检查方法和频率	权值
			基层		底基层			
			高速公路 一级公路	其他公路	高速公路 一级公路	其他公路		
1	压实度(%)	代表值	98	97	96	95	每200m 每车道2处	3
		极值	94	93	92	91		
2	平整度(mm)		8	12	12	15	3m 直尺:每200m 测 2 处×10尺	2
3	纵断高程(mm)		+5,-10	+5,-15	+5,-15	+5,-20	水准仪:每200m 测 4 断面	1

续上表

项次	检查项目		规定值或允许偏差				检查方法和频率	权值
			基层		底基层			
			高速公路一级公路	其他公路	高速公路一级公路	其他公路		
4	宽度（mm）		不小于设计		不小于设计		尺量:每200m测4处	1
5	厚度(mm)	代表值	-8	-10	-10	-12	每200m每车道1点	3
		合格值	-15	-20	-25	-30		
6	横坡（%）		±0.3	±0.5	±0.3	±0.5	水准仪:每200m测4断面	1
7	强度（MPa）		符合设计要求		符合设计要求			3

(3)沥青层质量管理

沥青路面是以沥青为结合料,将矿质材料黏结成为整体的路面。沥青路面按照材料组成及施工工艺可分为:沥青表面处治、沥青贯入式、热拌沥青混合料及乳化沥青碎石混合料路面等。

通常把未经摊铺、碾压的沥青混凝土混合料和沥青碎石混合料统称为沥青混合料。沥青混合料按其强度构成的不同可分为嵌挤密实型、骨架空隙型和密实悬浮型三大类。

①密实悬浮结构。它由连续级配矿料组成的密实混合料,即矿料从大到小连续变化,并且各有一定数量。这种结构通常按最佳级配原理进行设计,密实度与强度较高,但受沥青的性质影响较大,故稳定性较差。

②骨架空隙结构。该结构粗粒料彼此紧密相连,细粒料的数量较少,不足以充分填充空隙。在这种结构中,粗粒料之间的内摩阻力起着重要的作用,其结构强度受沥青的性质影响较小,因而稳定性较好。

③嵌挤密实结构。它是综合以上两种方式组成的结构。混合料中既有一定数量的粗粒料形成骨架,又根据粗粒料空隙的多少加入细料,形成较高的密实度。

根据矿料最大粒料的不同,沥青混凝土混合料又分为粗粒式、中粒式、细粒式和砂粒式。

如沥青混凝土面层和沥青碎(砾)石面层实测项目和要求见表7-3。

沥青混凝土面层和沥青碎(砾)石面层实测项目 表7-3

项次	检查项目		规定值或允许偏差		检查方法和频率	权值
			高速公路一级公路	其他公路		
1	压实度（%）		试验室标准密度的96%（*98%） 最大理论密度的92%（*94%） 试验段密度的98%（*99.5%）		每200m测1处	3
2	平整度	σ（mm） IRI（m/km）	1.2 2.0	2.5 4.2	平整度仪:全线每车道连续按每100m计算IRI或σ	2
		最大间隙h（mm）	—	5	3m直尺:每200m测2处×10尺	
3	弯沉值（0.01mm）		符合设计要求			2

续上表

项次	检查项目		规定值或允许偏差		检查方法和频率	权值
			高速公路 一级公路	其他公路		
4	渗水系数		SMA 路面:200mL/min 其他沥青混凝土路面:300mL/min	—	渗水试验仪:每 200m 测 1 处	2
5	抗滑	摩擦系数	符合设计要求	—	摆式仪:每 200m 测 1 处 摩擦系数测定车:全线连续	2
		构造深度			铺砂法:每 200m 测 1 处	
6	厚度(mm)	代表值	总厚度 -8 上面层 -4	≤60 时 -5 >60 时 -8% H	双车道每 200m 测 1 处	3
		合格值	总厚度 -15 上面层 -8	≤60 时 -10 >60 时 -15% H		
7	中线平面偏位(mm)		20		经纬仪:每 200m 测 4 点	1
8	纵断高程(mm)		±10	±15	水准仪:每 200m 测 4 断面	1
9	宽度(mm)	有侧石	±20	±30	尺量:每 200m 测 4 断面	1
		无侧石	不小于设计			
10	横坡(%)		±0.3	±0.5	水准仪:每 200m 测 4 处	1

注:1. 表内压实度可选用其中的两个标准,并以合格率低的作为评定结果。带 * 号者是指 SMA 路面,其他为普通沥青混凝土路面。

2. 表列厚度仅规定负允许偏差。其他公路的厚度代表值和极值允许偏差按总厚度计,当总厚度≤60mm 时,允许偏差分别为 -5mm 和 -10mm;总厚度 >60mm 时,允许偏差分别为 -8% 和 -15% 的总厚度。H 为总厚度(mm)。

3. 路面横向力系数评定见相关规范。

7.2 项目进度管理

项目进度管理是在项目范围确定以后,为确保在规定时间内实现项目的目标、生成项目的产出物和完成项目范围计划所规定的各项工作而开展的一系列活动与过程。

对项目开展进度管理就是要在规定时间内,制订出经济合理的进度计划,然后在计划执行过程中,检查实际进度与计划进度之间的差异,并及时找出出现差异的原因,采取有效的补救措施,以确保项目按时按质完成。具体来说,项目进度管理的过程如图 7-6 所示。

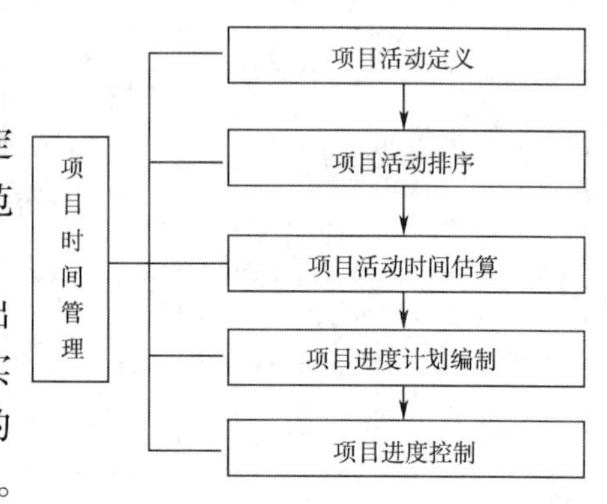

图 7-6 项目进度管理的过程

项目进度管理的各项过程与活动既相互影响,又相互关联。这些过程与活动在理论上是分阶段的,且各阶段界限划分明确,但在项目管理实践中,它们通常是相互交叉和重叠的,有时甚至是可以归并的。

7.2.1 项目活动定义

项目活动定义是为了保障项目目标的实现而开展的对已确认的项目工作包的进一步分解和界定,并从中识别出为生成项目产出物所必需的各种项目活动。在项目活动定义中所使用的方法,与在项目工作包的识别和定义中所使用的方法基本一样,通过这种分解所得出的项目活动,需要有具体的可检验的工作成果相对应。这种工作成果既可以是一种有形的产品,也可以是一项有具体质量要求的服务或作业,或者是一项具体的管理工作。

(1)项目活动定义的依据

①项目目标

如果对项目的目标不清楚,则很有可能在分解和界定项目活动时将一些与实现项目目标无关的工作或活动界定为项目的必要活动,从而分解出一些不必要的项目工作或活动,给项目进度管理乃至整个项目管理带来很大的麻烦。

②项目范围说明书

如果项目范围不确定,则很有可能在分解和界定项目活动时漏掉一些必须开展的项目作业与活动,从而造成项目进度管理和整个项目管理出现问题。

③历史资料

历史资料既包括本项目前期工作的实际执行情况,也包括过去开展的类似项目的执行情况。这些资料为项目的后期进展以及今后类似项目的开展提供了参考。

④各种约束条件及假设前提

任何一个项目的开展都会或多或少地存在一些限制因素,这些因素是在定义项目活动时必须考虑的关键因素。

⑤工作分解结构

工作分解结构是一个关于项目所需开展工作的层次性结构的描述,它给出了一个项目所需完成工作的整体表述和所包括的工作包以及这些工作包之间的相互关系。图 7-7 给出了一个信息网络工程项目的工作分解结构图,根据它可以进一步细化、分解、界定项目的全部活动。

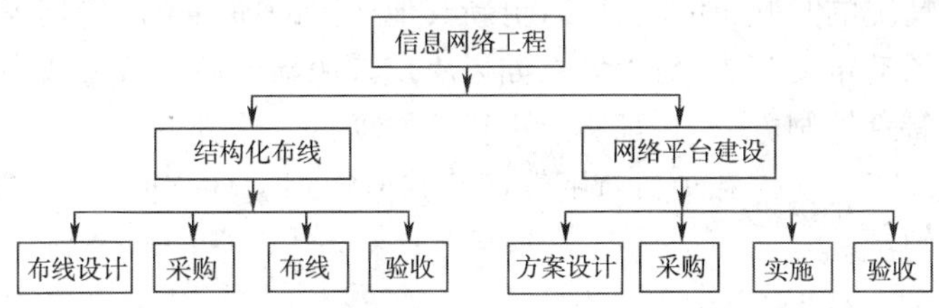

图 7-7　信息网络工程项目工作分解结构图

(2)项目活动定义的工具和方法

①项目活动分解技术

项目活动分解技术是以项目工作分解结构为基础,按照一定的层次结构把项目工作逐步分解为更小的、更易操作的工作单元,以使项目更易管理。这种方法将项目范围管理中确认的项目工作包逐个按照一定的层次结构分解成详细、具体和容易管理控制的一系列具体项目活动。这种项目活动定义法有助于完整地找出一个项目的所有具体活动。

②项目活动定义模板

项目活动定义模板是使用一个已完成的类似项目的活动清单(或者是一个已完成项目活动清单中的一部分)作为新项目活动定义与界定的一个模板,然后根据新项目的各种具体要求和限制条件,在模板上调整项目活动,从而分解和定义出新项目的全部具体活动,得到新项目的活动清单。这种方法的优点是简单、快捷、明了,但是有时可供使用的模板自身的缺陷会对新项目的活动定义与界定结果带来一定的不良影响,特别是当可供使用的模板存在较大的局限性时,会使新项目的活动定义与界定漏掉一些项目活动,或额外增加一些不必要的项目活动。因此,在使用这种方法的时候,一定要特别注意项目活动定义与界定模板的选用工作。

(3)项目活动定义的结果

①项目活动清单

项目活动定义给出的最主要的文件是一份项目活动清单,这份项目活动清单列出了一个项目所需开展和完成的全部项目活动。项目活动清单是根据项目工作分解结构(WBS)通过进一步细化和分解得到的,所以项目活动清单中列出的项目活动远远比项目的工作分解结构所给出的项目工作要详细、具体和具有可操作性。对于项目活动清单而言,它的具体要求有两条:其一是要包括一个项目的全部活动内容;其二是不能包含任何不属于本项目的活动内容,即与实现项目目标无关的项目活动。

②相关支持信息

相关支持信息是指用于支持和说明项目活动清单的各种具体细节的文件与信息,它既包括已经给定的项目假设前提条件和各种对项目限制因素的说明与描述,也包括对于项目活动清单的各种解释与说明的信息和文件等。项目活动清单的相关支持信息通常需要整理成文件或文档材料,并作为项目活动清单的附件形式存在,以便在项目进度管理中能够很方便地使用它们。各种项目活动定义与界定的相关支持信息都需要与项目活动清单一起生成、保管和使用,并且在修订和变更项目活动清单的时候同时变更这些相关支持信息。

③更新的工作分解结构

在分解和界定一个项目的活动时,项目管理人员可能会发现原有的项目工作分解结构中存在一些遗漏、错误和不需要的地方,因此需要对原有项目工作分解结构进行必要的增删、更正和修订,从而得到一份更新后的项目工作分解结构,这也是项目活动定义与界定工作的结果之一。当出现这种情况的时候,还需要同时更新其他相关的项目范围管理等方面的文件。

特别是在项目活动定义与界定过程中,如果决定采用新的技术或方法去实施项目,或者采用新的组织结构与管理控制方法时,都必须进行这类项目工作分解结构的更新工作,否则就会造成项目活动定义与界定文件和项目范围管理及其他管理文件之间的脱节或矛盾,从而使整个项目的管理陷入混乱。

7.2.2 项目活动排序

项目活动排序是项目进度管理中继项目活动定义之后的必要步骤。项目活动排序涉及通过识别项目活动清单中各项活动的相互关联和依赖关系,来安排并确定项目各项活动的先后顺序,同时也涉及评价活动之间依赖关系的原因。

为了制订出切实可行的进度计划,必须准确、合理地安排并确定项目各项活动的顺序,并依据这些顺序排列生成的项目活动路径,进而构成项目活动网络。项目活动排序可用手工进行,也可借助于计算机执行。一般而言,小型项目用手工排序很方便,而大型项目的活动排序则需要结合手工排序和计算机排序两种方式。

(1)活动排序的依据

①项目活动清单及相关支持信息

项目活动清单列出了项目所需开展的全部且必要的活动,相关支持信息则是说明和描述项目活动清单的相关文件,二者对于项目活动排序工作都有很好的支持作用。

②项目成果说明

项目成果说明是对项目可交付成果的性质和特征的描述。项目产品的特性通常会影响到项目活动的排序,所以要根据成果说明对项目活动的排序进行审查,以确保活动排序的准确无误。

③项目活动的各种关系

项目活动的各种关系包括项目活动之间的必然依存关系、组织关系以及项目活动的外部制约关系。

a. 项目活动之间的必然依存关系。必然的依存关系是活动之间存在的内在关系,是活动相互关系确定的基础,通常是不可调整的。因此,必然依存关系的确定相对比较明确,也比较容易,通常由技术和管理人员的交流即可完成。

b. 项目活动之间的组织关系。活动的组织关系是指那些由项目管理人员人为确定的项目活动之间的关系,它通常取决于项目管理人员的知识和经验,其确定一般比较难,因此项目管理人员必须科学合理地确定这些关系。

c. 项目活动的外部制约关系。活动的外部制约关系是指项目组织开展的活动与其他组织开展的活动之间,以及项目组织的项目活动与非项目活动之间的相互关系。比如,项目的某些活动需经政府组织的环境听证会审批通过后才能开展项目的下一项活动。

④项目的约束条件及假设前提

项目的约束条件是指项目所面临的各种资源等限制因素,项目的假设前提是对项目活动的开展所涉及的一些不确定条件的假设认定,这些因素都会影响和限制项目活动的排序。

(2)项目活动排序的工具和方法

①双代号网络图

双代号网络图是用箭线表示活动、节点表示活动相互关系的网络图,简称为 AOA(activity on arrow),每一项活动都用一根箭线和两个节点来表示,每个节点都编以号码,箭线的箭尾节点和箭头节点是该项活动的起点和终点。

箭线表示项目中独立存在、需要一定时间或资源完成的活动。在双代号网络图中,是否需消耗时间或资源,可将活动分为实活动和虚活动。

实活动是需要消耗时间和资源的活动,在网络图中用实箭线表示,如图 7-8 所示,在箭线的上方标出活动的名称“a”和“b”,在箭线的下方标出活动的持续时间“5”和“8”,箭尾表示活动的开始,箭头表示活动的结束,相应节点的号码表示该项活动的代号。

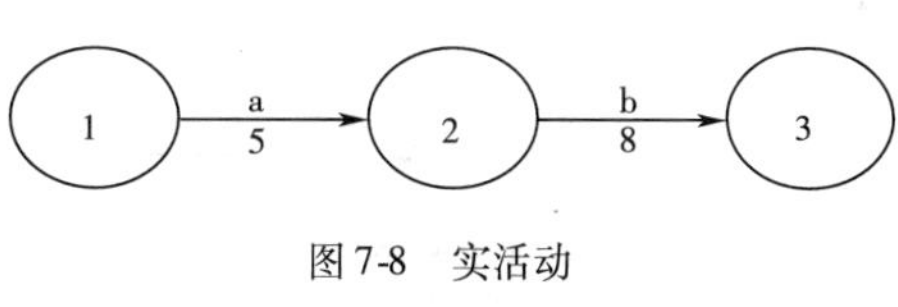

图 7-8　实活动

虚活动是既不消耗时间,也不消耗资源的活动,它只表示相邻活动之间的逻辑关系,在网络图中用虚箭线表示。当出现下列情况时,需要定义虚活动:

a. 平行作业。如图 7-9 所示,活动 a 和活动 b 完成后才能够转入活动 c,为说明活动 b 和活动 c 之间的关系,需要在节点 2 和节点 3 之间定义虚活动。

b. 交叉作业。如图 7-10 所示，在 a 工序三个零件全部完工后再转到 b 工序，但是要求 a_1 完成后，才能够开始 b_1；a_2 完成后才开始 b_2；a_3 完成后才开始 b_3。因此，需要在节点 2 和节点 3、节点 4 和节点 5、节点 6 和节点 7 之间建立虚活动。

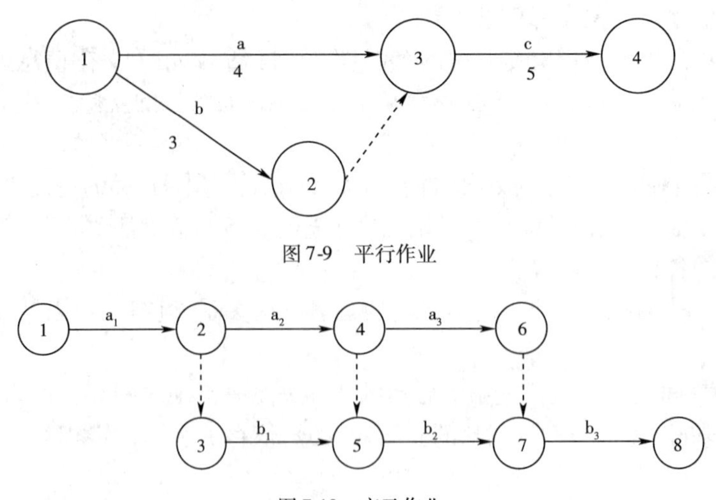

图 7-9 平行作业

图 7-10 交叉作业

节点表示活动的开始和结束，项目中每一个活动都有一个开始节点和一个结束节点。在网络图中，每一个节点都被赋予一个编号，且编号不能重复。在网络图中，给节点编号时最好按照一定的规律，使之能够体现项目的结构或者执行过程。

在网络图中，从起始节点开始，沿着箭线的方向连续通过一系列箭线与节点，最后到达终止节点的通路称为路径。路径上各个活动持续时间的和定义为该路径的长度，在网络图中长度最长的路径称为关键路径，其他的路径称为非关键路径。在关键路径上的活动称为关键活动。

在网络图中，活动关系分为四种，即结束到开始关系、结束到结束关系、开始到开始关系、开始到结束关系。结束到开始关系（finish-to-start，缩写为 FTS）是后面活动的开始依赖于前面活动的结束，如图 7-11 所示。结束到结束的关系（finish-to-finish，缩写为 FTF）是后面活动的结束依赖于前面活动的结束，如图 7-12 所示。开始到开始关系（start-to-start，缩写为 STS）是后面活动的开始依赖于前面活动的开始，如图 7-13 所示。开始到结束关系（start-to-finish，缩写为 STF）是后面活动的结束依赖于前面活动的开始，如图 7-14所示。

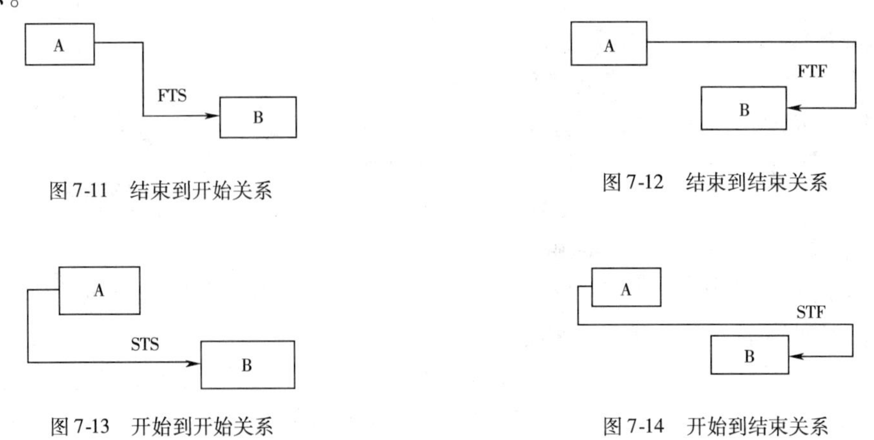

图 7-11 结束到开始关系

图 7-12 结束到结束关系

图 7-13 开始到开始关系

图 7-14 开始到结束关系

绘制双代号网络图的步骤如下：

a. 项目分解。任何项目都是由许多具体活动所组成的，所以绘制网络图时，首先要将一个项目根据需要分解为一定数量的独立活动。

b. 活动关系分析。活动关系分析是根据已确定的项目实施方法、工艺、环境条件以及其他因素，对项目进行分析，通过比较、优化等方法确定活动之间合理的逻辑关系（网络图中常见的逻辑关系及其表示方法如表 7-4 所示）。活动关系分析的结果是明确活动的紧前和紧后的关系，形成项目活动列表。

c. 估计活动的基本参数。任何活动的完成都需要消耗一定的资源和时间，在项目分解后，根据活动的要求，估计各个活动需要的时间以及相关资源的数量。

d. 绘制网络图。根据项目活动列表，按照绘图规则绘制网络图，并通过修改、完善，最终形成能正确表达活动之间的逻辑关系并符合绘图规则的网络图。

双代号网络图中常见的逻辑关系及其表示方法 表 7-4

序号	活动之间的逻辑关系	表示方法
1	A、B、C 平行	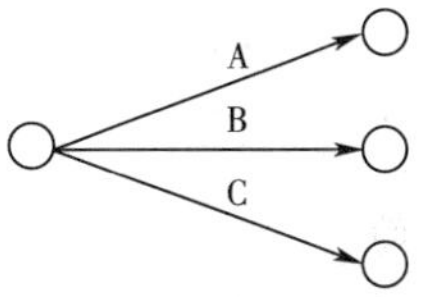
2	A 结束后，B、C、D 才能开始，但 B、C、D 不一定同时开始	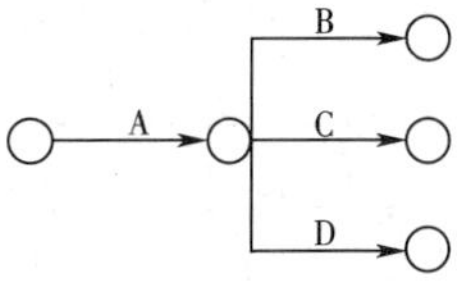
3	A、B 结束后，D 才能开始；B、C 结束后，E 才能开始	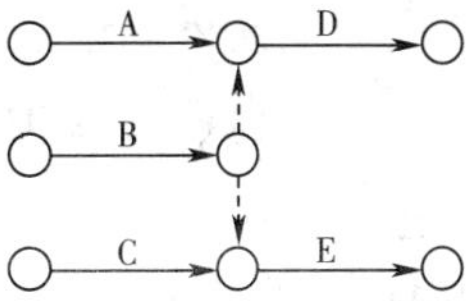
4	A 结束后，D 才能开始；A、B 均结束后，E 才能开始；A、B、C 均结束后，F 才能开始	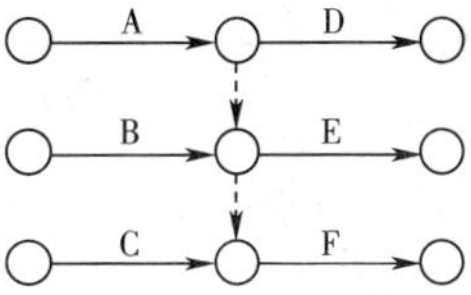
5	A、B 均结束后，D 才能开始；A、B、C 均结束后，E 才能开始；D、E 结束后，F 才能开始	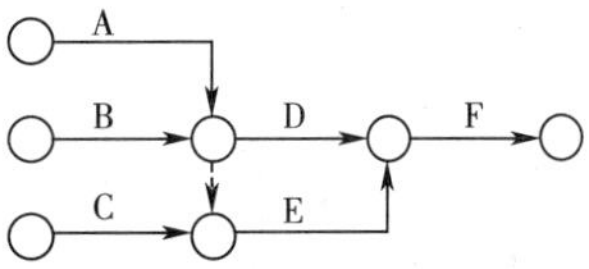
6	A 结束后，C 才能开始；B、C、D 结束后，E 才能开始	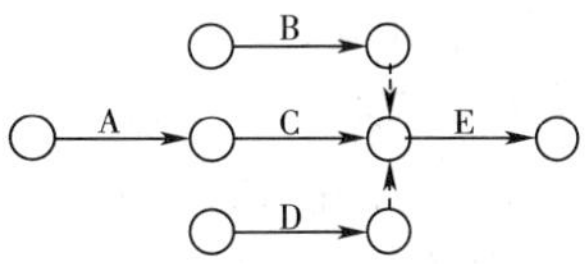

②单代号网络图

单代号网络图是用节点表示活动、箭线表示活动关系所构成的项目网络图，这种网络图通常简称为 AON(activity on node)。

单代号网络图中,箭尾节点表示的活动是箭头节点的紧前活动,箭头节点所表示的活动是箭尾节点的紧后活动。单代号网络图逻辑关系表达方法如表 7-5 所示。

在绘制单代号网络图时,需要遵守下列规则:

a. 单代号网络图必须正确表达项目中活动之间的逻辑关系。

b. 在网络图中不能够出现循环回路。

c. 在网络图中不能出现双向箭头或无箭头的连线。

单代号网络图逻辑关系表达方法 表 7-5

活动关系描述	表达方法
A 是 B 的紧前活动	 A → B
B 是 D、C 的紧前活动	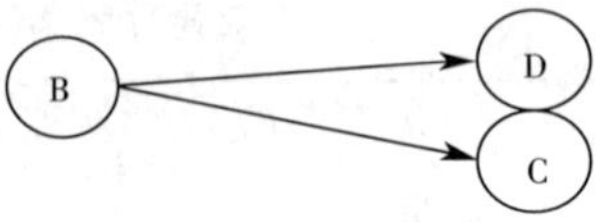 B → D；B → C
D 是 B、C 的紧后活动	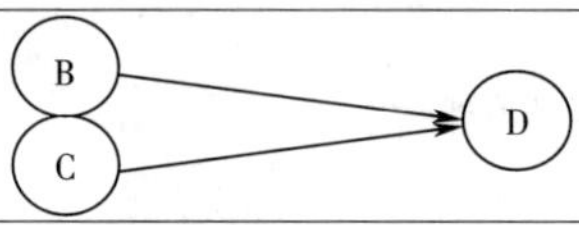 B → D；C → D
A 是 C 的紧前活动,C、D 是 B 的紧后活动	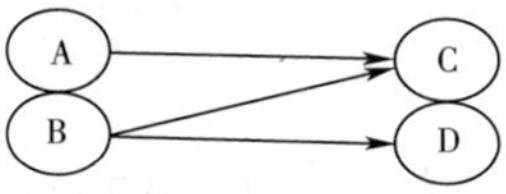 A → C；B → C；B → D

d. 单代号网络图中不能出现无箭尾节点的箭线或无箭头节点的箭线。

e. 单代号网络图中,只能有一个起始节点和一个终止节点。当网络图中出现多项无内向箭线的活动或多项无外向箭线的活动时,应在网络图的开始或者结束处设置一项虚活动,作为该网络图的起始节点或者终止节点。

(3)网络模板法

当新项目与过去完成的某些项目类似,或新项目的某些部分包含与过去完成的项目具有相同逻辑关系的类似活动安排时,项目团队可以用过去完成的项目网络图或者一些标准的网络图作为新项目网络图的模板,并根据新项目的实际情况调整这些模板,从而可以高效、准确地绘制出新项目的网络图。网络图模板可能包括整个项目的网络或其子网络。子网络对于整个项目网络图的编制是十分有用的,一个项目可能包含若干个相同或相近的部分,它们就可以用类似的子网络加以描述。

(4)项目活动排序的结果

项目活动排序的结果是得到一张描述项目各项活动之间相互关系的项目网络图以及更新后的项目活动清单。

①项目网络图

项目网络图是表示项目各项活动以及活动之间的逻辑关系和依赖关系的示意图,通常可由计算机或手工绘制,它可以包括整个项目的全部细节,也可以只包括项目的主要活动及其状况。项目网络图还应该附有简要的说明,且对任何特别的排序都应作详细的说明。

②更新后的项目活动清单

在项目活动定义和项目活动排序的过程中,可能会发现项目工作分解结构中存在的各种问题,因此需要对一些活动进行再分解或重新定义,这就要求及时对项目活动清单进行更新。

7.2.3 项目活动时间估算

项目活动时间估算是指对完成项目的各项活动所需要的可能时间作出的估算。对项目的时间进行估算,需要分别估算项目各个活动所需要的时间,并根据项目活动的排序来确定整个项目所需要的时间。

(1)项目活动时间估算的依据

项目活动时间估算的依据有项目活动清单、项目的约束条件和假设前提、项目资源的要求、历史资料等。

①项目资源的要求

绝大多数项目活动的时间都会受资源的数量大小和质量高低的影响。比如,当人力资源减少一半时,项目活动的时间一般来说将会增加一倍;而对于同一项活动,高级工人花费的时间肯定比普通工人花费的时间少。

②历史资料

许多类似的历史项目的资料对于项目活动时间的估算是很有帮助的,这些历史资料主要来自于:项目档案、项目团队成员的知识及经验、公用数据库。

(2)项目活动时间估算的工具和方法

①专家评估法

专家评估法是指由项目进度管理专家运用他们的经验和专业知识,对项目活动的时间作出权威的估算。当项目涉及新技术领域或不熟悉的领域时,项目管理人员由于不具备专业技能,通常很难作出正确、合理的时间估算,此时专家评估法是非常有效的。

②类推估算

类推估算是以过去类似项目活动的实际时间为基础,通过类比来推测估算当前项目活动所需的时间。当项目相关的资料和信息有限,而先前活动与当前活动又具有本质上的类似性时,具有丰富经验的类推专家就能得出可靠的估算结果。

③模拟法

模拟法是以一定的假设条件为前提,估算多种活动时间的方法。其中最常用的模拟法是三点法,其步骤是:首先估计出项目各个活动的三种可能时间,即最乐观时间、最悲观时间和正常时间,然后运用概率的方法求得各项活动时间的平均值。

(3)项目活动时间估算的结果

①估算出的项目活动时间

项目活动时间的估算,是对完成某一活动所需要的工作时间进行定量的估计,并且还要用一定的指标表示出项目活动时间的变动范围。比如,4 周 ±2 天(每周 5 个工作日)表示该活动至少需要 18 天,至多需要 22 天。超过 4 周的概率为 15%,表示该活动在 4 周内完成的概率为 85%。

②项目活动时间估算的依据

项目活动时间估算的依据必须以文档的形式保留下来,作为项目管理的备查资料。

③更新后的项目活动清单

项目团队在估算时间的过程中,可能会发现项目活动定义和项目活动清单中存在的一些问题,这就需要对项目活动清单进行更新。

7.2.4 项目进度计划编制

为确保项目按时完成,项目团队应在工作分解结构的基础上,对项目活动进行一系列的时间安排,明确项目活动必须何时开始以及完成项目活动所需要的时间,这就是项目进度计划的编制过程。

项目进度计划的编制是依据前面所涉及的项目进度管理过程的结果,来决定项目活动的开始和结束日期。若开始和结束日期是不现实的,项目就不可能按计划完成,所以项目进度计划要经过多次反复调整才能最后确定。

(1)项目进度计划编制的依据

①项目网络图

项目网络图确定了项目活动的顺序以及这些活动相互之间的逻辑关系和依赖关系,项目进度计划制订主要是按照项目网络图来确定项目活动之间的关系。

②项目活动时间估算

项目活动时间的估算是对已确定的项目活动可能时间所做的估算文件,由上一阶段介绍的估算方法和程序得到。

③资源要求

资源要求是指项目活动对资源数量和质量方面的需求,它对项目进度会产生一定的影响。具体来说,资源要求就是项目的各项活动在何时需要何种资源,以及当项目的几项活动共用一种资源时,如何进行合理的资源平衡,从而确定项目各项活动的进度。

④项目作业制度的安排

项目作业制度的安排直接关系着项目进度计划的编制,如项目进度计划的编制必须考虑项目团队一周的工作日是 5 天还是 7 天。

⑤项目作业的各种制约因素

在制订项目进度计划时,必须要考虑项目作业的各种制约因素,如项目业主要求项目团队交付项目成果的时间。

⑥项目活动提前及滞后的时间

项目进度计划在定义项目活动之间的关系时,需要了解项目活动提前和滞后的时间,如项目的某些活动需要一些提前准备的时间或一些滞后的时间才能开展后续的活动。

(2)项目进度计划编制的工具和方法

项目进度计划在各个项目专项计划中是最为重要的。由于进度计划涉及的影响因素很多,且其计划安排可能会直接影响到项目的其他计划,因此其编制需经反复试算和综合平衡。项目进度计划要说明哪些活动必须于何时完成和完成每一项活动所需要的时间,最好也能同时表示出每项活动所需要的资源。常用的编制项目进度计划的方法有横道图法、计划评审技术法、图形评审技术法、关键路径法。此外,还有资源平衡试探法和项目管理软件法等。

①横道图法

横道图(Gantt chart,缩写为 GC),又称甘特图、条形图,它通过日历形式列出项目活动工期及其相应的开始和结束日期,为反映项目进度信息提供了一种标准格式。

在横道图中,项目活动纵向排列在图的左侧,时间则横向排列在图的顶部。依据计划的详细程度,度量项目进度的时间单位可以是年、月、周、天或小时。表 7-6 是 W 项目的活动关系表,根据各项活动所需的时间绘制该项目活动的横道图,如图 7-15 所示。

W 项目的活动关系表 表 7-6

活动名称	紧前活动	紧后活动
A	—	B、E
B	A	C
C	B	D
D	C	F
E	A	F
F	D、E	—

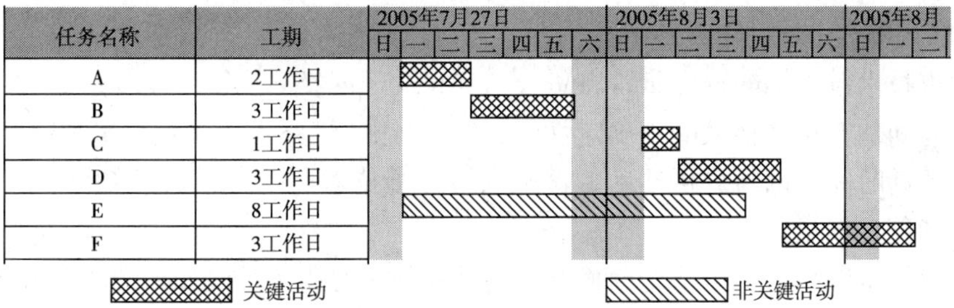

任务名称
工期
2005年7月27日
2005年8月3日
2005年8月
日 一 二 三 四 五 六 日 一 二 三 四 五 六 日 一 二
A 2工作日
B 3工作日
C 1工作日
D 3工作日
E 8工作日
F 3工作日
关键活动
非关键活动

图 7-15　W 项目的横道图

横道图中横道线明确显示了每项活动的开始时间和结束时间，横道线的长短代表了活动持续时间的长短。

横道图的优点是简单、明了、直观、易于编制。然而，横道图不能系统地把项目各项活动之间的复杂关系表示出来，难以进行定量的分析和计算，同时也不能指出影响项目进度的关键所在。因此，横道图一般适用于比较简单的小型项目。

②关键路径法

关键路径法(critical path method，缩写为 CPM)是一种运用特定的有顺序的网络逻辑来预测总体项目历时的项目网络分析技术，它可以确定项目各项活动最早、最迟的开始和结束时间。

a. 最早开始时间和最早结束时间

最早开始时间：一个工作的最早开始时间 ES(early start time)取决于它的所有紧前工作的结束时间。通过计算到该工作路径上所有工作的结束时间的和，可得到指定工作的 ES。如果有多条路径指向此活动，则计算需要时间最长的那条路径。其计算公式为：

$$\mathrm{ES} = \max(\text{紧前工作的 EF}) \tag{7-1}$$

最早结束时间：一个工作的最早结束时间 EF(early finish time)取决于该工作的最早开始时间和它的持续时间 D。其计算公式如下：

$$\mathrm{EF} = \mathrm{ES} + D \tag{7-2}$$

b. 最迟开始时间和最迟结束时间

最迟开始时间：在不影响项目结束时间的条件下，一个工作可能开始的最晚时间，简称为 LS(late start time)。其计算公式如下：

$$\mathrm{LS} = \mathrm{LF} - D \tag{7-3}$$

最迟结束时间：在不影响项目结束时间的条件下，一个工作可能结束的最迟时间，简称为

LF(late finish time)。其计算公式如下:

$$LF = \min(\text{紧后工作的 LS}) \tag{7-4}$$

c. 时差

总时差:当一个工作的最早开始时间和最迟开始时间不相同时,它们之间的差值是该工作的总时差,简称为 TF(total float time)。其计算公式如下:

$$TF = LS - ES \tag{7-5}$$

自由时差:在不影响紧后工作结束时间的条件下,一个工作可能被延迟的时间是该工作的自由时差,简称为 FF(free float time),它由该工作的最早结束时间 EF 和它的紧后工作的最早开始时间决定。计算公式如下:

$$FF = \min(\text{紧后工作的 ES}) \tag{7-6}$$

(3)计划评审技术法

计划评审技术(program evaluation and review technique,缩写为 PERT)是当项目的某些或者全部活动时间估算存在很大的不确定性时,综合运用关键路径法和加权平均时间估算法,从而估计项目活动时间的网络分析技术。这种网络分析技术适用于不可预知因素较多、从未做过的新项目和复杂项目。

计划评审技术网络图的画法与前面介绍的网络图画法是相同的,区别主要在于项目活动的时间估计和分析。

计划评审技术的活动时间的估计与项目活动时间估计方法中的三点法非常相似,其假设活动的时间是一个连续的随机变量,并且服从概率分布。它一般用三个时间进行计算:

①乐观时间(optimistic time)。在顺利情况下完成活动所需的最少时间,用符号 a 表示。

②最可能时间(most likely time)。在正常情况下完成活动所需的时间,用符号 b 表示。

③悲观时间(pessimistic time)。在不利情况下完成活动所需的最多时间,用符号 c 表示。

则:

$$\text{活动时间的期望值} = \frac{a + 4b + c}{6} \tag{7-7}$$

$$\text{活动时间的标准差 } \sigma = \frac{c - a}{6} \tag{7-8}$$

活动时间的期望值表示项目活动耗费时间的多少,活动时间的标准差表示该活动在期望的时间内完成的概率。标准差越小,表明项目活动在期望时间内完成的概率越大;标准差越大,则表明项目活动在期望的时间内完成的概率越小。

网络图中关键路径上各项活动完成的总时间的概率服从正态分布,其平均值等于各项活动时间期望值之和,方差(σ^2)等于各项活动时间方差之和。利用这些关系可以估算出项目完成时间的平均值,以及项目在规定时间内完成的概率。

在计算项目在规定时间内完成的概率 z 时,可依据按式(7-9)计算。

$$z = \frac{r - e}{\sigma} \tag{7-9}$$

式中:r ——项目要求的完工时间(最迟完工时间);

e ——项目关键路径上所有活动时间的平均值(正态分布的均值);

σ——项目关键路径上所有活动时间的标准差(正态分布的标准差)。

计算出 z 值后,通过查正态分布表就可以得到项目活动在规定时间内完成的概率。

(4)图形评审技术法

图形评审技术(graphical evaluation and review technique,缩写为GERT)可以对网络逻辑关系和时间估算进行概率处理,其对项目活动的处理有很大的随机性:有些活动可能根本不实施,有些活动可能只实施一部分,而也有些活动则可能实施好几次。

图形评审技术与单代号网络图、双代号网络图很相似,不同之处是图形评审技术允许出现回路,这在单代号网络图、双代号网络图中是不允许的。用图形评审技术估算活动时间非常复杂,借助数学方法难以进行分析,一般要借助计算机用仿真法来求解。

GERT法的优点在于它试图将风险与历时的估计联系起来。GERT法的缺点在于它需要几个历时估计值,所以工作量较大。

(5)资源平衡试探法

使用前述各种方法编制的项目进度计划是在假定资源充足的前提条件下进行的,而大多数项目在实际实施中都存在一定的资源限制。资源平衡试探法的基本思想是"将有限的稀缺的资源优先分配给关键路径上的活动"。资源平衡的结果通常使得项目所需的时间比初步的进度计划要长,但更切乎实际。因此,资源平衡试探法适用于有较强资源限制的项目进度计划的编制。

(6)项目管理软件法

项目管理软件法是广泛应用于项目进度计划编制的一种辅助方法。项目管理软件使得数学分析和资源平衡得以自动进行,因此可以快速地编制出多个可供选择的项目进度计划方案,这对于优化项目进度计划是非常有用的。

7.2.5 项目进度计划编制的结果

(1)项目进度计划

项目进度计划编制的主要成果就是给出各项活动的计划开始时间和结束时间。在资源配置得到确认之前,这种进度计划只是一个初步的计划,在资源配置得到确认之后,才能形成正式的项目进度计划。项目进度计划可用简要的文字形式描述,也可用图表的形式给出。

(2)项目进度计划的相关支持信息

相关支持信息是支持项目进度计划各方面细节的说明文件,主要包括各种约束条件和假设前提、进度计划具体实施细节和进度风险的估算等方面的内容。

(3)项目进度管理计划

项目进度管理计划主要是说明项目团队应如何应对项目进度变动的管理安排,它可以是正式的,也可以是非正式的,它是项目进度计划的补充部分。

(4)更新后的项目资源需求

在项目进度计划的编制中,项目资源需求可能会出现变动,因此有必要将原有资源需求的变动整理并编制出一份更新的项目资源需求文件,以为后续的项目资源管理所用。

7.2.6 项目进度控制

项目进度计划的实施过程中,由于外部环境的变化,项目的实际进度经常会与计划进度发生偏差,若不能及时纠正这些偏差,就可能会导致项目延期完成,甚至影响到项目目标的实现。项目进度控制就是对项目进度计划的实施与变更所进行的管理控制工作,其内容主要包括:确定项目的进度是否发生了变化,若发生了变化,找出变化的原因,如有必要就应采取有效的措施加以纠正;对影响项目进度变化的因素进行控制,从而确保这些变化朝着有利于项目目标实现的方向发展。

(1)项目进度控制的依据

①项目进度基准计划

批准后的项目进度计划就是进度基准计划,它是项目进度控制的主要依据,为衡量项目实施绩效和项目进度的执行情况提供了基准尺度。

②实施情况报告

实施情况报告提供有关项目进度计划实施与执行的实际情况及其他相关信息,如哪些活动已如期完成,哪些活动尚未如期完成。实施情况报告还可以提醒项目团队关注那些可能会影响进度的活动或因素。

③项目变更申请

项目变更申请就是对项目进度任务提出的改动要求,可以是口头的或书面的,内部的或外部的,也可以由项目业主提出或承包商提出,可能会要求推迟进度或加快进度。

④进度管理计划

进度管理计划提供了如何应对项目进度计划变动的措施和安排,包括项目资源方面和项目应急措施方面等的管理安排,是进行进度调整的主要依据。

(2)项目进度控制的工具和方法

①项目进度变更控制系统

项目进度变更控制系统是针对项目进度计划可能变化的各种情况,按照一定的程序开展项目进度计划管理与控制的一种方法,它应作为项目整体变更控制系统的一部分,与其有机地结合起来。

②项目实施情况的度量方法

项目实施情况的度量方法可以测定和评估项目实施的实际情况,确定项目进度计划的完成程度以及实际进度与计划之间的差距,并为度量这种差距是否达到要采取纠偏措施的程度提供依据。度量执行情况的方法主要有趋势分析法和实地考察法。

③追加计划法

在整个项目的实施过程中,几乎没有项目能够完全按照预定的项目计划实施,这就要求项目团队根据进度变化的情况随时更新项目活动清单、活动时间估算、活动排序以及进度计划等。

④项目进度管理软件

对项目进度控制而言,项目管理软件也是一种有效的工具。项目管理软件可以绘制网络图,确定项目关键路径,绘制甘特图、PERT 等,并可用来报告、浏览和筛选具体的项目进度管理信息。

(3)项目进度控制的结果

①更新后的项目进度计划

根据项目进度计划实施过程中的各种变化和计划要采取的纠偏措施对项目的进度计划进行相应的修订、更新,从而形成更新后的项目进度计划。

②计划要采取的纠偏措施

为了把项目预计的执行情况控制在项目进度计划规定的范围内,必须对项目进度存在的问题进行纠正。比如,对进度滞后的情况要采取措施加快进度。

③经验教训

有关项目进度控制方面的各种经验教训要形成文档，使之成为本项目后续阶段或其他类似项目可以利用的数据库的资料来源。这些经验教训主要包括：有关计划变化的原因、采取纠偏措施的原因以及项目进度计划失控的其他经验和教训等。

7.3 项目费用管理

在完成一个项目的过程中，必然会发生各种物化劳动和活劳动的消耗，这种耗费的货币表现就是项目成本，即项目成本是指为实现项目目标所耗用资源的成本费用总和。

根据不同的划分角度，项目成本的构成要素也有所不同，通常有以下两种划分。

(1)依项目生命期的进程划分

依项目生命期的进程划分，项目成本包括：项目决策和定义成本、项目设计成本、项目资源获取成本及项目实施成本等，如图7-16所示。

项目决策和定义成本是指在项目启动过程中，用于信息收集、可行性研究、项目选择以及项目目标确定等一系列的决策分析活动所消耗的成本费用。

项目设计成本是指用于项目设计工作所花费的成本费用，如项目施工图设计费用、新产品设计费用等。

项目资源获取成本是指为了获取项目的各种资源所需花费的成本费用，如对于项目所需物资设备的询价、供应商选择、合同谈判与合同履约等的管理所需的费用(人力、财力、物力)，但不包括所获资源的价格成本。

项目实施成本是指为完成项目的目标而耗用的各种资源所发生的费用，也是项目成本的主要构成部分。项目实施成本具体包括：人力资源成本、物料成本、设备费用、顾问费用、其他费用以及不可预见费用等。

(2)依资源耗用归集对象划分

依资源耗用归集对象划分，项目成本包括：人工成本、设备成本、材料成本、服务成本、其他成本等，如图7-17所示。

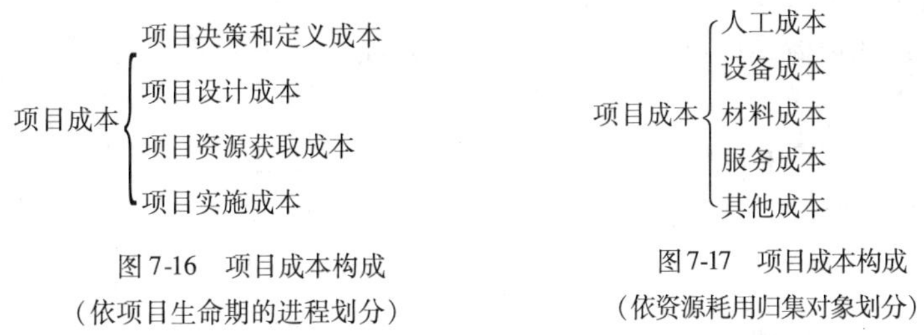

图7-16 项目成本构成(依项目生命期的进程划分)

图7-17 项目成本构成(依资源耗用归集对象划分)

人工成本又称为劳动力成本，其可以通过人工工时数乘以工资率来计算。

设备成本是指用于交付项目产品，但在项目执行过程中物质形体并没有被消耗掉的机器设备等物资的成本，这些机器设备既可从外部购入，也可从外部租入。如果该设备只能一次性地使用于当前项目，那么该项目的设备成本就是其购置价格；如果该设备还可在其他项目中继续使用，那么该项目的设备成本就需要以折旧的方法来计量；如果该设备是从外部租赁而来，那么该项目的设备成本就是租金。

材料成本是指直接用于制造和交付项目产品所消耗材料的成本，既包括组成最终产品的材料,也包括在项目执行过程中被消耗的材料。

服务成本是指从项目组织外部采购的,由分承包商、咨询公司(或顾问)等提供的专门技术、资源或特别服务的成本。服务的价格一般以合同的形式来确定。

其他成本主要是指直接属于项目,但并不针对某一特定任务的成本,包括项目经理和其他项目组织负责人的成本、项目支持办公室的成本、项目成员差旅费以及项目的纳税、缴费成本,包括税款、保险费、融资费等。另外,有些大型项目还需设置意外开支准备金,以便在项目期内发生意外事件时使用,这一部分也应包括在其他成本项目之内。

7.3.1 项目费用管理

(1)项目费用管理的意义

耗用项目所需资源是实现项目目标的重要前提之一,然而这些资源(人力资源、设备、材料、设施)的获取均需以项目成本为代价。在实际的项目管理运作过程中,决算超预算、预算超估算的现象时有发生,这与项目费用管理的缺陷密切相关,诸如:成本估算、成本预算工作不够深入细致,在成本估算、成本预算、成本控制等方面缺乏切实可行的标准、流程和规范,在项目实施过程中缺乏项目费用管理的意识等。因此,为了及时发现和妥善处理项目执行中所出现的成本超支问题,达到有效节约项目成本的目的,在一个项目执行以前,项目经理和项目团队必须对项目所需的成本情况进行详细地分析和估算,编制资源需求计划,并编制项目所必需的成本估算和预算。在项目的执行过程中,为了保证其能够符合成本预算的要求,还需要采取相应的措施对项目成本进行控制。项目费用管理就是在批准的预算内,对项目实施所进行的按时、保质、高效的一系列管理过程和活动。项目管理人员只有很好地进行项目费用管理,才能在额定的预算内,按时、按质、经济高效地完成项目的各项任务。

(2)项目费用管理的内涵

项目费用管理是项目管理的一个重要组成部分,它是指为保证项目实际发生的成本不超过项目预算成本所进行的项目资源计划编制、项目成本估算、项目成本预算和项目成本控制等方面的管理过程和活动。在项目费用管理系统中,每一个环节都是相互联系和相互作用的。

成本估算是成本预算的前提,成本预算是进行项目成本控制的基础,成本控制则是对成本预算的实施进行监督,以保证实现预算的成本目标。

按照《项目管理知识体系指南》(PMBOK)第3版,项目费用管理涉及成本规划、估算、预算和控制等过程,以便保证能在已批准的预算内完成项目。所以,项目费用管理主要包括资源需求规划、项目成本估算、项目成本预算、项目成本控制四个工作过程,如图7-18所示。

项目成本管理{资源需求规划;项目成本估算;项目成本预算;项目成本控制}

图7-18 项目成本管理的内容

这里需要注意的是,虽然在图7-18中,每个过程的相互间有明确的界限,但在项目的具体实践中,以上这些过程之间是相互作用的,并且与项目其他管理之间也可能会交叉重叠,互相影响。对于某些项目,特别是一些中、小型项目,项目成本估算、成本预算和成本控制彼此之间联系尤其紧密。

(3)项目费用管理的理念

为了遵循项目费用管理的客观规律,在项目费用管理中应遵循如下理念:一是全过程——项目全生命期费用管理的理念;二是全方位——项目全面费用管理的理念。

①项目全生命期费用管理

项目全生命期费用管理的理念主要是由英美的一些学者于20世纪70年代末和80年代

初提出的，项目全生命期费用管理是项目设计的一种指导思想和手段。项目全生命期费用管理要计算项目整个服务期的所有成本，包括直接的、间接的、社会的、环境的，等等。

项目全生命期费用管理理念的根本点就是要求人们从项目全生命期出发去考虑项目成本和项目费用管理问题，其中最关键的问题是如何实现项目的整个生命期总成本最小化。

②项目全面费用管理的理念

项目全面费用管理的理念是国际全面费用管理促进会前主席(原美国造价工程师协会主席)R. E. Westney 先生在 1991 年 5 月所发表的《90 年代项目的发展趋势》一文中提出的。

R. E. Westney 给全面费用管理下的定义是："全面费用管理就是通过有效地使用专业知识和专门技术去计划和控制项目资源、成本、盈利和风险"。国际全面费用管理促进会对"全面费用管理"的系统方法所涉及的管理内容给出了界定，项目全面费用管理主要包括如下十个阶段的项目费用管理工作：启动阶段相关的项目费用管理工作，说明目的、使命、目标、指标、政策和计划阶段相关的项目费用管理工作，定义具体要求和确定管理技术的阶段相关的项目费用管理工作，评估和选择项目方案阶段相关的项目费用管理工作，根据选定方案进行初步项目开发与设计阶段相关的项目费用管理工作，获得设备和资源阶段相关的项目费用管理工作，实施阶段相关的项目费用管理工作，完善和提高阶段相关的项目费用管理工作，退出服务和重新分配资源阶段相关的项目费用管理工作，补救和处置阶段相关的项目费用管理工作。

7.3.2 资源需求规划

在项目费用管理中，编制一个科学合理、切实可行的项目资源需求计划，对于确保项目在预定的成本目标下完成项目的最终目标至关重要。

(1)资源需求规划的含义

资源需求规划是指编制项目资源需求计划所进行的一系列工作活动。在编制项目资源需求计划中，必须明确回答项目的所有活动在特定的时间，需要投入什么样的资源(人力、设备、材料等)以及每种资源的需要数量、质量等问题。因此，资源需求规划是为项目成本的估算提供信息的工作过程，也是项目成本估算的前提。

(2)资源的分类

项目实施的过程中需要很多种资源，按照项目所需资源的特点进行分类，可将资源分为无限使用资源和有限使用资源。

无限使用资源是指供给相当丰富，而且价格低廉，在项目的实施过程中，项目组织可以根据需要任意使用的资源。简单的体力劳动者、通用的设备等都属于这类资源。

有限使用资源是指虽然市场上有比较充足的供应，但是价格昂贵或者在整个项目工期内根本不可能完全得到的资源。

在项目实施过程中，对资源分类的目的是为了便于对资源进行分类管理。在制订项目的资源计划时，应当保证无限使用资源的有效使用。而对于有限使用资源则必须进行全面的跟踪管理，严格监控有限使用资源的及时供应，因其若发生短缺或者使用效率不高等状况时，会对项目的工期和成本产生很大的影响。

(3)项目资源需求规划应关注的问题

项目资源需求规划是需要不断修改、不断调整的。在项目的初始阶段，由于经验的不足以及在项目实施过程中的种种不确定性，此时对资源的需求只是一个定性的和粗略的估计，还很难将项目所需要的各种资源准确地分配到各项活动中去。随着项目的进展，项目对资源的需求也逐渐明朗,这时可以根据实际情况,不断修改和调整项目的资源计划。

在项目实施过程中,由于项目处于不同的生命期阶段,其工作重点不同,项目对资源的需求也存在很大差别。在项目的概念和规划阶段,主要工作是进行项目设计、可行性研究和项目目标的制订,这些工作需要由一些高级技术人才、系统分析师和财务管理人员来承担,此时项目对这类人员的需求量比较大,而对普通体力劳动者和机器设备等物资的需求比较少。在项目的实施阶段,项目施工需要大量的设备材料,因此,这些资源成为项目的主要需求对象。在项目的收尾阶段,各项工作都接近尾声,项目对各种资源的需求都大幅降低。

项目资源计划的编制是一项很繁琐的工作,但是由于项目的不同,其复杂程度也有所差别。如果某一项目只需某种单一资源,不需要协调各种资源间的配比关系,那么这个项目的资源编制计划工作相对来说是比较容易的。如果某个项目同时需要使用多种资源,那么在进行资源计划的编制工作时,则不仅要考虑每种资源同项目的工期进度安排相匹配,还要考虑资源与资源之间的匹配。

(4)项目资源需求规划的依据

项目资源需求规划的依据主要有:工作分解结构、项目进度计划、历史资料、项目范围说明书以及项目组织的管理政策和有关原则等。

①工作分解结构

工作分解结构是编制项目资源计划的重要依据,可以据此提出项目所包含的各项工作的资源需求,以此来编制项目资源需求计划。

②项目进度计划

项目进度计划反映了项目在什么时候需要完成什么任务,实际上也就反映了项目在什么时候需要什么资源,是编制项目资源计划的又一重要依据。项目进度计划不仅确定了完成项目所需的资源需求,而且最为关键的是它同时还明确了每种资源的投入时间,使项目在不同时期的资源需求也清楚明了。项目资源需求计划的制订者可以根据进度计划中非关键工序的时间差,来平衡项目在各个时期的资源需求,避免项目在不同阶段对资源的需求量大起大落,以提高资金的使用效率。

③历史资料

历史资料记录了以前类似项目的资源需求、项目资源计划和项目实施实际消耗资源等方面的情况。编制一个新项目的资源计划时,可以通过搜集以往类似项目的资源使用信息,参考借鉴这些项目的经验和教训。通常,一个项目结束以后,应该确立项目的有关备份并存档,以便将来作为历史信息使用。充分利用和借鉴相关历史资料来编制资源需求计划,既可以提高资源需求计划的准确性,又可以缩减编制工作的工作量。

④项目范围说明书

任何项目都有描述项目工作和界定项目目标的项目范围说明书。在制订项目资源需求计划时,必须全面逐项审查计划的资源需求是否能够满足项目的各项工作以及项目全部目标,对疏漏的资源需求要及时补充进去。

(5)资源需求规划的工具和方法

①资源规划矩阵

如表 7-7 所示的资源规划矩阵,它汇集了项目各项工作需获得的各类资源需求量。该表的缺陷是无法囊括信息类的资源。资源规划矩阵的编制应以项目工作分解结构为基础。

资源规划矩阵 表 7-7

工作	资源需求量					相关说明
	资源 1	资源 2	…	资源 $m-1$	资源 m	
工作 1 工作 2 ⋮ 工作 $n-1$ 工作 n						

如表 7-8 所示的资源需求量清单不仅列出了所需的资源量，还可以披露每种资源何时需要，以及是否可以获得、如何获得等信息。这一表格既可以用于分析一个项目各项工作的资源需求量，也可以用来综合一系列工作需要的各类资源总量。

资源需求量清单 表 7-8

资源	需要量	何时需要	是否可以获得	如何获得
人力资源： 管理人员 监督人员 技术专家				
资金				
原材料				
设备				
工具				
场地				
其他				

②资源需求甘特图

图 7-19 直观地显示了资源在各个阶段的耗用情况，它比资源规划矩阵更为直观、简洁，但该图的缺点是无法显示资源配置效率方面的信息。

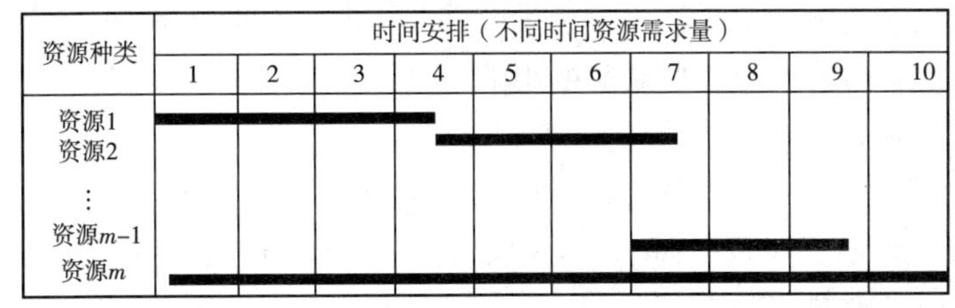

图 7-19 资源需求甘特图

③资源需求平衡法

资源需求平衡法是指通过确定出项目所需资源的确切投入时间，并尽可能均衡使用各种资源来满足项目进度计划的一种方法。该方法也是均衡各种资源在项目各阶段投入的一种常用方法。资源优化的思路和具体方法已在本书的第 5 章进度管理中详细阐述，在此不再赘述。

④资料统计法

资料统计法是指使用历史项目的统计数据资料,计算和确定项目资源计划的一种方法。

这种方法要求其所使用的历史统计资料拥有具体的数量统计指标和充分的样本量。这些具体的数量指标应能反映项目资源的规模、质量水平、耗用程度以及比例关系等情况。它们可以是实物量指标、劳动量指标或价值量指标。实物量指标多用来表明物质资源的需求数量,一般表现为绝对量指标。劳动量指标主要用于表明人力资源的使用状况,既可以是绝对量指标也可以是相对量指标。价值量指标主要用于表示资源的货币价值,其对于不同资源具有可比性。利用资料统计法计算和确定项目资源计划,能够编制出一个相对准确、合理可行的项目资源计划。但是这种方法也具有局限性,如必须有详细的历史数据,且要求这些历史数据要具有可比性等。

(6)资源需求规划的结果

资源需求规划的结果是资源需求计划说明书,它将对项目所需资源的需求情况和使用计划进行详细描述。资源需求计划说明书主要由项目资源计划和项目资源计划的补充说明两部分组成。项目资源计划包括了项目的资源需求计划和对各种资源需求的描述,主要采用各种形式的表格予以反映,如表7-8所示的各类资源清单。由于有时项目资源需求计划无法对项目所需资源的各个方面进行详细说明,这时就需附有项目资源计划的补充说明。

7.3.3 成本估算

成本估算是指为实现项目的目标,根据项目资源计划所确定的资源需求,以及市场上各类资源的价格信息,对项目所需资源的成本所进行的粗算。成本估算的目的是针对项目使用的所有资源,如人工、材料、设备、服务以及准备金等,编制一个完成项目所有活动所需的近似费用表(初步的费用管理计划),即编制一个完成项目所需资源成本的概算。

成本估算是项目费用管理的核心内容,它为项目成本预算及项目成本控制提供了基础。一般编制项目成本估算要进行如下三个步骤:识别和分析项目成本的构成要素,即项目成本的资源组成;估算每个项目成本构成要素的单价和数量;分析成本估算的结果,识别各种可以相互代替的成本,协调各种成本的比例关系。

成本估算同项目报价是既有区别又相互联系的两个概念:成本估算所涉及的是对项目目标成本进行的量化评估,是项目组织为了向外提供产品或服务的成本费用总和;而报价则是一项经营决策,即项目组织向客户收取它所提供的产品或服务的收入总和,项目报价中不仅包括项目成本,还包括从事项目的组织应获取的报酬。

(1)成本估算的依据

成本估算的依据是指对项目资源需求以及对这些资源预计价格产生影响的因素。成本估算的依据包括(但不局限于):资源需求计划、项目范围说明书、工作分解结构、资源单价、项目管理的相关计划、历史资料、会计科目表等。

① 资源单价

进行成本估算的个人和小组必须了解每种资源的单价(如每小时人员费用及材料价格),以便能估算出项目成本。

②项目管理的相关计划

项目管理计划提供了执行、监控项目的总体计划,其中能够为成本估算服务的主要有进度管理计划和人员配备管理计划。

a. 进度管理计划。进度管理计划中的活动资源估算涉及确定完成计划活动所需人员、设备、材料的数量和可用性等，其与成本估算联系十分紧密。

b. 人员配备管理计划。人员配备管理计划中的项目人员的属性和人工费率是编制进度计划费用估算的必要组成部分。

③历史资料

通常参与项目的一个或多个组织将留存以前项目的实施记录，这些记录将对编制成本估算提供帮助。历史资料的信息还可从商业性的成本估计机构、数据库等途径获得。

④会计科目表

会计科目表是指一个项目组织在总账系统中使用的用于报告该组织财务状况的一套代码，它有利于项目成本的估算与正确的会计科目相对应。

(2)成本估算的工具和方法

为了更为准确合理地估算出项目的成本，人们开发出了许多成本估算方法，常用的有自上而下估算法、参数模型估算法、自下而上估算法三种。

①自上而下估算法

自上而下估算法，又称类比估算法。该方法的估算过程是由上到下逐层进行的，它是将以前类似项目的实际成本的历史数据作为估算依据，并以此来估算项目成本的一种方法。它是一种最为简单的成本估算方法，实质上也是专家评定法，通常在项目的初期或信息不足时采用此方法。

该方法的主要步骤为：

a. 由项目的中上层管理人员收集类似项目成本的相关历史数据；

b. 项目的中上层管理人员通过有关成本专家的帮助对项目的总成本进行估算；

c. 按照工作分解结构图的层次把项目总成本的估算结果自上而下传递给下一层的管理人员，在此基础上，下层管理人员对自己负责的子项目或子任务的成本进行估算；

d. 继续向下逐层传递他们的估算，一直传递到工作分解结构图的最底层为止。

自上而下估算法的优点主要有：简单易行，花费少，尤其是当项目的详细资料难以获取时，能在估算实践上获得优势；在总成本估算上具有较强的准确性；对各活动的重要程度有清楚的认识，从而可以避免过分重视某些不重要的活动或忽视某些重要的活动。

该方法的缺点是，当估算的总成本按照工作分解结构图逐级向下分配时，可能会出现下层人员认为成本不足，难以完成相应任务的情况，然而碍于权力的威严，下层人员未必会立即表达自己对此估算的不同看法，从而更不可能就合理的预算分配方案与上一级的管理人员进行沟通，只能等待上一级管理人员自己发现其中的问题时才进行纠正，这样就会造成项目的进度拖延和成本浪费，甚至导致项目失败。

②参数模型估算法

参数模型估算法是一种比较科学、传统的成本估算方法，它是以项目的某些特征为参数，通过建立数学模型(如回归分析和学习曲线)估算项目成本的方法。采用该方法所建立的数学模型既可以十分简单，也可以非常复杂。采用参数模型估算法时，所建模型的适用性对于保证成本估算结果的准确性非常重要。为了保证参数模型估算法的实用性和可靠性，在建立参数模型时必须考虑：用来建模所参考的历史数据的精确性程度、用来建模的参数是否容易定量化处理、模型是否具有通用性等问题。由于此方法只考虑那些对成本影响较大的因素，而对那些对成本影响较小的因素忽略不计，因而其估算的成本精确度不是很高。

③自下而上估算法

自下而上估算法,也称工料清单估算法,这种技术是先估算个别工作包的独立成本,然后将这些详细费用汇总到更高层次,从而估算出项目的总成本。

自下而上估算方法的费用与准确性取决于个别计划活动或工作包的规模和复杂程度。

自下而上估算法的最大缺陷在于:该方法存在着一个独特的管理博弈过程,下层人员担心日后的实际成本若超出估算成本会对己不利,同时也希望以后的实际成本低于估算成本以获得奖励,因而也许会夸大自己负责活动的估算,而高层管理人员一般则会按照一定的比例削减下层人员所作的成本估算,从而使得所有的成本估算参与者陷入一个博弈怪圈。

自下而上估算法的优点在于它是一种参与管理型的估算方法,与那些没有亲身参与工作的上级管理人员相比,底层的管理人员往往会对资源的估算有着更为准确的认识。另外,由于底层管理人员直接参与了成本估算工作,可以促使他们更愿意接受成本估算的最终结果,从而提高工作的效率。

此外,许多项目管理软件,如成本估算软件、计算机工作表、模拟和统计工具,被广泛用来进行费用估算,这些工具可以简化一些费用工具技术,便于进行各种费用估算方案的快速计算。

(3)成本估算的结果

项目成本估算的结果主要有项目成本估算文件、成本估算的详细说明和项目费用管理计划这三个方面的内容。

① 项目成本估算文件

项目成本估算文件是项目管理文件中最重要的文件之一,它包括项目各活动所需资源(包括人力、财力、物力,并考虑通货膨胀或意外事故等)及其成本的定量估算,这些估算可以用简略或详细的形式表示。成本通常以货币单位(如元、欧元、美元等)表示,但有时为了方便也可用“人/天”或“人/时”等实物量单位表示。但在某些情况下,为便于成本的管理控制,在成本估算时必须采用复合单位。

②项目成本估算的详细说明

项目成本估算的详细说明包括:项目范围说明书;项目成本估算的基础和依据文件,如采用的估算方法,确认估算是否合理,说明估算是怎样做出的等;项目成本估算所作的假设说明,如项目所需资源价格水平的估定;项目资源消耗的定额估定,如项目施工人员的工作效率;项目成本估算结果的误差变动区间。

③项目费用管理计划

项目费用管理计划是整个项目计划的一个辅助部分,它说明了如何管理实际成本与计划成本之间发生的差异,管理力度视差异程度的不同也将有所不同。费用管理计划根据项目的需要,可以是高度详细或粗略框架的,同时既可以是正规的,也可以是非正规的,这些均取决于项目相关人员的需要。

7.3.4 成本预算

项目成本预算是一项将项目成本估算在各具体的活动上进行分配,确定项目各活动的成本定额,同时也确定项目意外开支准备金的标准和使用规则,从而为测量项目实际绩效提供标准和依据的项目管理工作。项目成本预算是进行项目成本控制的基础,是项目成功的关键因素,项目成本预算的中心任务是将成本预算分配到项目的各活动上,估计项目各活动的资源需要量。项目成本预算的作用主要包括以下三点：

①项目成本预算是按计划分配项目资源的活动，用以保证各项项目工作能够获得所需要的各种资源。在分配各项工作的成本预算时，既不能过分慷慨，以避免浪费，增加项目的成本开支；又不能过分吝啬，以免项目的各项工作无法完成或因偷工减料而使质量下降。要保证各种资源都得到充分利用，要注意提高资源的使用效率。

②项目成本预算也是一种控制机制。项目成本预算作为项目各项具体工作的全部成本定额，是度量项目各项工作在实际实施过程中资源使用数量和效率的标准，项目工作所花费的实际成本应该尽量控制在预算成本的限度以内。

③项目成本预算为项目管理者监控项目施工进度提供了基准。项目成本总要和一定的施工进度相联系，在项目实施的任何时点上，都应该有确定的预算成本支出。根据项目预算成本的完成情况和完成这些预算成本所消耗的实际工期，并与完成同样的预算成本额的计划工期相比较，项目管理者可以及时掌握项目的进展状况。

项目成本预算的内容主要包括：直接人工成本预算、咨询服务成本预算、资源采购成本预算（材料成本和设备成本）和意外开支准备金预算。

在项目成本预算的构成中，我们必须关注意外开支准备金预算。

意外开支准备金是指为项目在实施过程中发生意外情况而准备的保证金，提高意外开支准备金估计的准确性可以减轻项目中意外事件的影响程度。在项目实施过程中，意外开支准备金的储备十分必要，特别是中、大型项目必须要准备充足的意外开支准备金。

意外开支准备金一般有两种类型：显在的意外开支准备金，通常在项目成本文件中明确标明；潜在的意外开支准备金，通常在项目成本文件中没有标明。

意外开支准备金经常充当成本预算的底线。若在每个子项中都能明确意外开支准备金的数额，那么项目意外开支准备金的最终结果就是将所有子项中意外开支准备金的数额加总，进而可确定其占整个项目成本预算的比重。

（1）成本预算的依据

编制项目成本预算的依据有项目范围说明书、项目成本估算文件、工作分解结构、项目进度计划和项目采购合同等。

①项目成本估算文件

项目成本预算是将项目的成本估算分配至项目的各项工作和活动之中，因此，项目成本估算文件是确定项目成本预算的主要依据。

②工作分解结构

工作分解结构确认了需要分配成本的所有活动。

③项目进度计划

项目进度计划详细提供了项目各项工作的计划开始和结束日期、进度里程碑、工作包等，这些进度信息是按时间分配资金的依据。

④项目采购合同

项目采购合同所提供的需要采购的产品、服务或成果及其费用等合同信息也是编制成本预算的依据。

（2）成本预算的工具和方法

项目成本预算的方法与项目成本估算方法大同小异，由于前面介绍的项目成本估算方法，如自上而下估算法、参数模型估算法、自下而上估算法，也可用于编制项目成本预算，故在此不再赘述。

无论采用何种工具和方法进行成本预算,都需经历如下步骤:

①分摊项目总成本到项目工作分解结构的各个工作包中,为每一个工作包建立总预算成本,在将所有工作包的预算成本额加总时,结果不能超过项目的总预算成本。图7-20为分摊预算成本的工作分解结构图。

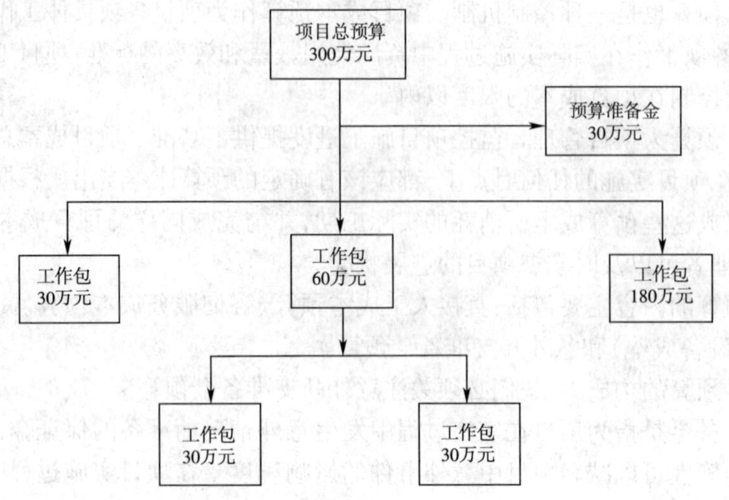

图7-20　分摊预算成本的工作分解结构图

②每个工作包分解得到的成本再二次分配到工作包所包含的各项活动上。

③确定各项成本预算支出的时间计划以及每一时间点对应的累计预算成本(截止到该时间点的每期预算成本额的总和),制订出项目成本预算计划。

(3)成本预算的结果

项目成本预算的结果主要包括如下四个方面:

①项目各项工作或活动的成本预算

项目各项活动的成本预算提供了各项活动的成本定量,在项目的实施过程中,将以此作为项目各项活动实际资源消耗量的标准。

②成本基准计划

成本基准计划表述了项目的进展与项目的累计费用之间的关系,它是时间分段的成本预算,也是度量和监控项目整体成本支出的依据。

③费用管理计划(更新的)

提供了如何对项目成本进行事前控制的计划和安排,是确保在预算范围内实现项目目标的指导性文件。

④项目资金需求计划

资金需求无论是总体需求还是阶段性需求(如每年或每季度),都是根据成本基准确定的。由于一般资金的占用通常不是连续性的出资,而是渐增型出资,因此,所需的总体资金等于成本基准加管理应急准备金。管理应急准备金可在每个阶段的出资中加入,或在需要时才动用,这取决于项目组织的政策。

7.3.5　成本控制

项目成本控制是按照事先确定的项目成本预算基准计划,通过运用多种恰当的方法,对项目实施过程中成本费用的使用情况进行管理控制，以确保项目的实际成本限定在项目成本预算范围内的过程。

项目成本控制实现的是对项目成本的管理，其主要目的是对造成实际成本与成本基准计划发生偏差的因素施加影响，保证其向有利的方向发展；同时对已经与成本基准计划形成偏差和正在形成偏差的各项成本进行管理，以保证项目的顺利进行。

项目成本控制的内容主要包括：检查成本实际执行情况；找出实际成本与计划成本的偏差；分析成本绩效从而确定需要采取纠正措施的活动，并且决定要采取哪些有效的纠正措施；确保所有正确的、合理的、已核准的变更都包括在项目成本基准计划中，并把变更后的项目成本基准计划通知项目利益相关者。

项目成本控制的过程必须和项目的其他控制过程（如项目范围的变更、进度计划变更和项目质量控制等）紧密结合，防止因单纯控制项目成本而出现项目范围、进度、项目质量等方面的问题。

有效的成本控制的关键是及时分析成本的绩效，尽早发现成本出现偏差的原因，以便在项目成本失控之前能够及时采取纠正措施。而项目成本一旦失控，就很难在项目成本预算的范围内完成项目的目标。

项目成本控制的作用主要包括：有助于提高项目的费用管理水平；有助于项目团队发现更为有效的项目建设方法，从而可以降低项目的成本；有助于项目管理人员加强经济核算，提高经济效益。

（1）成本控制的依据

项目成本控制的依据包括项目各项工作或活动的成本预算、成本基准计划、成本绩效报告、批准的变更申请、项目费用管理计划等。

①项目各项工作或活动的成本预算

项目各项工作或活动的成本预算是根据项目的工作分解结构图，为每个工作包进行的预算成本分配。在项目的实施过程中，通常以此为标准对各项工作的实际成本发生额进行监控，是进行成本监控的基础性文件。

②成本基准计划

成本基准计划是按时间分段的成本预算计划。将项目的成本预算与进度预算联系起来，可以用来测量和监督成本的实际情况，是进行项目成本控制最基础的依据。

③绩效报告

绩效报告提供了项目实施过程中有关成本方面的信息，其主要内容包括项目各个阶段和各项活动是否超预算。同时，绩效报告还提供正在执行的项目活动的相关信息，这些信息包括但不限于已完成的和尚未完成的可交付成果，授权和发生的成本，项目完成计划活动的尚需成本估算，项目计划活动的完成工作量百分比。

④批准的变更申请

批准的变更申请是项目的利益关系人以不同的形式（口头的或书面的、直接的或间接的、组织外部要求的或内部提出的、强制规定的或可选择的）提出的有关更改项目工作内容和成本的请求，也可能是要求增加预算或减少预算的请求。

⑤项目费用管理计划

在执行费用管理控制过程时，应考虑项目管理计划及其成本和其他从属计划。项目成本管理计划是对在项目的实施过程中可能会引起项目成本变化的各种潜在因素进行识别和分析，提出解决和控制方案，为确保在预算范围内完成项目而提供的一个指导性文件。

(2)成本控制的工具和方法

①成本变更控制系统

成本变更控制系统在费用管理计划中记录。项目成本变更控制系统规定了改变成本基准计划的步骤，它主要包括一些书面工作、跟踪系统和经许可可以改变的成本水平，从而对项目的成本进行有效的控制。

项目成本变更控制系统按照如下步骤进行成本控制：由项目利益关系人提出项目成本变更申请，核准成本变更申请；项目的管理者对变更申请进行评估，然后提交项目业主，由他们核准是否变更成本基准计划，变更项目成本预算；成本变更申请批准后，就必须对相关活动的成本预算进行调整，同时对成本基准计划进行相应的修改。

在采用项目成本变更控制系统时，必须注意两点：项目成本变更控制系统应该和整体变更控制系统相协调，项目成本变更的结果应该和其他的变更结果相协调。

②偏差分析法

偏差分析法，又叫净值法，是评价项目成本实际支出与进度情况的一种方法，也是一种能够全面衡量项目进度、成本状况的整体方法。

偏差分析法采用货币量代替实物量测量项目的进度，同时，它不以投入资金的多少来反映项目的进展，而是以资金转化为项目成果量的多少来衡量项目的绩效，即通过测量和计算项目计划完成工作的预算成本 BCWS（budgeted cost for work scheduled）、项目已完工作的实际成本 ACWP（actual cost for work performed）和项目已完工作的预算成本 BCWP（budgeted cost for work performed），得到有关计划实施的进度和成本偏差的绝对值和相对值，从而实现判断和衡量项目成本实际执行情况的目的。偏差分析法的分析过程有以下四个方面：

a. 三个基本参数。项目计划完成工作的预算成本 BCWS，是指根据项目批准认可的进度计划和预算，到某一时点应当完成的工作所需投入资金的累计值。在项目的进度时间－预算成本坐标图中，随着项目的进展，BCWS 呈 S 状曲线不断增加，在项目结束时达到最大值。按照我国的习惯，可将其称作“计划的投资额”。其计算公式为：

$$BCWS = 计划工作量 \times 该工作量的预算成本 \tag{7-10}$$

项目已完工作的实际成本 ACWP，是指项目在计划时间内，实际完工投入的成本累计额，即某一时点已完成的工作所实际花费的总金额。其同样也是随着项目的推进而不断增加的。按照我国的习惯，可将其称作“消耗的投资额”。

项目已完工作的预算成本 BCWP，是指项目实施过程中实际完成工作量的预算成本总额，也称其为净值 EV（earned value）。按照我国的习惯，可将其称作“实现的投资额”。其计算公式为：

$$BCWP = 已完成工作量 \times 该工作量的预算成本 \tag{7-11}$$

如果用函数关系表示，上述三个基本参数，则可以表述为：

$$\begin{cases} BCWS(t) & (0 \leqslant t \leqslant T) \\ ACWP(t) & (0 \leqslant t \leqslant T) \\ BCWP(t) & (0 \leqslant t \leqslant T) \end{cases}$$

式中：T——项目完成时点；

t——项目进展中的监控时点。

在理想状态下，上述三条函数曲线应重合于 BCWS(t)($0 \leqslant t \leqslant T$)。如果管理不善，ACWP($t$)会在 BCWP($t$)曲线之上，说明成本已经超支；BCWP($t$)会在 BCWS($t$)曲线之下，说明进度已经滞后。

b. 明确两个偏差的计算。两个偏差分别反映的是净值(BCWP 或 EV)与项目已完工作的实际成本(ACWP)和项目计划完成工作的预算成本(BCWS)二者之间的绝对量关系。

项目成本偏差(CV)计算公式为：

$$CV = BCWP - ACWP \tag{7-12}$$

这个指标表明当前状况下，项目已完工作的预算成本与实际成本之间的绝对差异。当 CV 为正数时，表明项目目前处于节约状态，完成同样工作所用的实际成本低于预算成本；当 CV 为负数时，表明项目目前处于超支状态，完成同样工作所用的实际成本高于预算成本。如图 7-21 所示。

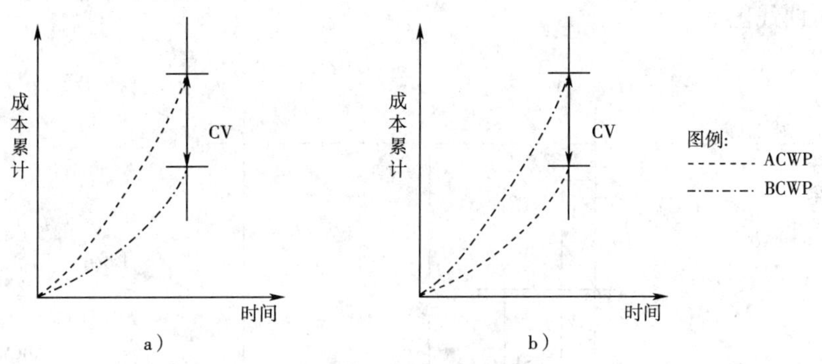

图 7-21 费用偏差示意图

a)时间超支；b)时间节约

项目进度偏差(SV)计算公式为：

$$SV = BCWP - BCWS \tag{7-13}$$

这个指标的含义是截止到某一时点，项目已完工作的预算成本与计划完成工作的预算成本之间的绝对差异。当 SV 为正数时，表明项目实施进度处于超前状态；当 SV 为负数时，表明项目的实际进度落后于预算进度，处于滞后状态，如图 7-22 所示。

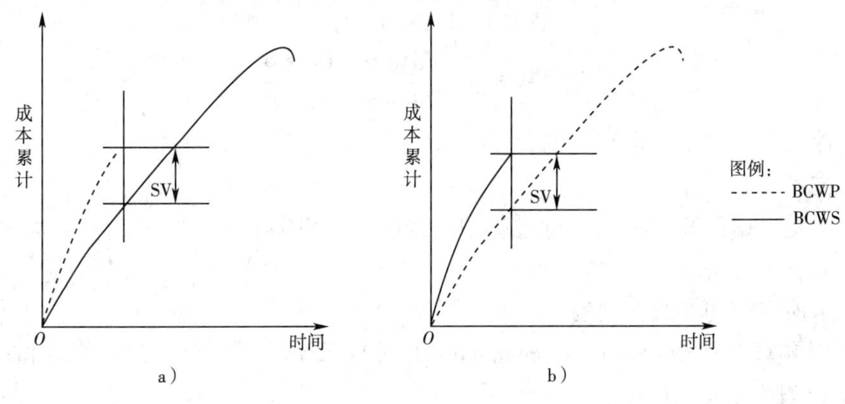

图 7-22 进度偏差示意图

a)时间进度提前；b)时间进度滞后

c. 明确两个指数的计算。两个指数分别反映的是净值(BCWP 或 EV)与项目已完工作的实际成本(ACWP)和项目计划完成工作的预算成本(BCWS)二者之间的相对量(比值)关系。

成本执行指数 CPI(cost performance index)的计算公式为:

$$CPI = BCWP/ACWP \tag{7-14}$$

这个指标反映净值与已完工作实际成本的相对关系,所衡量的是项目目前状况的成本效率。CPI 大于或者等于 1 是有利的,表明项目支出的实际成本低于预计成本;CPI 小于 1 是不利的,表明项目支出的实际成本高于预计成本。

进度执行指数 SPI(schedule performance index)的计算公式为:

$$SPI = BCWP/BCWS \tag{7-15}$$

这个指标反映净值与项目计划完成工作的预算成本的相对关系,所衡量的是项目目前状况的进度效率。SPI 大于或等于 1 是有利的,表明项目实际完成的工作量超过预计工作量;SPI 小于 1 是不利的,表明项目实际完成的工作量少于预计工作量。图 7-23 表示了采用净值法分析得到的评价曲线图。

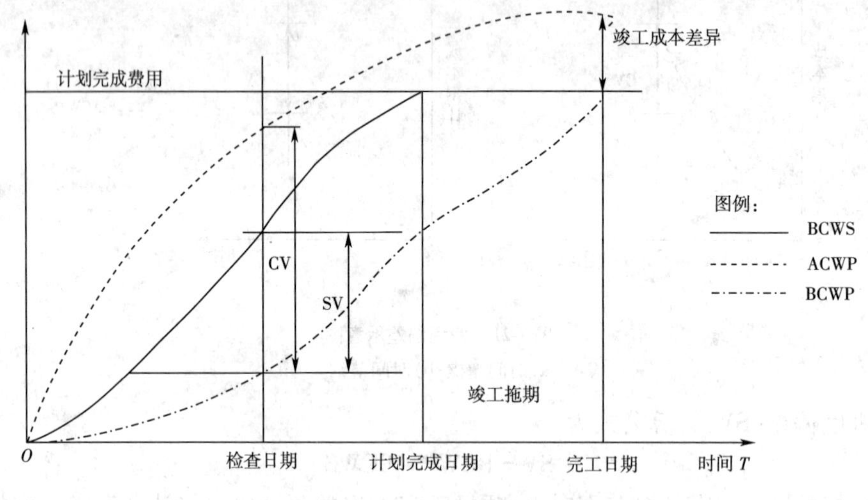

图 7-23 评价曲线图

d. 明确临界指数的计算。临界指数是由梅瑞狄斯(Meredith)和曼特尔(Mantel)于 1985 年提出的。他们使用以下公式计算临界指数:

$$临界指数 = SPI \times CPI$$

$$或临界指数 = \frac{BCWP}{BCWS} \times \frac{BCWP}{ACWP} \tag{7-16}$$

临界指数大于或等于 1 是有利的,小于 1 是不利的。

③预测技术

预测技术是根据已知的项目执行过程中获得的工作绩效信息,对项目未来状况重新发布估算和预测的一种方法。

预测技术所涉及的参数主要有:

a. 完成时预算 BAC(budgeted at completion),完成某个项目的全部预算额之和;

b. 实际已发生成本 ACWP;

c. 净值 BCWP;

d. 成本执行指数 CPI;

e. 完工估算 EAC(estimate at complete),是指完成某项工程或者某个工作包的预计总成本,是截止到某一个时刻直接成本和间接成本的总和再加上所有确认的剩余工作的估算成本。

因此,预测 EAC 的通用公式可以表达为:

$$FAC = ACWP + 到完成时的估算$$

下面介绍常用的两种方法:

a. 数学推算的 EAC。这种预测 EAC 的方法是,不管过去已有的项目或工作包的效率如何,其余剩下的工作都将以完美的绩效完成,即以 CPI 值为 1 的状态完成。计算公式可以表示如下:

$$完工估算 = 完成时预算 - 已完工作的预算成本 + 已完工作的实际成本$$

即

$$EAC = BAC - BCWP + ACWP \tag{7-17}$$

b. 剩余成本重估的 EAC。这种估算方法将对剩余的工程量的成本进行重新估算,然后再把重新估算的值与已完工作的实际成本相加。其公式如下:

$$EAC = 已完工作的实际成本\ ACWP + 重新估算的剩余工程成本 \tag{7-18}$$

这种估算方法一般是在认为项目实际与计划有较为严重的背离的时候,或者为了达到一定的项目指标,有必要调整当前的工作效率的时候应用。采用这种方法的缺点也是很明显的,可能需要额外投入较多的资源,重新估算剩余工程的成本。

(3)成本控制的结果

项目成本控制的结果主要包括:

①成本估算(更新的)

随着项目的进展,项目管理者要根据实际的执行情况修改和更新原有的项目成本估算,并通知有关的项目利益关系人。

②成本预算(更新的)

成本预算的修改是对原有的成本预算计划和成本基准计划进行必要的更改和调整。

③纠正措施

纠正措施指采取措施使项目未来的活动所花费的实际成本控制到项目计划成本以内所做的努力。费用管理领域的纠正措施经常涉及调整计划活动的预算,如采取特殊的行动来平衡成本偏差。

④完工估算

完工估算 EAC 是以项目的实际执行情况为基础,对整个项目成本的一个预测,即书面记录计算的 EAC 数值或实施组织报告的 EAC 数值,并将这个数值通知项目的利益相关者。

⑤经验教训

将产生偏差的原因、采取纠正措施的理由和其他的成本控制方面类似的教训如实地进行记录,并将其纳入项目组织的项目历史数据库之中。

7.4 道路工程施工管理

道路工程施工管理的发展历史和工程施工的发展历史紧密相关。

国外工程管理的历史可以追溯到产业革命前的 16 世纪。道路工程施工管理的产生、演进和商品经济的发展、建设领域的专业化分工、社会化生产相伴随,并日趋完善。16 世纪以前的欧洲,建设师就是总营造师,他受雇或从属于业主,负责设计、购买材料、雇佣工匠,并组织管理工程施工。16 世纪后,随着社会对土木工程建造技术要求的不断提高,传统的做法开始发生变化,建筑师队伍出现分化,一部分建筑师转向社会,传授技术,为业主提供咨询,或受聘进行施工管理,在道路工程施工管理中出现了工程监理制度的萌芽。18 世纪 60 年代的英国产业革命,大大促进了整个欧洲大陆城市化和工业化的进程,社会大兴土木,带来了建筑业的空前繁荣,从而要求以一种新型的管理方式,确保实现工程建设活动的高质量,工程管理的必要性逐步被人认识。1830 年,英国政府以法律形式推出了总包合同制度,明确了业主、设计者、施工者之间的责任界限,导致了招标投标交易方式的出现。第二次世界大战后,随着科学技术的发展,工业和国防的建设以及人民生活水平不断提高,需要建设许多大型、巨型工程,如航天工程、水利工程、高速公路建设等。这些工程投资大、风险大、规模浩繁、技术复杂,无论是投资者还是承建者都难以承担投资不当或管理不善带来的巨大经济损失。因此,工程施工管理逐渐得到了人们的高度重视,工程施工管理理论和方法也得到了飞速发展;并且,由于科学技术的进步,特别是计算机的出现,以及系统工程理论的发展,工程管理已逐步成为一门科学,在工程施工中发挥着重要的作用。工程管理已经成为保障工程建设质量和工程顺利进行的必不可少的因素。

我国工程管理的发展历史,与我国的社会发展历史有着紧密的联系。在我国漫长的封建社会里,建设活动大体可分为两种类型:一是民间建设活动;一是官府组织的建设活动。民间的建设活动具体由请来的工匠负责,业主基本上不进行监督;官府的建设活动实行奴役式监督,施工中不计成本,不做核算,监督重点只是迫使工匠干活,保证质量。这一时期的建设活动带有浓厚的封建色彩和小生产方式特点,谈不上工程管理。随着商品经济的发展,到封建社会后期,资本主义生产方式开始萌芽,出现了具有商品色彩的包工制度。包工制度的出现使得业主对施工过程的监督变得越来越重要。1840 年鸦片战争后,随着帝国主义列强的入侵,一些资本主义的生产方式传入中国,我国建筑活动的经营管理体制发生了很大的变化,出现了土建工程承包业;同时,设计施工进一步分离,出现了专营设计的建筑师事务所,具备了西方道路工程施工管理模式体制的雏形。

新中国成立后,工程建设各参与者的根本利益成为一致,工程的施工管理也有很大的变化。在改革开放前,我国实行高度集中的计划经济体制,形成了一种自然经济色彩浓厚的工程建设管理格局,不计盈亏,不讲核算,在工程建设中有许多经验教训。改革开放后,工程建设活动出现重大变化,原有的工程建设管理方式和体制模式越来越不适应发展的要求,迫切需要引进国外先进的工程管理经验和手段,满足现实的要求。这期间,国内的工程管理水平保持了迅速的发展,直接吸取了国外的经验和教训,在很短的时间里使我国的工程管理水平实现了飞跃。同时,由于科学技术在管理工作中的应用,我国的工程管理手段和理论也得到了迅速的发展。

国内外工程建设发展的历史构成了工程管理发展的背景。在工程建设发展的历史环境中,新兴的科学技术手段和新的理论思想,也在道路工程施工管理中得到应用。计算机、计算机网络等新兴技术以及系统工程理论等的应用,使道路工程施工管理逐步呈现出系统化、现代化、制度化等特点。

7.4.1 道路工程施工管理组织

(1)建立道路工程施工管理组织的原则

结合国内外工程管理发展的历史,依据我国目前工程管理的实际情况,我国道路工程施工

管理组织的建立一般应当遵循以下原则:

①道路工程施工管理组织形式要适应生产力发展水平和专业化、联合化程度

在自然经济条件下,生产力水平低下,社会分工简单,道路工程施工管理组织一般采用自营方式。随着生产力的发展,社会分工分化,建筑业成为独立的国民经济部门,并向专业化、联合化方向发展,工程项目也具有了大型化、复杂化的特点,现实要求权威性的、稳定的工程管理机构,以适应工程管理要求。我国幅员辽阔,生产力水平发展不平衡,道路工程施工管理机构应当具有多样性,不能一刀切,应以符合生产力发展水平为原则。

②实行政企分开的原则

建设项目管理组织是经济组织,是社会主义经济基础的一部分,和属于上层建筑的政权组织是两个不同的概念。因此,用政权组织代替经济组织进行工程的管理,在理论上是错误的,在实践上是极为有害的,会带来一系列副作用,难以有效完成工程建设管理。我国目前正在进行建设项目管理组织结构改革,以适应项目管理的需求。

③项目管理组织应当朝专业化方向发展

社会分工的专业化协作是技术进步和合理组织社会劳动的一个十分重要的条件。建设项目具有不同的特点和多样性,因此发展项目管理组织形式的专业化有特殊的意义。

项目管理组织的专业化有利于提高项目管理的效率,提高专业人员的业务水平,克服临时拼凑抽调项目管理人员成立临时机构、项目建成即行解散的弊病,使有稳定的组织机构承担各项建设项目管理任务,在工作中不断总结经验,做到多、快、好、省,节约人力、物力,使项目组织管理向现代化和高效化发展。

④项目组织既要有独立性又要有团队精神

一个建设项目参加的建设单位很多,各个单位内部又有许多工作部门与该项目有关,各个部门的利益目标又有差别,因此必须重视项目组织,使参加项目建设的单位既有合作又有分散决策权,使团队合作(teamwork)和个别努力之间达到平衡。

(2)我国的道路工程施工管理组织

我国工程管理组织经历了一个长期发展的历程。在目前改革开放的新形式下,我国正逐渐改革传统道路工程施工管理体制的弊端,向适应工程管理的方向发展。

①建设单位自筹自管方式

建国以来,我国一直采用按国家投资计划将建设资金分配给各个部门和地方,再根据需要安排建设任务,由建设单位自筹自管实现工程项目。这种来自计划经济体制的模式不符合工程建设的内在规律,它自觉或不自觉地陷入自我封闭、自我束缚之中,是一种没有经验、只有教训的粗放型工程建设管理方式。

建设单位自筹自管的传统模式是典型的一家一户的、封闭的小生产管理模式,和设计、施工单位以及设备厂家的社会化、专业化的大生产方式是十分不相称的。这种管理模式在结构上的不科学性导致建设项目管理主体与施工项目管理主体、设计项目管理主体之间在管理水平上、技术水平上形成严重的失衡状态。在这种状态下,建设单位难以担当建设项目管理主体的责任,难以提高管理水平,当然也就难以提高项目建设水平。

②工程指挥部形式

工程指挥部的项目管理模式是高度集中的计划经济的产物,于1958年在我国首次出现,在历史上曾经起过积极的作用。但是,随着社会的进步,它的问题逐渐暴露,尤其是在当前的新时期下,这种模式已经很难适应要求,亟须加以改革。首先,它不符合政企分开的原则。工

程指挥部是政府直接组织管理生产的方式在工程建设领域中的集中体现。其次,工程指挥部的组织和管理不符合项目管理的原则。项目管理是一种经济活动,而工程指挥部难以承担经济管理活动。

正是由于传统的工程建设管理体制自身的种种弊端,使我国的工程建设管理水平始终得不到应有的提高,在投资和效益之间存在较大的差距。在我国基本建设投资空前庞大的今天,必须对传统的工程管理模式进行改革,保证国家投资能够收到相应的效益。

③我国新型的工程建设管理体制

我国新型的工程建设管理体制就是在政府有关部门的监督管理之下,由项目业主、承建人、监理单位直接参加的"三方"管理体制。建设部1988年7月25日向全国宣布"参照国际惯例,建立具有中国特色的建设监理制度,以提高投资效益和建设水平,确保国家建设计划和工程合同的实施,逐步建立起建设领域社会主义商品经济的新秩序"。这种管理体制的建立,使我国的工程项目建设管理体制和国际惯例实现了接轨。我国新型的工程建设管理体制组织格局如图7-24所示。

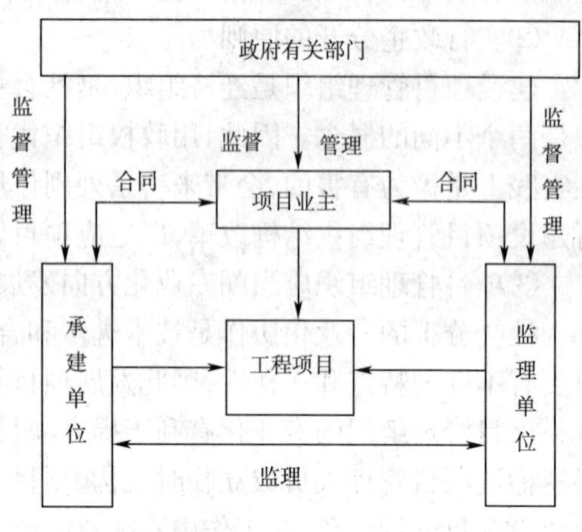

图7-24 我国新型项目工程建设管理组

如图7-24所示的"三方"管理体制是目前工程项目建设的国际惯例,是国外绝大多数国家公认的工程管理的重要原则,被誉为"合理使用资金和满足物质文明需要的关键"。

在我国,新型工程项目建设管理体制与传统的管理体制相比有了重要变化。

新型工程项目建设管理体制,既有利于加强工程项目建设的宏观监督管理,又有利于加强工程项目建设的微观监督管理。

新型工程项目建设管理体制将政府有关部门摆在宏观监督管理的位置,对项目业主、承建人和监理单位实施纵向的、强制性的宏观监督管理,使工程建设行为更加规范化;同时,直接参与项目建设的监理单位与承建人之间又存在着横向的、委托性的微观监督管理。这种政府和民间相结合的、强制与委托相结合的、宏观与微观相结合的工程项目监督管理模式,必然会对我国的工程建设起到巨大的积极作用。

新型工程项目建设管理体制通过三种关系将参与建设的三方紧密地联系起来,形成完整的项目组织系统。

这种新型的工程项目管理体制带来的另一个重大变化,即它将参加工程建设的三方通过三种关系紧密地结合起来,形成既有利于相互协调又有利于相互约束的组织系统,为实现工程项目总目标奠定了组织基础。

按照这种新型的工程建设管理运行原则,充分利用市场竞争机制,业主能够选择承建人,并通过工程承发包合同在承建人和业主之间建立承发包关系。同时,通过工程建设监理合同在项目业主和监理单位之间建立委托服务关系;利用协调约束机制,根据建设监理制的规定以及工程承发包合同和工程建设监理合同的进一步明确,在监理单位和承建人之间建立监理和被监理关系。这样,项目业主、承建人、监理单位通过三种关系紧密联系,形成完整的项目组织系统,将产生巨大的组织效应,为顺利建成工程项目发挥不可估计的作用。

7.4.2 高速公路工程施工管理的内容

(1)工程进度计划的管理和控制

①工程总计划

工程总计划的对象是整个工程项目,是全局性的施工战略部署,应突出预见性、战略性和纲领性。工程总计划必须在工程承包合同的指导下进行编制,要尽可能地考虑到施工条件的优势和不利因素,扬长避短,做好统筹安排,以利于工程顺利进行。

②年度和季度计划

年度和季度计划是计划管理工作的重点。年度和季度计划的编制,应当特别注意到道路工程的阶段性和季节密切相关的特点,合理部署施工重点,兼顾一般,以利于工程的良性循环。

③月旬作业计划

月旬作业计划要突出可操作性,找出关键点和难点。月旬作业计划能否顺利完成,影响着年度、季度计划以及工程总计划能否顺利完成。

(2)工程进度计划的编制内容

①施工工程量一览表

道路工程线长面广,施工时应按照单位划段。为了正确反映计划期内各个单位承担工程任务的情况,必须列出施工工程项目工程量一览表,其主要内容有:分段里程、填挖方数量、小型构筑物数量、中型构筑物数量、大型构筑物数量、基层底基层数量、面层数量等。

②施工进度计划

施工进度计划是在既定的施工总体计划的基础上,根据工期要求,对工程的各个分项工程、作业工序的施工顺序、起止时间及相互衔接和穿插配合情况作出时间上的安排,是工程各生产活动有条不紊地进行、按质按量完成施工任务的保证,同时又是制订其他计划的主要依据。安排施工顺序时应当注意以下几点:

a. 以最大限度提高社会效益、经济效益为目标,近期安排与远期计划相结合,良好衔接;

b. 急需关键工程先行施工,以保证总体工期;

c. 各个分项工程的施工顺序必须与特定环境条件相结合;

d. 注意工程配套;

e. 注意各种物资、设备供应的综合平衡,合理利用资源,特别是一些进口材料及设备要注意供货周期;

f. 注意季节性特点。道路工程均在露天施工,受气候条件的影响大,克服季节性影响,合理安排施工顺序具有重要的意义。

③施工工作量计划

根据施工图概、预算或按照工程量清单中投标单价乘工程量求得总产值,并按照项目经理部承担的工程量计算其工作量。

工程施工计划在实施过程中,当遇到某些因素变化时,应本着从实际情况出发,满足工程需要的原则,及时进行协商,作出必要的优化、调整和补充,以利于完成总的施工目标。

④进度计划的执行与控制

工程计划的执行与控制是计划管理工作的中心环节。依据信息反馈的原理,对计划执行情况进行检查和综合分析,以便及时发现管理过程中出现的偏差,并加以解决,保证计划按照预定目标顺利实现。

⑤计划的执行

计划的执行包括两个内容:下达计划和组织实施计划。

下达计划和组织实施计划不是一般的传递文件,而是自上而下的指令行为,将计划目标按照指标定量分解,不同的管理层次有不同的指标,按照管理层次逐步具体化。

计划的执行是一个整体行为。上级通过目标分解,落实责任,统一工程施工人员的思想行为,并对下级进行业务指导以便落实计划;下级通过切实有效的生产经营活动,实现各自的目标,从而确保工程施工总目标的实现。

⑥计划的控制

工程施工计划的控制不是单一地突出某项指标,而是权衡所有指标的整体行为。凡属计划指标明确规定的内容,都是计划控制的内容。

计划控制的依据,一方面是由计划文件制订的工程量作业计划表、形象进度计划表等;另一方面,通过定期的统计分析、调度例会、现场实地调查等,获得实际完成和计划指标的差异,分析原因,制订对策。计划编制过程中的综合平衡,是凭借编制者的经验达到的,只是一种静态平衡;而在计划执行过程中,实施调度,不断组织新的平衡,才是客观的平衡——动态平衡。将静态平衡和动态平衡有机的结合,是计划控制的有效措施。

为了加强计划的控制,自始至终都应当注意以下几方面的工作:进行计划动员,召开各种会议,把计划变成全体工程施工人员的行动;推行经济承包责任制,把计划指标执行情况与部门、单位和个人的经济利益挂起钩来;搞好检查工作,掌握各种信息,找出影响计划完成的原因,及时研究对策,采取措施,让各种信息源源不断反馈到决策层和管理层;加强调度工作,调度是生产指挥的中心,应有很高的权威性;加强统计分析工作,计划执行数据的统计要真实准确、及时全面。

第 8 章　道路工程养护管理

8.1　我国道路养护管理体系

8.1.1　道路运营管理体系

(1)道路运营管理的工作内容

道路运营管理的基本内容如图 8-1 所示。

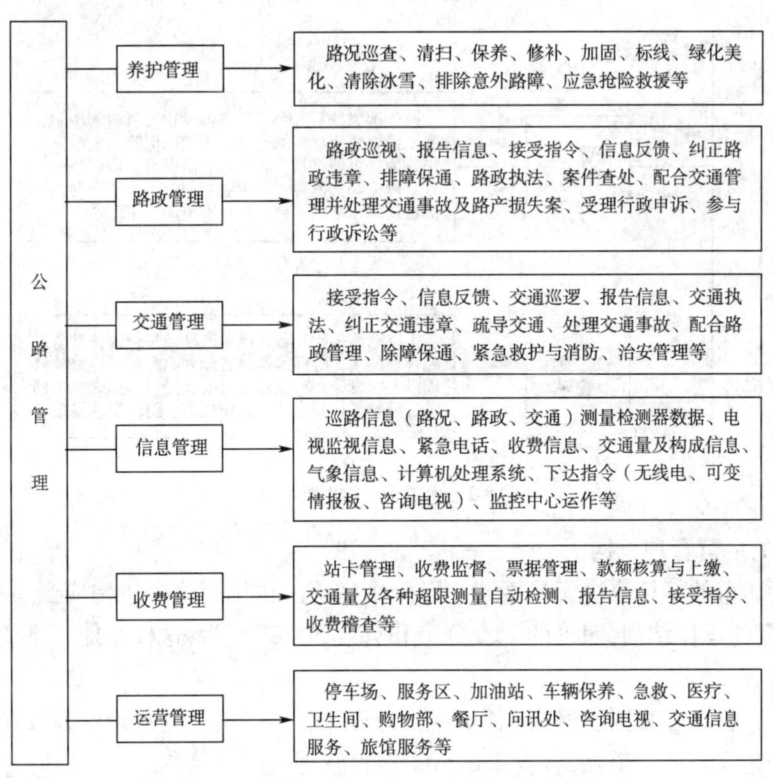

图 8-1　道路运营管理的基本内容

(2)道路管理的内容

道路的运营管理部门,除了努力做好上述各项外部管理工作外,还应做好内部各项管理工作,如技术、计划、财务、物资、材料以及设备、设施管理等。内、外部管理工作是一个有机整体,相辅相成。做好内部管理工作,使道路管理机构能够顺利协调地运转,可以推动外部工作持久有序地进行;而外部管理工作的各种要求,又促成对内部管理工作进行深入研讨并加以解决,在运行中提高管理水平,走向现代化、科学化,形成良性循环。

内部管理的主要内容如图 8-2 所示。

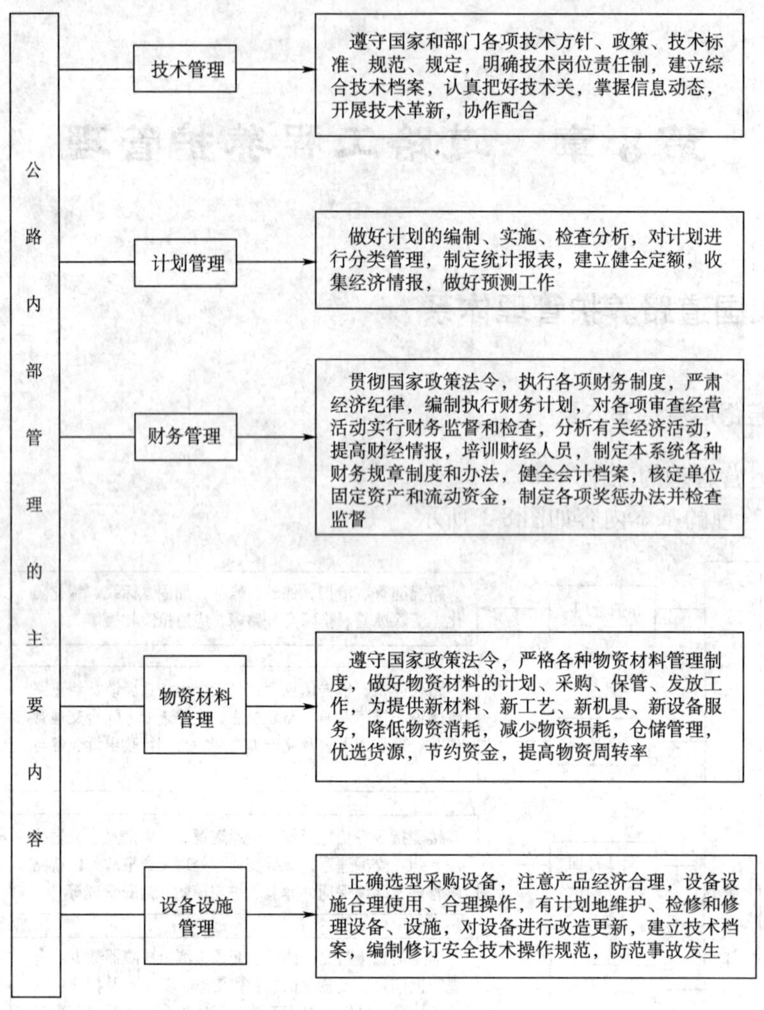

图8-2　内部管理的主要内容

(3)道路的运营管理机构

道路运营质量的好坏取决于是否建立了一个完善的机构。这个机构应当具备人员稳定的组织形态,合理的运作结构,明确的职责分工和有效的管理行为,这样才能保证管理的稳定、持续和高效运转。

道路的运营管理在我国已经有几年时间,管理体制和机构尚处在摸索发展阶段,尤其是我国道路大部分是收费还贷道路,各省市试行了多种管理形式和体制。

《中华人民共和国公路管理条例》规定"中华人民共和国交通部主管全国公路事业"、"公路管理工作实行统一领导、分级管理的原则"。

公路采用垂直领导的形式,其机构有以下层次:

①基层收费所(站)、养护队、路政队、交警队。这一级是最基层的管理单元,是直接管理单位,不设职能机构。

②管理所(站)。具体负责道路的各项运营管理工作,设有相应的职能机构,这些职能机构按自身业务对各收费所(站)、养路队、路政队、交警队等下达指令。

③管理局(或总公司)。它是各省、市、自治区对公路的最高管理机构,在省交通厅的领导

下，执行对公路的各项管理职能。局（总公司）都设有相应的职能机构，主持各项工作，对下一级进行管理。

（4）道路的损耗

道路的道路设施、养护机械、监视系统、交通工程标志及服务性设施等，经过长期的使用，必须会逐渐损耗，直到最后不能使用。

①有形损耗

有形损耗又称物质损耗，根据损耗原因可分为：

a. 使用损耗。使用损耗是在道路的运营过程中因车辆运行而产生的。正常使用损耗：各种设施包括路面、桥梁、隧道、机械设备、交通标志、电子计算机等在使用过程中的慢性损耗与损伤，这是道路损耗中的主要部分。事故性损耗：因车辆事故、自然灾害和人为因素产生的。

b. 自然损耗。所谓自然损耗，是指道路设施即使在不使用的闲置状态中，因受自然界中的气、液态物质和粉尘等污染物的影响产生的锈蚀或腐蚀形成的损耗，水流冲刷、日光辐射、干湿交替、热影响、碳化作用都可造成道路及其设备、设施的损耗。

②无形损耗

无形损耗是指因科学技术发展，生产同类设备的费用降低，原设备价格变动下降，或已经有了新的产品代替原来产品，使用原来的设备被淘汰造成的损耗。

有形损耗使道路设施受到磨损，在一定程度上改变了道路设施原来的实物形态，影响到道路的使用功能与自然寿命。无形损耗虽然没有改变道路设施原来的实物形态，但它使原来设施在自然寿命结束前就被淘汰，失去部分或全部使用价值，缩短了道路设施的有效寿命。这两者都是不可忽视的。

③物质损耗产生的原因

物质损耗产生的原因主要有：荷载，轴重愈大、轴荷载分布愈不均匀，交通量愈大、时间愈长，则引起的磨耗愈大；设施自身质量，如沥青路面不如水泥混凝土路面耐磨度好，或设备的制造质量、工艺水平和材料质量等；道路设施建设施工中留下的缺陷；设计计算不合理；对设施使用不当；受自然环境影响；自然灾害侵蚀破坏；维修养护不力，工作质量差。

④无形损耗产生的原因

无形损耗产生的原因主要有：高科技的迅速发展，新材料、新产品、新工艺的出现，市场价格的波动，管理上的决策失误或管理决策的需要。

8.1.2 道路的养护管理

道路的养护管理是指为保证道路设施供汽车运行时具有快速、畅通、安全、舒适、经济的使用性能，对已建成的道路有关设施、路政、环境保护诸方面提供技术、物资、人力保障，在决策、计划组织、控制与激励等方面所进行的全部活动。

（1）维修与养护的目的

为了减少或延缓道路设施的磨损，延长道路设施的自然寿命，以及充分发挥与利用现有设施的功能，保证设施的有效寿命，做好道路的维修与养护工作是十分重要的。从一定意义上说，养好管好一条道路与建设一条道路同样重要，而维修养护时间比建设周期要长得多。

道路养护维修的目的是能够经常保证道路的各种工程及设施，如路基、路面、桥梁、隧道、挡土墙、护坡、边沟以及护栏、照明、标志、通信、监控设施等处于完好状态，从而保证道路具有快速、畅通、安全、舒适、经济的功能。

(2)维修养护管理的任务

道路维修养护管理应把加强对现有设施的养护放在首位。通过加强养护工作,使道路设施保持完好、平整、畅通,以提高道路的耐久性和抗灾能力,为提高运输效率与效益创造物质条件。

把长期积累起来的一般道路的养护管理经验总结起来,升华运用于道路养护管理工作中,依靠科学技术、规范化管理,使道路养护管理水平、养护工作效率、质量有较多的提高与革新。

对原来设计技术标准偏低的路线与构造物及沿线附属设施,有计划地进行分期改善与扩建,逐步提高道路使用功能与服务水平,满足日益增长的交通需求。

采用正确、合理的劳动组织措施,技术组织措施,推广运用养路新方法、新工艺、新技术、新材料。一方面,尽力缩短道路养护维修阻车时间;另一方面,尽量节约养路费支出。

组织建设一支在思想上、技术上、作风上、装备上都完全适应道路养护工作及养护管理工作的养路职工队伍。

(3)道路养护管理的方针和技术政策

①道路养护管理的主要原则

道路基础设施的完好程度、运行效率和服务水平将会对国民经济持续、快速、健康发展和人民生活水平的提高产生重要影响。因此,在新的历史时期,必须要重视和加强道路养护与管理工作,努力构筑科学、高效的现代化道路管理体系,发展公平竞争、规范有序的道路养护工程市场,努力实现道路管理的法制化、信息化,道路养护的科学化、现代化。切实提高道路养护与管理水平,保证道路网的完好畅通,更好地发挥道路基础设施在国民经济发展中的作用。

道路工作的指导方针是:建养并重、强化管理,深化改革、调整结构,依靠科技、提高质量,依法治路、保障畅通。

道路养护与管理工作应遵循的主要原则是:

a. 坚持以保障道路完好畅通为基本出发点。牢固树立建设是发展,养护管理也是发展的思想,把道路养护管理工作推向一个新的发展阶段。

b. 坚持"统一领导、分级管理",进一步深化道路管理体制改革。

c. 坚持依法治路,推进道路管理工作规范化、法制化。

d. 坚持树立"以人为本"的服务观念,切实加强行业管理,着力引导道路养护工作向专业化、机械化、市场化方向发展,提高养护资金使用效益和道路养护质量。

e. 坚持科技兴路,借鉴世界各国养护管理先进技术和现代化管理经验,加强技术创新,提高道路行业的整体技术水平,大力推进道路管理信息化进程。

f. 坚持统筹规划,突出重点。积极帮助和扶持西部地区及贫困、边远地区加强道路养护管理工作。在确保干线道路安全、畅通的基础上,加强对县乡道路的养护管理,提高路网整体水平。

g. 坚持实施可持续发展战略,合理使用、节约和保护资源。积极推进绿色通道工程建设,强化安全行车保障,加强环境保护。

h. 坚持加强精神文明建设,大力弘扬"铺路石"精神,努力造就一支思想作风好,业务技术精,具有良好的职业道德和奉献精神的职工队伍。

②道路养护管理的技术政策

全面准确地理解并贯彻执行《中华人民共和国公路管理条例》及有关行业标准、规定,做到依法行政、依法治路。

对道路的养护与管理工作要超前准备,同步完善,协调发展。要通过高效能的养护与管理,保证它们能全天候安全畅通,真正发挥其在道路运输中的主导地位。

摆正道路建设、养护、管理三者关系。这三者应相辅相成、三位一体,都以最大限度地满足运输需求作为发展的目标和服务宗旨。

进一步推行、完善经济责任制,把实施 GBM 工程(国、省干线道路标准化、美化工程)作为道路养护工作的新起点。

依靠科技进步和挖潜措施,努力提高道路的通过能力、抗灾能力,以及整修养护水平与管理水平,加速道路运营的良性循环。

把道路养护机械化与现代化管理工作作为一项重要改革内容切实抓好。

养护管理工作要从有益于运输经济、交通安全、旅行便利和舒适出发,积极研究和增设现代化的交通工程设施和必要的服务设施,以提高道路的服务水平。

加强职工队伍建设,努力造就一支思想作风好,掌握现代化道路养护管理技能,具有良好职业道德和奉献精神的高素质养护管理职工队伍。

道路的养护管理,要强化经济手段,进一步完善道路养护经济责任制。通过招、投标方式,签订各项养护工作承包合同,以增强道路养护管理人员的责任心、紧迫感和竞争意识,使道路逐步由事业型管理朝企业化管理迈进而成为一个生产经营型的事业单位。

③经济责任制

经济责任制是把道路养护组织及其职工个人的经济利益同道路养护质量、路况和成本密切联系起来的一种生产经营制度。它要求管理局及其下属各处、所、队站的所有部门和人员都必须有明确的岗位和岗位责任,而且自下而上层层对上一级负责。经济责任制是坚持按劳分配、多劳多得,实行约束与激励结合的管理办法,能调动全体人员的积极性、创造性。

道路养护管理实行经济责任制要注意掌握以下几点:

a. 各部门、各工程、各工作岗位必须责任明确,做到事事有岗,以岗定责,以责定标,岗位责任目标以全面完成养护工作目标为总任务,确保道路完好、畅通。

b. 要建立起一整套先进、合理的养护工作及质量考核指标体系。尽量使考核指标分解,以便逐级落实到部门、班级和个人。

c. 要讲究经济效益,围绕着以最小的支出获得最大的养护效益,经反复测算,确定指标标幅,达到降低成本的目的。

d. 加强检查与监督,防止偷工减料,粗制滥造,虚报冒领,为此应加强班组建设与核算,并有一套与经济责任制配套的管理制度。

e. 坚持“按月分配,多劳多得”的原则,奖罚分明。

目前,道路养护系统内部推行的经济责任制有全面承包责任制和单项承包责任制。全面承包责任制承包的主要内容包括:养路资金、养护里程、养路设备、养护质量、分配与奖励等,适用于管理局所辖范围。单项承包责任制是指对某一项养路单项工作承包负责的管理制度,落实到基层和个人,适用于基层管理机构。

④工程合同

道路的大中修、改建工程以及服务区设施的承包,均可采用发包方式进行经营。由管理局、处、所等机构采用招投标方式进行。

招标的项目应列入养护计工,并具有符合要求的设计图纸;扩建道路占地、拆迁事宜已解决;资金、材料、设备等已落实。

招、投标过程中的评标、定标工作由招标单位负责,邀请上级主管部门、建设银行、公证机关及工程项目的监理人员参加，采用合同管理方式进行。

⑤养护管理的科学化

道路的技术改善、使用质量和服务水平的提高，主要是依靠科学养护与规范化管理等手段来实现。

科学技术是生产力，发展和应用科学技术，必将进一步解放生产力，促进生产力的发展。养护管理科学化，是对建立在现代化科学技术和社会化大生产基础之上的道路养护管理所进行的决策、计划、组织、控制（指挥、监督和协调）及激励等一系列活动的总称。

养护管理科学化，首先要求决策者和管理人员具有一定的技术业务素质。要根据道路标准、质量、实际情况、交通量大小及其他经济技术参数，提出科学的养护对策。

养护管理科学化，要求依靠科技进步，发展现代化的道路养路技术。例如，研究开发先进的检测、监控技术和仪器设备；应用新技术、新工艺、新材料、新方法；积极实施 GBM 工程；强化预防性养护、周期性养护，促进道路实现良性循环；通过路况调查，分析道路技术状况的衰变，确定合理的使用周期，安排周期性养护计划；发展养路机械化，加强规划，机械配套，技术培训，建立健全养护机械管理维修制度；加强试验室建设等。

养护管理科学化，要求管理手段科学化，建立养护信息系统，使用最优化数学模型，充分发挥电子计算机在养护管理中的作用。

⑥养护管理的规范化

道路养护管理规范化的目的是确保养护质量和提高道路服务水平。

管理规范化主要包括以下内容：认真执行现行《公路养护技术规范》，严格按操作规程办事，切实加强养护工程质量监督体系，养护工程施工作业中，做好规范化交通安全作业控制；建立健全内部管理规章制度；内部基础设施规范化管理；完善各级道路检查制度；加强和改善道路交通情况调查工作；积极开发和应用多层次、多功能道路管理信息系统，如路面、桥梁养护管理系统等。

8.2 道路养护管理的主要内容

8.2.1 道路养护的内容

(1)道路养护的主要内容

①日常巡查，清扫路面，排除路障；

②清除冰雪，防冻防冰；

③路基路面及结构物的日常维修；

④周期性大、中修及专项工程维修；

⑤绿化和环境保护；

⑥标志增补、撤换与维修；

⑦道路标线重画；

⑧路面改善与桥梁加固；

⑨沿线设施维修；

⑩养护机械保养与使用管理；

⑪事故救援；

⑫路产监护；

⑬工程抢险；

⑭定时或随机向中央控制报告路况与交通情况。

(2)道路养护工程分类

道路养护按其工程量的大小,投资的多少,技术繁简等划分为小修保养、中修、大修和改善四类。

①小修保养工程

对道路及其一切道路设施进行预防性保养和修复轻微损坏部分,使之经常保持完好状态。

②中修工程

对道路及其一切道路设施的一般性局部损坏进行定期修理维护,以恢复原状的小型工程项目。

③大修工程

对道路及其一切道路设施的较大损坏进行周期性的综合修理,以全面恢复到原设计标准,或在原技术等级范围内进行局部改善,以逐步提高道路通行能力的工程项目。

④改善工程

对道路及其工程设施因不适应交通量和载重需要而分期逐段提高技术等级,或通过改善显著提高通行能力的较大工程项目。

除上述分类外,对于当年发生的较大水毁等自然灾害的抢修和修复工程,可另列为道路水毁工程专项工程。对当年不能修复的工程,则转入下年的中修、大修或改善工程计划。

(3)道路养护的特点

①养护工作的经常性及预防性。要保证道路"畅"、"洁"、"绿"、"美",必须坚持经常性的、定期的检查,及时修复被损坏的部分,制订切实可行的预防措施,以预防为主、防治结合。

②养护工作必须是快速的。针对大交通量、快节奏的交通特点,要建立完善的监控通信系统,及时掌握道路上各种信息,采用最新技术,提高养护作业的时效性、机动性、安全性和可靠性。

③尽可能地采用机械化养护。

④尽可能最大限度地采用新材料、新设备、新工艺、新技术。

8.2.2 道路养护管理的主要内容

(1)技术管理的主要内容

①执行国家有关道路建设和管理的各项技术政策,技术标准、规范、规程、管理条例、办法。

②建立健全各项技术管理制度。

a. 技术岗位责任制。对各层次、各级技术管理人员规定明确的职责范围,以充分调动各级技术人员的积极性,使其有职、有权、有责。充分发挥高科技作用,不断提高技术管理水平。

b. 现场核对与准备工作制度。对各种养护工程进行现场核对,明确任务,做好各项准备工作。

c. 设计文件及图纸会审制度、技术交底制度、变更设计制度。

d. 工程验收制度。施工中对隐蔽工程的验收、对分项工程的验收、竣工阶段的初步验收和竣工验收等制度。

e. 工程监理制度。在道路建设、养护过程中,为确保质量、提高工程效益,必须实行工程监理制度,按合同进行管理。

③建立技术档案。建立完整的技术档案,使工作有案可查,数据确凿。技术档案包括:重要路段及邻近路段竣工图纸、资料,所使用机具、仪器设备说明及细部安装图样,试验科研报告及验收鉴定书,养护技术资料,有关技术法规、法令、科研报告、制度及相关文件等。同时建立一套收发、保管、查询、借阅制度。有条件时,可利用微机建立技术档案库。

④信息情报工作。组织科技情报交流,收集国内外有关情报进行分析研究,结合实际和需要加以推广运用。尤其是对现有某一项技术项目进行改造或更新时,更需要用掌握的信息进行对比优选后作出决策。

⑤积极开展技术革新和技术开发。在道路现有基础上如何运用新技术、新机具、新工艺、新材料,结合现实和经济条件,开展技术革新,求得效益已提到日程。应专门进行技术开发工作,以革新成果来改进工作、提高效率、增进效益。同时还应有目的、有计划地组织员工对学术问题进行研讨,并加强技术培训,业务进修,提高管理人员的技术水平。

在技术开发方面,还要注意道路数据库的开发,为路面养护、桥梁养护的决策提供信息,使管理工作有科学依据。

⑥推行全面质量管理。开展质量管理全员教育,使每一个工作人员都要接受全面质量管理知识教育;建立群众性质量管理小组,使质量管理有广泛的群众基础;养护管理规范化;建立质量责任制,对于各级领导和职能问题明确质量管理责任。在养护管理中推行全员、全过程质量管理。

(2)计划管理的主要内容

在市场经济活动中,实行计划管理是客观经济规律的要求,它为经济责任制提供可靠的依据,也是提高经济效益的必要手段。

①计划的分类

道路养护维修计划有年度生产技术财务计划(包括:生产作业计划、附属辅助生产计划、劳动工资计划、材料供应计划、机械化作业计划、成本计划、财务计划等),季度生产技术财务计划,养护作业计划。

②计划管理

a. 重视计划的基础工作。为编制和执行计划,并为领导的决策和计划安排与调整提供可靠数据,应做好一系列基础工作。

b. 建立健全定额管理工作。定额是计划的基础,也是编制、检查、执行计划的依据。定额管理主要是正确使用已有定额和编制补充、修订定额。

c. 做好原始记录和统计分析工作。制定统计报表,按日、月、年填报原始数据,各项成果、消耗水平、发展状况等,统一统计口径及计算方法,并实施归口管理和汇编分析。

d. 收集经济技术情报。收集关于道路养护的技术经济情况的资料,并进行预测分析,为编制计划提供依据。

③计划的编制

计划管理主要是三个环节的管理,即计划的编制、实施和控制。

a. 大、中修工程计划编制。年度养路财务计划由局下达养路的任务和计划指标;由负责大、中修工程的管理处(所)具体组织有关业务机构进行编制,并在规定上报月份之前报管理局审批,管理局组织审批、平衡、定案,下达管理所,并报省交通厅备案。季度养路财务计划由管理处(所)组织有关职能机构进行编制,报管理局审批后执行。养路作业计划,分为月和半月(或旬)生产作业计划,由各路段负责养护的机械或班(组、队)编制,经管理所审批后执行。

b. 小修保养计划编制。年度计划由管理站养护施工队负责编制，报主管局审批。季度计划应根据报批的年度计划，结合生产实际情况编制，经批准后执行。月份生产计划是以养护队为单位按旬分列编制的。小修保养计划在执行中，由于自然条件影响发生灾害，如水毁、塌方等，可由管理所、站编制追加预算，并按程序列报审批。

④计划的执行

建立一个互相协作紧密配合的计划保证体系，设置专科计划机械，建立健全计划责任制、计划考核评价制，保证计划全面、均衡地完成。

⑤计划的控制与检查分析

a. 计划的控制。计划在执行过程中，总会出现这样或那样的偏差。计划的控制，就是根据反馈原理，对计划执行情况进行检查分析，及时发现并纠正执行结果与计划目标之间的偏差，以保证计划的顺利实施。

b. 计划执行后的检查分析。计划管理是一个循环过程，任何一个计划都是前期计划的继续及后期计划的基础，做好计划执行后的检查分析，对提高计划管理水平有重要意义。此项工作有如下内容：预测的准确程序及其调整，指标的合理性及平衡性，差错出现后的应急措施及对下期计划的改进意见，控制工作的偏差及确保计划执行的措施。

(3)财务管理的主要内容

加强道路养护财务管理对于实行经济核算，促进增收节支，提高经济效益，推动道路企业管理，均有重要意义。

财务管理的目的是根据资金运作的规律性，正确组织财务收支，处理好有关财务关系，为发展生产、取得良好经济效益提供财务信息和依据。财务管理的主要内容有：

①贯彻国家政策法令，认真执行各项财务制度，严肃财经纪律，维护国家财产，推行各级财务人员岗位责任制。

②认真编制财务计划，按计划拨款、使用和分配，注意开源节流。

③对各项生产经营活动的收支情况实行财务监督和检查，对经济合同和协议要参与审查，并及时纠正违纪事件，把好财经纪律关。

④经常对有关经济活动进行观察与分析，及时提供财经情报，做好领导的参谋，对基层给予业务帮助，有计划地做到财经人员的培训工作。

⑤制定本系统的各种财务规章制度和办法，按规定完成各项报表和账目，健全会计档案，并妥善保管有关凭证资料。

⑥与合同有关部门核定单位固定资产和流动资金并对此加强管理。

⑦结合上级有关规定，制定各项奖惩办法并检查监督执行。

(4)物资管理的主要内容

物资材料管理是指对道路养护、维修和管理所需各种物资材料的计划、采购、供应、保管、发放全过程的管理。其主要内容有：

①遵守国家政策法令，严格各种物资材料管理制度，建立正常秩序，防止损坏、疏漏和偷盗。

②为保证交通运营持续顺利运转，应做好物资材料的计划、采购、保管、发放工作，按要求规格和日期，保质、保量地提供生产需要的物资材料。

③要配合道路其他技术管理部门，在保证道路质量标准的前提下，为提供新技术、新工艺、新机具、新设备服务，并收集有关情报资料促进科技进步。

④制定物资消耗及油、燃料消耗定额和储备定额，进行督促检查，降低消耗，不过多超储，

以最大限度地节约资金。

⑤仓储管理。包括物资验收入库,储放保管,废旧物资回收及物资储备等项工作的管理。

⑥提高物资周转率和以较低的费用供应物资。提高物资周转率,可以少占用流动资金,减少物资保管损失的支出。在保证产品质量的前提下,通过优选货源,采用价格低廉、产地近、交通运输方便的渠道供应物资。

(5)设备管理的主要内容

道路的设备、设施种类多,技术先进,结构复杂。因此,必须加强对它们的技术管理和经济管理,以达到延长设备、设施使用寿命,改善费用经济,提高综合效能的目的,并不断提高机械化水平,求得良好的效益。设备、设施管理的主要内容有:

① 正确选型

选择、选购设备、设施,要求产品性能可靠、稳定、耐久,尤其野外使用的设备,要经得住恶劣气候的考验。同时要注意产品的经济性、厂价、使用期限、节能性能、环保评价、保修期等。

②合理使用

设备、设施的合理使用,是要求其性能、结构、制造精度的适用范围符合要求,防止"大机小用"、"小机大用"、"精机粗用"。

要做到设备、设施的合理操作,必须按安全操作规程行事,认真执行岗位责任制和培训合格证上岗制。

③及时维修保养

对设备、设施应有计划地维护、检查和修理,以使它们经常处于完好状态,避免出现事故。

④适时改造旧设备

对设备、设施进行改造,将科技新成果应用于现有设备,提高原设备、设施的现代化水平。用较经济、较完整的设备代替原有旧设备,使更新后的设备建立在先进的物质技术基础上。

⑤建立技术档案

对设备、设施建立技术档案,记载购置、使用、保养状况,保管好随设备的原始资料等。

⑥编制操作规程

及时编制或修订主要设备安全技术操作规程和安全生产责任制,注意设备事故的分析工作,并防范事故于未然。

(6)安全生产管理的主要内容

道路养护生产安全管理应贯彻"安全第一"和"预防为主"的方针。

①建立健全安全的责任制度

道路管理局、管理所(站)的领导对本系统的劳动保护和安全生产负总的行政责任,应认真贯彻执行劳动保护和安全生产的政策、法令和规章制度;定期向职工代表大会报告安全生产情况和措施;定期研究解决安全生产中的问题;组织审批安全技术措施计划并贯彻实施;定期组织安全检查和开展安全生产竞赛活动;经常对职工进行安全和遵章守纪教育;督促各级领导干部和职能部门的职工做好本职范围的安全工作;总结与推广安全生产先进经验;主持重大伤亡事故的调查分析,提出处理意见和改进措施,并督促实施。

总工程师、主任工程师,对本系统劳动保护和安全生产的技术工作负总的责任,在组织编制和审批施工组织设计和采用新技术、新工艺、新设备时,应制订相应的技术安全措施;负责提出改善劳动条件的项目和实施措施,并付诸实现;及时进行事故的调查分析,提出技术鉴定意见和改进措施。

大、中修工程队队长和主管工程师，对所辖工程的安全生产负直接责任，应认真组织安全技术措施的实施，进行技术安全交底，不违章指挥；对施工技术的安全措施和各种设备的安全防护装置都要组织验收，合格后方可使用，并严格贯彻操作规程，注意消除事故隐患；发生工伤事故应立即上报，并进行现场调查。

班(组)长，应遵守安全生产规章制度，负责本班安全作业，班前要对所用的机械、设备、防护用具和作业环境进行安全检查，认真做好班前安全交底，发现问题立即采取措施；有权拒绝违章指挥；发生工伤事故，应保护现场，报请上级查处。

各职能部门，都应对各自业务范围内有关实现安全生产的职责，严格负责，并建立相应的制度。

②施工组织设计、施工方案中都应有安全技术措施

a. 养护作业的安全要求。养护作业前，按规定设置临时交通管制标志，需要时设交通警戒员；养护作业人员必须接受专门的安全教育和养护规程训练，作业人员必须着装安全标志服，养护车辆、机械设黄色标志色灯，在显著部位有路徽标记；养护作业人员不得走出作业区，不得将任何物件置于作业区外；养护作业完成后，拆除临时交通管制标志，恢复道路使用正常状态。

b. 作业交通控制。作业交通控制方式见图 8-3 和图 8-4。影响安全的，夜间还需设置红灯警视信号。

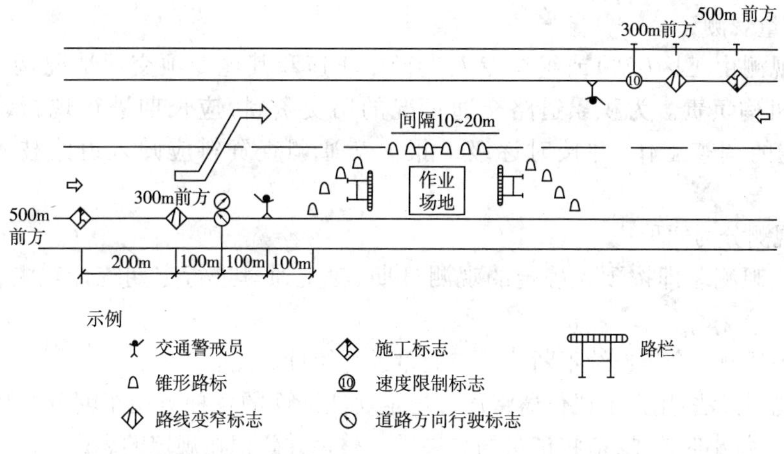

图 8-3 二级公路及一般公路养护工程作业交通控制图

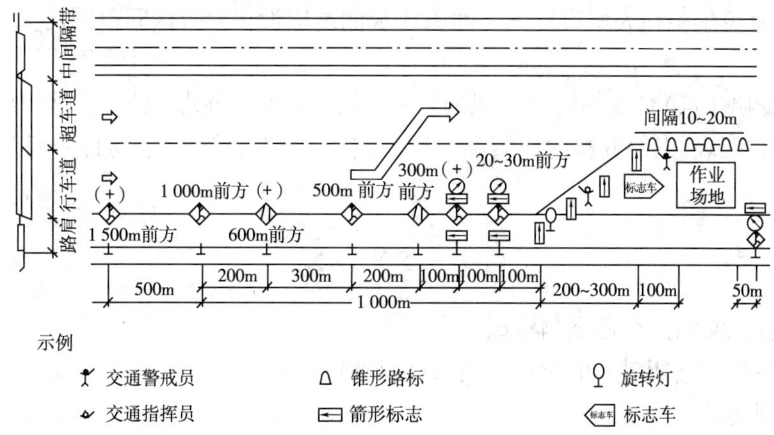

图 8-4 高速公路及一级公路养护工程作业交通控制图

c. 可能造成交通堵塞时,道路管理机构应选定绕行路线或修筑行车便道,并维护使之处于良好状态。同时函告当地公安交通管理机构,共同疏导交通;需中断交通时,应与当地公安交通管理机关共同发布公告。

③材料、设备安全检查

易燃、易爆品仓库及变压器应设安全警告标志,设置消防器材。各种机电设备的安全装置和超重设备的限位装置都要齐全可靠,符合使用要求。

8.2.3 道路养护技术管理

道路养护必须加强技术管理,严格贯彻国家有关道路建设、养护的技术政策、标准规范办法和相应的操作规程,以提高道路养护质量。

道路养护技术管理工作包括:交通情况调查、道路路况登记、路况数据库的建立、工程检查与验收及道路定期检查。

道路交通情况调查主要指交通量及其组成和行车速度的调查和观测,以及对原始数据的计算整理和分析。有条件的地方可逐步开展车流密度、起讫点、轴载、通行能力、车头间距、车辆横向分布和交通事故调查等工作。

(1)交通量观测

交通量观测由工区(站)或组织专人进行。车速和其他专项交通情况调查,由县级以上道路管理机构负责。为积累道路交通情况的历史资料,应长期进行现行《公路养护技术规范》规定的调查工作,并按时逐级上报。交通调查资料应归入道路技术档案,长期保存。

交通量观测分为两种:

①间隙式观测。即按预先确定的观测日期,对交通量进行定期统计观测,一般每月观测 2 ~ 3 次。

②连续式观测。全年连续不断地对交通量进行统计观测。

交通量观测方法:用人工或仪器将通过规定观测断面的各种类型车辆分车型记录在表格或计数器具上,每小时终了,应将记录的结果进行整理并登记在规定的表格上。

连续式观测站应设在主要干线和重要旅游公路等交通量有代表性的适当地点,并注意分布均匀、合理,避免集中在大城市周围。间隙式观测站应设在调查区间范围内能代表所在路段交通量的地点。

交通量观测站(点)对取得的原始观测资料,应及时进行整理、汇总、计算和分析,上报规定的各类报表和图表,以便资料的积累和应用。路线(全线、路段)平均日交通量 $N_{平均}$ 的计算公式为:

$$N_{平均} = \sum_{i=1}^{n} N_i L_i / \sum_{i=1}^{n} L_i$$

式中:N_i ——各观测站的交通量(辆/d);

L_i ——各观测站所对应的调查区间长度(km);

n ——观测站的个数。

(2)车速调查与观测

车速按观测方法、资料使用和研究目的不同分类。通过调查,取得通过地点的车速分布情况，掌握车速变化时态和车速发展变化趋势，研究、分析道路通阻情况、服务质量、通行能力及运营管理水平，为交通规划、交通管理、道路几何设计提供依据，为提高道路通行能力、改善道路质量、改善运营管理提供重要的基础资料。

车速调查与观测包括车辆通过道路较短区间的地点车速调查和较长区间（或整条路线）的区间车速调查。

地点车速的观测有人工观测、雷达测速仪、车辆检测仪等方法。区间（路段）车速调查，可到运输部门或经常行驶于某条路线的行车单位作调查。

(3)道路交通起讫点调查

在某一区域内，为获得通过两个出行端点的交通量及其组成、流向、货物类型、车辆实载率及交通目的等资料所进行的调查，称为起讫点调查，简称 OD 调查。通过调查，可对远景交通量的预测、道路类型和等级的确定，互通式立交的设置、道路横断面设计、交通服务设施的配置、交通管理与控制，规划方案和建设项目的国民经济评价及财务分析、交通规划的完善和建设项目的科学决策等提供定量依据。

OD 调查地点选择的原则应符合下列要求：

①选定的调查点，应以能够全面掌握项目直接影响区与间接影响区之间、直接影响区内各小区之间以及小区内部等各主要线路之间的交通流。

②与拟建道路平行或竞争的路线，应是主要考虑设点的路线。

③与拟建道路交叉的主要路线，应考虑设点（目的是掌握互通交通量）。

④应稍远离城镇，尽量避免对市内交通的影响。

⑤应选择路基较宽、线形较直（视距 250m 以上）的路段设点。上行与下行调查处（指同一调查点）之间应留有不少于 150m 的距离。

⑥在不影响调查目的和数据准确的前提下，设点不宜过少，但不应重复设点。

⑦为核实日交通量和掌握昼夜交通量比率，在典型代表路段上，宜同时设置几个 12h 和 24h 交通量观测点。

选定 OD 调查点后，应绘制调查地点示意图。

此外，在进行 OD 调查时，还应符合下列规定：

①全线各 OD 调查点均应在同一天、同一时间进行。

②对调查过的车辆应用明确标志标明。凡被其他点调查过的车辆不再重复调查。

③在两点之间多次往返的车辆应多次统计。

在取得 OD 调查资料后，应对资料进行统计分析，编制“OD 矩阵表”或“三角 OD 表”，以反映车辆、货物、旅客的流动情况。

(4)交通量比重调查

为了掌握道路交通流量的地区分布和路线分布特征，分析评价国道、省道、县道、乡道四类道路的使用功能，论证和探讨现有道路网的合理性，应开展四类道路交通比重调查。通过调查，为道路规划、可行性研究、技术经济分析论证、设计、改造等提供依据。

调查范围为辖区内的各条国、省、县、乡道。调查内容为按道路分类调查交通量，四类道路的里程和汽车、机动车拥有量。调查时间一般选择在运输旺季中的某一天（但应避开节假日），一般选择间隙式交通量观测日作为调查日。

在取得比重调查资料后，应对资料进行整理汇总。计算每个观测站日机动车交通量和日汽车交通量（均为绝对值）、每条路线的交通量和日交通量，调查区域内各行政区的四类道路里程比重、路线交通量所占比重、日交通量及年路线总交通量。

(5)轴载调查

轴载调查是为了预测某一时期内行车对路面的破坏作用,科学地制订道路养护措施,合理分配道路养护和改造资金。

进行轴载调查时,需要将车辆按轴载重分成若干档代表车型,并计算出各类车辆的当量轴次换算系数,然后利用现有的交通量调查资料,换算成标准轴载的当量轴次。

轴载调查时宜同时进行客货车装载情况抽样调查。如无条件,则可利用交通量调查中现有的实载率资料。

轴载调查以每年一次为宜。每次调查天数可根据每类车轴的代表当量轴载换算系数稳定性而定,每次不宜少于三天。调查时间应具有代表性。

8.2.4 道路路况登记

道路路况登记是道路养护的重要基础工作,其资料是道路技术档案的主要部分。它反映各条道路及沿线构造物的全面技术状况,是制订道路规划、安排改建项目、编制养路年度计划等的重要基础资料,也是路产管理、资产评估的重要凭据。

路况登记的内容包括:①路况平面略图;②道路基本资料;③路况示意图;④构造物卡片,如桥梁、隧道、渡口、过水路面、房屋等;⑤登记表,如涵洞、挡土墙、绿化等。

进行路况登记时,应以道路现状调查资料、设计文件、施工记录、竣工文件、技术总结等为依据;资料不全的,应补充进行调查和测绘工作。

进行路况登记的路线,应在每年年终将变更部分进行修改、补充,作为当年年末的道路路况。变更登记的范围包括道路被毁、修复、大修和改建等。变更登记应根据工程竣工文件、图表和实地测量的结果进行。当变更内容较多或变化较大使登记图表难以继续使用时,应重新绘制路况图表,并与原资料并列保存。

路况登记资料应按路线性质(即行政等级)实行分级管理:地(市)级道路管理机构和县(市)级道路管理机构保管所管辖道路的全部资料,省道路管理局保管全省县级以上道路的资料、卡片。

新建道路的路况登记,按道路分级管理的规定,应在竣工验收接养后三个月内由接养单位完成。

要加强道路养护科技档案的管理工作。科技档案是一种巨大的信息资源,充分开发利用道路科技资源,为领导部门决策提供依据,为道路建设和养护提供服务,为提高经济、社会效益以及解决纠纷提供凭证具有重大意义。加强道路科技档案的管理,是道路养护部门生产技术管理的重要环节,必须按照集中统一管理科技档案的基本原则,建立、健全道路科技档案,使之达到完整、准确、系统、安全和有效利用的要求。

为了提高道路科技档案管理水平,增强科技档案信息资源的开发能力,宜有计划、有步骤地实现科技档案资料的计算机管理。应用微缩复制技术及其他现代化保管技术,逐步达到科技档案管理手段的现代化。

8.2.5 工程检查与验收

为确保中修、大修、改善工程质量,应严格工程检查与验收。检查验收有以下几种:

(1)作业检查

由施工单位的现场技术负责人对施工作业班组的每个施工环节、每道工序、工程位置及各部尺寸、所用材料、操作程序、安全质量等通过班组自检后进行检查,填写原始记录,并经工地监理工程师查验核实、签证。

(2)定期检查

省公路局每年由总工程师负责组织全省重点改善工程检查;地(市)级公路管理机构每半年由主任工程师负责本地区工程检查;担负有工程任务的县级道路管理机构,每月由主管工程师负责组织管辖工程检查。定期检查的内容包括:施工组织及设备的适应程度和合理与否;工程进度和质量情况;材料计量和现场质量是否符合要求;技术安全措施是否得当;技术操作是否符合规程;各项原始记录中完成的指标与实际是否符合,与设计要求相符程度等;岗位责任制中存在的问题。

(3)中间检查

中间检查包括隐蔽工程和已完局部工程及暂停未完工程检查。

隐蔽工程检查的主要内容有:路基填土前的原地面处理;路面铺筑前的基层、垫层和土基,基础施工前的基底土质、高程和各种尺寸,浇筑混凝土前的埋设钢筋规格、数量、位置,隧道衬砌前的围岩开挖质量以及其他隐蔽部分的检查。

局部工程检查的内容有:路基、路面、桥梁、涵洞、构造物等部分工程或分部、分项工程已完工的检查。

(4)竣工验收检查

当工程已按施工合同及设计文件的要求建成,并已按规定编制完成竣工文件,由施工单位提出验收申请,经建设单位核实确已具备验收条件时,可报请主管部门或投资建设单位组织验收。

工程竣工验收前,由竣工验收领导小组对全部施工资料、竣工图表、工程决算、财务决算、上级批准的有关文件、工程总结等进行审查并检验评定工程各部位的质量,对比各项技术经济指标和使用指标,提出存在的有关问题。

大、中修和改善工程的竣工验收评定办法参照《公路工程竣工验收办法》执行。

8.2.6 道路养护管理系统

道路的养护维修要实现规范化、标准化、科学化,要建立由计算机管理的各项设施功能的评价与决策系统,采用较先进的计算机多媒体技术,定期采集数据,并输入数据库,使用专家系统,提供最佳养护维修方案。

(1)路面状况数据采集

为了确切地掌握路面状况、路面的损坏情况及其原因,正确地判断路面的剩余使用寿命,制订合理的养护维修计划,必须定期对路面使用性能进行调查,采集路面状况的有关数据。

路面状况数据采集分四个方面:

①平整度测定。路面平整度确定一般有三种方法:断面类平整度测定、反应类平整度测定、主观评估法。

②路面破坏情况调查。路面破坏的形态和特征多种多样,其损坏分类见表8-1和表8-2。

③路面弯沉测定。一般可分为无破损试验和破损试验。无破损测定一般采用弯沉仪测定路面弯沉值，再计算路面承载力；破损测定系由路面各结构层内钻取试件，在试验室内进行物理力学性质试验，确定各项参数，再计算路面弯沉。

④抗滑能力测定。一般可采用制动距离法、锁轮拖车法、偏转轮拖车法和摆式仪等方法测定。

沥青路面破损类型及分级标准 表 8-1

损坏类型		分级	外观描述	分级指标	计量单位
裂缝类	龟裂	轻	初期龟裂，缝细，无散落，裂区无变形	块度 20～50cm	m^2
		中	裂块明显，缝较宽，无或轻散落或轻度变形	块度 <20cm	
		重	裂块破碎，缝宽，散落重，变形明显，亟待修	块度 <20cm	
	不规则裂缝	轻	缝细，不散落或轻微散落，块度大	块度 >100cm	m^2
		重	缝宽，散落裂块小	块度 50～100cm	
	纵裂	轻	缝壁无散落或轻微散落，无或少支缝	缝宽≤5mm	m^2
		重	缝壁散落重，支缝多	缝宽 >5mm	
	横裂	轻	缝壁无散落或轻微散落，无或少支缝	缝宽≤5mm	m^2
		重	缝壁散落重，支缝多	缝宽 >5mm	
松散类	坑槽	轻	坑浅，面积较小（≤1m^2）	坑深≤25mm	m^2
		重	坑深，面积较大（>1m^2）	坑深 >25mm	
	松散	轻	细集料散失，路面磨损，路表粗麻		m^2
		重	集料散失重，多量微坑，表处剥落		
变形类	沉陷	轻	深度浅，行车无明显不适感	深度≤25mm	m^2
		重	深度深，行车明显颠簸不适	深度 >25mm	
	车辙	轻	变形较浅	高差≤25mm	m^2
		重	变形较深	高差 >25mm	
	波浪拥包	轻	波峰波谷高差小		m^2
		重	波峰波谷高差大		
泛油			路表呈现沥青膜，发亮，镜面，有轮印		m^2
修补不良					m^2

水泥混凝土路面破损类型及分级标准 表 8-2

损坏类型	损坏特征	分级标准	
纵向裂缝 横向裂缝 斜向裂缝	面板断裂成两块或三块，是由于荷载反复作用、温度翘曲应力、丧失支撑等引起	轻	缝隙宽小于 3mm 的细裂缝
		中	边缘有中等或严重碎裂高度小于 13mm 的错台裂缝，缝宽小于 25mm 的裂缝
		重	13mm 以上错台或缝宽大于 25mm 的裂缝
交叉裂缝 和破碎板	由于超载或地基软弱，板被裂分为四块以上	轻	板被裂分为 4～5 块
		重	板被裂分为 6 块以上，或中等裂缝分为 4 块以上
板角断裂	从角隅到断裂两端的距离小于边长的一半，通常由于重载、温度翘曲应力并伴随板底脱空和接缝传荷能力差引起	轻	缝隙宽小于 3mm 的细裂缝
		中	边缘有中等或严重碎裂高度小于 13mm 的错台裂缝，缝宽小于 25mm 的裂缝
		重	13mm 以上错台或缝宽大于 25mm 的裂缝
错台	接缝或裂缝两边出现高差	轻	错台量 6～12mm
		重	错台量大于 12mm

续上表

损坏类型	损坏特征	分级标准	
接缝碎裂	邻近横向或纵向接缝60cm内,板边混凝土开裂或成碎块	轻	碎裂发生在接缝附近8cm之内
		中	碎裂范围大于8cm,碎块松动,但一般不影响行车安全或危害轮胎
		重	影响行车安全或危害轮胎

(2)沥青路面养护管理系统

路面养护管理系统由路面数据库和路面评价、预测、经济分析、决策优化模型及统计分析模型组成,详见图8-5。

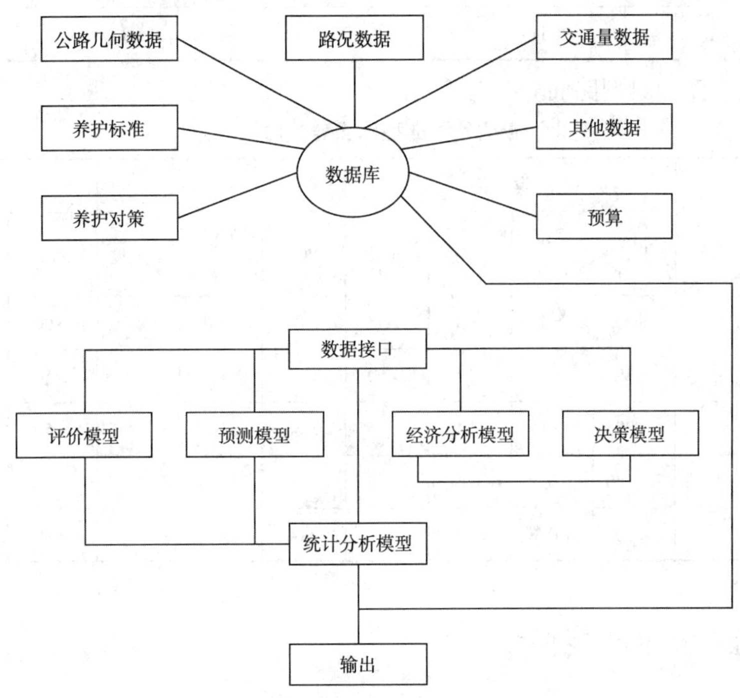

图8-5 路面养护管理系统的结构

(3)沥青路面损坏与评价

①沥青路面损坏分类,见表8-1。

②路面损坏评价。路面损坏评价指标以路面状况指数(PCI)和综合破损率(DR)表示。它们是路面损坏类型、程度和密度的函数,两者均可用于路况预测和养护决策,破损率还用于估算小修保养面积。

路面状况指数(PCI)以百分制评价路况质量。应选定评价路段,采用主客观结合的方法对路段进行调查和评价,建立PCI与损坏情况的相关关系。

路面破损率(DR)是路面发生各种损坏的综合指标。破损率计算式为:

$$DR = \frac{\sum\sum DT_{ij} \cdot K_{ij} \cdot W_{ij}}{A_0} \tag{8-1}$$

式中:DR——路面破损率(%);

A_0——该路段路面总面积(m^2);

DT_{ij}——第 i 类损坏、第 j 类严重程度时的实际破坏面积或长度(m^2 或 m);

K_{ij}——第 i 类破损、第 j 类严重程度时的换算系数,可从表 8-2 查出;

W_{ij}——纵裂、横裂和车辙损坏时的换算系数,$W_{横}=W_{纵}=0.2$,$W_{辙}=0.4$。

路面损坏状况分级建议:路面损坏状况按优、良、中、次、差划分为五种质量等级,如表 8-3 所列。

沥青路面损坏状况分级建议 表 8-3

评价指标	质量等级				
	优	良	中	次	差
PCI	≥90	80~90	60~80	40~50	≤40
DR(%)	≤1	1~3	3~8	8~12	≥12

表 8-4 为沥青路面典型路面养护对策。

沥青路面典型路面养护对策 表 8-4

路况 / 指标对策	一类公路				二类公路			三类公路		
	PCI	强度系数	平整度	抗滑	PCI	强度系数	平整度	PCI	强度系数	平整度
日常维护	>90	>1	<3	>50	>80	>1	<4	>60	>0.8	<6
大面积修补	>85	>1	<4	>50	>75	>1	<4	>50	>0.8	<6
表面处治	>80	>1	<4		>60	>0.8	<6	>50	>0.7	
加铺面层	70~80	>0.8	<6							
补强	<70	<0.8			<60	<0.8		<50	<0.7	

8.3 道路路面性能评价

道路路面性能评价是路面养护维修决策、道路经济分析的基础。路面性能评价模块根据收集的路面数据,判断目前路面状况是否满足交通要求;所得结果将作为采取养护或改建措施以及采取何种措施的依据。道路养护管理系统辅助决策的好坏,很大程度上取决于养护管理系统对路面性能的评价。

对路面的使用要求,有的具有客观属性,如结构承载力和抗滑性能,它们采用客观的指标来评价使用性能。而有的既具有客观属性,又具有一定的主观属性,如路面行驶质量和损坏状况就需要依靠主客观相结合的方法进行评价。路面行驶质量的评价,不仅依赖于路面平整度和车辆特性,也取决于乘客对车辆颠簸的接受程度。路面损坏有很多类型,不同严重程度和范围的损坏对路面性能有不同程度的影响,而这些影响又很难单独作出定量的评价。因此,需要依靠养护人员的经验对不同形态、程度和范围的路面损坏状况作一个综合的评价。

20 世纪 60 年代初期,美国 AASHO 道路试验路的最重要的成果之一就是提出了道路使用性能的评价方法,建立了路面评价模型。这个模型的建立对世界各国路面管理技术的发展有着深远的影响。从此,许多国家和国际机构,如加拿大、日本和世界银行等先后建立了相应的路面评价模型。

8.3.1 路面服务性能指数 PSI

路面的服务能力这一概念是在 AASHO 道路试验时由 Carey 和 Irick 提出来的。在这之前,路面设计中并没有人们普遍接受的关于使用性能的定义。把服务能力作为路面设计的一个因素,是 AASHO 设计方法的一个显著特点。

路面服务性能指数 PSI (present serviceability index)的基本方程式如式(8-2)线性形式:

$$\mathrm{PSI}=A_0+(A_1R_1+A_2R_2+\cdots)+(B_1D_1+B_2D_2+\cdots) \tag{8-2}$$

式(8-2)中 R_1、R_2、…为断面平整度的函数,D_1、D_2、…为表面损坏的函数。

由于测量的汇总资料对现时服务能力评定 PSR(present serviceability rating)不是线性的,必须对各个汇总值进行换算。通过绘制不同形式的量测值和 PSR 之间的关系曲线,发现柔性路面按以下形式换算的结果是直线形:$R_1=\lg(1+\overline{\mathrm{SV}})$,$R_2=\overline{\mathrm{RD}}^2$,$D_1=\sqrt{C+P}$。$\overline{\mathrm{SV}}$ 为平均斜率方差,$\overline{\mathrm{RD}}$ 为平均车辙深度,C 和 P 分别为开裂指标和补丁指标。

因此,对于柔性路面,方程式(8-2)可转化式(8-3):

$$\mathrm{PSI}=A_0+A_1\lg(1+\overline{\mathrm{SV}})+A_2\overline{\mathrm{RD}}^2+B_1\sqrt{C+P} \tag{8-3}$$

式(8-3)中的系数 A_0、A_1、A_2 和 B_1 可用多元线性回归方法确定。所有路段 PSR 与 PSI 的误差可用式(8-4)表示。

$$E=\sum(\mathrm{PSR}-\mathrm{PSI})^2=\sum(\mathrm{PSR}-A_0-A_1R_1-A_2R_2-B_1D_1)^2 \tag{8-4}$$

式(8-4)中$\sum$表示所有试验柔性路面路段的总和。确定系数 A_0、A_1、A_2 和 B_1 时必须保证误差最小。对各个系数取偏导数,并令其等于 0,可使 E 最小。结果可得到四个方程式并且很容易求出这四个未知系数。如 A_0 推导如式(8-5)所示。

$$\frac{\partial E}{\partial A_0}=0\Rightarrow\overline{\mathrm{PSR}}=A_0+A_1R_1+A_2R_2+B_1D_1 \tag{8-5}$$

根据 AASHO 的 74 个柔性路段的试验,最终得出著名的柔性路面 PSI 方程式,即式(8-6):

$$\mathrm{PSI}=5.03-1.911\lg(1+\overline{\mathrm{SV}})-1.38\,\overline{\mathrm{RD}}^2-0.01\sqrt{C+P} \tag{8-6}$$

由式(8-6)可知,路面裂缝破损和车辙占很小比例,这两种因素的变化对 PSI 基本不产生影响。与此相反,路面平整度对 PSI 有显著的影响。SV 增大时,特别是在小于 10 的范围内,PSI 变化很大。当 SV = 10 时,PSI 减少 40%,说明 20 世纪 60 年代美国的道路具有很差的平整度。同时,也反映出当时汽车的减振性远不如现在。因此,平整度在式(8-6)中是最重要的影响因素。所以,可认为 AASHO 的 PSI 是道路使用者的评价模型。

而日本根据 AASHO 研究方法,建立了日本的 PSI 模型,如式(8-7):

$$\mathrm{PSI}=4.53-0.518\,1\lg\sigma-0.371\sqrt{C}-0.174D^2 \tag{8-7}$$

由式(8-7)可知,日本 PSI 的关键影响因素正好和美国相反,平整度占很轻的比重。说明 20 世纪 70 年代末期日本的路面具有很高的平整度。同时,也可以看出日本比较重视裂缝和车辙对路面性能的影响。所以,可认为式(8-7)是道路管理者的模型。

上述通过 PSI 确定路面服务能力的方法现今仍具有重要的指导意义,但是 PSI 方程式本身却具有以下缺点:

①方程是建立在道路试验评定组评价的基础上。由于车辆、道路性能和行驶速度变化很大,今天人们对服务能力的感受是否与40年前相同是值得怀疑的。

②方程不仅包括行驶性能,还包括表面损坏情况。对路面统计管理部门来说,最好将行驶质量和表面破损分开。因此,需要研究新的路面评定方法,使路面的客观评定直接并合理地与人们对行驶质量的感觉联系起来。

③道路试验中所用的断面仪今天已不再使用。若是采用 AASHO 原始的 PSI 方程,而确定平整度的方法又不同时,误差将成倍增加。解决这一问题的最好办法是组织一个新的路面评定组,再将评定结果直接与感兴趣的特定平整度联系起来。

由于路面破损和行驶质量两者都是描述路面物理状况的指标,通常假设互相有很好的相关性,根据一个测量值,便能可靠地计算另一个值。然而,在路面性能数据库中还难以找到这种关系。在破损和平整度之间缺乏相关性的原因,是因为事实上这两者对路面状况来说是不同的物理属性。

8.3.2 分项—综合指标评价方法

路面使用性能具有多方面属性,各自从不同侧面满足不同对象的要求。例如,作为道路使用者,最关心的是道路行驶的舒适性和安全性;而道路管理者主要关注路面的破损状况和道路结构承载力。因此,随着路面管理技术的发展,使用单项指标从各方面评价路面使用性能将得到普遍认同。对于路面使用性能,通常从路面行驶质量、路面损坏状况、结构承载能力和安全性能这四个方面进行评价。

(1)路面损坏状况评价

每个路段的路面可能出现各种不同类型、严重程度和范围的损坏。然而,在管理路面和分配养护资源时,养护维修项目计划的选择是比较困难的决定。是修补龟裂重要呢,还是修补车辙重要呢? 不同类型的损坏、范围和严重程度应如何综合才能显示一条路段比其他具有不同损坏的路段处于更坏的状态呢? 为了使各路段的损坏状况可以进行比较,需要有一个损坏综合评价指标合成各种损坏。这种指标在路段进行比较时是有用的,但它是一个主观的过程。

一般采用路面状况指数 PCI 来对路面损坏状况进行评价。扣分法是确定路面状况指数 PCI 的常用方法,如式(8-8)和式(8-9)。对不同的损坏类型、严重程度和范围规定不同的扣分值,按路段的损坏状况累计扣分值后,以剩余的数值表征路面的完好程度,评价路面的好坏。

$$\mathrm{PCI} = C - \sum_{i=1}^{n}\sum_{j=1}^{m}\mathrm{DP}_{ijk}\omega_i\omega_j \tag{8-8}$$

$$\mathrm{PCI} = C - \left(\sum_{i=1}^{n}\sum_{j=1}^{m}\mathrm{DP}_{ijk}\right)F(t,d) \tag{8-9}$$

式中:C ——初始评分数,常用百分制,$C=100$;

i,j ——相应为损坏类型数(共 n 种)和严重程度等级数(共 m 种);

DP_{ijk} —— i 种损坏、j 级程度和 k 范围的扣分值;

ω_i,ω_j ——各种损坏类型和严重程度的权函数;

$F(t,d)$ ——多种损坏的修正函数,是累计扣分数 t 和扣分次数 d 函数。

在这种扣分方法中,为了计算累计扣分值,首先必须为每种损坏类型制订扣分曲线或者扣分表。表8-5为一龟裂扣分曲线表。

（龟裂）单项扣分表 表8-5

类型	严重程度	损坏率(%)					
		0.1	1	5	10	50	100
龟裂	轻	8	12	18	30	50	60
	中	10	14	22	35	55	75
	重	12	17	28	45	70	90

路面损坏往往出现多种类型，或伴随几种严重程度。如果按单项扣分值累加而得到多种破损路段的扣分值，往往会超过对多种损坏路段的综合评分结果，甚至可能出现负的结果。因此，需要对多种损坏进行修正。

一种修正方法是分层加权累加求总扣分值，即先对每一种损坏类型加权累加不同严重程度的扣分值，而后再加权累加不同损坏类型的扣分值，由此得到总扣分值，如公式(8-8)所示。采用该方法，关键是确定权数 ω_j 和 ω_i。权数 ω_j 和 ω_i 为该层次单项扣分值与累加扣分值比例（$DP_j/\sum DP_j$ 或者 $DP_i/\sum DP_i$）的函数。

另一种修正方法是对总扣分值进行修正，如公式(8-9)所示。通过对多种损坏路段的直接评分结果和按各损坏单项扣分值累加得到的总扣分值之间建立经验关系，可得扣分值修正曲线。

这种用扣分法评价路面损坏状态的方法，较早在美国华盛顿州路面管理系统中得到应用，后来在 PAVER 系统中得到进一步完善，从而促进了该方法在评价路面状况中的广泛应用。

我国在“七五”国家攻关期间根据北京市和广东省的路面状况，也利用这种扣分方法开发了路面状况指数 PCI 模型。

采用扣分法能够精确地计算和折算多种损坏导致的路面总体损坏程度，在理论上是比较完整的。但是扣分值和修正值的准确估计是该方法的困难之处。而且扣分值或者扣分曲线只是针对特定系列的损坏类型和严重程度。如果损坏严重程度的临界值改变了，那么必须修改扣分曲线或者扣分值。

路面状况指标 PCI 直接与路面综合破损率建立经验关系的方法是评价路面状况的另一种常用方法，通常表现为 $PCI = f(DR, IRI, \cdots)$。

路面损坏状况评价指标作为评价路面质量的重要指标之一，无论在网级还是在项目级的管理系统中，它都起着重要的作用。在许多地方和城市的路面管理系统中，路面损坏状况指标通常作为唯一的路面质量评价指标。在这些地方因为设备、费用等原因而导致平整度、抗滑能力的检测比较困难。

(2)路面行驶质量评价

路面行驶质量同路面的平整度、车辆的动态响应以及乘客对舒适性的要求和对颠簸的接受能力有关。行驶质量通常采用汇总众多乘客的主观评价意见计算出评分值。将各路段的评分值与各路段实测的平整度指标通过回归分析建立主观评分同客观测量的相互关系。因此，可以根据路面平整度的客观测量结果得到对路面行驶质量的统一评价。

在我国，测量平整度的常用仪器有 3m 直尺、连续式平整度仪和车载式颠簸累积仪三种。在对道路定期全面调查时，平整度应采用车载式颠簸累积仪进行测量，以确保路面检测的准确、快速和安全。至于 3m 直尺和连续式平整度仪只适用于一般道路小范围的抽样调查。

车载式颠簸累积仪的检测结果颠簸累计值 VBIV 通常需要转换成国际平整度 IRI。国际平整度 IRI 使得不同尺度的平整度能在同一数量基础上进行比较。IRI 的一般定义是一个标准的四分之一汽车数字模型，沿着量测断面以 80km/h 或 50km/h 的速度行驶时，悬架颠簸累计值与行驶距离的比值。当使用非直接测量 IRI 的其他设备时，可通过回归分析建立与国际平整度指数的相互关系，换算成国际平整度指数 IRI。以车载式颠簸累积仪为例，其测定值 VBIV 与国际平整度指数 IRI 之间的相互关系如式(8-10)所示。

$$\mathrm{IRI} = a + b\mathrm{VBIV} \tag{8-10}$$

我国也常用平整度标准差 σ 来标定平整度。因此，在养护管理系统中，提供平整度标准差 σ 可以更好地满足用户需求。为了提供标准差 σ，需要建立标准差 σ 与国际平整度 IRI 之间的相互关系。通常不同的路面有不同的关系式，如在沪宁道路中，标准差 $\sigma = -0.0976 + 0.5979\mathrm{IRI}$。

路面行驶质量通常以质量指数 RQI 描述。RQI 一般按 5 分制、10 分制和 100 分制来计分。我国《公路养护技术规范》(JTJ 073—96)规定 $\mathrm{RQI} = 11.77 - 0.75\mathrm{IRI}$。

路面平整度数据在网级和项目级的养护管理系统中，有着广泛的需求。在网级路面养护系统中，它被用来进行项目选择和项目计划。人们通常认为一条道路的路面如果很不平整，那么它的服务水平就不能被公众接受；而一条路面如果受到一定的损坏，但是它具有较高的平整度，那么该道路的服务水平还是可以被公众接受的。因此，在许多养护管理系统中，平整度常常是决定项目选择的主要因素之一。

在网级系统中，平整度并不需要很高的数据精度。通过对路网的平整度调查，可以进行整个路网的需求评估和制订养护维修资金的投资计划。而在项目级的系统中，就需要很精确的路面性能评估。在项目级的管理系统中，平整度数据通常作为养护维修质量控制、周期性路面性能预估和维修方案评估的依据。

(3)路面结构性能评价

路面结构性能评价的目的是评估现有路面的承载能力和确定路面的剩余寿命。所谓路面的剩余寿命，是指路面在达到预定的损坏状况之前还能使用的年数和能承受标准轴载累计作用次数。依据剩余寿命的长短，可以判断路面结构的完好程度及损坏发展的速率，可以确定是否需要采取改建措施并进行加铺层改建设计。

结构承载能力一般通过路段代表弯沉与设计弯沉的关系变化来进行评价。路段代表弯沉应采用自动弯沉检测车进行测量，各测点间的间距通常为 100 米。通过各测点的平均值加 2 倍的标准差，计算出路段的代表弯沉值。

我国对现有路面的承载能力可用结构能力指数 SAI(structure adequacy index)作为评价指标。SAI 主要与设计容许弯沉值、路段代表弯沉值和年平均日交通量(AADT)有关，如式(8-11)所示。

$$\mathrm{SAI} = f(\text{路面允许弯沉、路段代表弯沉、AADT}) \tag{8-11}$$

式(8-11)中，SAI 可用 5 分制、10 分制和 100 分制来表示。对于我国，采用 100 分制更符合人们的使用习惯。

在式(8-11)中，路面允许弯沉和路段代表弯沉是影响 SAI 的主要因素。在我国《公路养护技术规范》(JTJ 073—96)中，它们的比值被称为路面强度系数 SSI。对于道路而言，不同的路面结构强度等级，应对应不同的 SSI 和 SAI，如表 8-6 所示。

路面强度评价标准 表 8-6

结构强度等级	优	良	中	次	差
SSI	≥1.2	1.2~1.0	0.8~1.0	0.6~0.8	<0.6
SAI(100 分制)	≥85	70~85	55~70	40~55	<40

利用沥青路面设计弯沉公式,可以确定当代表弯沉值与设计弯沉值相等时路面所能承受的标准轴载累计作用次数 N_e,即式(8-12)。通过交通调查,可分析得到弯沉评定之前路面已经承受过的标准轴载累计作用次数 N_0。以 N_0 与 N_e 相比,便可确定路面的剩余寿命(以标准轴载作用次数记)。按当时的交通量和对今后交通量增长的预估,便可估计出路面剩余寿命。相反,由剩余寿命可判断路面结构的潜在承载能力。

$$N_e = \left(\frac{600A_C A_S A_B}{L_d}\right)^5 \tag{8-12}$$

路面结构承载能力同路面损坏状况之间存在一定内在关系。承载能力足够的路面,出现的裂缝和变形损坏很少;而承载能力不足的路面,经常伴随严重的开裂和变形。因此,路面破损状况的评价指标 PCI 可以与路段代表弯沉建立回归关系式,即 PCI $=f$(弯沉值)。

通过路面损坏状况来评价路面的结构承载能力,免去了弯沉测定。但是这种损坏状况评价带有主观性,所建立的关系式具有地区局限性。此外,它只能判断路面承载能力是否足够,而无法估计路面剩余寿命。

(4)路面安全性能的评价

对于路面安全性能的评价,一般只考虑抗滑能力。然而影响路面安全性能的因素实际包括以下几个方面:①抗滑能力;②车辙(因为车辙可以造成路面积水,使得汽车有发生水上漂移的危险);③路面的反光;④车道分界;⑤外来障碍物。

影响路面抗滑能力的因素包括:路面特性(粗构造、细构造)、油和水对路面的污染、车辆参数(主要是轮胎)和驾驶因素(行车速度)等。

路表面的细构造是指集料表面的粗糙度,它随车轮的反复磨耗作用而逐渐磨光,通常用石料磨光值(PSV)表征其抗磨光的性能。路表的细构造在低速行车(30~50km/h)时,对路表的抗滑能力起决定作用。而高速行车时起主要作用的是粗构造。粗构造是由路表外露集料构成的,功能是使路表水迅速排除,以免形成水膜。粗构造由构造深度表征。

路面的抗滑能力可采用摆式摩擦系数测定仪(摆式仪)或横向摩擦系数测定车(SCRIM)检测。对于道路,宜采用横向摩擦系数测定车(SCRIM)测定。SCRIM 的测量轮与车辆行驶方向成 20°,在不使用时测量轮可以提起。测量结果以横向力系数 SFC 输出,即 SFC $=100f$。SCRIM 保证了高速、连续地测量路面的抗滑能力。

通过横向力系数 SFC 可以判断路面抗滑能力的大小,表 8-7 列出了沥青路面抗滑能力的评价标准。

路面抗滑能力 表 8-7

评价标准	优	良	中	次	差
横向力系数 SFC	≥50	40~50	30~40	20~30	<20

(5)路面性能综合评价

路面性能评价通常有两个主要目标:在网级系统中,进行项目和处治对策的选择;在项目级系统中,确定特定的养护维修需求。

不同的养护管理层次为了实现这两个目标，就需要详细程度不一的当前路面性能指标。对于最高的管理决策层，综合性的指标就显得特别重要。他们作为拥有预算拨款权力的一层，每天都会接触大量的信息。反映整个路网状况的综合指标对他们来说是最重要的。而对于中等层次的管理决策层，他们主要使用综合指标制订政策和项目技术路线。因此，各级管理者、相关官员和公众可通过综合指标了解路面的整体服务能力。

对于路面综合指标，并没有一套简单的工程公式可以利用，一般根据主观经验方法或者社会科学技术来开发综合指标公式。综合指标需要考虑路面的各种单项性能并以加权组合的形式组合各种单项特性指标，如式(8-13)所示。

$$\mathrm{OPI} = W_1 C_1 + W_2 C_2 + \cdots + W_n C_n \tag{8-13}$$

式(8-13)中，OPI 表示路面状态综合指标；$W_1, \cdots, W_n$ 表示各种特性的权重；$C_1, \cdots, C_n$ 表示各种特性取值。其中，$W_1 + W_2 + \cdots + W_n = 1$。

综合指标评价方法中因素和权数的选择，随不同的系统而异。不同因数和权数也反映了该路面使用性能的关键影响因素。在 PAVER 系统和 MTC 系统中，综合指标主要考虑了路面的各种表面损坏。然而，大多数系统中的综合指标至少考虑两个以上的路面单项性能。例如，综合指标路面质量指数 PQI 至少需要考虑路面破损状况指标 PCI、路面行驶质量指标 RQI 和路面结构能力指标 SAI。我国《公路养护技术规范》(JTJ 073—96)还考虑了路面安全性能。

综合评价指标用一个指标反映了路面所处的状态，可以对不同路段的路况作相对比较，以安排项目的优先次序，同时也可作为路面性能预测的基础之一。但是，由于不清楚单项使用性能指标及其实际所占的比重，因此综合评价指标并不能解释路面究竟在哪一方面存在问题，也难以依据这一指标来确定应采取的养护和改建对策。因此，作为一个完善的养护管理系统，有必要同时提供各种单项性能指标和综合性能指标。

可以采用 n 维向量的形式来表征路面所处的状态。例如，选取行驶质量指标 RQI、路面状况指标 PCI、路面结构能力指标 SAI、横向力系数 SFC、综合指标路面质量指数 PQI 五个参数作为路面状况评定的结果输出，即向量形式(RQI、PCI、SAI、SFC、PQI)。这种包含综合指标的向量表示形式，既可以对各路段的路面使用性能有较全面的了解，从而可以根据实际情况确定养护和改建对策；又可以对不同路段的使用性能作简单对比，进行项目的优先排序。

(6)路网状况显示方式

针对上级管理部门和设计与施工部门对特定路段当前状况的咨询，一个完善的道路养护管理系统应随时可以作出反应。此外，公众对道路服务能力的关心和询问也应得到充分的解释。而这些能力取决于系统开发时功能分析的完善程度和系统对特定查询反应的灵活性。

对于路面当前状况的描述，通常有下面三种方法：

①彩色数字地图显示所有路段的当前状态。地理信息系统(GIS)是主要应用技术。该方法具有很高的可视化能力，有助于对各路段状况的描述。尽管产生数字地图是很耗时的，但是对于公众、相关政府官员和高层管理者来说，该方法还是很值得的。

②使用图解来描述路面状况。可以使用饼形图显示路段各种性能处于好、中、差状况的百分比。对于路面状况随时间的变化可以通过折线图显示出来。图 8-6 显示了某路段平整度随时间变化的情况。

③使用统计表格列出各性能数据和各种等级的比例。这是最常用的方法。这些比例一般根据路面质量指数、所需养护维修对策来分类统计。

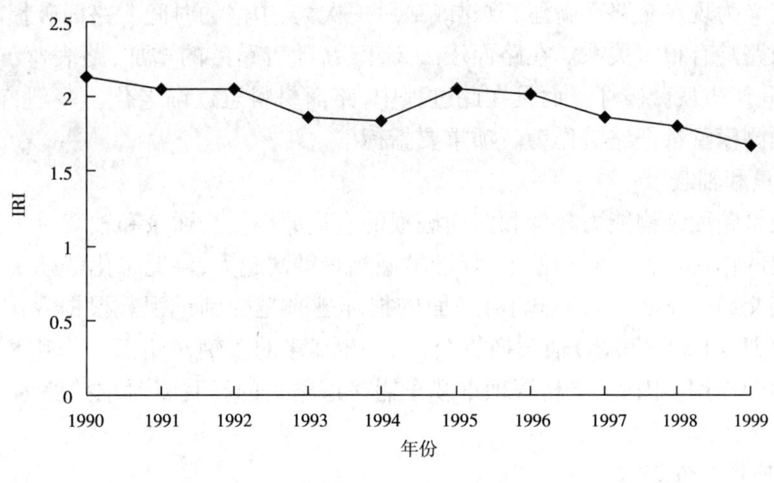

图 8-6　平整度随时间变化图

8.4　路面使用性能预测

8.4.1　影响路面使用性能变化的因素

建立路面使用性能预测模型,首先要对促使路面使用性能变化的主要原因进行分析。因为很少有预测模型能包括所有影响使用性能的因素,所以分析各种影响因素,不仅有助于建立尽可能完善的性能预估模型,而且可以确定各种特定模型的使用范围。路面使用性能影响因素主要包括路面类型、气候条件、路龄、交通量、施工质量和养护水平等。

(1)路面类型

路面类型包括面层类型、面层厚度、基层类型、基层厚度和路面材料特性。路面类型是路面使用性能变化的内在因素,起决定作用。不同的路面类型所表现的路面性能是不尽相同的。

通常,各种养护管理系统将路面按面层类型、厚度和基层类型分组,分别建立各组的预测模型。在项目级系统中,需要进行路面结构分析,因此通常把各结构层的模量和厚度作为使用性能的影响变量。在网级系统中,并不需要进行结构分析,可从不同材料和厚度方面考虑路面类型的影响。在路况检测数据较为充分的情况下,可为每种改建对策分别建立使用性能模型,以反映路面结构差异的影响。

(2)气候条件

气候因素包括温度和湿度。温度是沥青路面温缩开裂和车辙的主要原因之一。如果冬天温度较低,则沥青路面通常出现低温开裂。而在较温暖的地区,如果使用了过硬的沥青面层,或者由于沥青老化变硬,将会出现温度疲劳开裂。

湿度影响,实际上是水对路基和路面的影响。在降雨量较大或冬夏温差较大的冰冻地区,路面因路基的承载能力降低而容易变坏。如果冰冻和潮湿现象同时发生,情况会更严重。冻融循环容易导致路面的冻胀和翻浆。此外,与水经常接触将使沥青混合料剥落,影响沥青混合料的耐久性。

气候对路面性能的影响可以按照气候分区或气候指标来考虑。

(3)路龄

路龄被定义为现在至路面新建、改建或最后一次大、中修的时间。路面破损状况和路面结构承载能力与路龄有很大关系。在路面竣工2年后,随着路龄的增加,路表弯沉不断增加,整体刚度下降,并产生疲劳破坏。而且在此过程中,路面材料也逐渐老化。一般,确定型预测模型和概念型预测模型都把路龄作为一项重要指标。

(4)交通量和轴载

交通荷载是路面结构能力降低和路面破损的直接原因。交通量和轴载对于路面状况恶化起着非常重要的作用。在相同条件下,标准轴载当量轴次越大,路况恶化就越快。

随着我国交通的发展,重载车辆对路面的损坏越来越受到重视。根据我国《公路沥青路面设计规范》(JTG D50—2006)轴载换算公式,一辆15t的车辆对路面的作用相当于38辆5t的车辆对路面的作用。因此,严格管理重载车辆在道路上的行驶将对维持路面使用性能有着重要的意义。

(5)施工质量和养护水平

路面使用性能的衰变同施工质量密切相关,尤其在路面竣工初期。施工质量同施工队伍的技术水平、施工工艺和设备等诸多因素有关。这些因素大多难以量化,但具有区域类聚性。因而,较好的方法是按地区分别建立使用性能模型以反映施工质量的影响。

路面在使用过程中进行完善的养护,可在不同程度上延缓路面使用性能的衰变。不同养护水平,对路面使用性能衰变的延缓有着不同的影响。

8.4.2 性能预测模型开发内容

在确定路网中各路段的维修需求年份时,需要预测路面性能的变化。此外,也可能对性能指标中部分重要内容的变化率进行预测。如为了评估养护需求,就可能对路面损坏中的裂缝进行预测。图8-7显示了怎样用预测来对某存在路段进行路面性能衰减评估,以及估计维修需求年。同时,它显示了在维修需求年,各种不同的维修方案对路面性能的影响。

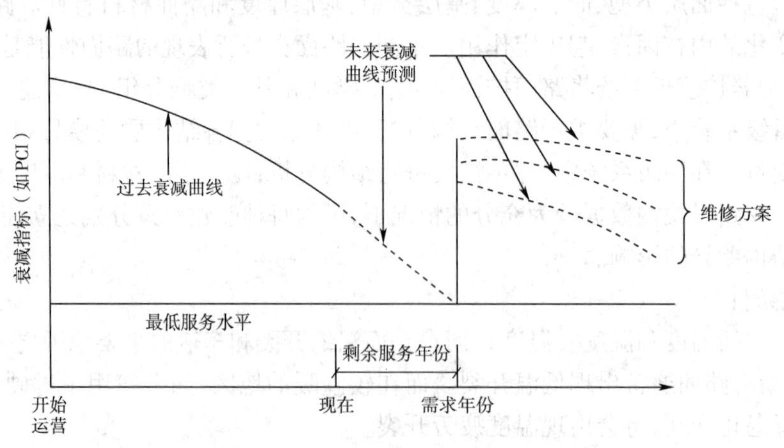

图8-7 路面性能衰减预测曲线

开发预测模型通常需要确定以下内容:一个充分的数据库资源,影响路面性能的主要因素,描述当前路面状态的模型形式,评估模型精度的标准。

8.4.3 路面性能预测模型

路面性能预测模型从表达方式上可分为确定型预测模型和概念型预测模型，如表 8-8 所示。确定型模型是为路面寿命或某项使用性能指标预估出一个数值。路面使用性能主要包括破损、平整度、强度和摩擦系数四大指标。因此，确定型主要从基本反应、结构性能、功能性能和使用寿命等方面考虑。概率型模型则是预估各种指标的状态分布，主要分为残存曲线、马尔可夫(Markov)模型和半马尔可夫模型等。

路面性能预测模型类型 表 8-8

模型类型						
确定型				概率型		
基本反应 ①弯沉 ②应力 ③应变	结构性能 单项 损坏 路面 状况	功能性能 ①安全 ②PSI	使用寿命 累计 当量 轴载	残存 曲线	转移过程模型	
					马尔可夫模型	半马尔可夫模型

模型类型差异决定了其建模方法的不同，概括而言可分为：力学法、力学－经验法、经验回归法和概念模型法。

(1)力学预测模型

力学预测模型是利用弹性理论或黏－弹性理论模型，通过结构分析得到路面在荷载作用下的应力、应变或位移方程。模型参数可由室内试验确定。力学模型有比较完善的理论依据，但是计算复杂且工作量大。由于它常与路面管理采集的数据不一致，所以在路面性能预测中应用不多。力学法只能建立与路面基本类型(应力、应变或弯沉等)有关的模型。如要用力学分析的结果预估路面的结构性能和功能性能，则需要提供路面检测数据，以建立路面使用性能同路面基本反应的经验关系，这就促使另一种主要的建模方法——力学－经验法的出现。

(2)力学－经验预测模型

力学－经验法不仅可以预测路面的使用寿命和结构性能，而且还可以通过将路面反应同路面性能相关联进行功能性预测。其建模方法通常分两步。第一步是力学结构分析。根据弹性理论(弹性层状体系或弹性地基板)或黏－弹性理论，计算各种路面反应类型的参数，包括：弯沉、水平拉应力、应变、沥青层底应变能、基层顶部垂直压应力和压应变等。第二步是通过回归分析，建立路面反应参数同使用性能(平整度、路面状况等)之间的经验关系。

现有的路面结构设计方法，大多采用水平拉应力、应变能、疲劳开裂、车辙或路表弯沉等指标作为衡量路面结构损坏的标准。因此，大多数力学－经验预测模型采用它们作为反应参数，建立与使用性能之间的关系。如式(8-14)和式(8-15)分别使用沥青层底部应变能和拉应力预测相关结构性能和使用性能。式(8-14)是使用力学－经验法预测平整度的公式。

$$\lg(\mathrm{QI}) = 1.297 + 9.22\times10^{-3}\cdot \mathrm{AGE} + 9.08\times10^{-2}\cdot \mathrm{ST} - 7.03\times10^{-2}\cdot \mathrm{RH} + 5.57\times10^{-4}\cdot \mathrm{SEN1}\cdot \lg N \tag{8-14}$$

式中：QI——平整度；

AGE——路龄；

ST——路面类型变量(0 为未罩面，1 为已罩面)；

RH——维修指标值(0 为未罩面，1 为已罩面)；

SEN1——沥青层底部应变能(10^{-4}kgf · cm);

N——累计当量轴次。

式(8-14)的相关系数 R^2 为 0.52,标准差为 0.11。图 8-8 为相应的图解。

此外,Queiroz 根据层底拉应力预测路面裂缝,见式(8-15)。

$$CR = -8.70 + 0.258HST \cdot \lg N + 1.006 \cdot 10^{-7} \cdot HST \cdot N \tag{8-15}$$

式中:CR——路面裂缝面积百分率;

HST——沥青面层底部水平拉应力(0.1MPa)。

式(8-15)的相关系数 R^2 为 0.54,标准差为 15.40。

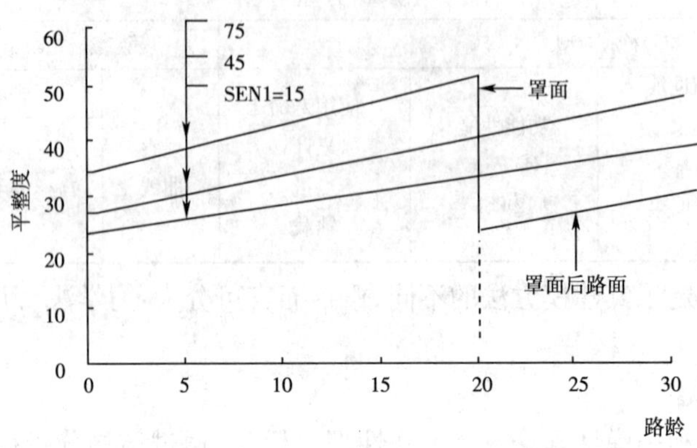

图 8-8 力学-经验法预测平整度

力学-经验法所建立的模型是理论计算(结构分析)和实测数据相结合的产物。模型的形成和引入的变量可以根据专业知识确定,而系数则是通过对使用性能参数实测数据和结构分析得到的路面反应进行回归分析。应用力学-经验法建模,需要对特定的路面结构进行应力、应变和位移量分析。分析时,要考虑到交通和环境条件以及路基路面材料的变化。因而该方法在建立模型时分析和计算工作量较大,但外推性能好,通常适用于项目级管理系统。

(3)经验回归预测模型

经验回归预测模型以多年的检测数据为基础,通过回归分析方法,确定影响路面性能的主要影响变量(通常为路龄、交通量和相关使用性能参数),建立路面性能预测模型。经验回归预测模型避免了力学法和力学-经验法对路面结构复杂的分析,所以采用该回归方法建立的预测模型形式都比较简单。

例如,美国华盛顿州基于长期的路面性能数据库,建立了一套路面状况指标回归公式,即:

$$PCR = C - mA\mu \tag{8-16}$$

式中:PCR——路面状况指数,范围 0~100;

C——路面完好时 PCR 得分,该处取 100;

m——系数;

A——路龄;

μ——控制曲线线形的常量。

表 8-9 为华盛顿州使用式(8-16),针对不同路面类型而回归出的标准路面性能预测公式。

华盛顿州标准路面性能预测公式 表 8-9

建筑类型/路面类型	性能预测公式
新建或重建/沥青混凝土(AC)	PCR = 100 - 0.22 × (AGE) × 2.00
新建或重建/沥青面层处治(BST)	PCR = 100 - 0.086 × (AGE) × 2.00
重铺路面/AC 上铺 BST	PCR = 100 - 8.50 × (AGE) × 1.25
重铺路面/AC 罩面(1.2 ~ 2.4 英寸)	PCR = 100 - 0.76 × (AGE) × 1.75
重铺路面/AC 罩面(>2.4 英寸)	PCR = 100 - 0.54 × (AGE) × 1.75

注:1 英寸 = 0.025 4m。

我国北京等地区,也通过经验回归方法建立了适应当地的路面状况指数 PCI 和行驶质量指数 RQI 的预测模型。

利用经验(回归)方法建立使用性能预估模型,得到的只是使用性能变量与其影响变量之间的某种程度的统计拟合,回避了自变量(影响变量)对因变量(使用性能参数)影响的物理性质的机理分析,其可靠度不仅取决于有关资料和数据的准确性与充分性,而且也依赖于建模人员对所选用的使用性能变量和影响变量之间关系的理解程度和认识程度。

在某些使用性能衰变机理尚不清楚时,使用经验回归方法具有明显的优势。这类模型结构简单,易于更新。当选用的使用性能参数是综合性指标时,所得预测模型适用于网级系统,而选用单项结构性能指标或者单项功能性能指标时,则所得预测模型较适用于项目级系统。

(4)概率型预测模型

概率型预测模型主要包括残存曲线模型、马尔可夫模型和半马尔可夫模型。目前,应用最多且发展最完善的是马尔可夫模型。

马尔可夫模型的核心内容是状态转移概率矩阵。它表示同一路面性能(如 PCI、RQI、SAI 等)从一种状态转移到另一种状态的概率。所谓状态,是指使用性能各参数处于某一范围。

为了使路面性能变化适合马尔可夫过程,需要假设:①路面使用性能指标可划分为有限个状态;②路面使用性能从某一状态转移到另一状态时的概率只与当前的状态有关,而与以前的状态无关;③转移过程是静态的,即转移概率不随时间变化。

其中,假设②和假设③与现实差距较大。特别是假设③,在多数情况下不能成立。在半马尔可夫模型中假设转移过程仅在某一时段内是静态的,而不同时段之间的转移过程不断变化。所以从本质上分析,半马尔可夫模型更符合实际情况,但是转移过程的不断变化大大复杂了状态转移概率矩阵的建立。

马尔可夫过程建模的步骤主要包括:选择使用性能变量,定义路况状态和确定初始量;为不同的路面类型或者各种养护和改建措施分别提出转移概率矩阵;利用转移概率矩阵预估某时段某种路况状态的概率。

使用性能变量主要依据整个系统的要求和条件确定。一般可采用综合性指标(如 PQI、PCI 等),也可采用开裂、平整度等单项指标。所选定的使用性能变量,按其变化范围划分为若干个离散等级,称作路况状态。如表 8-10 所示,路面状况指数和结构能力各分三个等级,共组成九种路况状态。例如,状态 5 表示路面状况指数处在 70 ~ 85 而结构能力为临界的路况状态。

马尔可夫模型路况状态表 表 8-10

路面状况指数	结构能力		
	足够	临界	不足
85 ~ 100	1	4	7
70 ~ 85	2	5	8
55 ~ 70	3	6	9

转移概率矩阵表示了一种路面状态在将来某时刻转变成各种状态的概率。它是马尔可夫模型的核心内容和关键所在。不同路面结构、不同交通水平、不同路龄的路面性能具有不同的衰变特性,因此转移概率矩阵不是唯一的。所以,为了增加马尔可夫模型的预估能力,应将路网根据各路况划分为某些具有共性的子网,然后为各子网建立转移概率矩阵。

建立转移概率矩阵通常有经验判断、统计分析和回归方程分析三种方法。如果在初期缺少检测数据的情况下,依据工程师的经验建立转移概率矩阵不失为一种变通方法。但是这种凭主观经验建立的转移概率矩阵,可靠性较差。所以在拥有足够历史数据时,可以通过统计分析方法建立转移概率矩阵。这种采用统计分析方法建立的矩阵精度,取决于数据历史时间的长短和数据的精度。

在路况检测数据积累不足而又对依靠经验拟定的转移概率矩阵的可靠性有所顾虑的情况下,可以利用有限的路况数据,建立使用性能与影响变量的回归方程,之后再根据回归方程确定转移概率矩阵无疑是最佳选择。

表 8-11 为对应于表 8-10 中九种路况的转移概率矩阵。如表 8-11 所示,大部分路面仍能在下一年保持同样的路况状态。例如,在表 8-11 中,路况状态为 4 的路面有 92% 的概率在下一年仍保持该路况状态。对于转移概率矩阵,需要注意的是,每行概率值的总和应等于 1。

转 移 概 率 矩 阵 表 8-11

初始路况	将来路况								
	1	2	3	4	5	6	7	8	9
1	0.90	0.04	0.02	0.03	0.01	0	0	0	0
2	0.01	0.90	0.03	0	0.05	0.01	0	0	0
3	0	0.01	0.92	0	0.01	0.03	0	0.01	0.02
4	0	0	0	0.92	0.05	0.02	0	0.01	0
5	0	0	0	0.01	0.94	0.03	0.01	0.01	0
6	0	0	0	0	0.01	0.94	0	0.01	0.04
7	0	0	0	0	0.02	0	0.95	0.02	0.01
8	0	0	0	0	0	0	0.01	0.96	0.03
9	0	0	0	0	0	0.01	0	0.01	0.98

在确定转移概率矩阵后,就可以通过当前状态矢量矩阵 $\boldsymbol{P}(t_0)$ 预估 T 年后的路况状态 $\boldsymbol{P}(t_0+T)$。假设当前 t 年状态 i,在一年后即 $t+1$ 年转换成状态 j 的概率矩阵为 $\boldsymbol{G}^t$,则有式(8-17):

$$\boldsymbol{P}(t_0+T)=\boldsymbol{P}(t_0)\times\boldsymbol{G}^{t_0}\times\boldsymbol{G}^{t_0+1}\times\boldsymbol{G}^{t_0+2}\times\cdots\times\boldsymbol{G}^{t_0+T-1}=\boldsymbol{P}(t_0)\times\prod_{r=0}^{T-1}\boldsymbol{G}^{t_0+r} \tag{8-17}$$

因为马尔可夫过程是静态的,转移概率不随时间变化,所以式(8-17)可简化为式(8-18)。

$$P(t_0+T)=P(t_0)\times G^T \tag{8-18}$$

根据式(8-18),就可以由转移前的初始状态概率预测出转移后的状态概率。如对于表8-10,假设初始状况概率为[0.9,0.1,0,0,0,0,0,0,0],根据表8-11提供的转移概率矩阵可计算出一年后这九种状况的概率,如式(8-19)所示。

$$[0.9,0.1,0,0,0,0,0,0,0]\begin{bmatrix} 0.90 & 0.04 & 0.02 & 0.03 & 0.01 & 0 & 0 & 0 & 0 \\ 0.01 & 0.90 & 0.03 & 0 & 0.05 & 0.01 & 0 & 0 & 0 \\ 0 & 0.01 & 0.92 & 0 & 0.01 & 0.03 & 0 & 0.01 & 0.02 \\ 0 & 0 & 0 & 0.92 & 0.05 & 0.02 & 0 & 0.01 & 0.02 \\ 0 & 0 & 0 & 0.01 & 0.94 & 0.03 & 0.01 & 0.01 & 0 \\ 0 & 0 & 0 & 0 & 0.01 & 0.94 & 0 & 0.01 & 0.04 \\ 0 & 0 & 0 & 0 & 0.02 & 0 & 0.95 & 0.02 & 0.01 \\ 0 & 0 & 0 & 0 & 0 & 0 & 0.01 & 0.96 & 0.03 \\ 0 & 0 & 0 & 0 & 0 & 0.01 & 0 & 0.01 & 0.98 \end{bmatrix}$$

$$=[0.811,0.126,0.021,0.027,0.014,0.001,0,0,0] \tag{8-19}$$

8.4.4 路面性能预测模型

无论采用何种方法建立使用性能预估模型,都有其特定的局限性。这主要因为建模的数据基础总是有限的,需要进一步积累;对模型所要反映的使用性能变化的物理性质的认识和经验积累又总处于一定的历史阶段,需要不断深化。因此,模型的使用是有一定范围的,超出了它的使用时空,模型将会失去意义。所以,要建立有效的预估模型并适当地运用,应首先了解各类模型的特点和适用范围。

力学模型和力学经验模型有较为成熟的理论基础,能够不同程度地反映使用性能变化的实质,因而具有较好的外推性能,预估精度高,很适宜项目级管理。

经验回归模型寻求的是对现有数据的最佳拟合。对于一组数据样本,可以采用多种形式回归。然而却没有充分的理由说明相关系数大的模型就一定比相关系数小的模型好,同样也没有充分理由说明目前广泛接受或者较为熟悉的模型就一定能够保证确切地描述使用性能变化的规律。作为基本原则,模型形式的选择,应首先根据它是否能够满足边界条件或反映控制路面性能变化的物理实质。如果有几种形式的模型都能满足这些条件,此时才能充分依靠统计分析选择最佳拟合现有数据的那种模型。另外,由于实际情况极难完全反映,所建立的模型容易出现一些偏差或错误。如模型中有些变量对使用性能预估的影响程度远远超过或低于它们在实际中所起的作用;有些变量(如时间和交通等)本是相关的,但却常当作独立变量并存于模型中。此外,经验模型难以充分反映实用性能随时间的变化情况(如结构层模量随季节的变化)。由此可见,经验模型除非能够满足所有的物理和数学的边界条件和广泛的数据基础,否则不能保证可靠的预测。通常,经验模型适用于精度要求不高的网级管理系统。

马尔可夫模型可以在没有任何路面历史资料的情况下,直接根据养护工程师的经验确定路面性能衰变趋势。当路面数据资料充足时,又可对转移概率矩阵进行校正。但是马尔可夫模型对未来路面性能的预测仅与当前路面状况相关,而与实际是很难相符的。

无论是项目级还是网级养护管理系统,使用性能预估模型都是技术分析和经济分析不可缺少的内容。力学和统计学是建立使用性能预估模型的两个支柱,长期而广泛的数据积累则是建模的基础。基于长远的观点,力学和力学-经验模型因其所需标定的数据不多和较好的外推性能,将适用于项目级管理活动中。而经验回归模型和概率型模型则是网级管理系统发展的主流。应指出,使用性能预估模型的发展是一项长期的任务,随着路况信息的不断积累和对路面使用性能变化规律认识的不断深化,使用性能预估模型将会逐步得到改进。

8.5 路面养护维修对策选择

养护管理系统是集系统工程、工程经济、预测理论、道路养护及计算机技术为一体的辅助决策系统。一般来说,它应对以下问题作出评估:各种养护政策会有怎样的养护结果;要保证某种路况状态需要投入多少资金;在一定的预算条件下,应在何时采取何种养护决策等。

养护维修决策以路面性能评价和预测为依据,在路面性能达到某一标准时,考虑采用相应的养护维修措施。一旦采取养护维修措施后,路面性能的变化又将影响下次养护维修决策。

8.5.1 影响养护维修对策制订的因素

影响养护维修对策选择的主要因素是路面损坏状况和结构承载能力。对于道路而言,路面抗滑性能和平整度也在很大程度上影响对策的制订。因此,一般通过路面使用性能的评价指标决定路面是需要大、中修,还是仅进行日常养护和局部的维修处理。

在制订路面养护维修对策时,通常需要考虑以下因素:

①路面类型。沥青路面和水泥路面的维修对策显然是不同的。

②路面结构承载能力。路面结构承载能力的大小决定着路面结构是否需要补强。

③路面损坏状况。路面损坏状况包括两部分,一是PCI,另一是主导损坏类型。PCI的大小决定是否需要罩面及罩面层的厚度。路面主导损坏类型决定采取罩面措施前需要采取何种预处理措施。即使PCI相同,若路面上的主导损坏类型不同,所采用的对策也可能不同。

④路面行驶质量。平整度反映了路面行驶质量。在决定罩面厚度时,应考虑原路面是否平整。平整度越差,罩面应该越厚。

⑤路表抗滑。道路行车速度快,路面抗滑要求高。抗滑能力的大小决定原路面是否需要加铺抗滑表层。

⑥交通等级。交通量是路面所受的最主要荷载,交通量越大,罩面或补强的厚度应越大。

⑦行政因素。行政干预、政策因素也会影响到路面养护维修对策的选择。

8.5.2 路面养护和改建对策

根据我国具体情况和长期的养护工作经验,养护维修按处理对策和面积的大小分为日常养护、小修、中修、大修和重建。目前,我国道路养护维修应用较多的为日常养护和小修。

道路的养护维修工作具有如下特点:养护工作的经常性、及时性;工作必须是快速的,而且非常注意施工中的安全措施,如交通控制、养护工作着标志服等;尽可能地采用机械化养护;尽可能地采用新工艺、新技术。

对于面层为沥青混凝土的道路,养护维修对策如表8-12所示。

沥青混凝土路面养护维修对策 表 8-12

日常养护小修对策	大、中修对策
①热油灌缝; ②将裂缝内处理干净后,用沥青砂或细粒式沥青混合料填充; ③小面积喷油封面; ④收集好松散料,重新撒铺压实; ⑤裂缝开槽修补; ⑥撒石屑或粗砂后碾压至不粘车轮; ⑦坑槽修补	①2.5cm 罩面; ②4.0cm 罩面; ③6.0cm 罩面; ④铣刨后加铺 3cm 沥青混凝土; ⑤铣刨后加铺 5cm 沥青混凝土; ⑥铣刨后加铺 6cm 沥青混凝土; ⑦加铺 2.5cm 磨耗层; ⑧薄补强层(18cm 基层 +5cm 面层); ⑨厚补强层(25cm 基层 +5cm 面层)

8.5.3 路面养护维修决策方法

目前,常用的决策方法有:决策树、排序、近似优化和纯数学优化等。从最简单的排序方法到最复杂的数学规划方法都被广泛地应用到养护管理系统中。

决策树和经济分析是优化决策的基本方法。排序方法更适用于项目级系统;如果将排序和项目的经济评价有机地结合起来,也能作为网级问题的解决方案。纯数学的优化方法在理论上可以完美地解决道路机构面临的优化决策问题,但由于计算量大和数据采集困难,进行整个路网多年的完全优化决策是十分困难的。近似优化方法主要集中在两个方向:集成和启发。不论采用哪种养护决策技术,都必须从道路养护管理机构自身的需要和能力出发,不能片面地追求理论上的完美,而忽略了本身的需要及实现的可能性。

8.5.4 路面养护与决策

路面养护管理系统的重要内容之一,就是应用工程经济原理,借助已建立的各种费用模型和使用性能预测模型,分析规划期内路网中的各个项目或每一项对策方案所需的费用和所产生的效益,评价各项目或方案的经济可行性,从而为合理有效地利用各项资源提供依据。以下主要介绍各项费用与效益的组成和计算、经济分析方法及其选用的若干问题。

(1)效益分析模型

①费用与效益(cost and benefit)

路面养护管理系统进行经济分析和评价时,应予考虑的费用详见表 8-13。

路面养护管理系统的费用组成 表 8-13

费用分类	费用组成	费 用 定 义	费用确定方法
管理部门费用	初期建设费	新建路面所需费用	依设计文件结合定额标准计算而得
	日常养护费用	日常预防性保护和修补费用以维持路面使用性能	通过调查历史记录,与使用性能及交通量建立相关关系
	大、中修费用	为恢复和提高现有路面使用性能状况采取的修建或改建费用	通过历史大、中修记录确定,并通过将上年预算作为今年决算进行不断调整

续上表

费用分类	费用组成	费用定义		费用确定方法
道路用户费用	车辆运营费用	油耗	车辆行驶所消耗燃油的费用	通过调查将这三种费用和路面平整度及相关量之间建立起回归关系
		轮胎消耗	车辆行驶所消耗轮胎的费用	
		保修材料消耗	维持车辆行驶所需的维修材料费用	
	行程时间费用	车辆行驶所消耗的时间价值		单位时间价值×行驶时间,单位时间价值一般通过当地人均收入间接加以平均估算
	延误费用	养护或改建活动所导致的车辆延误费用		随机性大,目前一般不予考虑
	事故费用	交通事故人财损失及其处理、延误的费用		与使用性能的关系难以确定,目前没有考虑
外部费用	影响环境和社会效果的费用	噪声、空气污染、景观破坏等负面社会影响所带来的社会费用		很难予以量化,目前只能定性地加以考虑
路面残值		分析期末路面剩余寿命所具有的价值		可按剩余寿命占预期使用寿命的比例确定

②养护者费用

养护者费用是指养护部门为保证路面在使用年限内维持路网所必需的以一定服务水平进行道路维修时投入的资金,包括筑路材料、人工、机械台班等费用,通常分为日常养护费用和大中修费用。

a. 日常养护费用。路面养护工作包括路面、路肩、结构物、排水和绿化等的养护。对路面经济分析时,仅考虑直接影响路面性能的养护内容,如路面裂缝填封、修补等。这类路面养护费用同路面现有状况密切相关,路况越差,通过养护工作使路面性能维持在一定水平上所需的费用越高。此外,随着道路等级、路面类型、环境条件和交通量等因素的变化,其养护费用也会有所差异。一般应利用养护记录,通过回归分析建立养护费用模型。广东省的日常养护费用模型如下:

$$\mathrm{MC}=0.17+1.72\times10^{-6}\times(100-\mathrm{PCI})\times\mathrm{AADT} \tag{8-20}$$

式中:MC——养护费用(元/m^2);

PCI——路面状况指数;

AADT——年平均日交通量(辆/d)。

b. 大、中修费用。大、中修费用有时也称为专项工程费用,它同项目所需的材料费、机械台班费、人工费和各种费率以及各种消耗资源的单价等因素有关。而这些因素因地区和部门的不同而不同,也随时间的变化而变化。所以,建立一个通用的大、中修费用模型是不切实际的。一般而言,大、中修费用可以按公式(8-21)计算。

$$\mathrm{RC}_i=A_0\times C_i\quad(i=1,2,\cdots,N) \tag{8-21}$$

式中：RC_i ——第 i 种养护对策的修复费用（元）；

A_0 ——修补路段的面积（m^2）；

C_i ——第 i 种维修的单价（元/m^2）；

N ——养护对策的数目。

这里的 C_i 已经考虑了各种相关的费用因素，实际工作中需要利用已有的维修记录进行确定，并且要根据时间的变化不断进行调整。

③道路使用者费用

道路使用者费用指在一定道路状况下，道路使用者（汽车）在使用道路过程中所支付的费用，通常包括车辆运营费用（车损、油耗等）、车辆行驶费用、行车事故费用以及噪声污染、行驶不舒适性等间接费用。这部分费用在路面养护管理系统所考虑的费用中占很大比重，随交通量的增长，最高可达 90% 以上。一般情况下，由于噪声污染、行驶不舒适性等间接费用缺少成熟的计算方法，在费用分析时常被忽略不计。

a. 车辆运营费用 VOC（vehicle operation cost）。它是道路使用者费用中的最大组成部分，一般包括油耗费用、轮胎费用、保修材料费用（配件费用、润滑油费用）、维修费用、车组人员费用、车辆折旧费用、管理费用等。其中，油耗费用、轮胎费用和保修材料费用可以通过已有的模型进行计算。

油耗费用：为建立适合我国国情的车辆运营费用模型，1988 年同济大学、广东省和河北省公路局在不同道路状况下做了大量的油耗试验，得到了不同路况（IRI）与油耗的关系如下。

$$CF = FUC \times (a + b \times 13IRI) \tag{8-22}$$

式中：CF ——汽车百公里油耗费用（元/100km）；

FUC——汽油单价（元/L）；

IRI ——国际平整度指数（m/km）；

a，b ——计算参数。

在实际运用中，需要根据现有的数据资料对参数 a、b 进行标定。

轮胎消耗（世界银行力学-集成模型）：

$$T_c = N_T\left[\frac{(1 + R_r N_r)T_w}{(1 + kN_r)V} + 0.0020\right] \tag{8-23}$$

式中：T_c ——为每 1000 车公里消耗的当量新轮胎数；

N_T——每辆车的轮胎数；

R_r ——轮胎翻新一次的费用占新轮胎费用的比例，约为 0.16~0.21；

N_r ——轮胎报废前胎面的平均翻新次数；

k ——翻新胎面同新胎面可磨损体积之比；

T_w ——胎面磨损率（dm^3/1 000km）；

V ——新胎胎面可磨损体积；

0.002 0 ——考虑预估偏差的修正值。

上述分析，适用于货车和公共汽车。对于中、小客车，只有以下的经验公式：

$$T_c = N_T(0.01165 + 0.001781IRI) \tag{8-24}$$

综合上两式，对于平直路段可直接建立关系式：

$$T_c = a_0 + a_1 IRI \tag{8-25}$$

式中：a_0，a_1——回归系数。

则有轮胎消耗费计算模型：

$$C_{yT} = P_T \sum_{i=1}^{n} (\text{AADT})_i T_{ci} L_i \tag{8-26}$$

式中：P_T ——新轮胎价格；

T_{ci} ——第 i 种车辆 1 000 车公里消耗的当量轮胎数。

保修材料消耗：车辆保修材料的消耗量，同路面平整度和车辆的使用年数有关，只能通过对用户的调查用回归分析建立经验关系。

世界银行巴西模型如下：

客车

$$P_c = \begin{cases} C_0[\exp(C_q \text{IRI})(1 - C_q \text{IRI}_0) + C_0 C_q \exp(C_q \text{IRI}_0)\text{IRI}] C_{km}^{K_P} & (\text{IRI} > \text{IRI}_0) \\ C_0 \exp(C_q \text{IRI}) C_{km}^{K_P} & (\text{IRI} \leqslant \text{IRI}_0) \end{cases}$$

货车

$$P_c = C_0(1 + C_q \text{IRI}) C_{km}^{K_P} \tag{8-27}$$

式中：P_c ——1 000 车公里消耗的保修材料占新车费用的比例；

C_0, C_q ——回归系数；

K_p ——车龄指数；

IRI_0——国际平整度指数限值；

$C_{km}^{K_P}$ ——车辆平均累计行驶里程（km）。

则车辆保修材料的消耗费用为：

$$\text{UC}_{yp} = \sum_{i=1}^{n} (\text{AADT})_i P_{bi} P_{ci} L_1 \tag{8-28}$$

式中：UC_{yp}——年车辆运行保修材料的消耗费用；

P_{bi} ——第 i 种类型车辆价格；

P_{ci} ——第 i 种类型车辆运行 1 000 车公里消耗的保修材料费用占新车价格的比例。

b. 行程时间费用，也是道路使用者费用中一个重要组成部分，与路面使用性能（平整度）密切相关。路况愈差，行车速率愈低，行程时间愈长。因此，建立车辆行程车速同路面状况的关系，是确定车辆行程时间费用的关键。

根据世界银行所建立的力学类－集成运行速度预估模型，采用了概率限速法，即在受到车辆和道路特性约束的各项限制速度之间寻求一个最低限速度。

在不受其他车辆干扰（自由流）的情况下，车辆在均匀路段上以稳态行驶的速度受到驱动力、制动力、路面平整度等其他因素的影响下，车辆的运行速度所能达到的最低速度，也即：

$$v_s = \min(v_{dr}, v_{br}, v_{cu}, v_{rd}, v_{de}) \tag{8-29}$$

式中：v_{dr}——受纵坡和发动机功率限制的速度；

v_{br} ——受下坡和制动力限制的速度；

v_{cu} ——受平曲线曲率限制的速度；

v_{rd} ——受路面平整度限制的速度；

v_{de} ——无上述限制时，受其他因素限制的速度。

各限制速度和稳态运行速度都是随机变量。假设它们呈 Weibull 分布，则上式改写为：

$$v_s = E^0 (v_{dr}^{-\frac{1}{\beta}} + v_{br}^{-\frac{1}{\beta}} + v_{cu}^{-\frac{1}{\beta}} + v_{rd}^{\frac{1}{\beta}} + v_{de}^{\frac{1}{\beta}})^{-\beta} \tag{8-30}$$

式中：E^0 ——估计限差修正系数；

β——Weibull 分布的形状参数。

有了稳态车速,即可按下式确定行程时间:

$$T_i = a_i \times SM_i / v_{ai} \tag{8-31}$$

式中:T_i——第 i 种车型每公里行程时间(乘客·h/km 或 t·h/km);

a_i——第 i 种车型的满载系数,满载:$a_i = 1$;

SM_i——第 i 种车型的额定载客数或额定载货吨数;

v_{ai}——第 i 种车型稳态车速。

则行程时间费用可以用单位时间的人均国民收入乘以行程时间得到。

以上的行程时间模型是针对一般道路得出的。对于公路而言,可以直接用公路的实际限制时速来代替稳态车速,从而简化计算。但是对于超速行驶情况比较严重的公路,则不宜如此简化。

④效益

经济评价的效益是指项目为国民经济所作的贡献。路面养护管理中的效益和费用是相对而言的。对于道路项目来说,主要表现在有此项目相对于无此项目的各种费用的节约和减少。换言之,道路项目的经济评价采用"有无对比法"的原则,将拟建项目发生的情况下产生的各种费用与假定拟建项目不实施的情况下发生的各项费用,两者进行比较以确定拟建项目的费用和效益。路面养护管理系统中的效益组成见表 8-14。

路面养护管理系统中的效益组成 表 8-14

<table>
<tr><th>效益分类</th><th colspan="2">效益组成</th><th>说明</th></tr>
<tr><td rowspan="6">直接效益</td><td rowspan="4">道路使用者费用的节省</td><td>车辆运营费的减小</td><td>可量化计算</td></tr>
<tr><td>行驶时间的节约</td><td>可量化计算</td></tr>
<tr><td>事故率的降低</td><td>难量化计算,不予考虑</td></tr>
<tr><td>行驶舒适程度的提高</td><td>难量化计算,不予考虑</td></tr>
<tr><td rowspan="2">养护者费用的节省</td><td>日常养护费用的节省</td><td>可量化计算</td></tr>
<tr><td>大、中修养护费用的节省</td><td>可量化计算</td></tr>
<tr><td rowspan="4">间接效益</td><td colspan="2">减轻环境污染</td><td rowspan="4">日益受到重视,但缺少成熟理论和计算方法,一般不考虑</td></tr>
<tr><td colspan="2">区域经济开发</td></tr>
<tr><td colspan="2">吸引外部资金</td></tr>
<tr><td colspan="2">附近土地升值</td></tr>
</table>

(2)经济分析方法

工程经济分析方法有很多种。可用于路面养护管理系统的经济分析方法主要有如下几类:年度等额费用法、净现值法、收益率法、效益-费用比法、费用-效果法、寿命周期费用法。

①年度等额费用法

把分析期内不同时间支付和发生的所有费用,换算成等额的年度费用,以此作为工程项目经济分析的标准,称为年度等额费用法(annualized cost,缩写为 AC)。

该方法有一个假设前提,即分析期内每年产生的效益费用差均等。而道路养护的实际情况与该假设相差甚远,费用投入和产出并不是均等的。因此,尽管这种方法计算简便,但是很少在路面养护管理系统中使用。

②净现值法

把分析期内不同时间支出的费用和产生的效益,按某一预定的贴现率转换为现在价值(第 0 年的价值)，对可选方案用现值进行比较，称为净现值法(net present value，缩写为NPV)。

其评价指标净现值NPV，是分析期内现值效益总和与现值费用总和之差。在其他条件相同时，选用净现值最大的方案作为经济方案。如果净现值为负值，则这个项目在经济上不被接受。

净现值法把费用和效益联系在一起，并用单一的现值表示，能给出总收益的结果，且计算简单直接。因而，它是评价公共投资项目的优选方法。其缺点是，它给出的是一个收益总量，往往使投资大的项目容易被采纳；同时，由于它未反映出究竟用多高的费用获得这些收益，不如收益率法或效益-费用比法容易理解。尽管如此，净现值法还是得到了广泛的应用。

③收益率法

收益率法(又称内部收益率法)，是将现值费用和现值效益相等时的贴现率作为评价指标的方法。这个贴现率称为收益率或内部收益率(internal return ratio，缩写为IRR)。收益率越大，则项目经济效益越高。

收益率一目了然地反映出投资者可得到的收益水平，所以这种方法容易被大多数人所理解和接受。然而，投资水平低的方案，往往有较高的收益率，因而这种方法不鼓励高投资。另外，收益率法的缺点是计算工作量大而且较复杂。

④效益-费用比法

效益-费用比(benefit-cost ratio，缩写为BCR)被定义为现值效益和与现值费用和之比。在某一贴现率条件下，如果BCR大于1，则此项目有比该贴现率更高的获利水平；如果BCR小于1，则说明费用超出效益，净现值为负值，此项目具有的效益水平低于所用贴现率。

BCR反映了单位费用的效益，比净现值(效益和费用差)能更好地反映投资的“效率”。BCR越大，则效益越大，项目的优先次序越高。这个指标在路面养护管理系统中用来进行项目排序。

需要指出的是，效益-费用比法最大的困难在于有时无法明确地划分效益和费用的界限。例如，有些人可能把某些费用放在费用总额中，将其作为分母的一部分，而有些人则可能把它作为负效益，放在分子部分，从效益总额中扣除，这样就会得到不同的结果。

⑤费用-效果法

费用-效果法不采用货币单位计算效果，而是进行效果的定性分析。在路面养护管理系统中，可用于费用-效果分析的指标有：路面状况指数(pavement condition index，缩写为PCI)、路面强度系数(structure strength index，缩写为SSI)、行驶质量指数(ride quality index，缩写为RQI)、路面综合评价指标(pavement quality index，缩写为PQI)。

例如，不同的投资会产生不同的路面性能，利用费用-效果关系可以分析比较不同投资在各年度的路况性能和平均性能的变化情况，见图8-9。

⑥寿命周期费用法

寿命周期费用法(life-cost costs，缩写为LCC)是研究路面养护管理系统时提出的方法。所谓寿命周期费用，是指考虑路面的整个寿命周期(或分析期)中的所有费用，包括初期建设费用、日常养护费用、大中修费用、用户使用费用、外部费用、路面残值等。

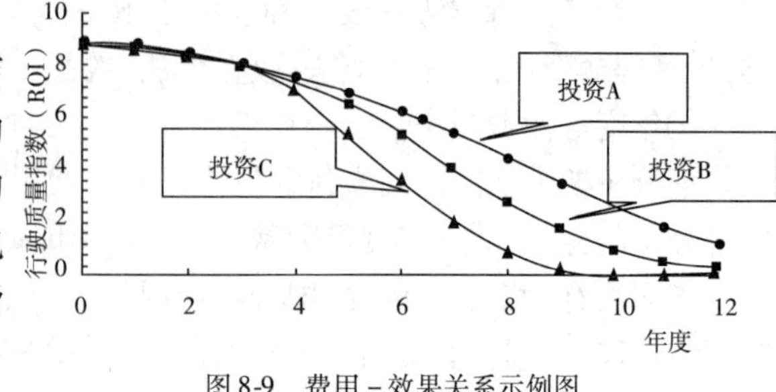

图8-9 费用-效果关系示例图

实际上，与其说寿命周期费用法是一种方法，不如说它是一种概念。上面介绍的净现值法、效益-费用比法等中的费用都可以应用寿命周期费用。

8.5.5 问题讨论

(1)分析期的选择

对项目进行经济分析时,首先要确定分析期。分析期是一个比较敏感的因素。分析期太短时,很难找出真正效益大的方案,因为不同的道路方案在前几年的性能变化很小;而分析期过长,往往不确定因素太多(如预测失误等),影响分析结果。

一般而言,选择的分析期要足够长,以便把预期未来可能发生的影响分析结果的主要费用都考虑在内。理论上,对不同的分析对象,应该选择该对象边际收益最大(或边际费用最小)的周期进行分析,如果采用相同的分析周期,就不能最好的体现分析过程中分析对象收益(或费用)边际变化情况。分析周期的确定还与分析对象本身使用性能发展的状况和参与分析的费用组成有较大的关系。以往研究表明,分析周期越长、初始投资越大的项目就显得越有利。

考虑到我国的经济发展水平,以及道路交通量实际的增长速度,建议沥青路面的分析期为10年,水泥路面的分析期为15年,桥梁的分析期则为25~30年。

(2)贴现率的确定

贴现率用于将分析期内不同时间发生的费用和效益转换为分析期初的费用和效益,以进行比较。贴现率通常以年利率表示,它代表着资金的机会成本,即预期的市场平均收益率。贴现率与市场利率不同。市场利率除了含有代表资金实际成本的收益外,还包括预期的通货膨胀率;而在经济分析中,各项费用和效益计算采用统一的价格,剔除了通货膨胀的影响,以资金实际成本的实际收益率作为贴现率。

贴现率对分析结果有着重大影响。贴现率高,有利于初期投资小的方案;贴现率低,则初期投资大的方案显得优越。因而,在经济分析时,应慎重选择。

(3)评价方法(指标)的选用

由于各种评价方法的特点及最佳适用范围不同,以及评价者对各种方法的偏好不同,目前还没有公认的统一标准进行评价方法的选择。但是,以下几点在方法选用时要加以考虑。

①初期投资和今后预期费用的关系问题。以往,许多道路部门最关心的往往是初期投资,尽管经济分析表明,初期投资低的方案会造成今后出现过量的支出,但决策者仍然选用初期投资低的方案。实际上,道路养护部门应该从道路的整个寿命周期考虑费用和效益问题,才能够得到科学合理的决策结果。

②决策者的偏好影响着评价方法的选用。例如,某道路部门多年来习惯于使用效益-费用比法,对应用这种方法分析问题有较好的心得,那么,尽管这不是最好的评价方法,但要让该部门换一种评价方法将是很困难的。

③决策层次(网级还是项目级)决定了采用不同的评价方法。例如,对于网级系统而言,管理部门可以用收益率法对整个路网的投资效益进行分析;而对于项目级系统,设计人员则可以采用净现值法选择项目方案。

④经济分析中是否包括效益。如果在经济分析时不考虑各方案或项目在效益上的差别,那么这种分析基本上是不完善的。可是,对于道路项目而言,效益有时是很难准确估算的,这时往往假设各方案或项目具有相同的效益,而采用净现值法或年度等额费用法。

总之,在经济分析时,可以选用多种评价方法,比较各种方法的分析结果,从而选择最经济的项目或方案。

第9章　道路运营管理

9.1　道路路政管理

9.1.1　道路路政管理概念

道路的路政管理,是管理机构依据国家法律、法规和规章履行保护路产、维护路权的管理活动的总称,是我国行政管理的组成部分。必须加强路政管理,以维护道路正常通行。

(1)道路路政管理的意义

①维护路产路权,保证道路完整性。所谓路产,是指由道路主管部门及其授权的道路管理机构依法保护国家授权它享有占用、使用、处置权的所有有形和无形的财产。它包括保护道路本身、道路用地、道路设施、专用房屋、场地、材料、装备、用具、资金、财务、专利所有权等。所谓路权,是指道路主管部门及其授权的道路管理机构,由法律赋予,为排除侵权而拥有的行政管理权和民事权宜。如《中华人民共和国公路法》规定:“公路主管部门负责管理和保护公路、公路用地及公路设施,有仅依法检查、制止、处理各种侵占、破坏公路、公路用地及公路设施的行为”。

②保证道路正常运营。不允许在道路用地、留地范围内出现违章建筑及摆摊设点。通过路政管理、审查、批准、纠正,控制上述情况发生。

(2)改善交通运输环境

①改善行车环境。保证道路本身具有良好的行车条件,保证一定的行车视觉范围与沿线景观的协调美观。

②排除干扰。采取强制手段处理个别不合规定的车辆混入,处理行人拆除、损坏护栏、影响安全行车等现象。

③保证征费工作。道路征费工作要依靠路政管理手段维持正常秩序。收取车辆通行费,用以补偿建设投资贷款,维持管养费用正常支出和筹措道路建设资金是促进道路发展的主要途径。

(3)路政管理的任务

道路路政管理的任务是:维护路产路权,保障道路使用质量,改善行车环境,提高道路的社会效益。具体的工作任务有:

①依照法律、法规与规章,制止、查处各种违章利用、侵占、污染、毁坏路产的行为。

②控制道路两侧的建筑红线。

③审理从道路、地面上空跨越或地下穿越建设其他设施等事宜。

④对在特殊条件下使用和占用道路、限载运输车辆通行道路进行审批,并对实施情况进行监督检查。

⑤维护道路养护、施工作业、道路征费工作秩序。

⑥负责路产损失索赔与处罚。

⑦保护道路管理机构及其工作人员自身的合法权益。

9.1.2 路政管理工作

(1)路政管理的基础工作

①路政管理法律、法规的完善与路政管理工作制度的建立健全

我国现行的《中华人民共和国公路法》(以下简称《公路法》)、《中华人民共和国公路管理条例》(以下简称《条例》)等法律文件的原则都适用于道路。在贯彻执行上述条例、规定的同时,应针对道路的特殊性及时修订法规条文,逐步完善路政管理的法制体系,并使各项管理工作程序化、科学化。

②建立健全路政管理机构

道路路政管理机构应体现集中统一、高效、特管。机构要精简,权责利要统一,政令要畅通,指挥要灵便,步调要一致,管理幅度要适当。

③加强路政管理队伍建设

在不断加强路政管理人员政治思想教育的基础上,要采取多种形式使业务学习和业务培训制度化、经常化,使每位管理人员精通业务和管理。

④开展路政管理理论研究

不断地开展路政管理理论研究,为在路政管理中出现的新情况、新问题提供理论依据,以提高路政法制,提高路政人员素质,发挥路政管理效能。

⑤加强路政档案管理

路政档案包括:路政资料的收集、系统整理、科学分类、妥善存档等。

(2)路政内业管理的内容

①信息管理:路政信息的收集、积累、分析、加工、传递和反馈等。

②文字材料:常用公文的写作、事务文书的写作、路政法律文书的写作。

③统计和统计分析:路政统计报表、统计图表、统计报告等。

④档案管理:路产档案、处罚档案、复议档案、超限运输档案、违章建筑档案、事故处理档案、文书档案等。

⑤许可证的签发:挖掘、占用道路许可证的核发,超限运输车辆行驶道路通行证的核发等。

⑥证件、票据、印鉴、经费管理。

⑦负责用户来访和其他行政事务。

9.1.3 公路路政管理

路政管理包括路产保护、路政纠纷处理等方面的管理活动。

《公路法》、《条例》已使公路路政管理工作法规化,这将为今后依法管理公路,维护公路路产,保障公路运输安全畅通,促进公路建设事业的发展,具有十分重要的意义。

(1)路产保护

公路路产包括公路、公路用地和公路设施。

“公路”是指经公路主管部门验收认定的城市间、城乡间、乡间能行驶汽车的公共道路,它包括公路的路基、路面、桥梁、涵洞、隧道。

“公路用地”是指公路两侧边沟(或截水沟)及边沟以外不少于1米范围的土地。公路用

地的具体范围可由县级以上人民政府确定。

“公路设施”是指公路的排水设备、防护结构物、交叉道口、界牌、测桩、安全设施、通信设施、检测及监控设施、养护设施、服务设施、渡口码头、花草林木、专用房屋等。

(2)路产保护的有关规定

《公路法》和《条例》中都有对路产保护的规定,在公路、公路用地范围内禁止:设置电杆、变压器、地下管线及其他类似设施,设置棚屋、摊点、维修场及其他类似设施,堆放垃圾、建筑材料及其他类似堆积物,挖掘、采矿、取土、引水灌溉、排放污水、种植作物,烧窑、制坯、沤肥及其他类似作业,任何违章占有、损坏路产行为。

在公路大中型桥梁和渡口上下游各200m,公路隧道上方和沿外100m范围内不得:采挖砂石、淘金开矿、修筑堤坝、压缩或扩宽河床、烧荒、刷坡、爆破、取土、伐木或进行其他类似作业;倾倒垃圾、污物,堆放或倒运物资,停泊船只、排筏或进行其他类似活动;有任何妨碍公路桥梁、渡口、隧道安全和畅通的行为。

在公路两侧从事开山、采矿、伐木和施工作业,不得危及公路、公路设施的安全,如有危及的可能时,从事作业的单位或个人应在作业前报当地公路管理机构,同时采取必要的防护措施;已发生危及路产安全的,须立即停止作业,听候处理。

超过公路和公路桥梁、隧道、渡船限载、限高、限宽、限长标准的车辆不得任意通行;必须通行的,须经公安交通管理机关批准,并由超限运输单位承担道路管理机构为此采取技术保护措施和修复损坏部分所发生的费用。

履带车、铁轮车以及类似可能损害路面的其他运输机具,不得在铺有路面的道路上行驶;必须通行时,应按上述规定办理。

机动车辆制造、修理厂家不得擅自在道路上试车;必须试车的,应事先征得当地公路管理机构的同意,签订协议,悬挂公安交通管理机关核发的试车号牌,指定路段,设置试车标志,并明确由厂方向路方缴纳道路损坏补偿费。

兴建铁路、机场、电站、水库、水渠、地下管线或其他建设工程,需要挖掘公路或占用,利用公路、公路用地和公路设施时,建设单位和个人必须事先征得公路主管部门同意,签订协议,并承担按原公路技术标准修复或商定按规划标准改建公路的费用;影响交通的,还须征得公安交通管理机关同意。

修建跨越公路的各种桥梁、渡槽、管线等设施,必须考虑公路的远景发展规划,满足相关技术标准规定的各项几何尺寸及净空要求;因施工造成道路及道路设施损坏的,应缴纳公路损坏补偿费。

在公路两侧修建永久性构造物或设施,其建筑设施边缘与公路边沟(坡脚护坡道、坡顶截水沟)外缘的最小间距必须符合以下规定:国道不少于20m、省道不少于15m、县道不少于10m、乡道不少于5m。公路弯道内侧及平交道口附近还必须满足公路长远发展规划标准的行车视距或改作立体交叉的要求。

公路上增设交叉道口,需经公路主管部门和公安交通管理机关审核批准,并按技术标准的要求设计、修建。

通过公路渡口的一切车辆和人员,必须服从渡口和路政管理人员的调度及指挥,遵守渡口管理规章。

对违反上述规定,侵犯公路合法权益,造成路产损坏或严重危及路产安全的单位、个人或车辆,公路路政管理人员有权对当事者和案发现场进行拍照取证和查处,责令赔偿损失;对驾车逃避者可通知公安交通管理人员或赶赴交通检查站会同检查人员共同拦截,查处其违章行为。

9.1.4 路政纠纷的处理

对于发生的路政案件,应按有关法律责任的规定予以处理。其规定的主要方面有:凡违反法律规定的单位和个人,分别情况,责令其归还原物,恢复原状、赔偿损失、没收非法所得,并处以罚款;不按国家规定缴纳养路费、通行费或者违反《条例》有关养路费使用规定者,道路主管部门可以分别情况,责令其补交或者返还费款并处以罚款。违反法律规定的当事人,对道路主管部门或其授权的道路管理机构给予的处罚不服的,在接到处罚通知单之日起七日内向上一级道路主管部门或授权的道路管理机构提出申诉;对上一级道路主管部门或其授权的道路管理机构的处理决定还不服的,可在接到处理决定书之日起十五日内向人民法院起诉;期满不起诉又不履行处理决定的,道路主管部门或其授权的道路管理机构可以报请人民法院强制执行。各级道路管理人员违反法律规定的,由各级道路主管部门或其授权的道路管理机构给予行政处分或经济处罚;道路管理人员受本单位或上级单位负责人指使、纵容而违反道路法律规定的,除追究其本人责任外,还应追究有关单位及其负责人的责任。违反法律规定应受治安管理处罚的,由公安机关处理;构成犯罪的,由司法机关依法追究刑事责任。

9.2 道路交通管理

道路的交通管理是对道路车流,按有关规则和要求,合理地引导、限制和组织交通流,运用各种现代技术,进行交通安全管理和事故处理,以保障交通快速、安全舒适、畅通的总称。维护交通秩序、保障交通安全和畅通是道路管理的一个重要组成部分,只有进行科学的交通管理才能实现道路快速、安全、舒适、经济的功能。

9.2.1 道路交通管理

(1)交通管理的任务

交通管理的目的是使道路运输获得最少的停车次数、最短的运行时间、最低的消耗、最大的交通量、最低的事故率。

道路交通管理的任务有:

①做好交通控制工作。保持道路监视系统正常运转,使通信、数据收集、处理交通信息及时、准确、无误。采取限制和封闭出入口通道的措施,使道路保持正常的交通流量,指挥、疏导交通。解决交通拥挤问题,提高道路通行能力,维持交通秩序,纠正交通违章,处理交通肇事。

②协助养护维修作业的交通控制。协助道路的日常养护维修,扫除冰雪,环境绿化,清洁卫生,更换损坏的交通设施。

③协助做好道路的收费工作。

④协调与其他道路的交通控制,处理其他属交通管制的事项。

⑤配合路政管理工作,参与有关行政诉讼活动,依法履行“治安管理处罚”职权。

⑥定时或随机地向上级机构提供交通信息,并对出现的各种交通异常情况及时作出反应和应变对策,保障道路安全畅通。

(2)交通管理的内容

①技术管理

设置交通工程设施,包括标志牌、路面标线、护栏、分隔带、安全岛和道路情报板等;设置监视系统,包括信息收集、处理、提供路侧或车上电话系统以及无线电广播等自动控制设施和选用安全设施;实行车辆检测;规划专用车道、单向行驶、渠化交通和变向交通等;事故勘察与处理。

②行政管理

对车辆行驶时间、地点和车型等作业限制,限制车辆左转或出入等路段,在某些路段禁止某种车辆或某种运行方式。

③法制管理

颁布道路交通运行管理条例或法规,并监督有关法规的执行;建立交通管制职能机构;建立和执行车辆登记、检要等管理制度和章程。

④教育与培训管理

加强实施对驾驶员的培训与安全教育和考核,加强对乘员的交通法制和安全教育,加强对全社会交通法制常识教育和宣传,利用广播、刊物宣传道路的交通管制。

(3)交通安全管理

①交通安全设施

交通岛:渠化交通,引导车辆行驶。

防护栏:防止车辆驶出路外。

标柱:标志路界,增加安全感。

分隔带:分隔对向或同向车辆,减少碰撞。

防炫屏:防止驾驶员受对向车灯炫目。

反光导标:夜间或恶劣气候时引导车辆行驶。

行人护栏:防止行人、牧畜闯入汽车专用公路。

②事故处理

a. 事故监视。可通过电子监视、闭路电视、航空监视、救援装置和紧急电话、驾驶员互相救护系统、民用频道无线电、巡逻车等进行道路事故监测。

b. 事故排除。当监控中心得知发生交通事故后,应立即通知路政、养护、公安交通管理部门及和事故有关的医疗、消防、救援单位组成临时事故排除指挥组。交通公安管理部门负责勘察现场,疏导交通,依法处理事故;路政部门负责勘察路产损失,排除路障和清理事故现场,依法索赔路产损失;养护部门负责迅速恢复被破坏的交通构造物及设施;医疗、消防、救援部门按与道路管理部门的服务合同,及时抢救人员或灭火救援或提供救援车辆。

9.2.2 交通管理系统

图 9-1 是交通控制与管理系统的组成示意图,它由以下四个部分组成。

(1)中央控制室

中央控制室是进行交通管理的核心部分,它把终端设备收集来的信息进行处理、加工,然后再向终端设备发出指令,以实现交通控制与管理的目的。它由计算机室、交通状况监测装置、操作台等设备组成。

(2)信息采集系统

各种交通信息、道路信息、气象信息通过以下途径采集:车辆检测器采集交通量、车速、道路占有率等交通数据，紧急电话提供事故或故障信息，全天候的巡逻车及时发现事故或道路设施损坏情况，还有电视监视、气象检测器、轴重计及超重寻相等。

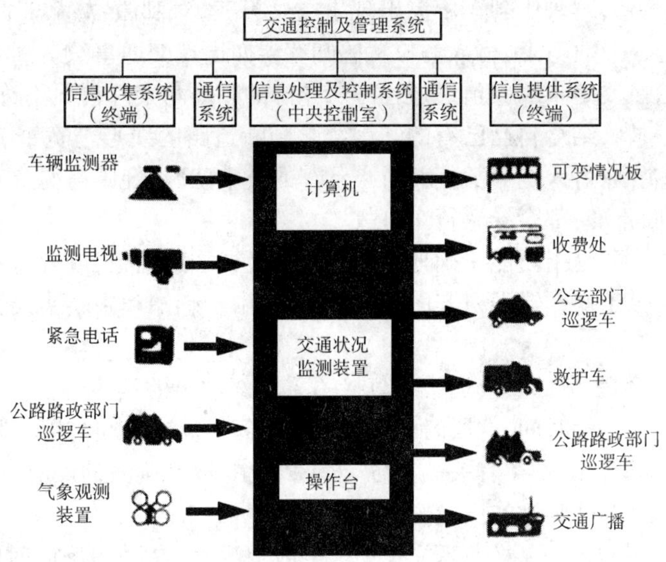

图 9-1　交通控制与管理系统组成示意图

(3)信息提供系统

交通管理的最终目的是为汽车用户服务，服务的方式便是向驾驶员提供交通信息和发布命令、指令。通过以下途径：标志牌，包括指示标志、警告标志、禁令标志和指路标志等；路面标线，包括路缘线、车道分隔线、导流岛、斑马线及变速车道线等；可变情报板、可变标志；交通广播及路侧通信广播；信息中心终端，设于服务区、停车场，供用户查询与运输有关的各种业务；紧急情报提供系统，提供地震等自然灾害、大规模汽车公害等紧急情报。

(4)通信系统

中央控制室与信息收集、提供系统终端之间，需借助通信系统联系。有三种通信方式，即电话通信、数据通信、图像通信。

道路安全事故是在特定的交通环境下，由于人、车、路诸要素配合失调，而偶然发生的。因此，分析道路交通安全问题必然要分析人、车、路、气候、环境对交通安全的影响。

9.2.3　人的因素与道路交通安全

人是道路交通安全的主体。人既是交通事故的制造者，又是交通事故的受害者。人，包括所有使用道路者，如驾驶员、行人等，他们是交通环境中的客观对象，如果不能全面地感知，思维失误，反应不灵敏，就会酿成交通事故。尤其是机动车辆的驾驶员，是车辆的直接操纵者，掌握着交通安全的主动权，驾驶员的失误是造成交通事故的最主要原因。

驾驶员的责任事故有感觉错误、违章驾驶、操作失误等。从交通心理学角度分析，机动车驾驶员的责任事故，除了人力所不能克服的客观原因外，主要是感知有错误、判断不准确、操作不恰当，这三方面构成了交通事故的心理原因。我们通常所说的“思想麻痹大意”就是指这三种错误。

所谓感知错误，可分为三种情况：第一，刺激物出现了，但驾驶员没有或无法感知到。例如,车辆行驶时,遇到大雾,视线不清,能见度低,但驾驶员不肯停车,由于看不清道路边缘位置,以致车轮驶出路外,造成翻车事故。第二,刺激物已被发现,但感知错了。例如,驾驶员起步前把气压表读数看错,驾驶中刹车不灵出现事故。第三,对刺激物感知片面。例如,驾驶员在驾驶时精力不够集中,对弯道、行人的位置感知有误而出现交通事故。

所谓判断错误,主要是指驾驶员通过思考所作出的判断与实际情况不符。在驾驶过程中,驾驶员要根据感知材料,结合自己已有的知识经验判断道路的线形与宽窄、路面的软硬;对方来车的速度、距离、企图;行人的年龄、动向;自己车的技术状况,健康情况及心理机能等。这些项目中任何一项判断不准,都会导致行车事故。

所谓操作错误,主要是指不能正确地使用制动踏板或加速踏板,或者是对方向盘转动过度或不够。一般来说,由于操作错误引起的交通事故,比由于感知和判断错误引起的交通事故少得多。

操作错误大都与驾驶员的反应迟缓有直接关系。驾驶员的反应,是指驾驶员从发现信号到作出反应,需要经过一段时间,这段时间称为反应时间。反应时间与以下因素有关:

①反应时间与刺激物的种类有关。在各类刺激物中,以音刺激的反应时间最短,其次是触刺激、光刺激、味刺激,温度刺激的反应时间最慢。

②反应时间与产生反应的身体部位有关。一般情况下,左手的反应时间为0.144s,右手0.147s,右脚0.174s,左脚0.179s。

③反应时间与刺激物强度有关。强度越大,反应时间越短。如各种交通标志设计得大而醒目,有相当的亮度,则有利于缩短驾驶员的反应时间。

④反应时间与反应者的年龄、性别有关。一般来说,儿童、老人、女人的反应时间较长。

⑤反应时间与显示刺激性质和对比强弱程度有关。两种颜色对比鲜明时,反应时间短;两种颜色接近时,反应时间就长。而且反应时间与刺激的对比强弱程度有关。例如,在寂静的环境中听到喇叭声引起的反应时间比在喧闹中听到同样响亮的喇叭声的反应时间短。

⑥反应时间与反应者心理上有无准备有关。心理上对反应有所准备,反应时间短;突然出乎意料之外的刺激出现时,心理上无准备,反应时间长。

因此,道路设计、养护和道路交通信号的设置,都要考虑到对驾驶员和行人反应时间的影响。

9.2.4 车的因素与道路交通安全

对道路交通安全有影响的车的因素,包括车辆的几何尺寸(车长、车宽和车高)、车辆装载和车辆行驶等。

①车辆的几何尺寸,是确定道路技术标准的重要依据。道路平曲线半径、纵坡度、净空高度、路幅宽度等,都与车辆的几何尺寸有关。不符合道路设计要求的车辆对交通安全有着不利的影响。超高、超长、超宽车辆在道路上行驶时,必须得到交通管理部门的同意,在规定的条件下才允许通行。

②从交通安全角度考虑,车辆装载也有要求。《条例》规定:不准超过行驶证上核定的载重量的车辆通行;装载须均衡平稳,捆扎牢固;装载容易散落、飞扬、流漏的物品,须封盖严密;大型货运汽车载物高度从地面起不准超过4m,宽度不准超出车厢,长度不准超出车身,后端不准超出车厢2m,超出部分不准触地;车辆载运不可解体的物品,体积超过规定时,须经公安机关批准后,按指定时间、路线、时速行驶,并须悬挂明显的标志。

③车辆行驶,必须按规定分道行驶,在道路上划有超车道时,机动车可以驶入超车道,超车后必须驶回原车道。车辆行驶中必须遵守有关最高限速和最低限速的规定。车辆转弯或变更车道时,必须打开转向灯。机动车在夜间路灯照明良好或遇阴暗天气视线不清时,须打开防炫目近光灯、示宽灯和尾灯;夜间没有路灯或路灯照明不良时,须将近光灯改用远光灯,但同向行驶的车辆不准使用远光灯;雾天须开防雾灯。车辆通过有交通信号或交通标志控制的交叉路口时,必须遵守有关规定。

9.2.5 路的因素与道路交通安全

路的因素是指道路条件和道路环境。据统计,10%的交通事故是直接由于不安全的道路条件和道路环境所造成的。

(1)道路线形

直线对驾驶员来说,视线好,车速快,但过长的直线会使驾驶员感到道路景观单调乏味,容易产生疲劳,一旦发生意外情况,就会措手不及,而造成事故。

曲线分为平曲线和竖曲线两大类,平曲线形成弯道,竖曲线形成坡道。汽车驶入弯道产生离心力,离心力使车轮产生侧滑,严重时会引起翻车。离心力的大小与车速的平方成正比,与弯道半径成反比,弯道半径越小,离心力越大,所以在急转弯时一定要降低车速,高速转弯是十分危险的。

竖曲线分凸形竖曲线与凹形竖曲线两种。凸形竖曲线的半径大小,会影响驾驶员的视距,使其视野变小,造成交通事故。凹形竖曲线处,由于汽车下坡行驶,车速很大,引起车辆摆动。如汽车在夜间行车,车灯照距受到影响,也会造成交通事故。

道路的纵坡,无论是上坡还是下坡,对事故的形成都有直接影响。车辆上坡时,由于坡度的阻力,会使车速降低,为了维持车辆的爬坡能力,需要不断增加牵引力,如牵引力不足,制动不及时,操作失误,就会造成车辆向下滑溜。车辆下坡时,由于高程不断下降而产生重力加速度,使车辆越冲越快。尤其是驾驶员下坡时,常常采取熄火滑行,一遇紧急情况,如来不及采取应急措施,失去控制就会造成交通事故。长距离的陡坡对车辆行驶更为不利。因此,交通运输部行业标准对道路线形的几何要素作了明确的规定。

此外,车辆运行的安全性,除设计时注意路线组成部分的几何尺寸的大小外,还要注意各组成部分之间的正确组合。例如,要避免长直线连接小半径曲线,它是事故的多发点;也要避免小半径的平曲线与小半径的竖曲线的重合;两个同向曲线之间不要介入短的直线,这是因为在短直线段内,驾驶员要改变行车条件,对驾驶员操纵方向盘不理想,而且容易产生错觉,把短直线看成反向曲线,从而发生操作错误,酿成交通事故。

(2)道路横断面

影响交通安全的道路横断面要素主要有:车道数、车道宽度和中央分隔带。

一般来说,交通事故率随车道数的增加而减少,但是单数车道的交通事故率高于双数车道,因此道路设计一般不采用单数车道。

随着车道宽度的增加,交通事故显著下降,但如果车道过宽,车辆企图利用富裕的宽度超车,反而会增加事故。如果路上画有标线,规定车辆各行其道,事故率也会减少。

一般来说,采用宽路肩,能给驾驶员以较大的操作空间,增加行车的完全感。同时,车辆发生故障可以停靠在路肩上,不至于阻碍车道,因此事故必然减少。从路肩的结构来说,采用硬质路肩,对行车安全有利。因为土质路肩与路面结构差异很大,一旦车辆离开路面走到软土质路肩上，车辆容易下陷甚至摔出路外。

道路上设置中央分隔带，可以把上行和下行车分开，使每一侧均为单行道，减少迎面来车的干扰，尤其在夜间，还可以避免迎面来车的灯光使驾驶员炫目，从而提高行车的安全性。

(3)路面状况

路面状况对交通安全影响很大，依据有关资料，潮湿路面发生的交通事故率是干燥路面的2倍，下雪、结冰时是干燥路面的5~8倍。尤其在沥青路面上高速行车，路面潮湿、积雪和结冰是非常危险的。在这种路面上发生交通事故的主要原因有两个方面：一是发生在刹车前，路面润滑使驾驶员控制不住汽车；二是发生在刹车后，在预定的距离内不能减速或停车。因为潮湿路面的附着系数降低后，汽车制动器没有足够的摩擦力，在汽车制动时轮胎产生滑移，方向失去控制以致发生交通事故。

9.2.6 道路环境与交通安全

道路环境，是指以道路为中心，依附在路面和两侧物体存在情况的条件，如行道树、花坛、隔离带、道路的安全净空、道路照明、交通标志等。

人和环境是不可分离的，在现有道路条件下，驾驶员的行动应力求适应外界环境的变化，还要保证道路环境不受侵占和破坏。

除道路环境外，还有其他因素的影响，特别是自然条件的影响。如在风、雨、雾、雪等恶劣气候条件下，道路状况变坏，驾驶员视线不清，车辆使用性能下降，使驾驶员安全得不到保证，有时在行车中遇到严重自然灾害，而使车辆失控，造成交通事故。

9.3 道路收费管理

道路收费管理是对车辆征收道路通行费中各项活动过程及财务工作的各种要素进行决策、组织、计划、指挥和激励活动的总称。

道路建成后，收取一定的车辆通行费，用以偿还贷款，维持道路养护管理费用支出，进一步加快道路建设。这种做法，不仅有利于道路养护管理，也有利于道路管理部门向企业化管理过渡，还能对通过车辆加强管理。

9.3.1 道路收费管理

(1)收费管理的任务

①贯彻执行国家关于征收道路车辆通行费的规定，科学地组织收费工作，在保证道路正常营运秩序的同时，完成与争取超额完成征费目标。

②充分发挥所征收资金的作用，将所收资金主要用作偿还道路建设和投资贷款本息，维持道路设施养护、管理正常费用支出，为充分发挥道路高速、高效、安全、畅通、舒适的功能及完善道路路网提供资金保证。

(2)收费管理的内容

①基础工作

基础工作包括：确定收费标准与收费方式，建立收费机构与配备收费人员，监制收费票证，统计车辆交通流，确定征收目标计划，建立健全收费工作管理制度。

②收费过程管理工作

收费过程管理工作包括:收费开据,清查堵塞漏洞,票证管理,费用解交程序管理,经费管理,服务质量管理,电子计算机收费系统管理,计划监督、执行、调控管理。

③技术开发工作

技术开发工作包括:收费系统技术研究与开发,收费技术改造、革新与技术培训,各类形式的征收承包经济责任制推行与试验,征费人员思想、业务、技术、作风等基本素质的建设,保持与各方面的横向联系与合作。

(3)收费管理

收费系统是由收费管理机构、收费工具、收费站、亭、门、口、收费政策与收费标准、收费方式、规章制度、收费人员与收费对象组成。

①收费标准的确定

通常情况下,通行费收取标准是按照车型类别,行驶里程长短,并综合考虑建设投资本息额度、预期交通量、汽车运输获得的效益等因素确定的。

②收费制式

按收费形式分:均一式、开放式、封闭式,见图9-2。

按人工参与程度分:人工式、半自动式、自动式。

按通行券方式分:打印式、磁卡式、光卡式。

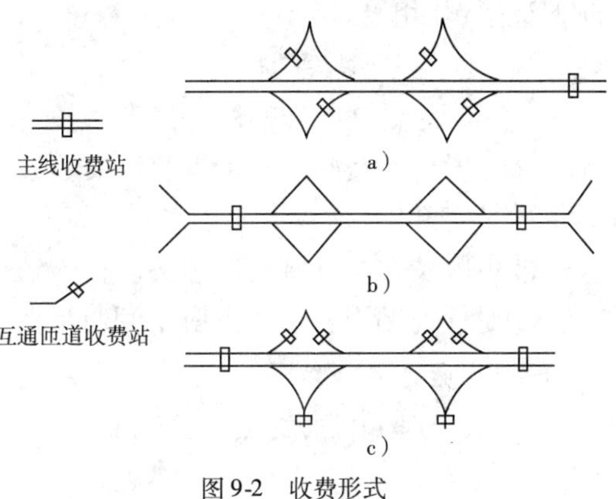

图9-2 收费形式

a)均一式;b)开放式;c)封闭式

9.3.2 收费系统管理

(1)管理方法

制定收费办法,确定收费标准;选择收费制式,确定通行形式;提出收费目标,层层下达征费计划任务,建立健全一套严格的收费管理工作制度;以经济责任制为中心建立多各形式的收费岗位责任制;不间断地开展查征堵漏活动;建立健全严格的财务稽查、稽核制度,查处一切违纪违规事件;不断提高收费人员整体素质;搞好精神文明建设,树立良好路风;不断提高收费部门的技术装备水平。

①防止交费舞弊的对策

可以采取的对策有:设立中央分隔带栅栏,避免交换通行券;采用磁性卡系统,在出口进行核对;在出口设录像机,记录闯卡车辆;设检查站抽查;将出入口车道完全隔离,发行上、下行不同的通行券;实行单向一次性收费;从严处罚违章者。

②稽查的内容

对外稽查的内容:核对车型和行车里程,拦截闯卡车辆,检查车主所交收据是否齐全。

对内稽查的内容:收费员有无舞弊问题;收费人员下岗后票据结算情况;检查票务工作,票款、账目是否日清日结;各种账目、报表是否准确,报出是否及时,是否符合规定,所收钱款是否及时送缴银行;各项基础管理工作是否健全,安全保卫工作措施是否落实。

(2)收费财务管理

在实行人工收费的收费制式中,收费票证是各级收费机构车辆通行费收入的凭证,是进行收费会计核算和财务管理的依据,因而必须建立票证计划、印制、收发、保管、使用、缴销、归档管理制度,以防止管理混乱和违法事件发生。

①收费票证统一印制。由管理局统一样式在指定印刷厂印刷,以审核签字认可入库备用。

②票证收发结存。管理所向局报送票证时应填一式三联"票证领用单",分别交领用单位、局财务部门、票证保管人存查。管理所每月上报"车辆通行费收入月报"和随表报送票主存根,票证管理人员依此作票证销号销数,并按月清点编报"票征收发结存报表"送收费管理部门审查。

③各收费站向管理所负责履行上述手续,日清日结。

④各级管理部门在领取票证时必须严格执行以下规定:检查票证有无重号、错号、缺号;收费出据必须按票号顺序使用;票证存根应联号保存;废票应做"报废"标记,全套缴销;必须随时保证票、款相符。

(3)通行费解缴管理

①车辆通行费收费标准一经上级核定,各级管理收费部门均无权擅自修改、减免或提高。

②车辆通行费必须实行统收统发,各级管理部门均无权挪用、透支。所收费用按月或旬及时解缴指定部门。

③各收费站每日所收现金必须存入银行。

④对任何挪用、贪污、盗窃车辆通行费者,给予处罚。

9.4 道路服务区管理

服务区管理是道路所设的有关服务设施、停车设施、辅助设施等一切管理工作的总称。它包括服务区的规划布局、设计施工、使用维护,以及服务工作的全过程质量管理。

车辆在汽车专用道路上行驶,尤其在全封闭的高速公路上行驶,不能随意出入,也不能随意停车。为解决车辆驾驶员、乘客在旅途中食宿、休息、购物需要,为了能迅速方便地给车辆加油、水、气、维修和意外事故救助等提供服务,在道路旁必须设置必要的服务区,以保证行车需要。为了搞好服务,必须加强对服务区的管理。

(1)服务区管理的任务

服务区管理的目的,是充分利用道路的各种服务设施,为交通运输服务,协调营运活动的各个方面的工作,保证营运工作正常运行,最终体现出道路的多功能、高效率与高效益。服务区管理的任务有:

①合理规划布局。功能全、经济合理,尽量为最大优质的服务提供物质保证。

②不断改进、改善服务区设施功能和服务方式,为各类用户提供全方位服务。

③要始终保持一流的服务设施,一流的服务质量水平,努力创造一个良好的行车环境。

④车辆停放、添加、维修保养、抛锚救助要及时、可靠、准确,以尽量减少延误时间,维持道路行车的高效率。

⑤加强经营管理与经济核算,以增加道路自我发展能力。

⑥协调好服务区的内部各经营业务部门的关系,各业务部门要有明确的经营范围、业务内容、经营效益目标、工作质量标准、利益分配原则与办法。

⑦做好线路上职工生活福利供应,使之一心一意地投入到道路管理的工作中去。

(2)服务区设施管理

①服务区设施

道路的服务区，主要指为车辆、驾乘人员提供服务的设施。

服务性设施：加油站、休息室或旅馆、管理与养护机构住房、商店与餐馆、医务所或急救站、修理所或车辆维修点。

停车区设施：停车场、回转车道、小卖部、公厕、紧急电话亭、公布交通信息的告示牌。

辅助设施：养路管理设备与设施、交通管理设备与设施、隔音设施等。

②服务区设施管理的内容

道路服务区设施管理的内容有：服务性设施的优化布置、合理使用、经常性维护与定期修缮；设施更新与计划编制、执行；检查与效果分析，保障设施全部功能正常发挥，不断提高设施完好率、利用率，获得最佳经济效益；建立和健全各类设施管理制度与责任制度，确保服务水平、服务质量不断提高。

(3)加油站的管理

一般服务区加油站设置于道路两侧对称布置。加油站的安全管理很重要，应按规定配备充足的消防器材，并制定严格的安全管理制度和处罚办法，它不仅要求内部服务人员在操作过程中严格按规程办事，而且要求外来人员严格遵守安全制度。另外，对加油站的管理人员要加强岗位培训和职业道德教育，提高服务质量，在钱和票据管理上要严格遵守财务管理的有关规定。

(4)汽车修配厂的管理

服务区的修配厂初期以中、小修为主，应具备中、小修技术力量和设备，备有损零部件。修配厂应热情服务，保证维修质量。

(5)旅店、饭店和商店的管理

服务区的旅店一般为中级档次，虽然旅客多为短暂住宿，但应把提高服务质量放在首位，应设有洗浴设施，还可增加娱乐、健身设施等。

服务区的餐厅应具备满足各种层次需求的能力，以中、低档为主，提供物美价廉、简单快捷的食品，以及风味小吃等。

服务区商店经销日常旅行用品、当地名优特产品、各类方便食品及饮料，要求食品卫生，服务周到，保持地方特色。

(6)其他部门的管理

①停车场。每个服务区要有一个足够停放各种车辆的停车场，并有合理的停车位置、停车距离和回转车道。

②公共厕所。要求清洁、卫生，为使用者提供满意的服务。

③通信设施。在服务区内设电话亭，实行全日有偿服务。

第10章　道路的成本与价格

10.1　道路的成本

10.1.1　道路成本的概念

(1)成本

成本是指为兴建某一项目或生产产品所消耗的各项投入要素费用的总和。根据衡量成本的观点不同,又分为经济成本和财务成本。经济成本是站在国家的立场看问题,衡量由于执行某一项目而带来多少国民经济收入的减少。衡量经济成本,是运输项目经济评估的重要组成部分,也是国家进行投资决策的基础。财务成本仅站在项目执行者的立场上看问题,估算在项目执行过程中项目执行者(业主)所投入的全部物质资源和人力资源的代价。财务成本是项目执行者对项目进行财务评价的依据,如评价项目的财务投资回收期、贷款项目的还贷期等。此外,财务成本在市场交换中,还可以作为确定商品交换价格的依据。本章主要讨论道路项目的财务成本的构成,及其对道路产品(或道路产品的某一部分、生产过程的某些环节)交换价格的影响,并探讨降低道路产品成本的途径。

(2)道路工程成本

道路工程成本是道路产品生产中耗用的人力、物力和财力等各种生产费用的总和。

根据生产管理的特点和资金来源形式的不同,道路工程成本可分为道路新、改建工程成本和道路养护工程成本。道路新、改建工程成本是指在道路新、改建工程施工过程中,所发生的各项费用的总和。在实际工作中,根据成本核算单位的不同,分为建设单位的工程成本(建设项目总成本)和施工单位的工程成本(建筑安装工程成本)。建筑安装工程成本应当属于建设项目总成本的一个组成部分。本章将主要讨论建设项目总成本。

道路养护工程成本是指在道路养护生产过程中,根据养路资金预算所发生的费用总和。由于道路养护工作量随道路的磨损程度差别很大,不具有规律性,一般根据实际发生的养护工作量大小进行成本核算。

10.1.2　道路建设项目成本核算的特点和成本构成

道路建设项目,由于受到自然条件和施工条件的制约,必须进行个别设计、分别施工。即使是相同标准、相同规模的道路建设项目,也需要进行专门的成本核算。交通运输部颁布的《公路工程估算指标》和《公路工程概算定额》、《公路工程预算定额》可作为公路建设项目成本的核算依据。《公路工程估算指标》在编制项目建议书和编制可行性研究报告时使用,《公路工程概算定额》在初步设计方案的比较中使用,《公路工程预算定额》作为确定施工成本的依据。

根据上述定额,道路建设项目的成本由建筑安装工程费、设备购置费(包括生产所需的工、器具购置费)、工程建设其他费用和预留费用四部分组成,如图10-1所示。

(1)建筑安装工程费

建筑安装工程费是指在道路施工活动中发生的费用，是构成道路建设项目成本的主要部分。其中，直接费由工程项目的人工费、材料费和机械使用费组成。直接费既是建筑安装工程费的主要组成部分，又是计算其他各项费用的基础，所以又称基价。直接费的计算，是根据一工程实际发生的人、料、机使用量和道路所在地区的人、料、机单价计算确定。

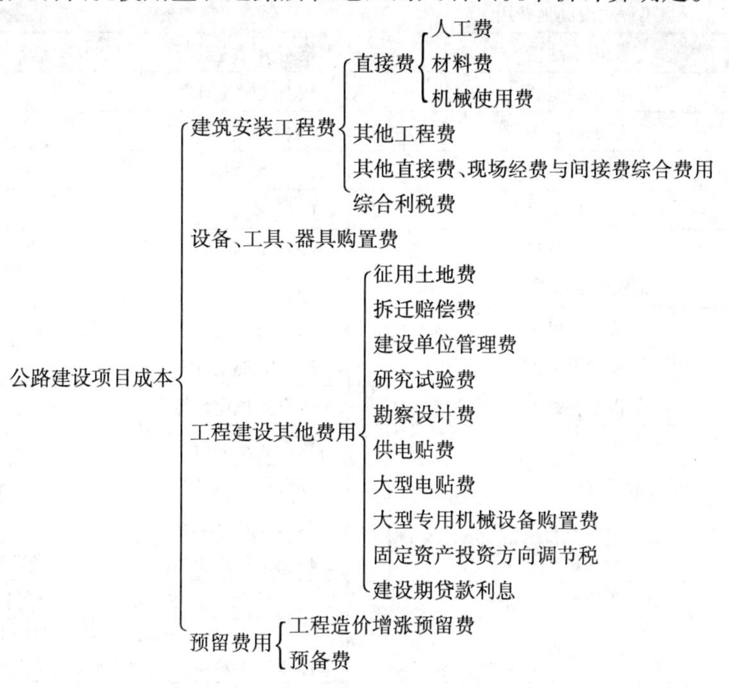

图 10-1　道路建设项目的成本构成

其他工程费，指主要工程以外的(零星工程)费用。该项费用不多，按直接费的一定比例计算。

其他直接费、现场经费与间接费综合费用，包括施工管理费、施工临时设施费、劳动保险基金、施工队伍调遣费等内容。其计算公式如下：

综合费用 = 直接费 ×(1 + 其他工程费率) × 综合费率

综合费率是以省会地点、自治区、直辖市直属施工企业为对象测算的，如果与建设项目实际有较大出入，则可以进行调整。

综合利税费是指施工技术装备费、计划利润和税金之和，以直接费及其他工程费、现场经费与间接费综合费用之和为基数，按综合利税率 10% 计算。

根据以上规定，计算出各省高速公路的建筑安装工程费，计算方式见表 10-1。

道路建设成本计算式　　表 10-1

代号	项　　目	计 算 式
一	指标直接费	指基价
二	直接费	指工程所在地的人、材、费用之和
三	其他工程费	(二) × 规定的其他工程费率
四	其他直接费、现场经费与间接费综合费用	[(一) + (三)] × 综合费率
五	综合利税费	[(二) + (三) + (四)] × 综合利税费率

续上表

代号	项目	计算式
六	指标建筑安装工程费	(一)+(三)+(四)+(五)
七	建筑安装工程费	(二)+(三)+(四)+(五)
八	设备、工具、器具购置费	按有关规定计算
九	工程建设其他费用	
	征用土地费	按有关规定计算
	拆迁赔偿费	按有关规定计算
	建设单位管理费	(六)×费率
	工程质量监督费	(六)×费率
	工程质量监理费	(六)×费率
	定额编制管理费	(六)×费率
	设计文件审查费	(六)×费率
	研究试验费	按有关规定计算
	勘察设计费	按有关规定计算
	供电补贴费	按有关规定计算
	大型专用机械设备购置费	按需购置的清单估算
	固定资产投资方向调节税	按有关规定计算
	建设期贷款利息	按实际贷款数及利息计算
十	预留费用	包括工程造价增涨预留和预备费两项
	工程造价增涨预备费	以(七)为基数按规定的计算式计算
	预备费	[(七)+(八)+(九)-大型专用机械设备购置费-固定资产投资方向调节税-建设期贷款利息]×费率
十一	建设项目投资估算总金额	(七)+(八)+(九)+(十)

(2)设备、工具、器具购置费

该项费用是指为营运、养护服务的设备和工、器具费用。高速道路的设备、工具、器具购置费,按下面的公式估算:

$$设备、工具、器具购置费=建筑安装工程费\times 1.876$$

(3)工程建设其他费用

①征用土地费。高速公路每公里定额征用永久性用地22.30~24.14亩[1](各省情况不同),临时用地每公里6.13亩。根据各省土地价格估算征用土地费。

②拆迁赔偿费、研究试验费、勘察设计费及供电补贴费。这几项费用均以建筑安装工程费为基数,乘以相关的费率。

仍以高速公路为例,拆迁赔偿费率:华北、东北地区为4.674%,华东、华中、华南地区为4.895%,西南地区为4.735%,西北地区为4.535%。

研究试验费费率各省均为0.728%。

勘察设计费费率各省均为2.113%。

③建设单位管理费,含工程质量监督费、工程质量监理费、定额编制管理费、设计文件审查费。按建筑安装工程费的0.15~0.20估算。

④大型专用机械购置费、固定资产投资方向调节税、建设期贷款利息均按有关规定计算。

---

[1] 1亩≈666.7m^2。

(4)预留费用

预留费用是指在投资估算或概算中难以预料的费用,包括工程造价增涨预留费和预备费。

预留费用在下述情况下经上级主管机关或业主同意后才允许开支。

①在进行技术设计、施工图设计和施工过程中,在批准的初步设计范围内因局部变更设计而增加的费用。

②设备、材料价格和工资单价的价差,但不包括由于管理不善造成的价差。

③由于自然灾害所造成的损失和为预防自然灾害所采取的措施费用。

④在上级主管部门组织竣工验收时,验收委员会为鉴定工程质量,必须开挖和修复隐蔽工程的费用。不包括因施工质量不符合设计要求而返工重做的费用。

⑤上级机关指定在本项开支内的其他费用。

在进行建设项目成本估算时,预备费用以图 10-1 中的第一、二、三部分费用之和(扣除大型专用机械设备购置费、固定资产投资方向调节税、建设期贷款利息)的 11% 计算。在工程竣工决算时,按实际发生的费用计算。工程造价增涨预留费按《公路工程基本建设项目概算预算编制办法》(JTG B06—2007)的规定计算。

根据以上分析,高速公路项目的建设成本大约为表 10-1 中所列建筑安装工程费的 1.3 倍左右。如果大型桥梁、隧道和立体交叉工作较多,建设成本还要高一些。

以上讲述了道路建设项目的总成本的构成和计算方法,建设单位可以用这种方法估算一个道路建设项目总的费用支出。其中,建筑安装工程费属于总成本的一个主要组成部分,可以作为建设单位进行建筑安装工程施工招标的估价依据。同样,按有关定额计算的设计、监理、设备购置等费用,也可以作为相应工作招标估价的依据。

需要说明的是,按定额计算出的成本指标,反映的是某一地区的社会平均成本水平,是成本估算的基准。道路项目的实际成本还要受市场供求关系的影响。例如,建筑安装工程的实际成本,在招投标制度下就是中标价格。中标价格不一定等于按定额计算的建筑安装费,但中标价格要围绕建筑安装工程费波动。对于实际的设计成本、监理成本等也是如此。

10.2 道路产品的价格

在道路经营权转让和道路资产评估中,都需要确定道路产品的价格。在道路产品生产环节中,也要计算某些生产环节的价格。本节主要讨论在招投标制度下,道路建筑安装工程的价格计算方法。

10.2.1 招投标市场上的计价方式

根据经济学原理,价格围绕价值波动,社会平均必要劳动时间决定商品的价值量。商品的价值和供求关系影响商品的价格。根据道路产品单件生产的特点,在招投标市场上的计价方式有以下几种类型(图 10-2):

- 招投标市场上的计价方式
  - 固定价格包干
    - 按固定总价包干
    - 按固定单价包干
  - 按成本加酬金计价
    - 按成本加固定比率酬金计价
    - 按成本加固定数额酬金计价
    - 按限额成本加酬金计价

图 10-2 招投标市场上的计价方式

(1)按固定总价包干

即承包单位按签订合同时确定的总价包干,负责完成合同规定的全部工作。它适用于工程规模、技术要求和质量标准都明确的工程。采用这种方式,对招标单位来说,有利于控制和节约投资。对承包单位来说,虽要承担工程中的风险,但是通过技术和管理途径也可能获得较大的盈利。因此,这是在招投标中提倡采用的价款包干方式。

(2)按固定单价包干

即以工程单价为基础进行工程的投标承包,并以合同规定的单价包干,工程完成后双方按下式结算工程价款:

$$工程价款 = 包干的单价 \times 完工后实测的工程量$$

此种包干方式适用于工程量事前不能准确计算,或预计到工程规模将有较大变动的情况,如土方工程、地下结构工程等。采用这种方式对招标单位来说,虽可简化招标工作,但不如总价包干方式那样有利于投资总额的控制。对承包单位来说,只要能提高施工效率,降低单位施工成本,也就会有盈利。

(3)按成本加酬金计价

这种方式系指发包单位除按工程实际成本向承包单位支付费用外,另加一部分费用作为承包单位的利润及酬金。根据酬金确定方式不同,又可分为:

①按成本加固定数额酬金计价

建设单位付给承包单位的酬金是固定的数额。承包单位只要精打细算,节约管理费,就可以获得利润。由于酬金数额包干,建设单位也乐于接受这种方式。

②按成本加固定比例酬金计价

第一种方式计算的酬金同工程规模的大小没有联系,显得不够合理。改进的方法是:建设单位付给承包单位的酬金是按工程实际成本的一定百分率计算的,如果实际成本高,付给的酬金也高。对承包单位来说,收入随实际成本增高而增加,承担的风险小。但对建设单位来说,成本实报实销,酬金又水涨船高,造价难于控制,所以这种方式尽量不要采用。但对于有些工程,由于仓促上马,施工过程中设计图纸未出齐,或设计变更大,也只好采用这种方法。

③按限额成本加酬金计价

这种方式较前两种方式是一种改进,它规定了工程成本不得超过最高限额。对超过部分,应按规定由双方分担。酬金部分的计算方法又可采用以上两种方法。

上述三种成本加部分酬金的计价方式,就控制投资来说,都不如按固定总价包干和按固定单价包干的方式。它只适宜于以下情形:

①工程设计尚未完成,但建设单位急于开工的工程;

②预计施工过程中工程内容可能有变更,材料亦可能有变动;

③工程质量要求很高或有特殊要求的工程。

10.2.2 工程报价

(1)标底与标价的概念

标底是由建设单位(或委托咨询公司)根据国家或地方预算定额计算的承包工程价格,也可以看作是道路产品的计划价格,这一价格反映了该工程的社会平均劳动消耗水平。标底对各投标单位是保密的。

标价是由各投标单位根据市场竞争态势和企业自身的成本、利润水平编制的承包工程的价格，也可以看成是道路产品的浮动价格或市场价格。它反映了完成该项工程的个别企业的劳动消耗量水平。对于同一工程项目，各投标单位确定的标价是彼此不同的，同时各投标者之间也是相互保密的。对施工企业来说，理想的标价是既要保证中标，又能获得较多盈利的标价。

(2)工程估价与报价

工程估价就是计算完成工程所需的费用，实际上，就是确定承包工程的企业成本。需要说明的是，施工企业的成本和建设单位的成本含义是不同的。对建设单位来说，支付给施工单位的全部费用就是施工成本。而对施工单位来说，他从建设单位得到的全部费用包括了企业成本和企业利润两部分(图 10-3)。

工程报价是指施工企业在估价的基础上，再加上预期利润和工程风险费用，构成承包工程的企业水平的价格，即工程标价(图 10-3)。标价确定后，以报价书的形式向招标单位报送。

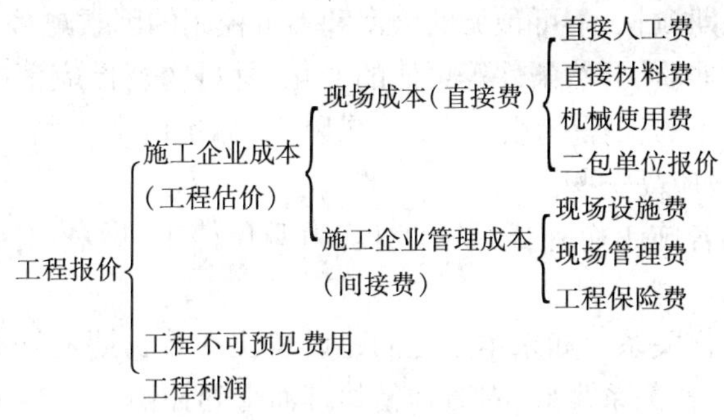

图 10-3　工程报价的组成

可见，估价和报价是前后两项紧密相连的工作，但又有不同的要求，现比较如表 10-2 所列。

估价与报价的比较　　表 10-2

比较项目	估　价	报　价
目的	确定完成工程任务的全部成本，要求尽可符合本施工企业实际	确定理想的标价，要求既能中标，又能较多盈利
工作性质	属于复杂、精细的业务性工作，要求精心计算，只要求“知己”	属于高度策略性的工作，要进行市场调查，要求“知己知彼”，精心决策
参入人员	工程项目负责人、工程技术人员、预算人员及有关业务部门人员	经营决策人员

(3)工程报价的确定

工程报价的关键在于确定既能使建设单位接受(能中标)，又能使施工企业盈利的理想标价。由图 10-3 可知：

$$\text{工程报价} = \text{施工企业成本} + \text{工程不可预见费用} + \text{工程利润}$$

上式中的施工企业成本，系指反映施工企业水平的成本，其核心部分是工程现场成本。工程现场成本中，核心又是直接费用，即直接消耗在工程实体中的费用。工程的直接费是按图纸实打实地计算出来的，相对来说是较为固定的。其他的现场管理费，企业管理费、工程不可预见费和工程利润，相对来说是可以变动的费用。

合理确定标价就是合理确定上述各项费用，使施工企业能够中标，又能盈利。标价高，虽然能盈利，但中标机会减少；标价低，虽中标机会增大，但盈利减少。这里就有一个确定标价的策略问题。尽管这样，投标者能否中标，并不取决于投标者一方，而主要取决于招标单位的选择。竞争对手的多少和情况,对标价有重大影响。

因此,确定报价实质上就是施工企业如何参入竞争的问题。这要考虑三方面的利益和需要:本企业的利益和需要,招标单位的利益和需要,其他投标人的利益和需要。

①要求实现利润。如果不能在每项工程上达到这一点,则要退而求其次,即有的工程有较多盈利,有的工程只有少利或微利甚至只保本。最后从整体来看,企业仍有盈利。

②投标的工程项目是否为本企业所熟悉的工程领域。如果是,即使标价定得低,也完全可以通过发挥企业优势,降低成本来实现利润。

③竞争者的数目。竞争者数目多,为了中标,就要适当降低标价;竞争者数目少,则可适当提高标价。

④估价工作的准确性。估价工作愈准确,成本费用开支愈有把握,标价可适当低一些。

⑤工期的长短。工期愈长,不可预见的因素和不可控制的因素愈多,工程风险性愈大。工程风险系指施工过程中地质、自然条件等可能的变化,材料物资供应情况可能的变化,以及原材料价格可能的变化带来的工程费用的增加。风险大,标价应高一些。另外,工期愈长,占用的资金愈多,此时标价也应高一些。

⑥有无后续工程。若施工企业无后续工程,为避免停工,微利、保本有时甚至亏点本也得干。

⑦与建设单位的合作关系。如果本企业同建设单位有着长期良好的合作关系,即使标价低一些,也会由于双方合作关系良好,对方通情达理而得到补偿。

⑧从经营策略上考虑,即企业从长远目标和长期利润角度考虑。这就要在经营环境分析的基础上,研究需求的动态变化,企业的主观得失,综合权衡。切忌追求一时的得失而丧失长期的利益。有时为了挤进某一区域的市场,即使短期无利,也应在所不惜。

⑨综合利用企业的优势,合理确定报价。报价合理是决定企业能否中标的重要因素,但不是唯一因素。如企业在信誉、保证质量、保证工期、经营作风等方面的优势,即使标价略高一点,也可能中标。

报价的策略并没有固定的模式,目前虽然也有从概率角度提出的计量模式,但难于在实践中应用。报价需要的是经营决策人员的知识、经营和胆识。企业要赢得市场,要在竞争中取胜,基点仍建立在提高企业素质,精心经营、精心管理上,别无他途。

10.3 道路项目造价管理

道路项目造价管理是提高道路项目投资效益的重要管理工作。为了提高我国工程项目的经济效益和社会效益、控制工程造价,国家发展与改革委员会(原国家计划委员会)先后联合发布了《关于改进工程建设概预算工作的若干规定》、《关于做好工程建设投资估算指标制订工作的几点意见》、《关于建筑安装工程费用项目划分暂行规定》、《关于控制建设工程造价的若干规定》等,可用于指导道路项目造价的管理工作。

道路项目造价是指道路项目从筹建到竣工验收交付使用所需的全部费用,包括图10-1的全部项目。

10.3.1 道路项目造价的行政管理

道路项目造价管理是一项综合性管理工作,是我国政府建设行政主管部门(住房和城乡建设部)和交通主管部门(交通运输部)的行政管理职能之一。国家对工程造价的计价依据实行统一领导、全面规划、分级管理的原则。

道路项目造价管理要遵循价值规律,遵照国家有关法律、法规和方针、政策,合理确定工程造价,并预测建设期造价变化的动态因素。工程造价确定的原则应是平均成本加合理利润。在保障国家利益的前提下,要正确处理投资、建设、设计、施工、监理等单位的合法经济利益,以及中央、地方、部门和企业的关系。

(1)道路项目造价管理的任务

各地建设行政管理部门和交通主管部门,负责组织协调各有关单位对道路项目的造价进行管理和监督。其主要任务是:

①在总结经验的基础上,制定道路项目造价的计价、定价、控制和监督,检查有关规章、制度并组织实施;

②组织制定道路项目造价各类计价依据的统一性规定及管理办法等;

③组织编制估算指标、概算定额等修订工作计划;

④组织制订道路项目造价各类计价依据;

⑤监督检查有关道路项目造价规定和各类计价依据的执行;

⑥研究处理有关道路项目造价问题;

⑦协同建设银行等有关监督部门对向基建乱取费及不合理的承包合同价和结算价进行监督;

⑧收集、整理、发布有关道路项目造价信息。

(2)道路项目造价行政管理的职责

交通主管部门在制订道路项目计价定额时,一般要根据实际情况,邀请有关建设、设计、施工、监理单位及建设银行等参加,广泛听取各有关单位的意见和建议,做好道路项目造价的全过程管理。在充实和加强本部门、本地区工程造价(定额)管理机构的基础上,逐步完善工程造价管理的宏观调控手段,做好规划、协调、监督和服务工作。

政府建设主管部门和交通主管部门在道路项目造价管理方面的职责主要是:

①贯彻执行国家有关工程建设的法律、法规和方针政策;

②研究制定有关工程造价管理的规章、规定,经批准后分工实施;

③组织制订工程建设投资估算指标、概算定额等制订、修订工作计划;

④制订工程造价各类计价依据,监督、核查其执行情况,协调解决执行中存在的问题;

⑤收集、整理、定期发布工程造价信息;

⑥监督检查工程预算、招标标底,参加评标和合同价的管理工作;

⑦调解工程造价方面的经济纠纷;

⑧会同工商行政管理部门对工程造价咨询机构进行资质管理,并加强其从业管理和监督;

⑨上级机关交办的其他事项。

上述工程造价(定额)管理机构的经费,凡实行行政性和事业性收费的,必须严格执行《中华人民共和国行政性和事业性收费管理条例》,规范收费行为。会同有关单位建立设备材料价格信息系统,及时提供设备材料价格信息,定期发布材料价格和工程造价指数,以指导工程造价的预测和调整。

各级交通主管部门,一般要指定专人或委托设计单位收集、整理、分析各类有代表性的、有重复使用价值的已完工程投资包干协议价、承包合同价等各种造价资料,建立工程造价资料数据库，为有关部门和单位提供工程造价信息资料。

建设单位对建设全过程造价控制负责。应通过项目招标投标，择优选定设计、承包单位，签订勘察设计合同、承包合同。签约双方应严格履行合同，管好用好投资，以保证不突破工程总造价限额。因此，建设单位要认真组织设计方案招标，施工招标概算、设计预算和承包合同价之间要相互衔接。对工程造价管理力量薄弱的建设单位，一般要委托或聘请工程咨询单位或建设监理单位，协助做好工程造价控制及管理工作。

10.3.2 道路项目各阶段的造价管理

道路项目造价管理应贯穿于项目可行性研究报告、设计、施工及工程竣工交付使用各阶段的全过程。无论建设资金来源如何，均应按照国家规定的建设项目审批权限和程序进行管理，控制项目的投资总规模。对于工程项目的实施要充分运用市场竞争机制，大力推行招标承包制和建设监理制，实行工程承包合同价。

(1)前期工作的造价管理

建设工程前期的主要工作是编制道路项目可行性研究报告。它是对道路项目进行科学决策的重要依据。可行性研究报告投资估算应根据可行性研究报告的内容及国家有关规定和估算指标等，以估算编制时的价格进行编制，按照有关规定合理地预测估算编制至竣工期工程的价格、利率、汇率等动态因素，打足建设资金，不留缺口，确保投资估算的编制质量。

投资估算按照规定需经有关部门或单位批准的，在报批前一般要经有资格的工程咨询单位进行评估。工程咨询单位在对道路项目进行技术经济效益评价的同时，还应对该项目投资估算的完整性、准确性以及项目所需资金的筹措、落实情况作出全面、公正的评价，确保评价质量。

(2)设计阶段的造价管理

工程设计阶段是合理确定和有效控制道路项目造价的重要环节。设计单位要按照可行性研究报告和投资估算控制初步设计的内容，在优化设计方案和施工组织方案的基础上进行设计。

初步设计概算应根据概算定额(概算指标)、费用定额等，以概算编制的价格进行编制，并按照有关规定合理地预测概算编制至竣工期的价格、利率、汇率等动态因素，打足建设费用，并严格控制在可行性研究报告及投资估算范围内。在设计单位内部应实行限额设计，按照批准的投资估算控制初步设计及概算，按照批准的初步设计及总概算控制施工图设计及预算，在保证工程使用要求的前提下，按各专业分配的造价限额进行设计，保证估算、概算、施工图预算起层层控制的作用，不突破造价限额。

设计人员要严格按照投资估算做好多方案的技术经济比较，选择降低和控制工程造价的最佳方案。工程经济人员在设计过程中应及时地对工程造价进行分析对比，反馈造价信息，主动地影响设计，以保证有效地控制造价。

设计单位要保证设计文件的完整性。设计概、预算是设计文件不可分割的组成部分。初步设计、技术简单项目的设计方案都要有概算，技术设计要有修正概算，施工图设计要有预算，概、预算均应有主要材料表。没有设计预算、施工图没有钢材明细表的设计是不完整的设计。不完整的设计不能交付建设单位。设计文件的完整性和概、预算的质量是评选优秀设计、审定设计单位等级的重要标准之一。

投资估算，设计概、预算的编制，要按当时当地的设备、材料预算价格计算。在投资估算、设计概算的预备费中合理预测设备、材料价格的浮动因素及其他影响工程造价的动态因素。确定工程项目设备、材料价格指数，一般按不同类型的设备和材料价格指数，结合工程特点、建设期限等综合计算。

建设单位和设计单位要严格控制施工过程的设计变更，健全、完善设计变更审批制度。设计如有变更，一般要进行工程量及造价增减分析，并经原设计单位同意，才能实施。如果设计变更后突破总概算，一般要经过设计审批单位审查同意，方可变更。这样可防止出现通过变更设计任意增加设计内容、提高设计标准、扩大建设规模，进而提高工程造价的现象。

(3)施工阶段的造价管理

建设工程承包合同价，包括建设项目总承包合同价和建筑安装工程承包合同价。建设工程承包合同价的确定，应充分发挥市场调节作用，遵循国家有关法律、法规，通过招标投标择优选择中标单位，由承发包双方签订承包合同并严格履行。

施工企业按照与招标单位签订的承包合同价，结合本企业情况建立多层次、多形式的内部经营承包责任制，完善经营管理，搞好经济核算，降低工程造价，落实承包合同价，保证按合同规定的工期、质量完成施工任务。

建筑安装工程招标的标底，通常由招标单位或委托设计、工程咨询或建设监理等单位以初步设计概算（或修正概算）或施工图预算为基础进行编制。对于建筑安装工程的中标价格，一般在标底的基础上都制定了相应的浮动幅度，以指导承发包双方合理确定建筑安装工程合同价，防止不合理的压价或抬价。

建设单位一般要根据可行性研究报告、初步设计规定的建设规模、建设内容、建设标准、建设工期和质量标准在总概算的范围内组织建设，组织设计、施工和设备供应等招标，签订承包合同，使工程造价落到实处。

对于国家投资的建设项目，在施工过程中建设单位要严格控制设计变更，避免由于设计变更，扩大建设规模，增加建设内容，提高建设标准。对于必须变更的，应先作工程量和造价的增减分析，经建设单位同意，设计单位签证后方可调整造价。

施工企业要以国家计价定额为指导，结合本企业的情况，制订企业报价定额，作为企业投标报价的依据。承包合同一经签订，必须严格按照设计合同进行施工，确保工程质量，积极采用行之有效的新技术，按合同工期组织施工，保证安全生产。施工企业还要充分运用市场竞争机制，优选分包单位，组织好设备和材料供应，提高经营管理水平，尽量节约各项开支，降低工程成本。

国家禁止向建设项目乱摊派、乱收费。除国家有关部门规定允许在工程建设投资中支付的费用外，不允许巧立名目向建设项目收费。对于违法摊派和收费，建设单位、设计单位和施工企业有权抵制，经办银行可以拒付，并可向有关部门申诉解决或直接诉诸法律。

随着监理制度的建立，很多地区和部门相继成立了监理机构和工程造价咨询机构，接受交通主管部门或建设单位的委托，从事道路项目造价计价（包括估算、概算、预算、标底的编制）以及对建设过程中的工程造价进行监理，办理工程结算、决算等业务。这种做法可以有效地控制工程造价，是工程造价管理的重要手段。

10.4 降低道路成本

要降低工程造价，首先是要降低工程成本。尽管道路建设成本受交通运输部颁布的《公路工程预算定额》的约束，各项费用需以《公路工程预算定额》作为计算依据。但是，如果个别施工企业、设计企业或其他道路建设参与者降低了生产成本,就会增加他们的盈利水平,进而可以促进全社会道路建设成本和工程造价的降低。

施工过程是道路产品形成的主要过程,降低施工成本,可以降低道路产品的成本。本节以施工成本管理为例,探讨降低道路产品成本的途径。

10.4.1 全面成本管理

道路项目施工成本管理,是指在道路项目施工全过程中,围绕所有发生的费用和实际成本的形成所进行的一系列管理工作。

随着道路项目施工实践和管理科学的发展,成本管理已从一般的成本核算和成本的事后分析,发展成为全面成本管理。全面成本管理的特点是:

(1)全过程的成本管理

就是从道路产品形成的全过程,也即对成本形成的全过程的每一环节进行管理。

决定道路产品成本的因素,首先是路线方案,包括路线走向、路基、路面结构形式、桥梁等人工构造物的设计方案等;其次是施工质量,包括以施工工艺、施工组织方案及技术措施为主要内容的施工组织设计的质量。因此,从勘察设计到全部施工过程都应注意成本管理。

(2)综合性的成本管理

工程成本的高低,是由许多因素决定的,如材料供应、劳动力调配、技术方案、机械设备利用、质量管理、安全施工、施工组织等。成本水平是道路建设管理水平的综合反映。因而成本管理是综合性的管理,道路建设各部门都负有一定的经济责任。

(3)全员参入的成本管理

工程成本是由各业务部门、各生产岗位的职工,通过所从事的各项施工活动,分散地、以不同的形式逐步形成的。因此,道路项目的成本管理必须与每个职工的本职工作结合起来,必须全体员工共同参与管理。

(4)成本的预防性管理

就是成本管理不能停留在事项核算上,应以成本预测和成本的控制为重点。要坚决改变目前那种“干了再算”,即工程完成后才知道成本的做法,形成一种“算了再干”的成本管理工作作风和成本控制工作体系。

综上所述,所谓全面成本管理,就是对成本实行全过程的、综合性的、全员参入的和预防性的成本管理。其核心是成本控制。

10.4.2 成本控制

所谓成本控制,就是在施工过程中,对工程成本的形成进行监督并及时纠正发生的偏差,使工程成本限制在计划范围内,以实现降低成本的目标。

(1)成本控制的要求

①掌握标准

所谓标准,就是由交通主管部门或企业制定的成本标准。在确定了成本控制的目标标准后,各职能部门、各生产岗位和职工就要依据成本标准对成本进行控制。掌握标准,要严格按照标准办事,实事求是,如实反映情况,对变化了的情况要作具体分析,有灵活的对策。

②分析差异

在施工过程中,往往由于某些原因,使实际发生的成本数额与预定的标准产生偏差,如实际成本超支或节约。差异反映了各部门、岗位的工作质量和效果,要及时对成本差异进行分析、研究节约或超支的各种原因及其对完成成本计划的影响。

③调整偏差

对发生的成本差异,应在查明原因的基础上,由成本管理人员定期向领导和职能人员编制实绩报告,提供成本差异信息,以便及时对原有不切实际的成本标准进行调整或修订。

(2)成本控制的基本内容

①事前控制

成本事前控制就是要做好成本预测和成本计划工作,做到"算了再干"。

②成本计划执行过程中的控制

在施工准备阶段,除注意本阶段人力、物力消耗的节约外,还应注意对工程成本的影响。为此,要对实现计划成本所需的施工条件,即准备工作的质量和进度进行检查、监督和控制。

在正式施工过程中,应坚决按成本计划进行费用开支,保证实现已拟订的降低成本的技术组织措施,并与施工进程其他方面(进度、质量、安全等)的控制结合起来,使成本控制成为施工过程全面控制的一个有机组成部分。

在施工准备和正式施工阶段,都要及时将实际成本费用的支出与计划成本进行对比,从中找出差距,根据产生偏差的原因,采取纠正措施,并对可能产生的偏差采取预防对策。

(3)成本控制的基本制度

就是以项目内部经济承包责任制为依据,以专职管理为主、群众管理为基础,形成专群结合的分级分口的成本控制责任制和目标成本管理体系。

分级控制是从纵向把成本计划指标按所属范围从上到下层层分解,并通过内部承包合同从下到上层层保证。

分口控制是从横向把成本计划指标按性质分解,并通过承包合同落实到各职能部门,各职能部门据以进行费用开支的监督和控制。

10.4.3 降低施工成本的途径

(1)改进施工工艺,合理组织施工

施工过程中的劳动力消耗、材料消耗、机械台班消耗以及其他费用支出,很大程度上都是由施工方案和施工组织设计的水平控制的。施工方案和施工组织设计得合理是最大的节约。例如,哪些构件采用现浇,哪些构件采用预制;是现场预制,还是工厂预制;构件吊装采用何种设备和方式;准备采用哪些新工艺、新技术、新材料;怎样改进劳动组织等。这些都需要进行认真研究,必要时,还应进行多方案比较。

(2)提高劳动生产率,节约开支

劳动生产率是指施工全过程中的劳动效率。提高劳动生产率,意味着以一定的劳动消耗完成较多的工程量。劳动生产率有价值指标和实物指标两种形式。

劳动生产率的价值指标一般用全员劳动生产率表示,可按总产值或净产值计算。

$$\text{全员劳动生产率(元/人)}=\frac{\text{报告期实际完成的产值}}{\text{报告期全部职工平均人数}}$$

劳动生产率的实物指标,一般按实际工程量计算。

$$职工年人均完成工程量=\frac{完成的工程量}{平均人数}$$

(3)节约材料费

节约材料费用应当从订货、采购、运输、入库验收、仓库保管、集中加工、合理下料、节约代用、回收废旧到综合利用各环节严格控制。

(4)节约机械费用

在工程上应讲求机械设备的合理配备,加强设备的维修保养,提高机械设备的利用率和效率,降低机械台班使用费。此外,在设备购置与租赁两者之间作出科学的决策。

(5)保证工程质量,减少返工损失

实行全面质量管理,减少和防止不合格品、废品损失和返工损失。

(6)做好安全工作

加强安全管理,杜绝安全事故,减少事故损失。

(7)节约施工现场管理费

道路项目施工,涉及面广,协作关系复杂,如不加强管理,就会增加许多费用。施工管理应本着艰苦奋斗,勤俭办事的方针,量入为出,精打细算,节约开支,实行指标分层管理,提高管理效率,压缩编制,减少非生产人员,避免出现人浮于事的现象。

10.5 道路养护资金

为了完成道路养护工作的基本任务,必须确保道路养护所需的资金。道路养护资金是道路建设资金中的一种,国务院和各级交通主管部门,对这种资金的筹集和使用均有具体的规定。

目前,我国道路养护资金的来源有以下几种:

①对于国道、省道、县道主要来源于养路费、民工建勤以及地方自筹配套资金;

②对于乡道,主要来源于农民个人或联户的拖拉机养路费、农业附加税,以及农民自筹资金或地方财政补贴;

③对于专用道路,则由专用单位负责自行解决。

对于道路养护,目前尚未规定可以采取中外合资、贷款等方式筹集资金,但有些地方已出现属于养护性质的工程(如改善工程),利用各种贷款,在竣工后用收取通行费偿还其贷款投资的办法。

10.5.1 公路养路费(燃油附加费)

(1)征收和使用原则

公路养路费,是国家按照“以路养路、专款专用”的原则,向有车单位和个人征收的用于公路养护、修理、技术改造、改善和管理的专项事业费。根据《公路法》的规定,在条件成熟时,公路养路费将改为征收燃油附加费的办法。

养路费的征收管理原则是:“收管用一体,统收统支,收支两条线,严格检查”,由养路费征收稽查机构具体实施。

养路费属于国家预算外资金,即不通过国家预算进行集中和分配,而由交通主管部门自行管理的财政资金,实行专款专用。公路养路费具有国家强制性、无偿性、稳定性、时间性和专用性等五个特征。

(2)养路费的经济性质

道路属固定资产,在使用过程中要逐渐损耗,需要进行实物补偿和价值补偿。实物补偿是通过物质性的养护作业生产来完成的,价值补偿则是通过收取养路费来实现的。所以养路费的经济性质是对道路固定资产简单再生产和部分扩大再生产的价值补偿。这种价值补偿的"标准",实质上就是道路作为特殊商品提供的"效用"在交换过程中的价格。

按照商品价格与价值关系的原理,价格与价值相适应,就能促进商品生产的发展;价格与价值相背离,就要影响商品生产的发展。如果承认道路是一种特殊的商品,养路费标准就是道路效用在交换中的价格,那么养路费征收标准的确定,就必须符合价值规律。否则,特别是当价格低于价值时,就会出现道路养护资金不足,出现赤字,不能正常养护,路况下降,"超期服役",路网不畅,从而增加运输成本,甚至造成交通中断等弊端。

为了使道路规费征收标准符合价值规律,必须注意以下几点:

①规费征收标准必须符合价值规律,即等价交换的原则。

②规费征收标准必须符合马克思关于扩大再生产的原理,即道路补偿资金必须大于过去耗费的那部分价值的增值资金;否则,就不能实现部分扩大再生产。

③规费征收标准必须体现物价指数的变化,同时也要具有相对稳定性。

④规费标准变化与否,不要被由于车辆总吨位的增加而导致规费征收总额也相应增加的现象所掩盖。必须认识到车辆总吨位的增加会加速道路的磨损,因而需要相应较多的养护费用。

⑤在确定合理的规费征收标准的基础上,还必须制定完善的征费规定,做到"应征不漏,应免不征"。

(3)养路费征收工作的主要规定

养路费的征收工作,由各省、自治区、直辖市交通厅(局)指定所属单位设置机构及人员或委托有关单位负责办理,并由省交通厅(局)统一管理。其他任何部门不得征收养路费。

凡领有牌证的各种客货汽车、特种车、专用车、牵引车、简易汽车、挂车、平板车、摩托车、胶轮拖拉机、排车和畜力车,除按规定可以免征的以外,均应缴纳养路费。

凡由养路费支付的各种道路建设活动,应通过中国工商银行办理和结算。结算方法有四种,即现金结算、间接委托银行结算、汇兑结算、转账结算。

(4)养路费的使用范围

养路费的使用范围规定如下:

①养路工程费,包括道路小修保养费,大、中修工程费,水毁工程抢修及修复费,改建工程费,道路渡口费,道路绿化费,道(渡)班房修建费,县乡道路补助费,养护改善工程测设费,以及养护机械、车辆设备购置费。

②养护事业发展费,包括行政管理费,养护专用机械、构件、材料厂建设费,养护技术进步开发费,养护科研、教育费,路况及交通量情况调查费,养路职工宿舍和养路段、站必需的生产房屋修建费,路政管理费。

③养路其他费,包括劳动保险,非固定职工福利、奖励、医药、抚恤费,国家规定要缴纳、支付的其他税、费等。

(5)养路费的使用

养路费的使用,必须贯彻我国道路养护工作的总方针,本着"干支道路兼顾,以干线道路为主，养护与改建兼顾，以养护为主”的原则，由省级道路管理部门统一管理，统筹安排。实行统收、统缴、专户存储。任何单位和个人不得挪用、截留、坐支和平调。

国家规定了养路费使用安排比例，用于养护工程方面的费用比例每年不低于养路费总支出的80%。同时，要首先确保公路小修保养和大、中修工程的需要，然后根据经费的可能，安排其他工程项目，不得挤掉正常养护经费而安排新、改建工程和其他支出。

国家还规定了养路费可实行超收分成的办法。但目前有些省为了扩大各地区收缴、管理和使用养路费的自主权，充分发挥各市、县、乡的积极作用，规定了“养路费在扣除公安监理、征费部门年度支出后，实行省、地间接比例分成”的办法。

养路费的年终使用余额，均转入下年度继续使用，不得挪用和平调。

乡道建设和养护要继续执行“民办公助”和“自建自筹”的政策。其主要经费来源是征收的拖拉机和畜力车养路费、地方财政附加收入，以及其他集资。

10.5.2 民工建勤及其他养路资金

(1)民工建勤

国家规定，“公路建设可以采取民工建勤、民办公助和以工代赈的办法”。县级以上道路以专业工人养护为主，并实行民工建勤修建和养护的劳务投资制度。我国农业劳动力人口众多，民工建勤是一笔巨额资金，可以对道路养护事业发挥一定的作用。

(2)对农民个人、联户机动车辆征收的养路费

农民个人或联户拥有的机动车辆如拖拉机、汽车，征收养路费规定：“从事营业性运输的拖拉机，按汽车费额的40%计征；对难以区分为营业性或非营业性运输的拖拉机，可结合当地实际情况酌情处理”。目前，许多省均将该项拖拉机养路费全额划给各县，作为预算外资金管理，由各县自收自用，主要用于乡村道路建设补贴。

(3)其他道路养护资金

该项资金泛指除上述资金以外的可用于道路养护的资金，如个人捐赠、过桥费、过路费（按规定只能用于抵偿贷款），经批准使用的货款、集资等。

第11章　系统分析方法

系统工程方法（也称系统分析方法）是在一般系统论、大系统理论、经济控制论、运筹学和现代管理科学等学科的基础上，由这些学科相互交叉、相互渗透而发展起来的一门新兴学科，是跨越多个学科领域的方法性和综合性的技术科学。它主要是把自然科学和社会科学中有关的观点、理论、方法和手段，根据系统总体协调的需要，有机地联系起来，加以综合运用，实现系统目标的最佳效果。这门学科受到了世界各国的普遍重视，有着广阔的发展前景。

11.1　系统工程方法的基本概念

11.1.1　系统工程方法的定义

由于系统工程方法是一门新兴横向交叉学科，仍在发展和完善，所以至今还没有统一的定义。这主要是由于人们探讨问题的角度，认识问题的深度和学科研究范围的差异造成的。下面列举一些具有代表性的定义。

美国著名学者H·切斯纳（H. Chestnut）指出："系统工程方法认为虽然每个系统都是由许多不同的特殊功能部分所组成，且这些功能部分之间又存在着相互联系，但是每一个系统都是完整的整体，每个系统都要求有一个或若干个目标。系统工程方法则是按照各个目标进行权衡，全面求得最优解（或满意解）的方法，并使各组成部分能够最大限度地相互适应"。

日本工业标准（JIS）规定："系统工程方法是为了更好地达到系统目标，而对系统的构成要素、组织结构、信息流动和控制机制等进行分析与设计的技术"。

俄罗斯大百科全书指出："系统工程方法是一门研究复杂系统的设计、建立、试验和运行的科学技术"。

日本学者三浦武雄指出："系统工程方法与其他工程学不同之处在于它是跨越许多学科的科学，而且是填补这些学科边界空白的边缘科学。因为系统工程方法的目的是研究系统，而系统不仅涉及工程学的领域，还涉及社会、经济和政治领域。为了圆满解决这些交叉领域的问题，除了需要某些纵向的专门技术以外，还要有一种技术从横的方向把它们组织起来，这种横向技术就是系统工程方法。换句话说，系统工程方法就是研究系统所需的思想、技术、方法和理论等体系化的总称"。

我国学者钱学森指出，"系统工程方法是组织管理系统的规划、研究、设计、制造、试验和使用的科学方法，是一种对所有系统都具有普遍意义的科学方法"，"系统工程方法是一门组织管理的技术"。

综上所述，系统工程方法是合理地研制和运用系统而采取的各种组织管理技术的总称。它以系统（尤其是大型复杂系统）为对象，运用系统工程的思想、观点和方法，根据总体协调的需要，把自然科学和社会科学中的思想、理论、方法、策略和手段有机地联系起来，以系统理论为基础，以现代数学和计算机为手段，对系统的构成要素、组织结构、信息交换和反馈控制等进行分析、设计、制造和服务，从而达到系统的最优设计、最优控制和最优管理的目的，以便最充分地发掘人力、物力的潜力，并通过各种组织管理技术，使局部和整体之间的关系协调配合，以实现系统的综合最优化。

系统工程方法是一门技术科学，但它与机械工程、电子工程、水利工程等工程学不同。其他工程学都有其特定的工程研究对象，而系统工程方法的对象，则不局限于某种特定的工程对象，任何一种物质系统都可以成为它的研究对象，而且还不仅限于物质系统，它可以包括自然系统、社会经济系统、经济管理系统、军事指挥系统等。同时，系统工程方法中的“工程”一词和一般工程，诸如机械工程、电子工程、水利工程中的“工程”的含义也不同。它是在传统工程概念的基础上，又赋予了新的更广泛的内容。作为传统概念的“工程”，侧重于制造有形的产品，如机床、电机、仪表和建筑物等，其产品一般称为“硬件”，相应地称这类技术为“硬技术”。作为系统工程方法概念的“工程”，则侧重于制造无形产品，诸如规划、计划、方案、程序等，统称为“软件”。所以有人称系统工程方法为“软科学”或“软技术”。

系统工程方法在自然科学与社会科学之间架设了一座桥梁，沟通了自然科学与社会科学的联系。现代数学方法和计算机技术，通过系统工程方法，为社会科学研究增加了极为有用的定量分析方法、模型方法、模拟试验方法和优化方法。系统工程方法为从事自然科学的工程技术人员和从事社会科学的研究人员的相互合作开辟了广阔的道路。

钱学森提出了一个清晰的现代科学技术体系结构，认为从应用实践到基础理论，现代科学技术可以分为几个层次：首先是工程技术这一层次，再就是基础科学这一层次，最后通过进一步综合、提炼上升到最高概括的马克思主义哲学。在此基础上，他提出了系统科学的体系结构。他认为系统科学是由系统工程方法、系统工程方法的理论方法（如运筹学）一类技术科学，以及它们的理论基础即系统理论所组成的新兴科学。

11.1.2 系统工程方法的主要特点

系统工程方法的主要特点大致可以概括为以下三个方面：

(1)研究方法的整体性

它要求既要把研究对象看作一个整体，又要把研究对象的过程看作一个整体，从整体与部分、整体与环境相互联系、相互制约、相互依赖的关系中揭示研究对象的性质和运动规律。也就是说，一方面要把研究对象看成为实现特定目标，由若干要素有机结合成的整体来处理，即使它是由各个结构和功能不同的部分组成；另一方面，把研究对象的研制过程也要看作一个整体来对待，即将系统的规划、研究、设计、制造、试验和使用等过程看作一个整体，分析这些工作环节的联系，建立系统研制全过程的模型，全面考虑和改善整个工作过程，以实现综合最优化。在处理子系统与子系统，或者子系统与系统之间的关系时，都应以整体最优为出发点来选择解决方案，并使局部和整体之间的关系协调配合。

为了揭示和把握研究对象的整体属性，系统工程方法通常采取综合—分析—综合的模式。即首先从整体出发，对事物进行综合研究；然后以综合为指导，对事物的组成部分分别进行分析，研究它们之间的内在联系；最后以分析为基础再进行整体的综合研究。所以，系统工程方法不是把分析与综合机械地割裂开来，而是将它们有机地、辩证地结合起来。

(2)处理问题的综合性

这种综合性包括以下几方面的内容：

①系统目标的多样性与综合性，要统筹兼顾，综合考虑，而不能顾此失彼。如我国宏观经

济的管理目标，既要提高宏观经济运行效率，又要坚持社会分配公平。如果片面强调某一方面就会发生偏差。又如，农业生产的目标既要提供一定的农副产品，又要维持一个良好的生态环境，以利于今后生产的发展和人民生活水平的提高。如果只讲增加农产品产量，甚至不惜毁林开荒，破坏生态环境，就会影响到农业的持续发展以及人民生活的进一步改善，其结果是得不偿失。

②处理问题时要全面综合考虑某项措施可能产生的多方面后果，防患于未然。毁林开荒就是一个典型的例子。如果在开荒时就考虑到可能会产生的各种不良后果，并采取各种有效措施，是完全可以避免发生重大损失的。所以，每采取一项措施，必须全面综合考虑其相互影响或连锁效应，以防发生不良后果或造成重大损失。

③综合利用多种技术，形成新的技术综合体。一个大型复杂系统，往往是一个技术综合体，需要多方面的技术，依靠某一个领域的技术是不够的。系统工程方法尤其强调综合运用各个学科和各技术领域内的成就，使各种技术相互配合达到系统整体最优。

系统工程方法对各种技术的综合运用，突出表现在创造新的技术综合体方面，一种新的技术综合体的出现并不在于科学技术有重大发明或突破，而是综合应用各种技术的升级、发展所产生的效果。在阿波罗登月计划中，登月舱是关键工程，但它采用的单项技术都是成熟技术，人们只是巧妙、有机地把它们组合起来，从而发挥了出色的作用。

现代科学技术的发展趋势是重大的技术突破越来越困难，而综合运用各种科学技术成果的可能越来越多，即“技术突破型”减少，“技术综合型”增多。这就要求我们要善于综合运用各门科学技术，以形成新的技术综合体。所以现在西方国家非常重视对系统科学人才的培养，以提高人们综合运用各种技术的能力。

(3)组织管理上的科学化和现代化

系统工程方法的整体性和综合性客观上要求管理的科学化和现代化，没有管理的科学化和现代化，就难以实现研究方法的整体化和处理问题的综合化，也就不可能充分发挥系统的效能。系统工程方法的研究对象在规模、结构、层次、相互联系等方面十分复杂，技术的综合应用日益广泛，这就使得那种单凭经验的传统管理或小生产管理方式，显得力不从心，根本不能适应客观需要。管理科学化就是要按照科学规律办事，涉及的内容极其广泛，包括组织结构、管理体制和人员配备的分析，工作环境的布局，程序步骤的组织，以及工程进度的计划与控制等。管理现代化，主要是管理工作信息化、自动化和最优化，以适应处理日益复杂的系统问题。

11.2 系统工程方法的产生与发展

11.2.1 系统工程方法产生的客观基础

系统工程方法是人类社会实践和科学技术发展的必然产物，它的形成与发展要有一定的社会和科学基础。

自20世纪40年代以来，科学技术和工业生产得到迅猛发展，特别是科学技术活动和经济建设的规模日益扩大，已突破了地域性、行业性及学科的界限，出现了综合性很强的相互联系、相互制约的大型复杂系统。每个部门为了达到自己的目的，就必须从整体观念出发，综合地掌握它与外界的联系，并从整体最优的高度出发，协调系统内各部门之间的关系。因此，以往使用的比较狭隘、孤立的方法已经不能很好地解决问题，而要求有一种新的、能适应这种新情况的方法，即从系统的角度观察、思考、分析和解决问题的方法。

半个多世纪以来，随着现代数学、计算机技术和计算方法的发展，已经形成最优化技术体系，这使大型复杂问题的最优化决策成为可能。

近30年来，由于通信技术、信息科学，以及计算机技术的迅速发展，使社会生产过程和整个经济活动的各个环节能够迅速、有机地联系起来，使人们有可能较全面地掌握、处理和传递大量信息，在较短时间内对综合性的复杂问题作出判断和决策。这一切有力地促进和推动了系统工程方法的形成和发展。

系统工程方法20世纪40年代产生于美国，60年代基本形成体系。半个多世纪以来，其发展大体经历了三个阶段。

①萌芽阶段（1940—1957年）。这一阶段的特点是：进行个别研究和简单应用，实践成果为理论体系的形成奠定了基础。

1940年美国贝尔电话公司第一次提出了“系统工程”这一名词。该公司在研制电话自动交换机的过程中，为缩短科学发明到投入使用的时间，他们意识到不能只注重电话机和交换台等设备的研制，还应当把它们作为一个整体来研究。于是他们按时间顺序，把整个研制工作分为规划、研究、发展、工程应用和通用工程等五个阶段，并设立了系统工程方法研究部，集中了该公司10%的科技人员从事系统总体的研究工作，创立了一套分阶段的系统工程方法。

第二次世界大战期间产生了运筹学。早期的运筹学实际上就是系统工程方法的雏形。当时英国为防御德国飞机的突然空袭，成立了5人小组专门研究雷达报警系统，取得较好的成效。而后，他们又研究飞机降落的排队问题和后勤供应系统的组织问题，创立了排队论、线性规划等运筹学分支。这样，以大规模作战系统为对象，研究解决这类问题的最优化技术的运筹学诞生了。战后，这门学科被广泛应用于工业生产和尖端科学技术，其理论与方法都得到了很大发展，成为系统工程的重要理论基础。

1940—1945年，美国应用系统工程方法进行论证和协调，使制造原子弹的“曼哈顿计划”在较短时间内获得了成功。

1948年兰德公司正式成立。长期以来，兰德公司发展并总结了一套解决复杂问题的方法和步骤，称之为“系统分析”。后来，它发展成为系统工程方法的重要方法和技术。

②发展阶段（1957—1965年）。这一阶段的特点是：自觉应用，理论与方法得到进一步发展。

1957年，美国密执安大学的哥德（H. Goode）和麦克霍尔（R. E. Machol）合著的《系统工程方法》一书出版。该书对系统工程方法的理论和方法作了初步阐述。

1958年美国海军特种计划局在研制北极星导弹过程中，为缩短研制时间，运用网络理论，创造性地提出了计划评审技术（PERT），并用其进行计划和控制，结果使研制任务提前两年完成，PERT也成为系统工程方法的一种重要方法。

1963年美国亚利桑纳大学设立了系统工程方法系，其他许多院校也都设立了系统工程方法专业或研究中心。从1964年起，美国每年都举行系统工程方法年会，并出版刊物，系统工程方法开始成为一门独立的学科。

③基本成熟和发展阶段（1965年至今）。这一阶段的主要特点是：理论逐步完善，应用范围不断扩大，并在各个社会实践领域得到普及。

1965年美国出版了《系统工程方法学手册》，较完整地阐述了系统工程方法理论、系统技术、系统环境、系统元件（要素）等内容，这是系统工程方法基本成熟的一个重要标志。

1969年美国“阿波罗”宇宙飞船登月计划的成功，是运用系统工程方法取得显著成果的典范，显示了系统工程方法的巨大威力。阿波罗登月计划的全部任务由地面、空间和登月三部分组成，全国有42万人、120所大学和研究所、2万家企业参加，制作的零部件近300多万个，耗资300亿美元，历时11年之久。在规划和实施这项计划中，采用了网络计划技术、系统分析等系统工程方法，并使用计算机进行各种模拟或仿真。这项计划最大限度地实践了系统工程方法，在系统工程方法发展史上写下了辉煌的一页。

在阿波罗登月计划的影响下，1972年“国际应用系统分析研究所”(IIASA)在维也纳成立。该研究所的主要任务是研究世界人口、资源、能源、环境保护和国土开发等课题。它表明系统工程方法已发展成为解决世界范围的大系统问题的技术。

我国有关系统工程方法的研究和应用是从20世纪60年代开始的，直到70年代末，在著名科学家钱学森等人的大力倡导下，我国对系统工程方法的研究和应用才得以进一步发展。1980年11月成立了“中国系统工程方法学会”，先后创办了《系统工程理论与实践》和《系统工程方法学报》两大全国性刊物；一些高校和研究院所相继成立了系统工程方法研究所(室)，设了系统工程方法专业，招收本科生、硕士生和博士生。随着系统工程方法的迅速普及，它的许多方法和技术，如网络计划技术、线性规划、库存管理和决策技术等得到了广泛应用。其应用的范围也不断扩大，涉及人口、农业、能源、区域规划、军事、交通运输、生态环境、企业管理、人才与教育规划等许多方面，并取得了显著的效果。如我国制订的人口百年规划，即人口系统工程方法，曾受到政府和社会各界的重视，并饮誉国际学术界。此项研究成果不仅具有理论价值，而且具有重大的现实意义，为我国的人口控制和政策制定提供了重要依据。

11.2.2 系统工程方法发展的展望

系统工程方法在理论和实际应用方面的巨大成就，引起了社会各界的重视。当今系统工程方法的发展趋势是：

①系统工程方法作为一门交叉学科，日益向多学科渗透和交叉发展。由于自然科学与社会科学的相互渗透日益深化，为使科学技术、经济、社会协调发展，需要社会学、经济学、系统科学、数学、计算机科学与各门技术学科的综合应用。

由于社会经济系统的规模日益庞大，影响决策的因素越来越复杂，在决策过程中有许多不确定因素需要考虑。因此，在现代决策理论中不仅应用数学方法，还应用了心理学和行为科学，同时还广泛应用了计算机工具，形成决策支持系统和以计算机为核心的决策专家系统。

由于现代管理科学的发展日益依靠现代计算机科学和通信技术，从而形成各种管理信息系统和远距离通信网络系统。

②系统工程方法作为一门软科学，日益受到人们的重视。从20世纪70年代开始，社会上出现了一种由重视“硬技术”向重视“软技术”的变化趋势，人们开始从研究“物理”扩展到研究“事理”，并开始探讨“人理”；对系统的研究也从“硬件”扩展到“软件”，近年来又开始探讨“干件”(orgware)，即协调硬件和软件的技术。国外还有人提出要探讨“人件”(human-ware)，即探讨人类活动系统。

20世纪50年代到60年代末，由于定量方法的发展和计算机的广泛应用，使许多社会经济问题和管理问题有了科学的计算方法，可以求出具体的最优解决方案，这就推动了运筹学和系统工程方法的发展，也促使了管理科学中定量分析学派的崛起。但是，到70年代中期，一些有远见的学者已经感觉到“过分定量化”和“过分数学化”将会给运筹学、系统工程方法的应用带来副作用，有些人满足于数学公式的推导，而忽视了实际问题本身。这就促使由“硬方法”向“软方法”的转移，由定量分析为主向定性分析与定量分析相结合的方法发展。

系统工程方法的研究对象往往可以分为“硬系统”和“软系统”两类。所谓硬系统，一般偏工程、物理型，它们的机理比较清楚，因而比较容易使用数学模型来表述，有较多的定量方法可以计算出系统的最优解。这类硬系统虽然结构良好，但是常常由于计算复杂、计算费用昂贵等，有时不得不采取一些软方法处理，如人机对话方法、启发式方法等，引入人的经验判断，使得复杂问题得以简化。

所谓软系统，一般是偏社会、经济的系统，它们的机理比较模糊，完全用数学模型来表述比较困难，而需要用定量和定性相结合的方法来处理。当然，为了求解方便，对于软系统也可以用近似的硬系统来代替。这种软系统的“硬化”处理，首先是要把某些定性问题定量化，然后采取以定量为主、定性为辅的方法来处理。

③系统工程方法的应用领域日益扩大，进而推动系统工程方法理论和方法不断发展和完善。近年来，模糊决策理论、多目标决策和风险决策的理论和方法、系统动力学、层次分析法、情景分析法、冲突分析、多相系统分析、计算机决策支持系统、计算机决策专家系统等方法层出不穷，展示了系统工程方法良好的发展远景。

11.2.3 系统工程方法的技术内容

系统工程方法综合了工程技术、应用数学、社会科学、管理科学、计算机科学等专业学科的内容，它以多种专业学科技术为基础，综合利用这些学科的基础理论和方法，形成了一门新学科。

系统工程方法所涉及的学科内容极为广泛，主要的技术内容有：

(1)运筹学

运筹学是从20世纪40年代发展起来的一门应用科学，其研究内容是：在既定条件下，对系统进行统筹规划、合理安排，用科学的数量化方法（主要是数学模型）求得对人力、物力和财力的最合理、最有效运用的工作方案，以期达到投入最省、效益最大的目的。

运筹学的分支有：规划论、对策论、存储论、决策论、排队论及可靠性理论和网络理论等。

①规划论

它是运筹学的一个重要分支，包括线性规划、非线性规划、动态规划等。规划论是研究对有限资源进行合理分配、统筹规划，以取得最大效果的一种应用数学理论。它所研究的问题可以概括为：对一定数量的资源合理安排，使完成的任务最大；或者用尽可能少的资源，来完成给定的任务。其作用是，在满足既定的条件（或要求）下，按照某一衡量指标，从各种可行方案中寻求最优方案，为科学决策提供可靠的依据。规划论通常把具体问题所必须满足的条件或既定要求称为“约束条件”；把衡量指标称为“目标函数”，它反映着要达到的目标。因此，一般规划问题的数学表达式，表现为求目标函数在一定约束条件下的极值（最大值或最小值）问题。

②网络理论

它是利用网络图把庞大复杂的工程项目的各个环节合理地衔接起来，使之相互协调，以实现工程项目在时间和费用上最优的一种理论和方法。网络理论体现了系统工程方法的观点和思想，也就是整体最优的思想。它把一项工程（任务）看作一个系统，利用网络图表示项目的进度安排和作业之间的相互关系；在此基础上，进行分析计算，以确定工作时差、关键工作和关键线路，并利用工作时差进行调整，以求得工期（时间）、费用和资源的最优方案。网络理论在大型、复杂的工程系统中得到了广泛应用,已发展成为一门新兴的组织管理技术,对系统工程方法的发展和普及起着重要的促进作用。

③存储论

存储论又称库存论,是研究物资最优储存量的理论和方法。在企业经营管理中,为了使企业生产能够正常运转,往往需要对原材料、零配件等物资确定必要的储备量,以及在物资管理中,要确定最高与最低储存量和经济订购量等。存储论就是研究"最优储存量"的问题,研究在什么时间,以多少数量,以何种供应方式来补充所需要的物资储备,以获得经济的库存量和使总费用(包括订购费和存储费)最少。

④排队论

排队论又称随机服务系统理论,是研究用公共服务系统工作过程的数学理论和方法。在一个由服务机构和服务对象构成的服务系统中,服务对象的到来时间与对其进行服务的时间(即占用服务系统时间的长短)都是随机的,表现为一种随机聚散现象。由随机聚散现象制约的服务系统工作过程,可划分为服务的输入、排队等待和服务三个环节。排队论通过对随机服务系统每个个别随机服务现象的统计研究,找出这些随机现象平均特征的规律,合理地设计和控制随机服务系统,使它在排队长度和服务机构费用之间取得平衡,以满足服务对象的要求,提高服务系统的工作能力。

⑤决策论

决策论是研究决策问题的基本理论和方法。其主要内容是通过对系统状态信息的处理和对根据这些信息可能选取的策略及其后果的综合分析,按照某种衡量准则,选择出最优策略。决策理论可分为传统决策理论和现代决策理论。传统决策理论是建立在安全逻辑基础上的一种封闭式的决策模型,它把决策人看作具有绝对理性的"经济人",决策时本能地遵循最优化原则来选择实施方案。现代决策理论则不然,其核心是"满意"原则。现代决策理论认为,人脑能够思考和解答问题的容量,要比复杂问题本身小得多。在现实生活中,要采取客观的完全合理的行为方式十分困难,要得到绝对最优的决策更是不可能。因此,运用现代决策理论进行决策时,必须对各种客观因素和可能采取的策略,以及各种策略可能产生的后果加以综合研究,确定出一套切合实际的衡量准则,才能使人们按照这些衡量准则,选取和实施最优方案。

⑥对策论

对策论,又称"博弈论"。这一理论主要是运用数学方法来研究有利害冲突的双方在竞争性活动中是否存在一方制胜他方的最优策略,以及如何找出这些策略的问题。随着对策论的发展,不仅考虑只有双方参加的竞争活动,还考虑有多方参加的活动,在这些活动中,参加者不一定是完全对立的,还允许他们结成某种同盟。对策论的理论和方法,主要应用于军事方面,现在经济管理中的应用也日趋广泛,并且取得了显著的效果。

⑦可靠性理论

可靠性理论是研究系统可靠性的基本理论和数学方法,在规定的时间区间和规定的条件下,一个实体系统(如设备、部件或元器件等)有效地执行其任务的概率称为系统的可靠性。任何正常工作的系统,尤其是自动控制系统,必须有一定的可靠性。一般来讲,实体系统越庞大,所用的零件或元器件越多,则可靠性就越差。系统整体的可靠性取决于各单元的可靠性。因此,对于庞大、复杂和价格昂贵的系统,如通信系统、精密机床自动加工系统、计算机系统等都必须把可靠性研究作为系统技术评价的重要内容。

(2)概率论、数理统计和随机过程

这是研究和揭示随机现象统计规律性的数学学科。概率统计的理论与方法在应用上很广泛,几乎遍及所有科学技术以及社会、经济领域。在可靠性工程中,使用概率统计方法可以给出元器件或装置可靠程度及平均寿命的估计;在自动控制中,用以给出数学模型以便通过计算机来控制工业生产;在通信中,可以提高信号的抗干扰性和分辨率等。

(3)经济控制论

经济控制论是应用现代控制论的科学方法分析研究经济过程的学科,它为合理控制经济过程提供了新的思想和方法,为计划和管理国民经济提供了有效的工具。20 世纪 60 年代初,控制理论开始被经济学家引进经济领域。1965 年美国哈佛大学经济学教授多贝尔(R. Dobell)教授和控制论教授何毓琦合作,首次利用控制论建立经济学模型。1966 年该校经济系的泰勒(L. Taylor)和肯德里克(D. Kendrick)教授应用控制论中的共轭梯度法制订了韩国经济最优计划模型。1972 年由美国国家经济研究局发起,在普林顿成立了第一个"随机控制和经济研究小组"。此后,控制理论在微观经济和宏观经济中都得到了广泛应用。

目前,出于宏观经济预测和政策分析的需要,经济学者正把注意力从传统的经济静态优化转移到动态优化上来,把控制变量引进动态优化模型,通过计算直接获得系统方案。如在实际运行中,考虑到收益变动、生产技术变化、生产时间滞后、资本积累过程等因素引起的变化,在静态投入产出模型的基础上引入变数,研究动态投入产出模型。

(4)管理科学

二次大战后,由于运筹学、工业工程及质量管理的相继出现和应用,形成了新的管理科学。一方面,它强调建立数学模型和定量分析以及应用计算机技术;另一方面,以梅奥(G. E. Mayo)、巴纳德(C. I. Barnard)等为代表的心理学家、社会学家把心理学、社会学、人类学等学科的知识应用到企业管理领域,形成了重要的新学科——行为科学。与此同时,还出现了其他一些现代管理理论,如社会系统理论、系统管理理论、权变理论等。这些新学科或理论的产生促使管理理论从"科学管理"发展为"管理科学",为系统工程方法在现代化管理实践中的广泛运用奠定了基础。

11.2.4 系统工程方法论

系统工程方法论是指运用系统工程方法研究问题的一套程序化的工作方法和策略,或者为了达到预期目标,运用系统工程思想和技术解决问题的工作程序或步骤。长期以来,系统工程专家在从事系统工程方法的研究和应用中,逐渐形成了各自科学的工作方法和步骤。目前,论证比较全面并且具有较大影响的是,美国系统工程方法学者霍尔(A. D. Hall)提出的三维结构和英国学者切克兰德(P. Checkland)提出的"软系统方法论"。

(1)霍尔三维结构

1962 年美国贝尔电话公司的工程师霍尔总结了开展系统工程方法研究和实践的经验,出版了《系统工程方法方法论》一书,提出了著名的三维结构方法体系。该方法最初产生于硬的工程系统,适用于良结构系统。它处理大多数工程项目和一些硬问题卓有成效,因此受到各国学者的普遍重视。

霍尔三维结构将系统工程方法活动分为前后紧密连接的七个阶段和七个步骤,同时考虑到为完成各阶段和步骤所需要的各种专业知识。这样为解决规模大、结构复杂、涉及因素众多的大系统问题,提供了科学的思维方法。霍尔三维结构包括时间维、逻辑维和知识维,如

图 11-1所示。

①时间维

时间维表示系统工程方法活动从规划阶段到更新阶段按时间排列的顺序,分为七个工作阶段:

规划阶段——制订系统工程方法活动的规划和战略对策。

拟订方案阶段——提出具体计划方案。

研制阶段——实现系统的研制方案,并制订生产计划。

生产阶段——生产出系统的构件和整个系统,提出安装计划。

安装阶段——对系统进行安装和调试,完成系统的运行计划。

运行阶段——系统按照预期目标运作和服务。

更新阶段——以新系统取代旧系统,或对原系统进行改进使之更有效地工作。

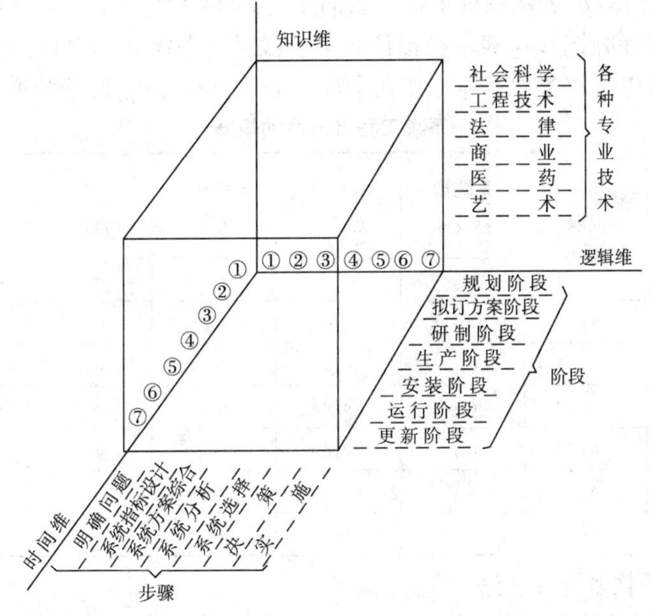

图 11-1　霍尔三维结构图

②逻辑维

逻辑维指在每一个工作阶段,使用系统工程方法分析问题和解决问题时的逻辑思维过程,分为七个具体步骤:

明确问题——弄清问题的实质。通过全面收集有关资料和数据,弄清问题的历史、现状及其发展趋势。

系统指标设计——弄清并提出解决问题所要达到的目标;制定出衡量方案对目标实现程度的标准,以利于对方案的评价。

系统方案综合——按照问题的性质及预期目标,形成一组可供选择的系统方案,方案中要明确所选系统的结构和相应的参数。

系统分析——对可能入选的方案进一步说明其性质和特点,以及与整个系统的相互关系。为了对众多备选方案进行分析比较,往往要通过构造模型,把这些方案与系统的评价目标联系起来。

系统选择——又称系统优化,即在一定的限制条件下,选择最优方案或确定方案的优劣顺序。当评价指标较少、备选方案不多时,容易从中选出最优者。当备选方案较多而且评价指标也较多时,要选出满足所有指标的最优方案是困难的。这时,必须对指标进行协调,采用多目标决策方法来进行选择。

决策——由决策者根据全面要求,最后确定一个或几个方案来试行。

实施——将最后选定的方案付诸实施。如果实施中比较顺利或遇到的困难不大,则略加修改和完善即可确定下来,整个分析过程告一段落。如果问题较多,则需要重复有关步骤直到满意为止,这种反复有时需要多次。

③知识维

知识维指为完成上述各阶段、各步骤所需要的知识和各种专业技术。霍尔把这些知识分为工程、医药、建筑、商业、法律、管理、社会科学和艺术等。

将七个工作阶段和七个逻辑步骤归纳在一起列成表格,即构成系统工程方法的活动矩阵,如表11-1所示。表中的a_{ij}表示系统工程方法的一组具体活动。如a_{11}表示在规划阶段中明确问题这一步骤所进行的活动,a_{22}表示在拟订方案阶段进行系统指标设计活动等。通过系统工程方法活动矩阵,可以了解各项具体工作在全局中的地位和作用,便于统揽全局、周密规划。

系统工程方法活动矩阵 表11-1

逻辑维(步骤) 时间维(阶段)	明确问题	系统指标设计	系统方案综合	系统分析	系统选择	决策	实施
规划阶段	a_{11}	a_{12}	a_{13}	a_{14}	a_{15}	a_{16}	a_{17}
拟订方案阶段	a_{21}	a_{22}	a_{23}	a_{24}	a_{25}	a_{26}	a_{27}
研制阶段	a_{31}	a_{32}	a_{33}	a_{34}	a_{35}	a_{36}	a_{37}
生产阶段	a_{41}	a_{42}	a_{43}	a_{44}	a_{45}	a_{46}	a_{47}
安装阶段	a_{51}	a_{52}	a_{53}	a_{54}	a_{55}	a_{56}	a_{57}
运行阶段	a_{61}	a_{62}	a_{63}	a_{64}	a_{65}	a_{66}	a_{67}
更新阶段	a_{71}	a_{72}	a_{73}	a_{74}	a_{75}	a_{76}	a_{77}

(2)切克兰德的软系统方法论

三维结构方法论的核心是模型化和最优化。霍尔认为现实问题都可以归结为工程问题,可以应用定量分析方法求得最优的系统方案。在20世纪60年代,系统工程方法主要用来寻求各种技术问题的最优策略,或用来组织与管理大型工程建设项目,这比较适合应用三维结构方法论。因为工程项目的任务一般比较明确,问题的结构也较清晰,是所谓的良结构,因此对于这类问题可以应用数学模型来描述,并通过运行模型求得最优解。进入70年代,系统工程方法面临的问题往往与社会、政治、经济、生态等因素相互交织在一起,而且受人为因素的影响也越来越大。对于这些涉及因素众多、关系复杂即所谓不良结构问题,很难用逻辑严谨的数学模型进行定量描述。因此,国外不少学者对三维结构提出了修整,其中英国卡斯特大学切克兰德提出的方法论即软系统方法论,最受关注。

切克兰德把霍尔三维结构称为"硬系统"的方法论。他认为完全按照解决工程问题的思想来解决社会问题或软科学问题,将遇到很多困难。如所谓"最优"问题,由于人们的立场、利益各异,价值观不同,很难简单地取得一致的看法。还有一些问题只有通过概念模型或意识模型的讨论和分析后,才使得人们对问题的实质有进一步的认识,再经过不断磋商和反馈,逐步弄清问题,得出满意的可行解。切克兰德根据上述思路提出了他的方法论,如

图 11-2 所示。

切克兰德的软系统方法论不是“最优化”,而是通过比较,强调找出可行的满意方案“比较”的过程,也就是组织讨论,听取各方面有关人员意见,弄清争议所在和寻求满意方案的过程,同时也是一个调查、学习的过程。

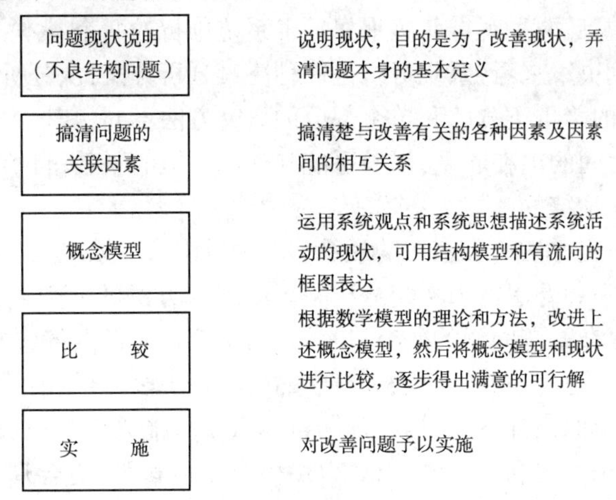

图 11-2　软系统方法论框图

11.3　系统分析

系统分析(system analysis,缩写为 SA)是兰德(RAND)公司在 20 世纪 40 年代提出的一套解决复杂问题的方法和步骤,经过逐步发展完善,其应用范围由早期的军事武器系统的研究与开发、政策制订等扩展到许多领域,已成为研究解决工程技术、经营管理、社会经济中的复杂问题的一种日趋成熟的有效手段。本节在阐述系统分析有关概念的基础上,对系统目标分析、环境分析、系统结构分析和系统模型作了深入讨论。

早期的系统工程方法源于和主要用于研究物的系统,常常带有技术的色彩。随后系统分析逐渐成为一种独立的、带有普遍意义的方法论时,又曾有人认为系统问题的解决要单纯靠数学方法加以完善这种片面倾向。自 20 世纪 60 年代以来,人们开始将系统工程方法广泛地应用于各类系统的分析,并且在实践中逐步认识到仅有定量分析是不够的,还必须同时对众多的相互交叉影响的社会因素进行定性分析,只有这样才能使系统工程方法成为研究社会经济系统的强有力的工具。

11.3.1　系统分析的概念

系统分析作为一种研究解决复杂问题的方法,仍在发展和完善。不同学科,不同的研究者和应用者,对它有着不同的理解,至今仍没有一个确切的定义和统一的解释。

企业管理百科全书(台湾版)的解释:所谓系统分析,就是为了发挥系统的功能,实现系统的目标,并就费用和效益这两种观点,运用逻辑的方法对系统加以周详的考察、分析、比较、试验,从而制订出一套经济有效的处理步骤和程序,或对原有系统提出改进方案的过程。

国际应用系统分析研究所(IIASA)认为:系统分析是尚在发展中的一门学科,更恰当地应当叫做一类科学技术。系统分析可以说是帮助决策者在不确定的条件下从许多行动方案中选取一种最合适的方案。

美国科学院国际科学技术发展局(BOSTID)的解释:应用系统分析不仅是一种或一组技术方法,更确切地说,它可以被理解为一个广泛的研究策略。这个策略包括技术和概念的使用及解决复杂问题的一整套科学的系统方法。这种策略是用来帮助决策者选择满意的(在某些场合下是“最好的”)行动方案的一种思想方法体系。

在上述几种解释中,后两种观点明确地概括了系统分析的两个基本特征,即辅助决策和系统方法的应用。从辅助决策来看,系统分析是一种决策分析方法;从分析问题所持的基本观点来看,系统分析和传统的着重于分解和单个部分的研究方法不同,其根本特点在于通过揭示复杂事物各个组成部分之间的内在联系,以及系统与外部环境的联系,自始至终地着眼于认识和积极影响作为一个完整系统的整体。

系统分析与系统工程方法有着密切的联系。一种看法认为系统工程方法与系统分析是同一学科的不同名称;另一种看法认为系统分析是系统工程方法的一个逻辑步骤,它是有目的、有步骤地探索和分析复杂系统问题的研究过程,并为决策环节提供备选方案和有关信息。

综上所述,系统分析是应用系统方法和科学的方法及手段,对复杂系统问题进行深入的分析研究,在确定与不确定的条件下,为达到预期目标探索可能采取的方案和措施,通过比较和评价,为决策者提供备选方案和相应的信息,以便使决策更科学、更合理。而应用系统分析的直接目的是要了解这个系统,最终目的是在对系统有了深刻认识的基础上,采取合理可行的控制和措施,使系统在某些方面达到所期望的目标。

一般来讲,正确地运用系统分析将会达到以下效果:

①决策者能够充分地考虑所面临的各种不同选择;

②能够更有效地利用人力、物力、财力等资源;

③能够更好更省地达到目的和目标;

④能够在处理资源配置、政策制定、目标制订、社会、政治、经济、文化等方面的复杂问题时,避免失误。

11.3.2 系统分析的要素

应用系统分析研究问题时,有一些主要的研究内容或方面。兰德公司的西奇对此作了如下概括:通过分析,明确所要达到的目的和目标;确定达到期望目标所需要的设备、技术条件和相应的资源条件;计算和估计实现各种可行方案所需的资源、费用和产生的效益;建立各种替代方案所需要的模型,它能标明系统的目标、环境条件、资源条件、技术条件、时间、费用和效益之间的关系;为选择最优方案,建立一定的判别准则,进行方案选优。后来人们基于以上的论述,概括出系统分析的五个基本要素:目的(目标)、备选方案、模型、费用与效益、评价标准。

(1)目标

对系统问题进行分析时,首先必须明确系统的目标,这是系统分析的前提和首要任务。目标是期望系统要达到的状态、得到的结果、完成的任务及具体要求。

对于提出的问题,最初对目标的认识和理解可能并不十分清晰和明确,而目标则用以标明系统的运动和发展方向。如果对应达到的目标没有明确的认识或模糊不清,就无法抓住问题的本质,最终可能事倍功半,或者导致决策失误。因此,系统分析的首要任务就是对系统的目标进行分析。要明确对系统的要求和期望得到的结果,明确要完成的任务是什么,应采用什么措施或手段,何时完成,完成到什么程度,达到何种效果,等等。然后才能进一步分析系统应具备的功能、结构等。

(2)备选方案

实现系统的目标,可以采取多种手段和措施,而这些手段和措施在系统分析中称为备选方案。

拟订供选择的备选方案是系统分析的关键。只有拟订出一定数量和质量的备选方案,才能够通过分析、比较、评价,发现方案的优劣。如果仅拟订一个方案,就无法进行比较,就没有选择的余地,也就没有优化。所以,在系统分析中通常都要拟订多个方案作为备选方案。

备选方案应具备以下特性:现实性,方案能够实现的可能性;可靠性,系统在任何条件下能够正常运作的性能;适应性,目标经过修正甚至完全改变时,或者环境发生较大变化时,原方案仍然能够适用;强壮性,在受到干扰的情况下,能够继续维持正常运作的程度。

备选方案的获得,有赖于对系统应具备的功能、结构及其特征作逐步深入的研究。最初的方案可能是粗略的,甚至还可能包括不可行的方案,但要随着认识的深化,对这些方案不断地进行综合完善。

(3)模型

模型是对客观事物或过程某个方面本质属性的抽象描述。对现实中的某种系统和过程,或其中某一部分的任何一种概念性的描述或模仿都是一个模型。模型是真实系统或业务活动的一种简单描述,略去了研究对象非本质的特性,所以利用模型可以将复杂问题简化为易于处理的形式。在尚未建立实际系统的情况下,或在一项措施、政策实施之前,可以借助模型进行分析研究。

(4)费用与效益

费用是指为实现系统的目标,实施方案时所使用的人力、财力、物力、设备等资源的价值,或实际发生的支出,在考虑对社会有广泛和重要影响的大型项目、重大措施和政策时,还必须考虑无法用货币度量的非货币费用,如建设项目对生态环境的影响、造成环境污染的可能性和程度等。效益是指一个方案或一项措施实施后,产生的效果中可以用货币尺度测算的那一部分效果,通常称为经济效益或直接效益。费用与效益是评价方案优劣的重要指标,基本要求是效益应大于费用,通常还要考虑资金的时间价值。

(5)评价标准

评价标准是用来衡量备选方案效果优劣的尺度。拟订的备选方案在功能、费用和效果等方面各有不同,要通过评价标准,对备选方案进行综合评价,排出方案的相对优劣顺序,得到有关的信息。评价标准应具有明确性、数量化和敏感性。对大型复杂系统的评价往往涉及多个方面,通常要使用一个评价指标体系。评价指标体系一般包括:政策性指标、技术性指标、社会性指标、时间性指标和资源性指标等,每一类指标还可以包括一些更具体的指标。对于具体的评价问题,可选择适当的指标构成评价指标体系。当评价指标较多时,可以通过设置权重区别众多指标在重要程度上的差别。

系统分析的要素表明了系统分析活动的主要内容。但需要注意,西奇的论述代表了早期关于系统分析的观点。而那时主要侧重于处理“硬问题”。因此,必须认识到仅以费用和效益的观点来考察备选方案所具有的局限性,以及要正确理解模型化和最优化。

早期系统分析强调定量化、模型化和最优化,这对于结构明确、目标清楚的结构问题是可行的,如工程技术项目。但是,当系统分析的应用范围扩展到社会经济领域时,由于问题的复杂性,又包含众多随机因素和人的因素,对于这类不良结构问题,再片面强调定量化、模型化和最优化就不恰当,因而形成了优化或满意的准则,对“优化”的理解应包括几个层次的含义:

①优化是使一项措施、决策或设计的系统尽可能地有效和完善。

②优化是一种途径和方法,即从众多的备选方案中找到实现目标的最佳方案。

③从数学定义上讲,优化是指在特定约束条件下,使目标函数达到极大值或极小值,对此通常称为最优化,即试图使系统达到最优效果。然而复杂系统问题,尤其是社会经济系统和管理方面的问题,要么最优解难以达到,要么根本就不存在,所以备选方案的优劣应是相对的,而最终方案则可能是决策者经过综合比较和权衡以后选择的满意方案。

11.3.3 系统分析的准则

系统分析的准则体现了以系统思想和观点为指导来考察事物,认识和解决问题的基本要求,反映了系统工程方法论的重要特征。

(1)外部条件与内部条件相结合

系统的生存与发展是以外部环境为条件的,环境的变化对系统产生各种各样的影响和作用。系统的作用和功能的发挥,不仅取决于系统自身的条件,而且还依赖于外部环境。因此,在进行系统分析时,必须将系统内部和外部各种有关因素综合起来进行分析。对系统的外部条件进行分析和研究,在于弄清系统所处环境的目前和未来的状况,对系统有何种影响、程度如何等,以形成正确全面的认识,从而把握对系统发展的有利条件和不利因素,再结合系统自身的内部条件、能力和特点等,制订适当的战略和方案,把握有利时机,采取相应的措施,取得自身的发展。

例如,企业经营管理系统不仅受到来自企业内部各种因素的影响,还受到外部的社会经济以及市场环境的影响和作用。当环境发生变化时,具有良好适应能力的企业,能够作出相应的调整来适应环境的变化,取得自身的发展;适应能力差的企业,则往往陷入困境。因此,在经营管理中,以及在制订企业发展战略时,必须将企业内部条件和外部环境结合起来考虑。

(2)当前利益与长远利益相结合

选择一个行动方案不仅要从当前利益出发,更要考虑到将来的长远利益,即要正确处理当前利益与长远利益之间的关系。如果采用的方案对当前和未来都有利,这当然是最理想的情况。但是,在现实生活中,当前利益与长远利益经常会发生矛盾和冲突,在处理这类矛盾和问题时,要有战略眼光,以长远利益为重,兼顾当前利益,把当前利益和长远利益结合起来考虑,以服从长远利益为基本前提,充分考虑当前利益,寻找妥善解决问题的办法和措施。

例如,在我国经济发展和建设中,一些不具备工业污水处理能力的小造纸厂、化工厂,直接向河流排放工业污水,严重地破坏了生态环境。这种为获取眼前经济利益,而不惜牺牲长远的基本利益的行为,是绝对不可取的。

(3)局部效益与整体效益相结合

局部是指系统整体中的部分,即某些子系统的集合,通常,如果局部的效益比较好,则系统整体的效益会比较理想。然而,现实中有时会出现某些局部效益好,而整体效益不好的情况。从整体性原则来看,这是不可取的。反之,如果某些局部的效益不太好,但系统整体的效益比较好,这却是可取的。

在处理问题时,或在设计、制造和管理各类系统时,必须坚持整体性原则,必须从全局出发。强调局部服从于整体,服务于整体,围绕整体进行活动。局部只能在整体之内,而不能在全局之上。但这并不是否认局部效益,也不是用全局效益代替局部效益,而是在优先保证系统整体效益的前提下,把局部效益与整体效益结合起来考虑,追求系统整体的目标和功能优化。

(4)定量分析与定性分析相结合

定量分析是指通过数量关系和指标来分析研究问题;定性分析是指对那些不容易用定量

描述的问题所进行的分析,如对政治、政策、环境污染等问题,则主要依靠经验、理论和统计分析,通过直觉判断、逻辑推理来分析和解决问题。

系统分析在研究各种系统问题时,不仅需要进行定量分析,而且还需要进行定性分析,通常遵循"定性—定量—定性"这一往复循环的过程。定性分析是定量分析的基础,定量分析是对定性分析的量化,不了解系统各方面的性质、特点,就不可能建立探讨定量关系的数学模型。而定性分析得到的结果,需要通过定量分析进行评价和验证。因此,系统分析应有机地结合使用定性分析和定量分析,过分强调或偏废某一方面都不恰当。

11.3.4 系统分析的步骤

应用系统思想、观点和科学的方法对复杂问题进行系统分析的整个过程,可以用一些典型的环节来描述和表示,这就是系统分析的步骤,如图 11-3 所示,主要包括阐明问题、谋划备选方案、建模和估计方案后果、未来环境预测、评价备选方案等五个典型环节。

对提出的问题,应用系统分析进行研究的主要内容包括:首先要阐明问题,明确系统的目标,分析来自环境的制约因素,找出重要的约束条件,制定评价标准;谋划实现系统目标的方案;建立系统的模型,分析和估计各方案的效果;对未来环境的可能状态及其影响进行预测,并在各环节中加以考虑;使用评价标准对备选方案进行多方面的评价,给出优劣顺序和相应的信息,最终形成系统分析报告,提交给决策者(机构),以决定执行方案。对复杂系统的分析不可能一次顺利完成,需要反复多次,图 11-3 中的虚线即表示这类活动。整个分析过程中,系统分析人员与问题提出者、决策者及有关人员还必须进行多次交流和沟通。

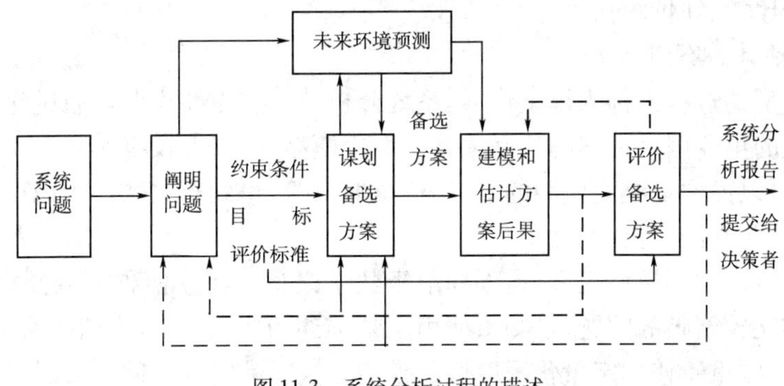

图 11-3 系统分析过程的描述

(1)阐明问题

问题的提出者总是出于某种考虑或意图而提出问题,要求进行分析和研究。而分析人员则是通过对问题的研究,找出解决问题的适当途径以及可以采取的措施和方案,为决策者提供有关信息。因此,系统分析相应地有两项基本任务:

①分析和认识问题。即要了解决策者提出问题的意图和目的,对问题的理解,对系统分析的要求等,还要分析问题的性质、现实中问题涉及的范围、包括的因素及其相互关系、对系统有重要影响的环境因素等。

②寻求解决问题的途径和方案。在对问题有了一定了解的基础上,就需要弄清解决问题所需要的资源、技术条件和时间要求,以构思和拟订解决问题的方案。

实际中这两项任务又是密切相关的,阐明问题应围绕这两项基本任务而展开,其工作内容可以进一步概括为:对某项具体问题和解决问题的活动作出详尽的说明,明确目标、界定问题的范围、划定系统与环境的边界、弄清约束条件、阐明解决问题的基本对策和所需要的基本条件等。通过阐明问题,最终可以形成一个阶段工作报告,提交给有关人员和决策者,并进行交流和探讨,以进一步明确问题。

阐明问题阶段通常是以定性分析和直观判断为主,主要为后面的工作打基础。人们常说:如果把一个问题说得清清楚楚,也就等于问题已经解决了一半。由此可见,阐明问题的重要性。通常,该阶段占整个系统分析过程时间的25%左右。

(2)谋划备选方案

谋划备选方案包括方案的提出和筛选。对于简单的问题,比较容易构想出多个备选方案。但对于杂问题,则很难立即找到比较完善的措施和方案。一般而言,方案的提出包括轮廓设想和精心设计两个环节。轮廓设想主要是从不同角度和多种途径,设想出各种各样的可能方案。这些方案是初步的和粗略的,甚至还可能包括不可行的方案。精心设计主要是确定方案的细节和大致估计方案实施后的效果。

方案的提出有多种方式。系统分析人员、问题提出者和有关人员等都可以提出方案,也可以采用召开座谈会、讨论会或采用专家调查法等方式获得方案,项目招标也是很好的方式。方案的提出要敢于:突破旧框框,大胆探索创新;应考虑各种可能的方案,不应忽视那些看似离奇的构想;保持系统原状,不采取任何措施也可以作为一种方案,因为它更具有现实性,也是各种方案对比的基准。

筛选方案就是对所提的方案,根据已确定的标准进行评价,将明显不足的方案舍去,也可以将几个方案中合理的部分加以综合,形成新的方案。最终的备选方案通常为3~5个,不宜太多,否则分析、比较、评价的任务过于繁重。

(3)建模和估计方案效果

确立系统模型的过程又称为模型化,是系统分析的一项重要作业。通过建立模型,来描述与研究对象有关的重要因素之间的相互关系。利用模型,可以在没有实际系统的情况下,作各种分析和计算,可以方便地改变模型的参数、变量取值等,得到有关数据和信息,估计和评价方案的效果、技术性能和经济指标等。

系统分析可以使用的模型很多,也不局限于数学模型。建立何种模型要根据实际问题来确定。对于结构比较清晰的问题,可侧重使用定量描述模型;对于结构不太清晰、机理不甚清楚的复杂问题,应侧重于使用定量化程度低的模型方法。有时同一问题可建立多种模型,以便相互印证。建模的根本目的是要有助于对问题的认识和问题的解决,而不是其他,而认为系统分析就是建立数学模型的看法,也是不全面的。

(4)未来环境预测

兰德公司的凯恩在阐述兰德公司早期思想发展时说:“在兰德公司刚成立时,大部分的研究都企图在给定的环境、目标和衡量标准的条件下,去发现最优化系统。”但在处理软问题的过程中出现了新的观点:“我们打算在环境和目标有很大变化的情况下,比较不同的系统,主要考虑不确定因素,按照方案设计所依据的环境,估计各种性能指标,也要顾及到不太可能出现或者万一出现的情况。”这段论述实际上阐明了未来环境预测的出发点和目的。

环境对系统有着这样和那样的影响。而预测未来环境之所以必要和重要,主要基于下面的基本观点:

①从方案的分析、决策到实施是一个过程,需要一定的时间。实施方案时所面临的外部环境,不再是讨论方案时的环境,备选方案的效果如何,必然与未来方案付诸实践时所处的环境

有密切关系。原来认为可能是很好的方案,由于环境的变化,实施后效果可能很差,甚至变得毫无价值,这类情况在投资项目、社会经济系统以及企业经营管理系统中并不罕见。

②环境是动态复杂的大系统,其中包含各种随机因素。在系统寿命周期内,环境的状态可以是各式各样的、复杂多变的。极端情况出现的概率虽然很小,但不是没有可能。若系统分析时对未来环境考虑得不全面,则系统很难具备较强的环境适应能力,因此,必须对未来环境的可能状态作出估计,研究备选方案在各种可能情况下的性能和效果,这对寿命周期较长的系统来说尤为重要。

因此,若完全脱离未来实施方案的环境去谈方案的效果如何,是没有实际意义的。在向决策者提供有关方案效果的信息时,由于不确定性,分析人员不可能无条件地认定某个方案会出现什么样的后果。因而通常应表述为:在某种环境状态下,采取某种行动方案将会导致什么后果。如果有的报告确定无疑地说某方案在任何情况下都会成功,那倒是值得怀疑。

(5)评价备选方案

评价备选方案就是利用前面各环节的分析结果、有关数据和资料、结合评价标准,对备选方案进行综合评价的过程。通过评价给出各方案的相对优劣顺序和有关信息。这主要反映系统分析人员的意见,并不是决策者的意见。因此,有必要把系统分析过程中得到的各种结果和信息加以综合整理,一起提交给决策者,这就是系统分析报告。

例如,兰德公司为荷兰三角湾防洪工程所作的系统分析,提出了四个备选方案:建封闭水坝,建防风浪水坝,修堤防,维持原状。在对方案进行评价之后,将投资、经常费用、安全、生态、渔业、运输、旅游、国民经济以及区域经济等方面的后果指标,标记在一张用不同颜色区分的表格中,供决策者判断选择。

必须注意,系统分析人员绝不能取代决策者的作用。因为决策者可能还有其他必须考虑的因素,还要结合自己的经验和决策艺术,经过权衡,才能作出最终选择。

(6)系统分析报告

作为对系统分析工作成果的总结,系统分析报告通常有三种形式:技术报告、主体报告和简略报告。

技术报告主要包括系统分析中的技术内容,如分析过程中建立的数学模型、计算数据、计算机框图、程序和使用说明等,主要供实际工作者和评审专家使用。

主体报告多用非技术语言描述分析得到的结论,包括背景分析、阐明问题、分析依据、方案筛选、结论和验证等,主要供项目负责人和主管部门中的实际工作者使用。

简略报告主要根据主体报告作进一步概括,用简练的语言阐明问题的要点、依据和结论,以及关于行动方案的建议等,主要提交给决策者使用。

三种报告适合不同的使用者,因而各具特色。就技术性内容的多少来看,是依次递减的。出色的系统分析最终提交给高层决策者的简略报告,可能只是寥寥数语,但结论非常明确。繁忙的决策者很容易理解,而不必花很多时间阅读长篇大论。

系统分析作为一种科学的研究策略,其核心是系统方法、科学方法和手段的有机结合及应用。系统分析用辅助决策,能够使决策更科学更合理。系统分析的步骤直观形象地概括描述了系统工程方法的研究策略。通过对系统分析步骤的讨论,有利于科学、系统地认识、分析问题,掌握系统工程方法的框架和研究策略,有助于我们增强应用系统方法认识问题和解决问题的能力。但是这里应当指出:

①上述系统分析步骤的划分,仅是一般的方法框架,并不是所有实际的系统分析过程都必

须按这些环节进行。在实际应用中，所采取的步骤可以有所不同，应根据问题的性质和特点设置相应的环节。如预测问题，仅需收集数据，建立预测模型，进行预测分析等。

②系统分析各环节之间存在着反馈。这表明对问题的分析不可能一次性顺序完成，而是一个反复修正、循环的过程。通过分析得到的暂时性结论，要通过验证来加以考察，必要时各种假定和问题的范围都要重新修订。有了更好的想法或方案，可再次使用模型进行评价。若方案的效果不理想，则需要重新设定目标，改变约束条件，再重复某些环节的工作。循环过程一直重复到获得满意结果为止。

③在系统分析过程中，分析人员应该与问题提出者、决策者，通过对话交流和沟通信息，使决策者有机会了解分析的内容、进度和某些重要结论，并提出看法和建议。通过沟通，研究人员可以及时了解他们的想法和意图，并在分析中加以考虑。

11.3.5 应用系统分析需要注意的问题

(1)系统分析易犯错误

在实际应用系统分析的过程中，由于可能出现认识上和处理上的偏差及失误，也会造成失败。系统分析易犯错误主要表现在以下几个方面：

①忽视明确问题。在阐明问题阶段，由于没有足够重视明确问题的重要性和复杂性，以至于还没有弄清问题是什么，就急于进行分析，当然难以得出正确的结论。有时决策者仅在自己职权范围内提出问题，而分析者又不加分析地接受下来，这样得到的结果只在局部范围内是最佳的。分析者并未真正了解决策者的意图和最关心的是什么，当然就无法正确地形成问题，得到的结论也会与决策者的原意相左。

②过早得出结论。系统分析是一个反复优化的过程，仅完成一次循环就得出结论和提出建议，往往有失周密和妥当。

③过分重视模型而忽视问题本身。在系统分析时，过分重视模型，热衷于定量计算和分析，不恰当地扩大模型的作用，而忽视了问题本身，以至于所得到的结果对解决问题没有多大帮助。

④误用模型。用来描述系统的模型，可能因选择不当而不能反映客观实际。任何模型都有一定的假定条件和适用范围，超越了这些条件和范围，将失去意义。

⑤抓不住重点。分析者往往希望所建立的模型能面面俱到，从而使模型变得越来越复杂，以至于过分注意细节，反面忽视了问题的重点所在。

⑥数据有误。由于数据样本不足，造成以点盖面；由于考察对象选择错误，数据无法反映实际；由于分析有错，因而在错误思想的指导下所得数据必不真实。

⑦忽视了主观因素。分析人员往往集中注意数量化的分析结论，而忽视非计量的因素和主观判断，从而导致未预料到的损失。

(2)系统分析的评价标准

IIASA 在《对易犯错误的分析》书中提出了评价系统分析的两项标准：

①从科学技术的角度去判断系统分析是否正确的内在标准；

②从制定和执行决策的角度去评价是否有效的外在标准。

就评价标准来说，分析者侧重于技术评价标准，而使用者更侧重于实际应用效果的评价标准。

内在标准主要由分析人员制定，评价时必须回答下列问题：

①是否考虑了不确定因素？

②论据是否有力?

③改变假设条件对结论的影响如何?

④模型的可信度是否得到了广泛的验证?

外在标准由用户和有关机构制定,提出的问题主要是:

①系统分析提供的结论是否明确?

②是否令人信服和及时?

③系统分析的研究是否能为使用者所理解?

④所有合理的利益是否都已得到考虑?

⑤结论能否被决策机构接受?

这两项标准是对系统分析活动及其结论进行评价检验的依据。通过检验,发现不足,及时纠正,并总结经验,避免在系统分析中可能出现的各种错误。

11.4 系统目标分析

系统的目标关系到系统的全局或全过程,它是否正确合理将影响到系统的发展方向和成败。在阐明问题阶段,无论是问题的提出者、决策者,还是系统分析人员,对目标的认识和理解多出于主观愿望,而较少客观依据。只有充分了解和明确系统应达到的目标,使提出的主观目标更合理,才能避免盲目性,防止造成各种可能的错误、损失和浪费。因此,必须对系统的目标作详细周密的分析,充分了解对系统的要求,明确所要达到的目标。

11.4.1 系统目标的分类

目标是要求系统达到的期望状态。人们对系统的要求和期望是多方面的,这些要求和期望反映在系统的目标上就形成了不同类型的目标。

(1)总体目标和分目标

总体目标集中地反映对整个系统总的要求,通常是高度抽象和概括的,具有全局性和总体性特征。系统的全部活动都应围绕总体目标而展开,系统的各组成部分都应服从于总目标的要求。

分目标是总目标的具体分解,包括各子系统的子目标和系统在不同时间阶段的目标。对总目标进行分解是为了落实和实现系统的总体目标。比如,企业的利润目标通过分解得到各部门的内分目标,包括研究开发部门的目标、生产部门的成本目标、销售部门的销售目标等。

(2)战略目标和战术目标

战略目标是关系到系统全局性、长期性发展方向的目标,它规定着系统发展变化所要达到的总的预期成果,指明了系统较长期的发展方向,使系统能够协调一致地朝着既定的目标展开活动。战术目标是战略目标的具体化和定量化,是实现战略目标的手段。战术目标的达成有利于战略目标的实现,否则将制约和阻碍战略目标的实现。

(3)近期目标和远期目标

根据系统在不同发展时期的情况、任务及总目标制订不同发展阶段的目标,包括短期内要实现的近期目标和未来要达到的远期目标。例如,我国经济要在 20 世纪末实现翻两番的战略目标,分为前 10 年(1981—1991 年)打基础的近期目标和后 10 年(1991—2000 年)发展的远期目标,其中又划分了一系列 5 年发展规划。

(4)单目标和多目标

单目标是指系统要达到和实现的目标只有一个。它具有明确单一、制约因素少、重点突出等特点。但在实际中,追求单一的目标,往往具有很大的局限性和危害性。比如DDT的发明和使用,实现了消灭害虫这一目标,促进了农业丰收。但大面积长期使用也消灭了益虫,造成环境污染和生态平衡的破坏。多目标是指系统同时存在两个以上的目标。多目标符合人的利益多面性的要求。考虑对系统的多目标要求,既是对单目标决策的失败教训的总结,也是现代社会实践活动相互间联系日益密切的客观要求,以及人的利益要求全面化、综合化的体现。因此,由单目标决策向多目标决策的发展是必然的趋势。

事实上,大型复杂系统往往都是多目标的。如企业的目标一般包括:一定的利润率和投资回收率,新产品的研究和开发,有效地利用资金,在国际市场推销产品,在行业中占据优势地位,确保产品质量,保护自然环境,坚持各种社会价值观等。如果仅追求单一的经济增长目标,将会出现这样或那样的问题,引起许多负面效应。因此,企业必须考虑经济、社会、文化等多目标的协调发展战略。

(5)主要目标和次要目标

在系统的多个目标中,有些目标相对重要一些,是具有重要地位和作用的主要目标;而另一些目标则相对次要一些,是对系统整体影响相对较小的次要目标。将系统的目标区分为主要目标和次要目标,既是因为不可能同时有效地追求和实现所有的目标,也是为了避免由于过分重视次要目标,而忽视了系统的主要目标及其实现。主要目标和次要目标不是一成不变的,而是随着系统的内部条件和外部环境条件的变化而改变的,要研究这些改变提出的新要求,并在适当的时机对系统原有的目标作相应的调整。

11.4.2 系统目标的确定

(1)系统总体目标的确定

为解决某一复杂系统问题,首先要明确系统的总体目标。它是对系统的总体要求,是确定系统整体功能和任务的依据。

制订系统的总体目标,要有全局的、发展的、战略的眼光,要考虑社会、经济、科学技术发展提出的新要求,要注意目标的合理性、现实性、可能性和经济性,不能脱离系统自身的状况和能力,不顾环境条件的制约,而提出不切实际的目标。同时还应根据系统在不同时期的实际需要,分别制订近期目标和远期目标。

在确定目标时,要充分考察目标的积极作用,更要充分估计可能产生的消极作用;要充分考虑系统的内部条件和外部环境的允许程度,而内部条件、外部环境的限制和约束,常常迫使人们选择次级目标,而放弃最佳或最理想的目标;当时间、空间、环境条件等发生变化时,也应对目标作相应的调整和修正。

(2)建立系统的目标集

总目标是对系统整体的期望和要求,往往比较笼统和抽象,可操作性差,因此需要对总目标进行分解。通过目标分解,对总目标逐级逐项地加以落实,也更便于找到有效的行动方案。

①目标树。对总目标进行分解而形成的一个目标层次结构,称为目标树,如图11-4所示。目标树可以把系统的各级目标及其相互间的关系清晰直观地表示出来。可以根据目标树了解系统目标的体系结构,掌握系统问题的全貌,便于进一步明确问题和分析问题,有利于在总体目标下统一组织、规划和协调各分目标,使系统整体功能得到优化。

②目标手段分析。目标和手段是相对而言的。心理学的研究表明，人类解决问题的过程就是目标与手段的变换、分解与组合，以及从记忆中调用解决问题，实现子目标的手段的过程。

对目标的逐步落实，就是探索实现上层目标的途径和手段的过程。目标手段系统图如图11-5所示，目标树上的任一目标都可视为下一层次的目标和实现上层目标的手段。可以从某个目标上溯到它所服务的更高层次的目标，也可以从某个目标分解出作为其手段的许多子目标。以如图11-4所示的目标树为例，对目标 G_1，试探寻找实现它的手段，把它分解为多个分目标 G_2、G_3、G_4，再分别探索实现 G_2、G_3、G_4 的手段，再把它们细分为若干个更为具体的子目标，如 G_5、G_6、G_7、G_8、G_9。对于仍然找不到现成手段的目标，就继续进行分解和探索过程，直到所有手段都已找到各项分目标和子目标清晰具体为止，然后把所有的目标组合起来，就构成了系统的目标体系或目标集合。

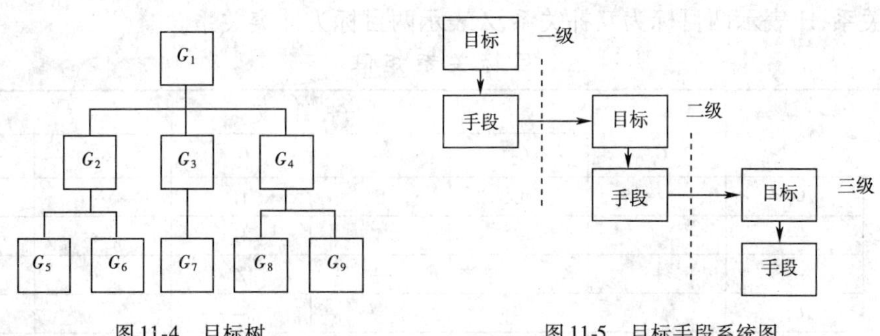

图11-4　目标树　　图11-5　目标手段系统图

建立系统的目标集是一个细致分析、反复调整和论证的过程，需要严谨的逻辑推理和创造性的思维，需要丰富的社会、经济、科学技术知识和实践经验，以及对系统的深刻认识和理解。

例如，美国霍尼维尔公司在20世纪60年代中期为阿波罗登月计划制订了一个庞大的目标体系。在几十名专家的努力和有关部门配合下，从NASA的目标开始到技术缺陷为止，共设定11个等级，形成了数千个子目标和为实现相应目标的数千个课题。由于目标体系层次分明，目标明确具体，所以参与研究开发的科研机构和承包公司的任务和目标都十分清楚。

(3)建立目标集的基本原则

实践证明，建立系统的目标集必须遵循如下基本原则：

①一致性原则。在目标分析时，要注意各分目标应与总目标保持一致，以保证总目标的实现。分目标之间可能出现不一致的情况，甚至是矛盾的，但应在总体目标下，达到纵向与横向的协调一致。

②全面性和关键性原则。复杂系统的子目标越多，越容易忽视重点，因此必须突出对总目标有重要意义的子目标。可以通过设置权重来表示目标之间的相对重要程度。在突出重点目标的同时，还应考虑目标体系的完整性。

③应变原则。制订的目标不是一成不变的。当系统自身的条件或环境条件发生变化，或寻求方案出现困难，或提出新的见解时，必须对目标加以调整和修正，以适应新的要求。

④可检验性与定量化原则。系统的目标必须是可检验的，否则要达成的目标很可能是含糊不清的，因而也无法衡量其效果。要使目标具有可检验性，最好的办法就是用一些数量化指标来表示有关目标。比如，企业明年盈利增长10%，税后利润达到1 000万元，净资产收益率达到15%以上等。但并不是所有的目标都能够定量表示，目标的层次越高，则越难以定量表示，对于不宜定量描述的目标，须详细说明目标的重要特征和实现目标的日期等，以便其具有

一定程度的可检验性。

11.4.3 目标冲突与协调

(1)目标冲突的分析

一般来说,对于存在多个目标的情况,目标之间的关系可分为三类:

①两个目标之间无任何关系,即两个目标相互独立。

②一个目标的实现有利于另一目标的实现,称为目标互补关系。

③一个目标的实现制约或阻碍另一目标的实现,称为目标冲突关系。

目标之间的关系可采用目标关系矩阵来分析。设有子目标 G_1、G_2、…、G_i、…、G_n,构造如表 11-2 所示的目标关系矩阵。将子目标两两比较,估计目标间的相互影响。用 U 表示 G_i 与 G_j 无任何关系,H 表示两目标为互补关系,Z 表示两目标为冲突关系。

目标关系矩阵 表 11-2

		子目标					
		G_1	G_2	…	G_i	…	G_n
子目标	G_1	—	U	U	H	…	…
	G_2		—	Z	U	…	…
	…			—	Z	…	…
	G_i				—	…	…
	…					—	…
	G_n						—

对目标冲突的情况,按相互冲突的目标在强度上的差别,可分为:目标的弱冲突,即相互冲突的目标有相容或并存的可能性;目标的强冲突,即相互冲突的目标绝对排斥,无法共存。

目标冲突按涉及的范围分两种情况:

①属于技术领域的目标冲突,无碍于社会,影响范围有限。这时,对于两个相互冲突的目标,往往可以通过去掉一个目标,也可以通过设置或改变约束条件,或按实际情况给某一目标加以限制,而使另一目标充分实现,由此来协调目标间的冲突关系。比如,以最少投入获得最大产出,这两个目标就是相互矛盾的,但这个矛盾不是本质的,可以通过协调来解决。通常可对投入设定上限,而争取最大的产出。线性规划模型中的约束条件与目标函数之间的关系,即属于这类情况。

②属于社会性质的目标冲突,由于涉及了一些集团的利益,通常称为利益冲突。这类目标冲突不像前一类型容易协调,在处理时应持慎重态度。

目标冲突还常常表现在不同层次的决策目标上,即基本目标、战略目标和管理目标之间的不协调。基本目标是系统存在的理由;战略目标是指导系统达到基本目标的长期方向;而管理目标则是把系统的战略目标变成具体的、可操作的形式,以便形成短期决策。这三个层次上的目标冲突反映了长期利益与短期利益之间的矛盾。因此,要有效地实现系统的基本目标就必须协调不同层次上的目标冲突。

在实际的管理和决策问题中,产生目标冲突的原因往往是由于多个主体对系统的期望和利益要求不同。不同的主体,如组织管理系统中的各部门及其主管等,有各自的利益要求,通常称作利益集团。而目标冲突往往反映出不同主体在利益上的不同要求,因此目标协调的根本任务在于,把有关各方由于价值观、道德观,知识层次,经验和所依据的信息等方面存在的差别而造成的矛盾和冲突，加以有效地疏通和化解。经过调解得到的目标是有关各方均可接受的满意结果，并非某种意义上的最优。

(2)目标协调的方法

①利益分配法。设有 3 个利益类型(集团)A、B、C，存在 5 个分目标 G_1、G_2、G_3、G_4、G_5，现在要确定一个各方均能接受的目标排序方案。首先，协商确定各利益类型 A、B、C 应得权数，设分别为 20、30、50；其次，由 A、B、C 将所得权数在各分目标上分配，如表 11-3 所示；最后，计算各分目标的权重，由此确定协调后的目标排序为 G_1、G_2、G_3、G_4、G_5。股份公司股东投票选举董事，或确定重要议案即类似于此。

②评定等级法。首先设定目标评分标准，比如目标合理设为 3 分，一般为 2 分，不合理为 1 分；然后由利益体 A、B、C 对目标 G_1、G_2、G_3 给出自己的评分，如表 11-4 所示；最后计算各分目标的总得分，由此确定最终目标及排序。

利益分配法 表 11-3

利益类型		A	B	C	
权数		20	30	50	100
分目标	G_1	4	5	20	29
	G_2	14	—	10	24
	G_3	—	10		24
	G_4	—	15	—	15
	G_5	2	—	20	22

评定等级法 表 11-4

利益类型	分目标		
	G_1	G_2	G_3
A	1	3	2
B	3	1	2
C	3	2	1
总分	7	6	5
	2.33	2	1.67

11.5 系统环境分析

开放系统与外部环境之间存在着密切的联系和相互影响。通过对系统所处的环境进行分析，可以弄清重要的环境因素对系统的影响和可能产生的后果，并在制订目标、谋划备选方案时充分加以考虑，使系统具有较强的环境适应能力，这样就可以在有利的环境条件下，及时采取措施加以利用；当外部环境出现不利的条件时，也能够灵活地采取对策，避免可能造成的损失。只有这样才能有利于系统的生存和发展以及总体目标的实现。

11.5.1 环境因素的分类

对系统有重要影响的外部因素都可以归纳为环境因素。有些环境因素属于宏观环境因素，有些则属于微观环境因素。有的环境因素对系统的影响更直接和明显，有的则较为间接，这样环境因素又可分为直接环境因素和间接环境因素。从系统对环境因素产生影响的程度区分，有可控的环境因素和不可控的环境因素。从环境的范围来分，有国际环境、国内环境和区域环境等。实际系统涉及的环境十分具体，如企业系统的环境有市场环境、技术环境、资金环境、投资环境、信息环境和劳动力环境等。一般来说，按环境因素的基本特征可归纳为自然地理、科学技术和社会经济三大类。

(1)自然地理环境

任何系统都处于一定的自然地理环境之中，不可避免地受其影响和制约。这种影响和制约通常可表述为系统的约束条件，它是环境分析首先应考虑的基本因素。

自然地理环境因素有很多，主要包括自然资源、地理条件、气象条件和生态环境等因素。自然资源，如土地、森林、草原、水资源、海洋资源、矿产资源等；地理条件，如河流、山脉、地势、地质、位置、道路等;气象条件,如气温、气压、光照、湿度、降雨量、风力等。此外,自然因素的属性如距离、高度、时间、水位、流量等,以及自然灾害也属于自然地理环境因素。

上述各种因素对任何系统都有着直接和间接、明显和隐蔽的影响。如建造水电站必须考虑地理、地质、原材料供给和运输等因素。环境分析时不仅要分析自然地理环境的现状,还要研究自然环境、资源方面的动向,如某些自然资源的短缺及代用品的寻求,环境污染加剧产生的影响和制约等。

(2)科学技术环境

科学技术环境主要包括工程技术的现存系统、技术标准和科学技术发展的状况等。

现存系统是指现实中运用着的工程技术和物理系统的状况。在开发同类新系统时,必须考虑相应的规格、型号、技术标准等因素,必须收集有关的数据和资料,充分了解原有系统的现状和对新系统的要求,以保证新、旧系统的并存和协调。

技术标准是对各类工程和物理系统的设计、制造、安装,以及各类产品的规格、型号、指标的规范化要求,是一个庞大的体系。使用技术标准可以提高系统的效能,而且技术标准也是严格的约束条件和评价系统效果的基准之一。

科技发展状况主要包括国际、国内科技发展水平及动态,新技术、新材料、新设备、新工艺的开发和应用状况,国家的科技政策、科技人才状况等。科学技术的迅速发展使得新技术、新产品、新工艺不断涌现和采用,机会、挑战和威胁并存。因此,必须掌握科技发展动向,及时了解和把握有关的最新科技动态和应用状况,制订适宜的措施和战略。

(3)社会经济环境

社会经济环境包括社会环境、经济环境、文化教育环境、政治环境。

社会环境主要指社会风俗、道德、习惯、信仰、价值观念、行为规范、生活方式、文化传统、社会人口数量及其构成、劳动就业、治安状况、基础设施、交通状况等。这些因素对系统或其他环境因素都有着直接或间接的影响。

文化教育环境主要指国家的教育政策和教育状况、人们受教育的程度和文化素养、各类学校的规模和水平等。这类因素主要影响人的素质。

政治环境主要指国家的社会政治制度、法律、法规、政策等。这些环境因素对系统具有强制性的约束力,系统必须适应这些因素的要求和变化。

经济环境主要包括社会经济发展水平和速度、国民经济结构、经济法规和政策、国家和地区的社会经济发展战略、民众的消费水平和结构、市场状况、价格、税收、利率、汇率、关税等。这类环境因素对各类经营管理系统的影响都十分巨大,既要分析当前对系统的影响,更要以动态的观点来考察这些因素发展变化的趋势,估计未来对系统的影响和后果。

上述各类环境因素之间存在着相互联系和相互影响,对系统的作用是综合的,而不是孤立的。有些环境因素之间具有特定的因果联系,使得各类环境因素的变化往往是交替发生的,而不是同步的。环境因素变化的形式也多种多样,基本的形式有:

①相对稳定。变化不十分显著,变化的速率比较缓慢,如人口、社会文化、政治、法律的变化。

②平稳发展。发展变化比较明显,只有一定趋势和规律性,可进行预测,如经济、技术的变化。

③动荡不定。变化迅速,随机性较强,无规律可循,难以预料就出现突变,如自然灾害、社会动荡等。

通常,社会环境相对稳定时经济环境的变化也较平缓,如果某些社会因素与自然因素发生突变,则会影响到社会、政治、经济环境相应地发生变化和动荡。因此,进行环境分析时,既要看到环境因素稳定发展的一面，又要看到动荡和突变的可能，善于分析不同环境因素的特点和发展变化的趋势，有效迅速地调整系统自身的状态，以适应复杂而多变的环境。

11.5.2　环境因素的确定与评价

确定环境因素，就是根据实际系统的特点，通过考察环境与系统之间的相互影响和作用，找出对系统有重要影响的环境要素的集合，即划定系统与环境的边界。环境因素的评价，就是通过对有关环境因素的分析，区分有利和不利的环境因素，弄清环境因素对系统的影响程度、作用方向和后果等。

实际中为了确定环境因素，必须对系统进行分析，按系统的构成要素或子系统的种类和特征，寻找与之关联的环境要素。这样先凭直观判断和经验，确定一个边界，通常这一边界位于研究者或管理者认为对系统不再有影响的地方。在以后逐步深入的研究中，随着对问题有了深刻的认识和了解，再对原先划定的边界进行修正。并不存在理论上的边界判别准则，边界也不能用自然的、组织的等类似的界线来代替。环境因素的确定与评价，要根据系统问题的性质和特点，因时、因地、因条件地加以分析和考察。通常，应注意以下几点：

①应适当取舍。即将与系统联系密切，影响较大的因素列入系统的环境范围，既不能过多，又不能过少。过多，将使分析研究过于复杂，且容易掩盖主要环境因素的影响；过少，则客观性差。

②对所考虑的环境因素，要分清主次，分析要重点。

③不能孤立地、静止地考察环境因素，必须明确地认识到环境是一个动态发展变化的有机整体，应以动态的观点来探讨环境对系统的影响和后果。

④尤其要重视某些间接、隐蔽、不易被察觉的、对系统有着重要影响的环境因素。对于环境中人的因素、特征、主观偏好，以及各类随机因素都应有所考察。

以企业经营管理系统为例进行环境分析，它所面临的主要环境因素如图 11-6 所示。

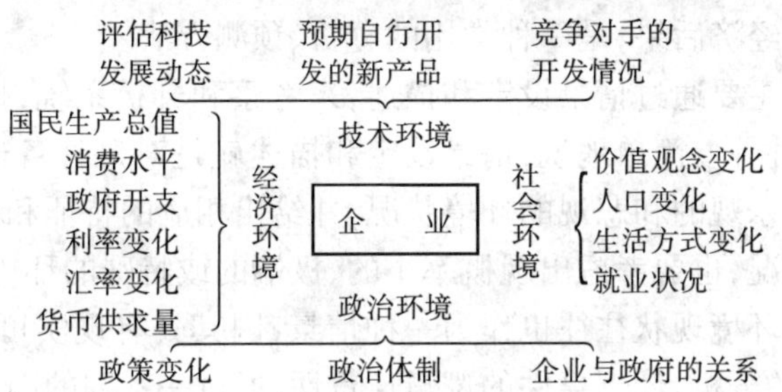

图 11-6　企业经营管理的环境因素分析

在对环境因素进行分析时，还必须考虑系统自身的条件，也就是要综合分析系统的内部条件和外部环境条件。一般经常采用 SWOT 分析法。SW 是指系统内部的优势和劣势（strengths and weakness），OT 是指外部环境存在的机会和威胁（opportunities and threats）。SWOT 分析是一种广为应用的系统分析和战略选择方法，其分析过程如图 11-7 所示。SWOT 分析表主要用于因素调查和分析。在分析企业内部条件时既要考虑自身的优势，又要考虑自身的不足。而优势和劣势又是相对的，主要应与竞争对手的状况相比较。外部环境因素的分析，主要是对可能存在的机

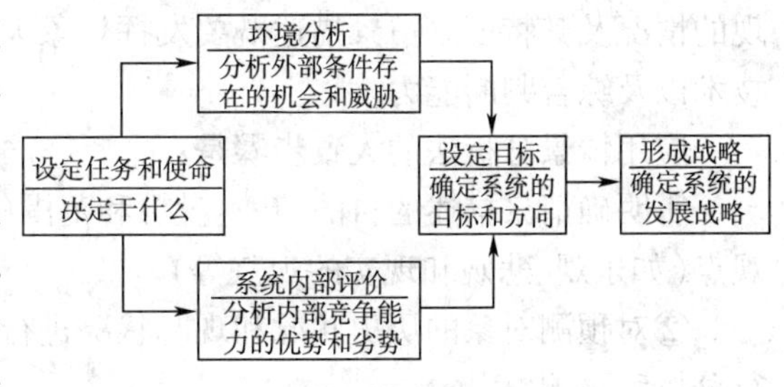

图 11-7　SWOT 分析过程

会和威胁进行分析。但是,要认识到某些环境因素对小企业和对竞争对手的影响是相对的。也就是说,有利的条件对大家都有利,不利的条件对大家的影响也大致一样。关键是怎样抓住存在的机会,利用有利条件,避免不利因素的影响和威胁,扬长避短,求得发展。企业和竞争对手所处的环境有相同和类似的方面,也有不同、甚至存在很大差异的方面,在进行 SWOT 分析时要根据实际情况,通过相互比较,加以详细地考察。

11.5.3 未来环境预测

未来环境预测是根据所掌握的信息和数据对环境因素的发展变化,对系统寿命周期内未来环境的可能状态,以及对系统可能产生的后果进行估计。

在对环境未来的发展变化趋势进行预测时,应根据各种环境因素的特征作具体分析,通常应注意:

①由于变化较为缓慢、处于相对稳定状态的一类环境因素,诸如风俗习惯、价值观念、人口发展等,只需作一般性的探讨。但是,如果所考虑的问题时间跨度很长,就必须考虑由于缓慢变化而产生的积累效应。

②由于平稳发展、具有明显趋势、带有一定规律性或周期性变化的环境因素,应作细致的分析和预测。可以采用定性分析方法,如对利率、汇率走势的判断,对未来经济增长情况、物价状况的估计等;也可以采用调查预测法、德尔菲法。许多定量分析方法可以用作预测,如时间序列分析、回归分析、投入产出法、灰色预测等。

③由于随机性很强、动荡不定的环境因素,通常只能采用定性分析方法。

情景分析法是未来环境预测常用的一种方法,又称情景描述法、脚本法。这种方法最初主要应用于政治和军事研究方面的系统分析,后来逐步应用于经济和科技预测。情景分析法是基于逻辑推理,通过构想出未来行动方案实现时所处的几种环境状态及其特征,预测和估计行动方案的社会、技术和经济后果,是一种常用的分析、预测方法。

在情景分析法中,主要通过情景设定和描述,来考察和分析系统,描述可能出现的状况和获得成功所必需的条件等。简单地说,情景设定和描述就是对每种备选方案设定未来环境的几种状态——正常的、乐观的和悲观的环境状况,并给出相应的特征和条件。既要考虑出现概率大的、一般的环境状况,也要考虑出现概率小的、极端的或特殊的环境状况,如百年不遇的自然灾害、战争等。维持环境现状往往也作为一种情景,因其具有现实可能性,也便于分析和比较。通过对环境现状的分析,依据事件的逻辑连贯性,通过一系列的因果关系,基于逻辑推理、思维判断和构想,并结合定量分析方法,弄清从现状到未来情景的转移过程,进而判断可能出现的情况及其特征。情景描述既要发挥想象力和逻辑思维能力,又要重视人们的经验、知识、技术以及综合判断能力。

应用情景分析法的大致步骤是:

①明确情景描述的目的、基本设想和范围(如预测时间、关联因素、环境范围等)以及所持观点(如乐观、悲观和现实的观点等)。

②对预测对象的历史状况和现时状况进行分析,在此基础上对其发展趋势和未来状态进行分析和预测。

③结合有关的数据资料,采用定量方法进行预测,使对未来发展前景的描绘更科学。

④拟订实现未来战略目标的备选方案以及主要问题和课题,估计和预测备选方案在多种设定情景下的社会、经济和技术后果,以制订适应性强的战略规划。

情景分析法在研究复杂系统问题时十分有用。这种方法可以描述远期可能出现的多种情景,以及对抽象的事物作尽可能具体的描述;还可以同时考虑社会、政治、经济和心理因素的状况及其相互间产生的联系和影响。它迫使人们对变化着的现时环境和未来环境进行细致的分析和严密的思考,弄清环境的发展趋势、可能的状况和演变过程,以及容易疏忽的细节。它带有充分自由设想的特色,但又具有科学性。由于它不存在固定的模式,所以较难把握,在实际应用中须注意下面几个问题:

①在情景描述时,要弄清从现状到未来情景的转移变化历程,要具有合理性和连续性。无论变化如何曲折剧烈,都须注意因果关系上的合理性。

②对于未来的前景,由于人们存在不同的看法,应充分表达他们的分歧点,以及研究者的看法和根据。

③在情景描述时,要处理好各种矛盾,既要考虑事物量的变化,又要考虑事物质的变化。

④注意定性与定量分析相结合,增强分析的科学性。

美国未来学家赫·康恩(H. Kann)是应用这种方法的代表之一。他在1966年出版的《关于可供选择的世界未来:问题和课题》中,运用这种方法研究了世界范围内文化、政治、科技、社会诸方面发展的可能方案。美国通用公司将这种方法应用于企业发展战略研究,对十年前景构想了四种状态:标准的未来,似锦的未来,暗淡的未来,维持现状的未来。针对未来的几种状态,该公司制订了相应的方案和应变战略。

11.6 系统结构分析

任何系统都以一定的结构形式存在。对于人类生活具有重要意义的各种人造系统,其结构主要是由人来确定的。怎样才能使它们具有合理的结构和协调的整体功能,这对于系统的设计、运行和管理,以及提高系统整体的效益具有重要意义。

11.6.1 系统结构的概念

结构是指系统内部各要素之间相互联系、相互作用的方式或秩序,主要包括等级、层次、秩序、组织形式、反馈机构、协同作用等。它不仅包括了要素之间的相互作用,也包含了要素的活动和信息往来。贝塔朗菲认为:“结构反映了系统在空间和时间上的秩序,也是有序性的一种表现”。

由于结构不同,系统就呈现出不同的性能。系统的结构能够在相当大的程度上决定系统的性质。比如,金刚石与石墨都是由碳原子组成的,但由于结构不同,它们的性质和功能却截然不同。系统的结构能够使系统保持质的稳定性和连续性。如汽车在使用过程中,多次更换零部件(要素具有可替换性),但由于其结构相对固定,所以仍能保持其功能。

一般来说,结构是从系统内部描述系统整体的性质,功能是从系统外部描述系统整体的特征。结构是功能的基础,并决定功能。结构变化必然会引起功能的变化,系统内各要素的组织结构愈合理,系统的各组成部分之间的相互作用就愈协调,系统才能在整体功能上达到优化。功能对结构也存在反作用,如功能性的病态,也会导致系统结构的恶化或崩溃。

系统的结构不是一成不变的,而是随着时间的推移发生变化。系统构成要素的性质、要素之间相互作用的方式和性质都会发生变化,因而系统的功能也将发生不同程度的变化。变化的方式,有不明显的渐近缓慢的变化,也有明显迅速的变化;有量变,也有质变以及突变。不同形式的变化对系统的功能将产生各种各样的影响。

在对系统进行分析时，要善于通过改变系统的结构来调整系统的功能，或者从系统的目标出发，根据最佳功能的要求，寻求优化的结构，构建新系统或对原有系统进行改造。

11.6.2 相关关系分析

系统要素之间的相互关系丰富多样，空间结构、秩序、因果关系、数量关系、信息传递等，均是要素间相关关系的发现形式。

对系统要素之间的相关关系进行分析，首先要获得系统的要素集合。要素集的确定主要采用定性的逻辑推理和判断。通常，可以采用直接分析的方法，或以系统的目标体系为基础，通过搜索达到相应目标的手段和方法，来获得系统的要素集合。确定要素集还应包括因素的比较和筛选，要保留对系统有重要影响的因素，舍去次要因素，以突出问题的重要方面。解决类似问题的案例、资料都具有参考和借鉴的价值。

现实中存在的因果关系具体形式多种多样，十分复杂。有一种原因导致多种结果，有多种原因导致一种结果，也有多种原因导致多种结果，或互相为因果。要素之间的因果关系分析也有多种方法，在此仅介绍相关矩阵分析法和系统动力学的因果关系分析法的基本内容。

(1)相关矩阵分析

相关矩阵分析法是分析系统要素之间相互影响和相互作用常用的一种简便易行的方法。设系统的要素集包括 n 个要素 $e_i(i=1,2,\cdots,n)$，可采用如表 11-5 所示的相关矩阵来分析两两要素之间的相互影响。其中：

$$r_{ij}=\begin{cases}1,\text{当 } e_i \text{ 对 } e_j \text{ 有影响}\\0,\text{当 } e_i \text{ 对 } e_j \text{ 无影响}\end{cases}$$

相关矩阵表 表 11-5

	e_1	e_2	$\cdots$	e_j	$\cdots$	e_n
e_1	e_{11}	e_{12}	$\cdots$	e_{1j}	$\cdots$	e_{1n}
e_2	r_{21}	r_{22}	$\cdots$	r_{2j}	$\cdots$	r_{2n}
$\vdots$	$\vdots$	$\vdots$		$\vdots$		$\vdots$
e_i	e_{i1}	r_{i2}	$\cdots$	r_{ij}	$\cdots$	r_{in}
$\vdots$	$\vdots$	$\vdots$		$\vdots$		$\vdots$
e_n	r_{n1}	r_{n2}	$\cdots$	r_{nj}	$\cdots$	r_{nn}

在确定元素 r_{ij}时，应以第 i 行要素 e_i 为原因，设想使其变化，依次分析它对每一列上的要素 e_j 的影响，进而确定要素间是否存在直接的相关关系。

例如，某地在研究人口问题时，经研究人员反复探讨找出了影响人口问题的因素集合，并对这些因素之间的相互影响利用相关矩阵进行分析，结果如表 11-6 所示。在此基础上还可以进一步利用解释结构模型(ISM)方法，得到该问题的层次结构模型。

人口系统相关矩阵分析表 表 11-6

	人口总数	出生率	死亡率	国民素质	国民收入	污染程度	食物营养	国民风俗	计生政策	生育能力	医疗水平	期望寿命
人口总数	0	0	0	0	0	0	0	0	0	0	0	0
出生率	1	0	0	0	0	0	0	0	0	0	0	0
死亡率	1	0	0	0	0	0	0	0	0	0	0	0
国民素质	1	1	0	0	0	0	0	1	1	0	0	0
国民收入	1	1	1	0	0	0	0	1	1	1	0	1
污染程度	1	0	1	0	0	0	0	0	0	0	0	1
食物营养	1	1	1	0	0	0	0	0	0	1	0	1
思想风俗	1	1	0	0	0	0	0	0	0	0	0	0
计生政策	1	1	0	0	0	0	0	0	0	0	0	0
生育能力	1	1	0	0	0	0	0	0	0	0	0	0
医疗水平	1	1	1	0	0	0	0	0	0	1	0	1
期望寿命	1	0	1	0	0	0	0	0	0	0	0	0

(2)因果关系分析

用因果关系分析法描述系统要素间相关关系时使用的基本概念主要有:因果箭、因果链和因果关系反馈回路。

①因果箭。如图 11-8a)所示的医疗保健水平与人均寿命两个因素之间就存在因果关系。前者变化,使后者也发生相应的变化。对此,一般称前者为原因要素,后者为结果要素,并用从原因 A 指向结果 B 的有向边,即因果箭,表示两者之间存在的因果关系。

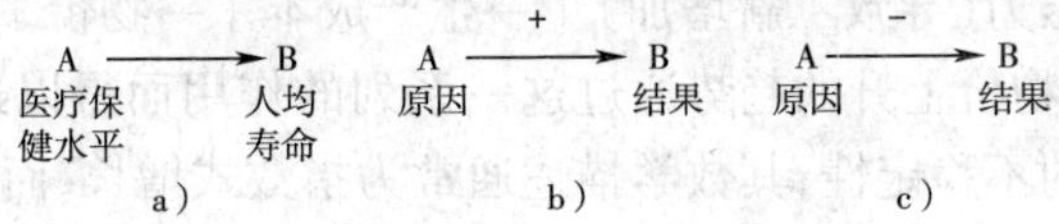

图 11-8　因果关系

a)因果箭;b)正因果箭;c)负因果箭

因果关系按其特性可分为两类:正因果关系和负因果关系。

正因果关系表示结果要素随原因要素作同方向变化,即当原因要素增大时,结果要素也随之增大。例如,技术进步→经济发展,需求→价格,货币供应量→通货膨胀等。正因果关系可用如图 11-8b)所示的正因果箭表示。

负因果关系表示结果要素与原因要素的变化方向正好相反,即当原因要素增大时结果要素却减少。例如,成本→利润,人口→人均资源,利率→资金需求,医疗水平→人口死亡率等。负因果关系可用如图 11-8c)所示的负因果箭表示。

区分正、负因果关系,一般可以设原因 A 增加,分析结果要素 B 将如何变化,根据结果与原因的变化方向是否一致,来判断因果箭的正负。

②因果关系链。要素间的因果关系具有相互传递影响和作用的特性,即若 A 影响 B,B 又影响 C,C 再影响 D,从而形成一个从 A 至 D 的链状结构,如图 11-9 所示,这称为因果关系链。

A→B→C→D

图 11-9　因果关系链

因果链也具有极性,可分为正因果链和负因果链。

例如,国民收入→营养水平→期望寿命,是正因果链,因为国民收入的增加最终使期望寿命有所提高,两者同方向变化。再比如,房地产开发利润率→房地产投资→建筑材料需求→建材价格,也是正因果链。而对某商品的投资→商品的供给→商品价格→商品利润率,是负因果链,因为对某种产品项目的过度投资,最终导致该商品的利润率下降,两者反方向变化。再有,某商品的销售量→该商品的库存量→向厂家的订货量→该企业这种产品的产量→该企业其他产品的产量,也是负因果链。因果链的极性可以按链中负因果箭的个数来确定。当负因果箭的个数为偶数(包括零个)时,该因果链是正的;为奇数时,则是负的。如果将正、负因果箭的极性分别为“+1”和“-1”,则因果链中“+1”和“-1”连乘的结果,也可以表示因果链的极性。

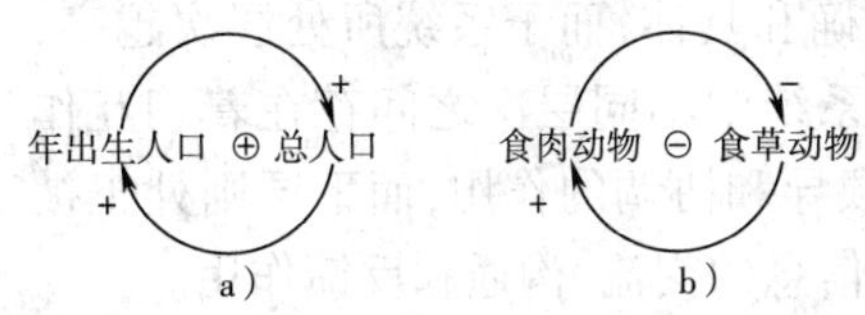

图 11-10　因果关系反馈回路

③因果关系反馈网路。由于要素之间的相互作用而形成的闭合环路称为因果关系反馈回路,或因果关系环。图 11-10a)给出了人口系统中的因果关系反馈回路。每年新出生的人口,使总人口增加;经过一段时间的延迟之后,又使年出生人口数进一步增加。图 11-10b)是食草动物与食肉动物之间的因果关系反馈回路。食草动物增多,有利于食肉动物数量的增加;食肉动物以食草动物为食,它的增加将使食草动物数量减少。

在因果关系反馈回路中,由于闭合环路的存在,一个要素既可为因又可为果,这称为因果关系反馈回路中原因与结果的相对性。因果反馈回路也有正、负极性之分。确定回路极性的方法类似于因果链,不同的是应从某要素出发,沿环路一周再回到起点要素构成闭合的因果链;然后再按链中负因果箭数目的奇偶来确定反馈回路的极性。由此可以确定如图 11-10a)所示的回路为正因果关系回路,如图 11-10b)所示的回路是负因果关系回路。

正、负因果关系反馈回路具有截然不同的性质。正反馈回路具有自我强化或弱化的作用,能使系统仍按原来的方向发展变化,图 11-11a)是描述通货膨胀机制的正反馈回路。物价↑→生活水平↓→加薪的压力(导致工薪增加)↑→生产成本↑→物价↑。

在发生通货膨胀时,物价上升的趋势通过这一系列的作用而得以进一步加强。正反馈回路表现为系统运动状态的不稳定性,其数学描述通常为指数式增长,而不存在一个极限值。经济系统具有明显的正反馈特征。

负反馈回路具有自我调节功能。图 11-11b)为一具有负反馈的库存系统。外界需求↑→库存量↓→库存偏差(=期望库存-库存量)↑→订货↑→库存量↑。库存量先是在外界需求的作用下减少,然后通过一系列的作用最终使库存得以补充而在某一水平附近波动。负反馈回路中的这种作用称为自我调节功能,使系统处于稳定的动态平衡状态。在大型复杂系统中,因果关系还有一个重要特点,即原因和结果在时间上或在空间上的分离性。时间上的分离性称为时间延时或滞后,如订货对补充库存的作用过程就存在延时。大系统、巨系统中,有的延时相当长,以至于掩盖了要素之间存在着的真实的因果关系。原因和结果在空间上的分离性,是指产生结果的真正原因所处的地点与结果发生的地点之间有一段距离,甚至很远,如香港股市 1987 午 10 月 18 日的暴跌,就是由纽约股市的"黑色星期一"而引起的。由于原因与结果的作用形式的多样性、两者在时空上的分离性等特点,对复杂问题的因果关系分析并非易事,不但需要分析人员具备与研究对象有关的基本知识,还要具有系统分析的能力、丰富的经验以及对事物的洞察力。

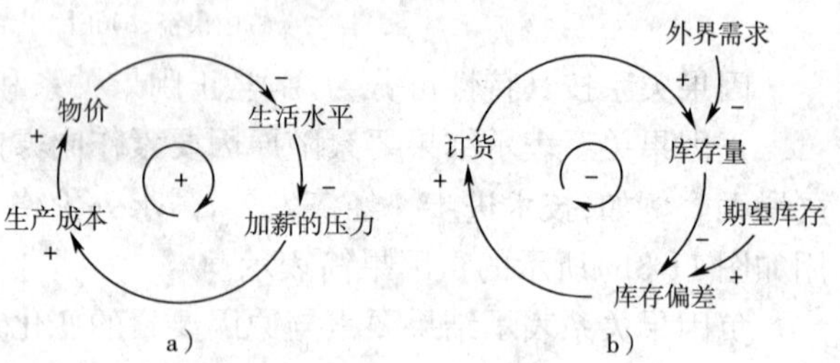

图 11-11　因果关系反馈回路

a)通货膨胀机制;b)库存系统

11.6.3　层次结构分析

层次性是指系统在组织构成上的等级、次序、分层的特性,是系统的基本特性之一。大至宏观系统,小至微观系统、实体系统、概念系统和社会系统等都具有层次结构。

在系统的层次结构中,不同层次上的分系统和子系统在功能、作用、地位和目标等方面存在差别。处于较低层次上的子系统,其功能和目标较为明确和具体;而子系统所处层次越高,其复杂程度就越高,功能和目标的综合程度也相应增强,系统中不同层次之间存在着相互作用。例如,在组织管理系统中,上层对下层是支配、控制、领导和协调的作用,而下层则处于被支配、被控制、被领导的地位,同时不同层次之间还存在着信息的交流、沟通和反馈作用。

(1)层次结构分析的基本内容

系统层次结构分析包括两项基本内容:系统的分解与协调。而从两者的关系来看,对系统的分解只是手段,其目的在于系统整体的协调。

①系统的分解。即从系统整体出发,根据系统的特征分解出不同层次上的分系统、子系

统、功能团和要素。对于认识一个复杂问题,构造一个新系统,或对原有系统进行改造来说,这是一个逐步明确认识或任务分解的分析过程。

②系统的协调。经过分解和分析,可以明确细节和部分,但最终要以系统整体的总目标和总任务来协调各层次上的子系统的功能和目标,以确保系统整体功能的优化,以及总任务的完成和总目标的实现。这是一个系统综合的过程,也是设计、组织、管理和控制系统的基本原则之一。

(2)层次结构是否合理的标准

系统的层次结构是否合理主要包括两个方面的问题:

①从物质、能量和信息传递交换的效率、质量、费用来衡量,系统内部的层次不宜过多。例如,在工程技术系统中,能量和信息的传递链及路径的长短,与系统内部的层次多少有关。环节过多,摩擦就越多,传递效率越低,越容易失真。组织管理系统也是一样,层次多,涉及人员多,关系复杂,延时长,效率低,费用高。一项研究表明,公司董事会的决定经过6个层次后信息损失平均达80%,即董事会100%,副总裁63%,部门主管56%,工厂经理40%,一线工长30%,职工20%。系统的组织层次愈多,上下级之间的沟通就愈差,这将直接影响信息的传递和决策的执行。所以必须从优化系统的结构和功能出发,确定合理的层次结构,减少不必要的层次,提高沟通的效率和质量。

②从控制、安排、组织和管理角度来看,由于能力是有限的,所以系统中某一层次的幅度不能太宽,即所包含的子系统或要素不能过多。例如,工程技术系统中元件过于分散,对实现总体功能不利。管理系统也存在管理幅度问题,一个工长最多照看30名工人,过多则难以有效地控制和管理。

总之,必须用系统的观点,以系统整体的结构和功能的优化为原则,设计和组织系统的层次结构,妥善考虑层次的设置、子系统的协调以及子系统和要素合理归属的问题。

11.6.4 寿命周期分析

一切系统都有其产生、发展、衰老和消亡的过程。这一过程可用寿命周期来描述。系统总有一个确定的开始时刻和终了时刻,从系统开始产生到终了的这一时期就称为系统的寿命周期。

系统寿命周期分析是对系统从产生到衰亡的全过程的分析,主要是从整体上研究系统发展变化的规律。通过寿命周期分析,根据系统在不同阶段上的特点,制订和实施相应的措施,以妥善地解决问题和有效地实现系统的目标。

系统寿命周期一般可分为:发展期、实现期、运行期和衰退期。不同类型的系统,各个时期的成长性、工作、任务和目标又各具特点。一般来说,在系统产生和发展的时期,其有序性越来越强;而当系统进入衰老、消亡的时期,有序性越来越差。

系统在寿命周期内的变化规律可用增长曲线来描述,常用的增长曲线是龚波茨(B. Gompcrtz)曲线和S形曲线,在此仅简要介绍龚波茨曲线。

龚波茨曲线是英国数学家和统计学家龚波茨提出的,其数学表达式为:

$$y = Ka^{b^t} \tag{11-1}$$

式中:t ——时间;

a、b、K——参数。

龚波茨曲线如图11-12所示。初期增长速率较慢,随后增长速率逐渐加快,达到一定水平后,增长率逐渐降低,而进入稳定状态。

寿命周期的概念应用十分广泛,如产品的寿命周期、技术的寿命周期、企业的寿命周期等。

产品的寿命周期是指产品从进入市场至退出市场这一时期的销售情况随时间变化的规律。如图 11-13 所示,产品寿命周期通常分为五个阶段:设计阶段,主要是产品开发和销售预测工作,带有试探性和可逆性;推出阶段,产品开始在目标市场销售,起初销量较低,但具有上升趋势;增长阶段,产品试销已基本完成,销售量和利润以一定速率增长,产品的生命力在增强,企业进行规模生产和运行,竞争者日益增多;成熟阶段,利润趋于平稳,继而开始下降,激烈的竞争使产品价格下跌,成本与价格的竞争盛行,手段是削价和促销,追求效率,以维持一定的销售量;衰退阶段,利润下降,销售量持续减少,逐渐无利可图,产品要么退出市场,要么被新开发的产品代替。

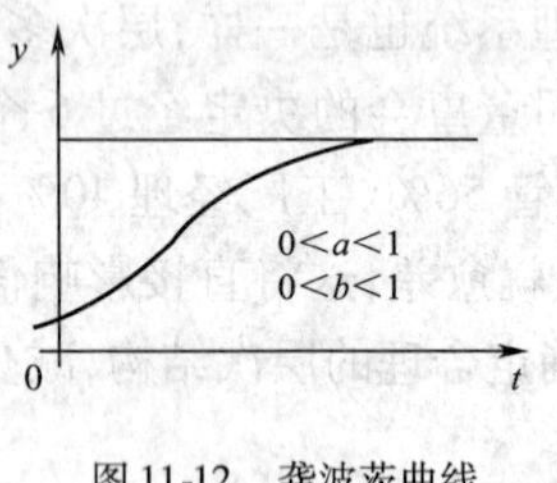

图 11-12 龚波茨曲线

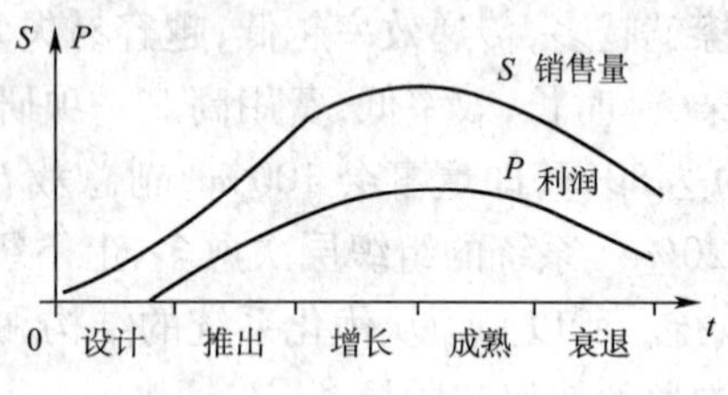

图 11-13 产品寿命周期

在企业经营管理中,可以应用产品寿命周期的概念,根据产品在不同时期的特点而采取相应的策略。在萌发期(设计和推出期),产品的研究与开发是最重要的推销手段;在增长期,这种手段依然有效;在增长和成熟期,因为生产同类产品的厂商增多,企业面临的主要问题是吸引人们购买本企业的产品,而不购买竞争对手的产品,因此这一阶段产品的价格和广告是最重要的销售手段;在饱和阶段,质量更上一个档次是十分重要的销售和竞争手段;在衰退期,寻求新的消费者的广告虽然重要,但其收效不会十分显著。

11.7 系统模型概论

模型是系统分析的重要工具,使用模型的目的在于通过模型认识和研究实际系统,并为改进系统或构建新系统提供有关信息。一般认为逻辑推理法、试验法和模型法是人们认识和探索客观世界的三种基本方法。本节仅讨论系统模型的一些基本概念,具体的建模方法将在以后有关小节中介绍。

11.7.1 模型的概念

模型是对客观事物的描述、抽象或模仿,它反映客观事物的某些重要特征和本质属性,反映系统要素间的相互关系以及系统与环境之间的联系,反映有关信息和变化规律。

模型一般具有三个特征:

①是实际系统合理的抽象和有效的模仿。

②能够表征实际系统的本质属性和主要特征。

③可以表明主要因素间的相互关系。

模型来自实际系统的抽象,它既反映客观实际,又高于实际,是认识和研究客观事物的有效工具。使用模型研究问题的意义在于:

①由于模型是实际系统的简化描述,具有易于处理的形式,通过改变模型的参数、变量和

有关条件,可以对问题作多方面深入的研究。

②对于很难甚至无法做试验的系统,如社会经济系统、战争系统等,可以借助模型对其进行研究。

③有些系统发展变化的特征需要作长期观察,而通过基于模型的研究可以较快地获得结果。

④可以通过灵敏度分析,研究多因素对系统的影响。

11.7.2 模型的分类

实际中使用的模型种类很多,归纳起来主要有如下几类。

(1)形象模型

抽象模型是指由具有物理属性的实体要素组成的模型,包括比例模型和实物模型。

①比例模型。这是对实际系统加以放大或缩小而形成的模型,它与原型是相似的,如照片、飞机的风洞试验模型、建筑模型等。

②实物模型。当实际系统适合分析研究的需要时,可将它作为模型,如抽样试验的产品。这些样本来自总体,可用作研究总体的模型。

(2)抽象模型

抽象模型指用符号、图表、文字或关系式等描述客观事物而建立起来的模型。它是对系统所包含的复杂因素及其相互关系的抽象化描述,用概念、逻辑变换等来表达系统原型,主要有以下四种类型:

①概念模型。这是人们应用知识、经验和直觉,在缺乏资料的情况下,通过构想一些资料,建立初始模型,再逐渐扩展和完善而形成的。在形式上,它们可以是思维的、文字的或描述性的。

②图式模型。这是用少量文字、简明的数字、线条等构成的模型,它能够直观形象地表示出实际系统的一些本质和特征,如流程图、方框图、网络图等。

③模拟模型。这是用一组便于控制的条件代表真实系统的特征,通过模仿性试验,来了解实际系统的特性或变化规律,如地图上利用等高线或不同的颜色代表实际地势的高低,用电路系统模拟一个机械力学系统,用航天模拟器训练宇航员,用计算机和仿真程序去模拟一个排队系统,利用计算机模拟和研究人工智能。

④数学模型。这是用数字、符号、变量和参数等建立起来的关系式以及图表、图像等。数学模型是对研究对象的一个抽象,最能反映事物的本质,且易于求解和运算。简单的数学模型如力学中描述力、质量、加速度之间关系的牛顿第二定律 $F=ma$,电学中电压、电阻、电流之间的关系式 $U=RI$,经济学中产品销售金额、单价、销售量之间的关系 $C=PQ$ 等。

数学模型最具抽象性,应用也最广泛,包括许多类型:

a. 按变量性质分:确定性模型,模型中不包括随机因素,如代数模型、微分方程模型、线性规划模型等;非确定性模型,其中考虑随机因素的影响,如随机存储模型、预测模型等。

b. 按变量间关系分:线性模型,变量之间的关系符合线性规律,如线性规划模型等;非线性模型,变量之间的关系不满足线性规律,如非线性规划等。

c. 按变量取值分:连续模型,变量取连续值;离散模型,变量取离散值。

d. 按模型是否考虑时间变量分:动态模型,如动态规划模型、状态空间模型等;静态模型,如线性规划模型、静态投入产出模型等。

e. 按模型的功能或用途分：结构模型、评价模型、预测模型等，工程设计、科学研究、经济管理模型等，分配模型、运输模型、排队模型等，能源模型、人口模型、宏观经济模型等。

数学模型是系统工程方法和系统分析中使用最多的模型，其主要优点如下：

a. 数学模型能够对所考察的系统作出简化的客观的描述，能够清楚地反映系统与外部环境因素之间的相互关系，有时可以发现原来没有意识到的关键因素，严密的数学推导有助于我们更深入地认识和理解复杂系统。

b. 数学模型可以取得解析解或数值解，能够使分析定量化和科学化。

c. 数学模型能够很方便地使用计算机来处理，可以有效地利用大量数据和资料，对系统进行研究和定量预测。

d. 数学模型是科学试验的补充手段。实际中，有些现象很难或根本不可能采用试验方法来研究，因此通过数学模型进行推演或模拟，是一种非常有效的研究方法。

各类模型具有不同特点。形象模型比较直观，但不易改变参数；数学模型容易改变参数，便于求解和优化，但较为抽象，有时不易说明其实际意义；模拟模型进行试验或运算很方便，但其客观真实性需要作严格检验，而有的则很难验证其可靠程度。实际中，这些不同种类的模型经常交替使用，以便取长补短。

11.7.3 模型的建立

建立系统模型的过程是对实际系统进行分析、研究和描述的过程。

(1)建模过程的一般描述

构造系统模型的过程主要包括：分析、描述，推断，检验、解释等环节，如图 11-14 所示。

①分析、描述。就是基于对实际系统的分析，建立系统模型。首先应对实际系统和外部环境等有关因素进行分析，确定模型要考虑哪些因素，作什么假设，采用何种方法来描述。这需要去粗取精、去伪存真，抓住主要特征。而建模者要具有丰富的知识、想象力、创造性和技巧。

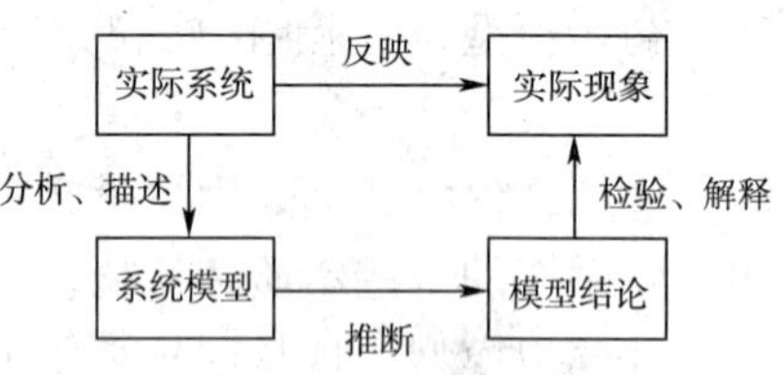

图 11-14 建模过程的一般描述

②推断。即根据系统模型推断出基于模型的结论。主要是通过分析和严密的推理，求解和推导出基于模型的结论，包括利用数学工具的分析、解方程，运行计算机程序，预测和仿真等。

③检验、解释。即将基于模型得到的结论与实际现象相对照，以检验模型是否“真实”地描述了系统的本质属性和重要特征，进而用以解释实际现象。所谓实际现象，是指人们对实际系统的状态和特征等客观实在的反映，它与客观实在仍然存在差别，通常它被作为检验模型结论的依据。若检验结果表明模型结论与实际现象存在较大偏差，就必须重新定义问题，重新建模，重复上述各环节的工作。因此，建立模型的过程是一个反复的逐步精化的过程。

在使用模型时，应充分认识到，模型只是实际系统的简化和近似的描述，不可能尽善尽美。如果模型在某个范围内较好地描述了实际现象的主要特征，就可以说它是有效的和满意的模型。

(2)建模的一般原则

我们所面临的建模问题多种多样，十分复杂，但不管建立何种模型，都应遵循如下的一些基本原则：

①依据的充分性。要依据事物发展变化的规律来建立系统的模型。应尽量借鉴标准形式的模型。因为这些模型是人们认识客观事物的成果,大多是经过实践的检验,具有一定的真实性和可靠性,故应尽量借鉴和参考。

②精确性。模型应把反映实际系统本质的东西考虑进去,舍去非本质的东西,但不能影响反映现实的真实程度。精确性是在允许的条件下的合理精度,不顾实际要求,追求过高精度是没有必要的。

③简便性。模型既要精确,又要简单容易求解。一般来说,模型应当在允许的范围内尽可能简化。如果一个简单模型能使问题得到满意的解答,就没有必要去建立一个复杂的模型。虽然复杂模型对系统的反映可能更真实,但其构造和求解要付出较高的代价,有时不得不降低一些精确度。

简便性与精确性往往是相互制约的,需要权衡处理,以免顾此失彼。精确可靠是在一定条件下才成立的,是相对的概念。通常应在一定精确度的要求下,尽量使模型简便易行。

④适用性。所选择的模型类型应适合所研究的问题。建模的目的就是要实际应用,否则是没有意义的。

(3)建模所考虑的因素与变量

建立系统模型所要考虑的因素通常可分为三类:

①系统内部对系统有重要影响的因素,建模时必须加以考虑。这类因素是系统可以决定和调整的,称为可控因素或内部因素。

②系统外部环境中对系统有重要影响的因素,也必须在模型中加以考虑。由于环境因素系统无法控制,故称为不可控因素或外部因素。

③对系统影响较小或不十分显著的因素,建模时可以忽略不计。因为这些因素相对次要,为使模型简单,便于求解,应该舍去。

在建立模型时,要对所考虑的因素加以区别和筛选,进而可用以下几类变量来描述:

①决定变量,指能够由系统决定其取值的变量,用来描述和表示可控因素,设为 x。

②环境变量,指属于环境的,不能由系统决定其取值的变量,用于描述不可控因素,设为 y。

③结果变量,指由决定变量 x 和环境变量 y 确定的变量,设为 z。用数学语言来表述,即结果变量 z 是可控变量 x 和不可控变量 y 所决定的函数,记为:

$$z = f(x, y) \tag{11-2}$$

由于决定变量 x 是可控变量,因而结果变量 z 应是部分可控的。

④评价变量,系统实际运作的效果如何,是否实现了预期的目标,需要作出描述和评价,用于评价效果的变量即为评价变量,设为 u。u 与结果变量 z 之间的关系可表示为:

$$u = g(z) \tag{11-3}$$

上述四类变量之间的关系可用图 11-15 表示。

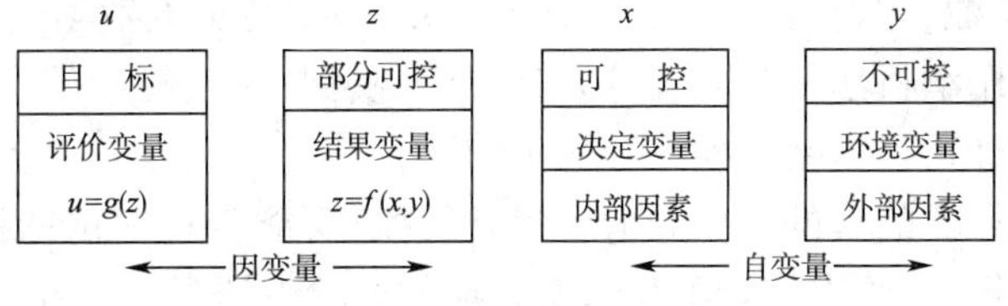

图 11-15　模型基本变量的关系

(4)建模的一般方法

建立系统模型的方法通常有以下几种：

①直接分析法。当所研究的问题比较简单和明确时,可按问题的性质和特点,通过直接分析来构造模型。通常的做法是:根据系统的特点,从概念和逻辑关系上进行分析。了解系统的主要功能,明确目标和约束条件,确定描述系统哪些方面的属性。应用适当的工具,如图表、代数方程或微积分等进行描述,得到适当形式的模型。

②模拟法。有些系统的结构和性质虽已清楚,但对它们的数量描述却很难建立,或有了数学模型也难以求解。如果有一种系统,其结构和性质与之相同,其模型也很类似,处理起来却简单得多,这时可将后一系统的模型作为前一系统的替代模型,进行试验和研究。模拟就是对多种可能出现的情况和条件,以模型为对象进行大量的试验,得到所需要的数据,对原型系统进行研究。

③数据分析法。有些系统涉及的因素很复杂,问题的结构、性质和机理尚未了解清楚,这时可以通过反映系统功能和特征的数据,采用适当的方法进行分析。如城市服装市场的需求量与居民收入水平、服装价格、供给量等多种因素有关,但因素之间的相关程度如何,却不很清楚,这时可以通过搜集有关数据,采用回归分析等数学工具来建立模型。

④试验分析法。有些问题的机理现在还不太清楚,又缺少数据,而又无法在实际系统上做大量试验来获得数据。在这种情况下,可以在系统上做局部试验得到数据,加上必要的分析来构造模型。如采用1%人口抽样调查,收集有关数据,用来构造、修正和检验人口模型。

⑤想定法(又称构想法、设定法)。这种方法多用于大型复杂系统的建模。其基本思路是:利用已有的知识、经验和方法构造初步模型,人为地但却是科学地设想一些情况,对未来可能发生的状况,给出符合逻辑的合理的设想和描述,并量化成几种组合或约束条件,加到已有的模型上,通过分析系统的行为特征,估计方案、措施和政策的可行性。想定法建模往往不是一次成功的,而是需要进行多次反复迭代,通常要结合数学模型和计算机仿真方法来实现建模。如IIASA构造的2030年世界能源模型,仍在完善之中。

(5)建模步骤

虽然模型的种类和建模方法有很多,但系统数学模型的建立一般可以归纳为以下几个步骤：

①明确问题。不管问题的起源是什么,对问题的初步探索是必不可少的。即要明确地了解系统的范围和所要达到的目的以及判别准则,明确模型中所要考虑的因素以及外部环境因素、约束条件等。

②收集资料和数据。收集数据是建立数学模型的必要条件,所以必须收集真实可靠的资料,对资料进行分析,概括出本质内涵,分清主次因素,将本质因素及其相互关系用数学语言来表达,列出必要的表格,绘制图形或曲线等。

③构造模型。根据系统的特征和服务对象,选择适当种类的模型,应用数学工具描述变量间的关系,确定其中参数,构造一个能描述所研究系统主要特征的数学模型。

④求解模型。应用解析法或数值计算方法,求解模型;对较复杂的模型,通常需要借助于计算机来求解;通过求解,得出基于模型的初步结论。

⑤模型的检验。检验的目的在于弄清所建立的模型,能否在一定的精度范围内正确反映所研究问题的主要特征。通常,特定的模型有相应的检验方法。

必要时,对所建立的模型进行修正,若叙述问题过于简单化,不能准确描述问题,就需要重新设定条件，再重复有关步骤；有时考虑的情况过于复杂，得到的模型很难求解，也要对所考虑的因素作简化，如删去个别变量，合并某些变量，改变变量间的关系，将不太重要的变数在一定条件下看作常数，放宽约束条件，等等。经过修正最终得到既符合实际，又具有一定精度，更简单和更容易求解的模型。

由于人们观察、分析问题的观点和角度不同，对同一系统建立的模型就可能完全不同。构造模型是一项富于创造性的工作，既是一种技术，又是一种艺术，必须通过不断的建模实践提高建模能力。

参考文献

[1] 潘玉利. 路面管理系统. 北京:人民交通出版社,1998.
[2] 刘伯莹. 网级路面管理系统研究. 上海:同济大学交通运输学院,1992.
[3] 张登良. 沥青路面. 北京:人民交通出版社,1998.
[4] 姚祖康. 路面管理系统. 北京:人民交通出版社,1992.
[5] 赵继新,等. 管理学. 北京:清华大学出版社,2006.
[6] 骆珣,等. 项目管理. 北京:北京理工大学出版社,2006.
[7] 张廷欣. 系统工程学. 北京:气象出版社,1997.
[8] 孙立军,等. 沥青路面评价与对策确定的专家系统. 土木工程学报,1991,24(2).
[9] 许永明. 公路养护与管理. 北京:人民交通出版社,1998.
[10] 姚祖康. 沥青路面使用性能预估模型. 华东公路,1988(1).
[11] 谭明鹤. 高速公路设施管理系统研究(路面、交通设施管理系统). 南京:东南大学交通学院,1998.
[12] 秦晓. 高速公路设施管理系统研究和开发(桥梁、路政、清障管理系统). 南京:东南大学交通学院,1990.
[13] 赵忠慈. 沥青路面养护管理信息系统的开发与研究. 南京:东南大学交通学院,1990.
[14] 中华人民共和国行业标准. JTJ 073—96 公路养护技术规范. 北京:人民交通出版社,1996.
[15] 中华人民共和国行业标准. JTG D50—2006 公路沥青路面设计规范. 北京:人民交通出版社,2006.
[16] 中华人民共和国行业标准. JTG E60—2008 公路路基路面现场测试规程. 北京:人民交通出版社,2008.
[17] 中华人民共和国行业标准. JTG F40—2004 公路沥青路面施工技术规范. 北京:人民交通出版社,2004.
[18] 邵毅明,等. 高等级公路交通安全管理. 北京:人民交通出版社,1999.
[19] 中华人民共和国行业标准. JTG D20—2006 公路路线设计规范. 北京:人民交通出版社,2006.
[20] 高速公路丛书编委会. 高速公路运营管理. 北京:人民交通出版社,1994.
[21] 杨佩昆,张树升. 交通管理与控制. 北京:人民交通出版社,1995.
[22] 中华人民共和国行业标准. JTG D81—2006 公路交通安全设施设计规范. 北京:人民交通出版社,2006.
[23] 中华人民共和国行业标准. JTG B01—2003 公路工程技术标准. 北京:人民交通出版社,2003.
[24] 庄鸿棉. 数据库系统应用技术. 合肥:中国科技大学出版社,1992.
[25] 崔巍,于志钧. 数据库设计和管理基础. 北京:高等教育出版社,1990.
[26] 张海藩. 软件工程导论. 北京:清华大学出版社,1992.

[27] 姜旭平．信息系统开发方法．北京:清华大学出版社,1997.
[28] 高速公路丛书编委会．高等级公路建筑与管理．北京:中国科学技术出版社,1992.
[29] 金敏求．建设项目管理学．北京:中国建筑工业出版社,1991.
[30] 刘零．现代建筑管理方法与应用．武汉: 武汉大学出版社,1988.
[31] 梁鑑．国际工程施工经营管理．北京:中国水利水电出版社,1994.
[32] 孙钟秀．计算机与计划管理．南京:南京大学出版社,1987.
[33] 周国强,林少培．工程项目管理的计算机方法．上海:上海交通大学出版社,1990.
[34] 韦鹤平．最优化技术应用．上海:同济大学出版社,1987.
[35] Rao,S. S.．工程优化原理及应用．北京:北京理工大学出版社,1990.
[36] 徐士钰．运筹学．南京:东南大学出版社,1990.
[37] 席少霖,等．最优化计算方法．上海:上海科学技术出版社,1983.
[38] 夏念凌．最优化问题的计算机实用算法．北京:中国水利水电出版社,1990.
[39] 万耀青,等．最优化计算方法常用程序汇编．北京:中国工人出版社,1983.
[40] 何建坤．实用线性规划及计算机程序．北京:清华大学出版社,1984.
[41] 郑维敏．系统工程 FORTRAN 程序集．北京:清华大学出版社,1986.
[42] 刘义亭,等．现代经济与管理方法及程序．北京:科学技术文献出版社,1989.
[43] 美军建筑工程研究所．机场道面维修管理系统研究报告,1984.
[44] 谭明鹤,黄卫．路面管理系统对策分析的改进优劣系数法．东南大学学报,1998,28.
[45] 姚祖康,孙立军,等．沥青路面使用性能评价．土木工程学报,1989,22(3).

人民交通出版社公路类教材一览

(◆教育部普通高等教育“十一五”国家级规划教材 ▲建设部土建学科专业“十一五”规划教材)

一、交通工程教学指导分委员会规划推荐教材

1. ◆交通规划(王 炜) ………… 33元
2. ◆道路交通安全(裴玉龙) ………… 36元
3. 交通系统分析(王殿海) ………… 31元
4. 交通管理与控制(徐建闽) ………… 26元
5. 交通经济学(邵春福) ………… 25元

二、21世纪交通版高等学校教材

(一)交通工程专业

1. ◆交通工程总论(第三版)(徐吉谦) ………… 36元
2. ◆交通工程学(第二版)(任福田) ………… 38元
3. ◆交通管理与控制(第四版)(吴 兵) ………… 35元
4. ◆道路通行能力分析(陈宽民) ………… 27元
5. ◆交通工程设计理论与方法(马荣国) ………… 40元
6. ◆公路网规划(裴玉龙) ………… 27元
7. 交通工程专业英语(裴玉龙) ………… 28元
8. ◆交通运输工程导论(第二版)(姚祖康) ………… 23元
9. 交通流理论(王殿海) ………… 21元
10. 交通系统仿真技术(刘运通) ………… 26元
11. 停车场规划设计与管理(关宏志) ………… 30元
12. 交通工程设施设计(李峻利) ………… 35元
13. ◆智能运输系统概论(第二版)(杨兆升) ………… 25元
14. 智能运输系统概论(第二版)(黄 卫) ………… 24元
15. ◆运输经济学(严作人) ………… 40元
16. ◆道路交通工程系统分析方法(王 炜) ………… 28元
17. 交通调查与分析(第二版)(严宝杰) ………… 38元
18. 城市轨道交通系统(彭 辉) ………… 32元
19. ◆交通运输设施与管理(郭忠印) ………… 33元
20. 道路交通安全管理法规概论及案例分析(裴玉龙) ………… 29元
21. 交通地理信息系统(符锌砂) ………… 31元
22. 公路建设项目可行性研究(过秀成) ………… 27元
23. 交通工程专业生产实习指导书(朱从坤) ………… 7元

(二)土木工程专业(路桥)/道路桥梁与渡河工程专业

I. 专业基础课教材

1. 土木工程概论(项海帆) ………… 32元
2. 道路概论(第二版)(孙家驷) ………… 20元
3. 土质学与土力学(第四版)(袁聚云) ………… 30元
4. 公路工程地质(第三版)(窦明健) ………… 23元
5. ▲道路工程制图(第四版)(谢步瀛) ………… 36元
6. ▲道路工程制图习题集(第四版)(袁 果) ………… 26元
7. ◆道路建筑材料(第四版)(李立寒) ………… 35元
8. ◆测量学(第三版)(许娅娅) ………… 36元
9. ◆基础工程(第三版)(王晓谋) ………… 33元
10. 结构设计原理(第二版)(叶见曙) ………… 51元
11. 公路经济学教程(袁剑波) ………… 23元
12. 专业英语(第二版)(李 嘉) ………… 33元

II. 专业核心课教材

13. ◆路基路面工程(第二版)(邓学均) ………… 52元
14. ◆道路勘测设计(第二版)(杨少伟) ………… 40元
15. 道路结构力学计算(上、下)(郑传超、王秉纲) ………… 50元
16. 水力学(王亚玲) ………… 19元
17. ◆桥梁工程(第二版)(姚玲森) ………… 62元
18. 桥梁工程(第二版)(土木、交通工程)(邵旭东) ………… 52元
19. ◆桥梁工程(第二版)(上)(范立础) ………… 42元
20. ◆桥梁工程(第二版)(下)(顾安邦) ………… 38元
21. 桥梁工程(陈宝春) ………… 45元
22. ◆桥涵水文(第四版)(高冬光) ………… 28元
23. ◆现代钢桥(上)(吴 冲) ………… 34元
24. ◆钢桥(徐君兰) ………… 16元
25. ◆公路施工组织及概预算(第三版)(王首绪) ………… 32元
26. ▲桥梁施工及组织管理(第二版)(上)(魏红一) ………… 39元
27. ▲桥梁施工及组织管理(第二版)(下)(邬晓光) ………… 39元
28. ◆隧道工程(第二版)(上)(王毅才) ………… 65元

III. 专业方向选修课教材

29. ◆道路工程(严作人) ………… 40元
30. 道路工程(土木工程专业)(凌天清) ………… 32元
31. ◆高速公路(第二版)(方守恩) ………… 21元
32. 高速公路设计(赵一飞) ………… 38元
33. 城市道路设计(吴瑞麟) ………… 22元
34. GPS测量原理及其应用(胡伍生) ………… 28元
35. 公路测设新技术(雒 应) ………… 36元
36. 公路施工技术与管理(廖正环) ………… 40元
37. 土木工程造价控制(石勇民) ………… 30元
38. 公路工程定额原理与估价(石勇民) ………… 36元
39. 道路桥梁检测技术(胡昌斌) ………… 31元
40. 特殊地区基础工程(冯忠居) ………… 29元
41. 道路与桥梁工程计算机绘图(许金良) ………… 31元
42. ◆公路小桥涵勘测设计(第三版)(孙家驷) ………… 31元
43. 路基设计原理与计算(李峻利) ………… 40元
44. 路基路面工程检测技术(李宇峙) ………… 46元
45. 公路土工合成材料应用原理(黄晓明) ………… 22元
46. 水泥与水泥混凝土(申爱琴) ………… 30元
47. ◆环境经济学(董小林) ………… 32元
48. 公路环境与景观设计(刘朝辉) ………… 30元
49. 桥梁工程概论(第二版)(罗 娜) ………… 27元
50. 桥梁检测与加固(王国鼎) ………… 27元
51. 桥梁钢—混凝土组合结构设计原理(黄 侨) ………… 26元
52. 桥梁结构试验(章关永) ………… 22元
53. 桥梁抗震(叶爱君) ………… 15元
54. ◆桥梁建筑美学(第二版)(盛洪飞) ………… 30元
55. 大跨度桥梁结构计算理论(李传习) ………… 18元
56. 隧道结构力学计算(夏永旭) ………… 29元
57. 公路隧道运营管理(吕康成) ………… 22元
58. ◆地铁与轻轨(第二版)(张庆贺) ………… 39元
59. 土木规划学(石 京) ………… 38元

IV. 实践环节教材及教参教辅

60.《道路勘测设计》毕业设计指导(许金良) ………… 30元
61. 桥梁计算示例丛书—桥梁地基与基础(第二版)(赵明华) ………… 18元
62. 桥梁计算示例丛书—混凝土简支梁(板)桥(第三版)(易建国) ………… 27元

63. 桥梁计算示例丛书—连续梁桥(邹毅松) …………… 20元
64. 结构设计原理计算示例(叶见曙)………………… 40元

V. 研究生教学用书

道路与铁道工程

1. 现代加筋土理论与技术(雷胜友)………………… 24元
2. 道路规划与几何设计(朱照宏)…………………… 32元

桥梁与隧道工程

1. 高等桥梁结构理论(项海帆) ………………………… 35元
2. 高等钢筋混凝土结构(周志祥) …………………… 27元
3. 结构分析的有限元法与MATIAB程序设计(徐荣桥) …… 28元
4. 工程结构数值分析方法(夏永旭) ………………… 27元
5. 箱形梁设计理论(第二版)(房贞政) ……………… 32元

(三)公路工程管理专业

1. ◆工程项目融资(赵　华) ………………………… 29元
2. 管理信息系统(李友根) …………………………… 31元
3. 公路工程定额原理与估价(石勇民) ……………… 36元
4. 工程风险管理(邓铁军) …………………………… 21元
5. ◆工程质量控制与管理(邬晓光) ………………… 29元
6. 公路工程造价编制与管理(沈其明) ……………… 31元
7. 工程项目招标与投标(周　直) …………………… 30元
8. 高速公路管理(王选仓) …………………………… 35元

(四)工程机械专业

1. ◆施工机械概论(王　进) ………………………… 35元
2. ◆公路施工机械(第二版)(李自光) ……………… 43元
3. 现代工程机械发动机与底盘构造(陈新轩) ……… 38元
4. 工程机械维修(许　安) …………………………… 38元
5. 工程机械状态检测与故障诊断(陈新轩) ………… 29元
6. 工程机械底盘设计(郁录平) ……………………… 36元
7. 公路工程机械化施工与管理(郭小宏) …………… 40元
8. 工程机械设计(吴永平) …………………………… 38元
9. 工程机械技术经济学(吴永平) …………………… 23元
10. 工程机械专业英语(宋永刚) …………………… 36元

三、普通高等学校规划教材

1. 交通土建工程制图(第二版)(和丕壮) …………… 38元
2. 交通土建工程制图习题集(第二版)(和丕壮) …… 20元
3. 画法几何与土建制图(第二版)(林国华) ………… 39元
4. 画法几何与土建制图习题集(第二版)(林国华) … 25元
5. 土木工程制图(丁建梅　周佳新) ………………… 36元
6. 土木工程制图习题集(丁建梅　周佳新) ………… 18元
7. ◆土木工程计算机绘图基础(尚守平) …………… 39元
8. 工程经济学(李雪淋) ……………………………… 22元
9. 工程测量(胡伍生) ………………………………… 25元
10. 交通土木工程测量(张坤宜) …………………… 33元
11. 结构设计原理(毛瑞祥) ………………………… 26元
12. 路基路面工程(何兆益) ………………………… 45元
13. 道路勘测设计(第二版)(孙家驷) ……………… 46元
14. 道路与桥梁工程概论(黄晓明) ………………… 32元
15. 公路施工组织与管理(赖少武　李文华) ……… 35元
16. 公路工程施工组织学(第二版)(姚玉玲) ……… 38元
17. 公路施工与组织管理(廖正环) ………………… 22元
18. 公路养护与管理(许永明) ……………………… 18元
19. 水力学与桥涵水文(叶镇国) …………………… 38元
20. 桥位勘测设计(高冬光) ………………………… 20元
21. 道路规划与设计(李清波) ……………………… 46元
22. 道路交通环境工程(张玉芬) …………………… 19元
23. 公路实用勘测设计(何景华) …………………… 19元
24. 公路计算机辅助设计(符锌砂) ………………… 30元
25. 公路工程预算与工程量清单计价(雷书华) …… 35元
26. 公路工程造价(周世生) ………………………… 42元
27. 软土环境工程地质学(唐益群) ………………… 35元
28. 公路与桥梁施工技术(盛可鉴) ………………… 30元
29. 桥梁美学(和丕壮) ……………………………… 40元
30. 桥梁结构理论与计算方法(贺拴海) …………… 58元
31. 钢管混凝土(胡曙光) …………………………… 38元
32. 隧道施工(于书翰) ……………………………… 23元
33. 公路隧道机电工程(赵忠杰) …………………… 40元
34. ◆道路交通管理与控制(袁振洲) ……………… 40元
35. 交通工程学(第二版)(李作敏) ………………… 28元
36. 交通项目评估与管理(谢海红) ………………… 36元
37. 工程项目管理(周　直) ………………………… 20元
38. 测绘工程基础(李芹芳) ………………………… 36元
39. 工程机械运用技术(许　安) …………………… 40元
40. 现代工程机械液压与液力系统(颜荣庆) ……… 39元
41. 水泥混凝土路面施工与施工机械(何挺继) …… 30元
42. 现代公路施工机械(何挺继) …………………… 45元
43. 工程机械机电液一体化(焦生杰) ……………… 28元

四、高等学校应用型本科规划教材

1. 结构力学(万德臣) ………………………………… 30元
2. 道路工程制图(谭海洋) …………………………… 28元
3. 道路工程制图习题集(谭海洋) …………………… 24元
4. 道路建筑材料(伍必庆) …………………………… 37元
5. 土木工程材料(张爱勤) …………………………… 39元
6. 土质学与土力学(赵明阶) ………………………… 30元
7. 结构设计原理(黄平明) …………………………… 47元
8. 结构设计原理学习指导(安静波) ………………… 35元
9. 结构设计原理计算示例(赵志蒙) ………………… 40元
10. 工程测量(朱爱民) ……………………………… 30元
11. 基础工程(刘　辉) ……………………………… 26元
12. 道路勘测设计(张维全) ………………………… 32元
13. 桥梁工程(刘龄嘉) ……………………………… 45元
14. 公路工程试验检测(乔志琴) …………………… 47元
15. 路桥工程专业英语(赵永平) …………………… 44元
16. 水力学与桥涵水文(王丽荣) …………………… 27元
17. 工程招标与合同管理(刘　燕) ………………… 33元
18. 工程项目管理(李佳升) ………………………… 32元
19. 公路施工技术(杨渡军) ………………………… 64元
20. 公路工程机械化施工技术(徐永杰) …………… 32元
21. 公路工程经济(周福田) ………………………… 22元
22. 公路工程监理(朱爱民) ………………………… 33元
23. 道路工程(资建民) ……………………………… 38元
24. 道路工程CAD(许金良) ………………………… 23元
25. 路基路面工程(陈忠达) ……………………… 45元(估)

各地经销商电话见人民交通出版社网站首页,网址:http://www.ccpress.com.cn。